高等学校考研文科经典教材配套辅导丛书

《现代汉语》学习辅导与习题集

（第2版）

李 军 主编

山东人民出版社·济南
国家一级出版社 全国百佳图书出版单位

图书在版编目(CIP)数据

《现代汉语》学习辅导与习题集 / 李军主编. — 2版. — 济南：山东人民出版社, 2023.11

ISBN 978-7-209-14789-7

Ⅰ. ①现… Ⅱ. ①李… Ⅲ. ①现代汉语—研究生—入学考试—自学参考资料 Ⅳ. ①H109.4

中国国家版本馆CIP数据核字(2023)第182160号

《现代汉语》学习辅导与习题集(第2版)

《XIANDAI HANYU》XUEXI FUDAO YU XITIJI(DI 2 BAN)

李　军　主编

主管单位　山东出版传媒股份有限公司

出版发行　山东人民出版社

出 版 人　胡长青

社　　址　济南市市中区舜耕路517号

邮　　编　250003

电　　话　总编室(0531)82098914

　　　　　市场部(0531)82098027

网　　址　http://www.sd-book.com.cn

印　　装　日照报业印刷有限公司

经　　销　新华书店

规　　格　16开(185mm×260mm)

印　　张　20.75

字　　数　371千字

版　　次　2023年11月第1版

印　　次　2023年11月第1次

印　　数　1-3000

ISBN 978-7-209-14789-7

定　　价　58.00元

如有印装质量问题,请与出版社总编室联系调换。

再版编写说明

本书为汉语言文学专业核心课程“现代汉语”的配套辅导教材，是《高等学校考研文科经典教材配套辅导丛书》系列之一，2006年1月第一版由齐鲁书社出版发行，是中国第一套成体系的配套辅导教材，至今已有17年，仍然广受读者不弃与厚爱。

为更好地服务读者朋友，作者在原书基础上进行了大幅度修订，概述如下：从字数上说，第一版17余万字，再版之后多达27万字。从章节设计上说，第一版全书分为知识提要、习题与参考答案两大部分；再版后按照章节分为六大部分，每一部分又细分为知识提要、习题与参考答案，从而使知识提要与习题、参考答案有机结合。从编写范围上说，第一版紧扣黄伯荣、廖序东主编的《现代汉语》教材；再版编写时不但紧扣黄伯荣、廖序东主编的《现代汉语》（增订六版）教材，而且兼顾北京大学中文系现代汉语教研室主编的《现代汉语》（增订本）、刘叔新主编的《现代汉语理论教程》、邢福义主编的《现代汉语》（第二版）、邵敬敏主编的《现代汉语通论》（第三版）等主流“现代汉语”教材。从编写题型上说，除了第一版的单选题、多选题、判断题等传统题型，再版还增加了名词解释、简述题等题型。从编写深度上说，每章内容都有大量的深度延伸，既能满足本科学习的一般需要，又能满足考研学子备考的深度需要。

由于作者水平所限，书中肯定还存有不当之处，敬请广大读者朋友在使用过程中提出宝贵意见与建议，以便将来进一步修订。本书在编写过程中参考了前辈与时贤的大量研究成果，谨致谢忱！

李　军

2023年8月

编写说明

本丛书为中文学科经典教材配套辅导材料，参编者为全国多所高校的研究生导师及汉语言文学专业各研究方向的博士、硕士研究生，均在本专业方向学有专长，熟知教材的知识点及考点。丛书共包括七种：《<语言学理论>学习辅导与习题集》《<古代汉语>学习辅导与习题集》《<现代汉语>学习辅导与习题集》《<文学理论教程>学习辅导与习题集》《<中国文学史>学习辅导与习题集》《<中国现当代文学史>学习辅导与习题集》《<外国文学史>学习辅导与习题集》。

本丛书的基本框架分为知识提要、习题与参考答案两大部分：知识提要部分按照所配套经典教材的章节顺序讲述知识点、考点；习题与参考答案部分大致分为名词解释、填空、选择、判断、简答、论述、分析等题型，基本上涵盖了所有知识点，同时又吸收了近年来各高校的考研真题、期末试题等。这种编写方式，题量适中，覆盖面广，重点突出，考点明晰，既节省了广大考生梳理教材的大量宝贵时间和精力，又可以让考生取得事半功倍的效果。

本丛书不仅适用于研究生入学考试、本科生自测，亦适用于专升本、自学考试、在职考试的广大考生，还可为高校教师编制考题提供参考，是一套实用性、针对性较强的辅导资料。

由于编写者水平所限,书中肯定还存有不当之处,敬请广大师生在使用过程中提出意见与建议,以便将来进一步修订。

丛书编委会

2005年12月

目　录

绪　论

知识提要

第一节　现代汉语概述

一、什么是现代汉语

汉语作为一种语言，具有一切语言共同的属性。从结构上说，它是一种音义结合的符号系统。从功能上说，它是人们最重要的交际工具和思维工具。本部分学习要求：掌握汉语的历史分期，把握现代汉语的上限；主要掌握广义与狭义的现代汉语，理解现代汉语、现代汉民族共同语与华语的异同；能够从语音、词汇、语法三个方面来举例论证现代汉语的系统性。

二、现代汉民族共同语

掌握共同语、方言、基础方言、社会方言的区别与相互关系，掌握现代汉语口语和书面语、书面语言与文学语言的异同，掌握现代汉民族共同语的历史形成过程，熟知国语运动与白话文运动。

三、现代汉语方言

理解方言形成的社会、历史、地理以及语言本身等方面的原因，掌握民族共同语和方言之间的关系，掌握现代汉语方言划分的两种学说，理解各方言的分布、成因、代表话以及主要语音特点。

四、现代汉语的特点

掌握现代汉语区别于印欧语系语言的特点，能够分别从语音方面、词汇方面、语法方面来加以举例说明，特别要能举例论述“词、短语和句子的结构规则”的“基本一致"与"不相一致"。

五、现代汉语的地位

熟知现代汉语在世界语言中的谱系地位与政治地位。

第二节　汉语规范化和推广普通话

一、历史的回顾

了解20世纪50年代中央制定的语言文字工作的三大任务,掌握新时期语言文字工作的方针和主要任务。了解20世纪80年代社会主义建设新时期推广普通话的工作方针:大力推广、积极普及、逐步提高。在当前语言文字工作的主要任务中,最重要的两项工作是促进汉语规范化和推广普通话。

二、现代汉语规范化

了解现代汉语在语音、词汇、语法等方面的规范;北京话中的异读、土话成分等不能成为普通话的语音标准,北方话中使用范围小的词汇也不能进入普通话中;了解规范化的意义。

三、推广普通话

了解20世纪50年代推广普通话的工作方针,即"大力提倡,重点推行,逐步普及";了解新时期推普工作应努力做好的四项工作。

第三节　现代汉语课的性质、内容和任务

掌握现代汉语课的性质、内容和任务;掌握课程的主体由语音、文字、词汇、语法、修辞五部分构成。

习 题

一、填空题

1.“现代汉语”通常有两种解释，狭义的解释指的是现代汉民族共同语________，广义的解释兼指现代汉民族使用的________和________。

2. 汉语作为一种语言，具有一切语言共有的性质，即从结构上说，它是一种________；从功能上说，它是________。

3. 现代汉语有________和________两种不同的形式。________是民族共同语的高级形式。

4. 现代汉民族共同语又叫________，它以________为________，以________为________，以________为________。

5. 民族共同语是在一种________的基础上形成的。汉族早在先秦时代就存在着古代民族共同语，在春秋时代，这种共同语被称为________，从汉代起被称为________，明代改称为________，到了现代，即辛亥革命后又称为________，新中国成立以后则称为________。

6. 现代汉语的地域分支是________。

7. 共同语是________的语言，方言是________的语言。

8. 现代汉民族共同语是在________的基础上形成的。在形成过程中，________有着特殊的地位。

9. 汉语方言可以分为七大方言区，即________、________、________、________、________、________和________。

10. 我们了解和研究汉语方言，其目的之一就是要找出方言与普通话的________，有效地________。

11. 汉语属于________语系，属于________语族，与________关系最近。

12. ________语、________语、________语同汉语关系尤为特殊，它们都吸收过汉语大量的词，甚至在汉语的基础上产生了很多新词。

13. 汉语是联合国的六种工作语言之一，另外五种是________语、________语、________语、________语和________语。汉语在国际交往中发挥着日益重要的作用。

14. 在当前语言文字工作的主要任务中,最重要的两项工作是________和________。

15. 现代汉语规范化的标准是,语音方面以__________为__________,词汇方面以________为________,语法方面以________为________。

16. 推广普通话并不是要人为地消灭________,主要是为了消除________,以利社会交际。

17.20 世纪 50 年代初制定的推广普通话的工作方针是__________,__________,__________。这个方针是正确的,今后仍然适用。

18. 新时期推广普通话工作应努力做好以下四点:第一,各级各类学校使用普通话进行教学,使之成为________。第二,各级各类机关工作时一般使用普通话,使之成为________。第三,广播、电视、电影、话剧使用普通话,使之成为________。第四,不同方言区的人在公众场合交往时,基本使用普通话,使之成为全国的________。

19. 现代汉语课程的主体由________、________、________、________和________几部分构成。

二、单项选择题

1. 现代汉民族共同语是在( )方言的基础上产生的。

A. 所有　　B. 北京　　C. 北方　　D. 北京—东北

2. 现代汉民族共同语和方言的关系是( )。

A. 互相排斥　　B. 互相依存,方言从属于汉民族共同语

C. 既排斥,又依存　　D. 方言是从民族共同语中分化出来的

3. 对普通话而言,汉语方言是一种( )。

A. 地域分支　　B. 并立的独立语言

C. 民族共同语的高级形式　　D. 对立的独立语言

4. 汉语方言之间的差异,突出表现在( )方面。

A. 语音　　B. 词汇　　C. 语法　　D. 词汇和语法

5. 现代汉语书面形式的源头是( )。

A. 文言文　　B. 官话　　C. 白话　　D. 近代汉语

6. 就与普通话的差别来说,七大方言中( )与普通话距离最大。

A. 吴方言　　B. 闽、粤方言　　C. 湘、赣方言　　D. 客家方言

7. 现代汉语课三个基本内容是(　　)。

A. 语音、词汇和语法　　B. 语音、文字和语法

C. 词汇、语法和修辞　　D. 文字、词汇和语法

8. 现代汉语构成新词所广泛运用的方法是(　　)。

A. 轻声、儿化　　B. 简缩　　C. 附加法　　D. 词根复合法

9. 汉语表示语法意义的主要方式是(　　)。

A. 形态　　B. 虚词　　C. 词序　　D. 语序和虚词

10. 现代汉语词汇中占绝大多数的是(　　)。

A. 单音节词　　B. 双音节词　　C. 三音节词　　D. 多音节词

三、辨析题(正确的打"√",不正确的打"×",并陈述理由)

1. 普通话就是过去所说的"白话"或"官话"。(　　)

2. "官话"就是专为官吏阶层使用的官场雅语或阶级习惯语。(　　)

3. 文学语言是经过加工、规范的书面语言。(　　)

4. 口语和书面语在表达形式上是完全一样的。(　　)

5. 北方方言区指长江以北的汉民族居住地区。(　　)

6. 粤方言并不等于广东话。(　　)

7. 民族共同语既然是在一种方言的基础上形成的,它就应该排斥其他方言中的成分。(　　)

8. 推广普通话意味着人为地消灭方言。(　　)

9. 普通话语音规范是"以北京语音为标准音",因此北京话中的语音成分都是标准音。(　　)

10. 普通话词汇规范是"以北方话为基础方言",但并不排除其他方言中有用的词汇进入普通话。(　　)

11. 普通话的语法规范是指典范的白话文作品中的所有用例。(　　)

12.《水浒传》《西游记》《红楼梦》等都是现代汉语语法规范的典型著作。(　　)

13. 高山、大河、湖泊、高原对方言形成的作用是不一样的。(　　)

14. 汉语语法的最大特点是缺乏丰富的形态变化,词类和句子成分不是简单地一一对应。(　　)

15. 跟东北官话、北京官话、冀鲁官话、胶辽官话、中原官话、兰银官话、西南官话、江淮官话一样,蓝青官话也是一种官话。(　　)

四、名词解释

1. 汉语方言,汉语次方言,地点方言
2. 方言学
3.《中国语言地图集》
4.《方言调查字表》
5.《现代吴语的研究》
6.《湖北方言调查报告》
7.《昌黎方言志》
8.《普通话基础方言基本词汇集》
9.《汉语方言词汇》
10. 官话与蓝青官话

五、简述题

1. 谈谈你对汉语分期的看法。
2. 简述现代汉语与现代汉民族共同语、普通话与华语的异同。
3. 简谈现代汉语口语与书面语、文学语言的异同。
4. 简述现代汉民族共同语的形成过程。
5. 简述现代汉民族共同语与方言的关系。
6. 现代汉语有几个方言区?简述各方言区分布、分片及主要语音特点。
7. 请列举历代研究方言的代表作(不少于十部)。
8. 简述传统方言研究概貌。
9. 简述地域方言与社会方言的区别。
10. 简述方言地理学与社会方言学的差异。
11. 现代汉语在语音、词汇、语法等方面各有哪些特点?
12. 什么是现代汉语规范化?现代汉语规范化的标准是什么?
13. 为什么要实行现代汉语规范化?
14. 怎样进行现代汉语规范化工作?
15. 新时期语言文字工作的方针和当前的主要任务是什么?

参考答案

一、填空题

1. 普通话,普通话,方言

2. 音义结合的符号系统,人类社会最重要的交际工具和思维工具

3. 口语,书面语,文学语言

4. 普通话,北京语音,标准音,北方话,基础方言,典范的现代白话文著作,语法规范

5. 方言,雅言,通语,官话,国语,普通话

6. 方言

7. 一个民族全体成员通用,通行于一定地域

8. 北方方言,北京话

9. 北方方言(官话方言),吴方言,湘方言,赣方言,客家方言,闽方言,粤方言

10. 对应规律,推广普通话

11. 汉藏,汉傣,傣语

12. 日本,朝鲜,越南

13. 英,法,俄,西班牙,阿拉伯

14. 促进汉语规范化,推广普通话

15. 北京语音,标准音,北方话,基础方言,典范的现代白话文著作,语法规范

16. 方言,方言隔阂

17. 大力提倡,重点推行,逐步普及

18. 教学语言,工作语言,宣传语言,通用语言

19. 语音,文字,词汇,语法,修辞

二、单项选择题

1.C　2.B　3.A　4.A　5.C　6.B　7.A　8.D　9.D　10.B

三、辨析题

1.×　2.×　3.×　4.×　5.×　6.√　7.×　8.×
9.×　10.√　11.×　12.×　13.×　14.√　15.×

四、名词解释

1.汉语方言,汉语次方言,地点方言

汉语方言:俗称地方话,只通行于一定的地域,是局部地区使用的语言,属于汉语的地域变体或分支。古老的汉语发展到今天有多种方言,形成的因素很多,有属于社会、历史、地理方面的音素,如长期的小农经济,社会的分裂割据,人口的迁徙,山川的阻隔等;也有属于语言本身的因素,如语言发展的不平衡性,不同语言之间的相互接触、相互影响等。汉语方言有自己一套完整的语音、词汇和语法系统,能够满足本地区社会交际的需要。汉语方言的差异性表现在语音、词汇、语法等方面,其中语音差异最大,词汇差异次之,语法差异最小。

汉语次方言:由于在同一方言内部,仍存有较大语言分歧现象,常常把一种大方言再分出若干方言片,又称次方言。比如,北方方言再分为四个次方言,即华北—东北方言、西北方言、西南方言、江淮方言。

地点方言:次方言下再分成一些小的方言点称作"土语",也叫"地点方言"。比如济南话、沈阳话、天津话就属于华北—东北次方言下的地点方言。

2.方言学

方言学:语言学的一个分支,以研究民族语言内部的差异为主要任务,研究地区性差异的谓之方言地理学,研究社会性差异的谓之社会方言学,又叫狭义的社会语言学。方言地理学是在两位学者方言调查基础上逐步形成的:一个是19世纪后半叶德国学者温克尔(1852—1911),他对德国国内各地德语的一些差异进行了调查研究。另一个是瑞士吉耶龙(1854—1926),他对法国及邻接的法语区的法语内部的许多差异进行了调查研究。社会方言学是在拉波夫的两项研究基础上逐步确立的,这两项研究分别是其在20世纪60年代前半期对麻省马萨葡萄园岛上居民以及纽约市部分居民所说的英语中的一些差异进行的深入细致的调查研究。

方言学与历史语言学有密切联系,表现在两个方面:一是方言地理学一开始就是为了验证19世纪新语法学派的"语音演变无例外"这一假说。其研究结果后来也被用来构拟早期语言并说明它是如何分化的。二是社会方言学的一个主要目的是提出一

个可能性较大的语言演变模式。

方言学与普通语言学也有紧密联系。比如社会方言学的基本出发点就是建立一个符合语言实际的,适用于社会交际的语言理论,反对索绪尔以来让语言研究与社会交际脱节,以致脱离语境或光凭语感的语料而建立起来的理论。

3.《中国语言地图集》

《中国语言地图集》:由中国社会科学院、澳大利亚人文科学院合作编纂,香港朗文有限公司于1987年和1990年分两次正式出版的图书。李荣、熊正辉、张振兴担任主编。它共有彩色地图36幅,每幅图附有必要的文字说明。《地图集》对汉语方言提出了"点—小片—片—区—大区"的5个层次划分法,相较于传统的"方言—次方言—土语"的三级划分法在理论和实践上都是一种进步。它把汉语方言分为10区:官话区、晋语区、吴语区、徽语区、赣语区、湘语区、闽语区、粤语区、平话区、客家话区。官话区和闽语区为大区,其中官话大区包括东北官话区、北京官话区、冀鲁官话区、胶辽官话区、中原官话区、兰银官话区、西南官话区、江淮官话区8个分区。闽语大区包括闽南区、莆仙区、闽东区、闽北区、闽中区、邵将区、琼文区7个分区。《中国语言地图集》中的汉语分区图和随图文字说明,不仅精炼地总结了在此之前的汉语方言的研究,同时包含了大量汉语方言研究的最新信息。它比较客观地反映了汉语方言分区和实际面貌,比较清楚地表述了汉语各个方言区的重要特点,是汉语方言研究的一次重大进展。

4.《方言调查字表》

《方言调查字表》:供调查整理汉语方言字音使用的著作,由中国科学院语言研究所编辑,北京科学出版社于1955年出版。该字表是以前中央研究院历史语言研究所1930年所编"方音调查表格"为底本经过修改而成,删去了原表格中不必要的罗马字注音和一些不常用的字,改正了一些字的音韵地位,加入了一些常用字。第二版于1964年出版,删去了一些不常用的字和又音字,增加了一些方言常用字,改正了个别字的音韵地位,删改和增补了一些字的注释。新一版修订本于1983年由商务印书馆出版,在第二版基础上又改正了3个字的音韵地位。本书选择了比较常用的单字3700多个,书前有用法、说明、发音合作人及声调表、声母表、韵母表;书后附有音标及其他语音符号表。字的次序按《切韵》《广韵》一系韵书所代表的古音系统排列。先按十六摄排列,摄的次序是:果、假、遇、蟹、止、效、流、咸、深、山、臻、宕、江、曾、梗、通。同摄的先分开合口,再分一二三四等。相承的四声并列,每页第一横行的韵目举平以赅上去。声母分36类,次第是:帮(非)、滂(敷)、并(奉)、明(微)、端、透、定、泥(娘)、来、精、清、从、心、邪、知、澈、澄、照(庄)、穿(初)、床(崇)、审(生)、照(章)、穿(昌)、床(船)、审(书)、禅、日、见、溪、群、疑、晓、匣、影、喻(云)、喻(以)。声母、韵母、声调搭成框架,每个字放在各自应有的音韵地位中,形成一张张韵图,相当于现代汉语声韵调配合表。用这个字表调查方言的音系,许多复杂不易理解的现象大都可以得到理解,从而得出方言音系在古今演变的要点。实践证明,用该表作为调查研究汉语方言语音的基础是一个比较简便的方法。

5.《现代吴语的研究》

《现代吴语的研究》:作者赵元任,这是中国第一部运用现代语言学方法调查研究吴方言的著作,全书共六章,分"吴音""吴语"两部分。前四章是"吴音"部分,讨论吴语各地的声母、韵母、声调的音值和音类,列举吴方言各地的语音特点,总括吴语的共同特征。后两章"吴语"部分讨论了词汇、语法问题,主要内容是30处的75个词的词汇对照表和22处56种用法的语助词对照表。对照表后列举了各地特别词,如上海话的"白相"(玩儿)、温州话的"吃天光"(吃早饭),另外还附有成篇的记音材料、调查所用各种表格等。赵元任最先使用国际音标记录汉语方言,语音分析深入细致,并能联系古代音韵观察汉语的古今变化,使错综复杂的语言现象得到了科学合理的解释。各地声韵调和词语的异同都用表格的形式表示,便于对照,一目了然。

6.《湖北方言调查报告》

《湖北方言调查报告》:由赵元任、丁声树、杨时逢、吴宗济、董同龢等编著,是新中国成立前汉语方言调查研究中篇幅最大的一部著作,内容丰富,编排合理。该书于1948年由商务印书馆出版,包括分地报告和综合报告。分地报告排列了64个点的调查材料,每份报告都有发音人履历、声韵调表、声韵调描写、与古音比较、同音字表、音韵特点、注音读物等内容。综合报告的内容包括综合对比材料,湖北方言特点和分区说明,湖北方言地图等。报告在对比各地记音材料,分析各地方言特点的基础上把全省方言分为4区:第一区西南官话,第二区楚语,第三区赣语,第四区湘语。音韵特点:第一区声调分阴平、阳平、上声、去声四类,古入声字归阳平,没有阳去调;其他3区都有入声。古去声分为阴去、阳去两类。全书有方言地图66幅,包括音类图、特字图、词类图、综合图和分区图。该书偏重语音,在比较音韵方面只限于跟古音的历史比较,缺少跟共同语的平面比较。另外,由于发音合作人都在武昌物色,没能深入到当地复核材料,在材料的准确性方面难免会有一些问题。

7.《昌黎方言志》

《昌黎方言志》:由河北省昌黎县县志编纂委员会、中国科学院语言研究所合编,科学出版社于1960年出版的一部调查研究河北省昌黎县方言的著作。它是新中国成立以后编写的第一部方言志，也是方言研究方面有代表性的著作，吸收了过去几十年间中国汉语方言调查的经验。本书调查细致，记音严格，重视方言词汇和民间口头创作的材料，注意平面比较，在编写体例上由概况介绍转向语言结构的分析，这些方面都超越了前人著作。全书框架如下：第一章“导言”，说明出版这本书的目的、意义，昌黎县的地理人口概况和本书使用的音标符号。第二章“昌黎方言的南北两区”，着重说明南北两区的差异，并列出方言地图11幅。第三章“昌黎方言的特点”，从语音、词汇、语法三方面对昌黎方言的特点作了说明。第四章“昌黎音的分析”，对昌黎音的声母、韵母、声调作了具体分析，列有单字声韵调配合表。第五章“昌黎同音字表”，列出3000多个单字的同音字表。第六章“昌黎音和北京音的比较”，从声母、韵母、声调三方面对二者进行比较。第七章“昌黎话标音举例”，有新诗、谚语、儿歌、歇后语、谜语、绕口令、故事、语法例句等。第八章“分类词表”，分天文、地理、时令、时间、政治、工业工艺、农业、商业等36类。

8.《普通话基础方言基本词汇集》

《普通话基础方言基本词汇集》：记录和比较北方话方言基础词汇的著作，由陈章太、李行健主编，语文出版社于1996年出版。全书五卷，共收录了93个方言点的语音和词汇的基础材料，第一、二卷为“语音卷”，记录了93个方言点的音系，每个点包括声母表、韵母表、声调表、音系说明、声韵配合关系、儿化韵表、两字组连读变调、同音字表等。第三、四、五卷为“词汇卷”（第五卷为“词汇卷和地图”），共收录93个方言点的2645条词汇对照，还有63幅方言地图，最后还附有词目索引。本书第一次比较全面地展示了作为普通话基础方言的北方话的语音和词汇的基本面貌，初步摸清了北方话内部以及北方话同普通话及其他方言在基本词汇方面的一些有意义的异同现象，对于制定和推广普通话的有关规范有重要参考价值，同时也为汉语方言的研究提供了比较丰富的材料。

9.《汉语方言词汇》

《汉语方言词汇》：由北京大学中国语言文学系语言学教研室编，文字改革出版社于1964年出版的比较汉语方言词汇的著作。该书收集了18个方言点（北京、济南、沈阳、西安、成都、昆明、合肥、扬州、苏州、温州、长沙、南昌、梅县、广州、阳江、厦门、福州、潮州）的905条词语。书中词汇表前列有18个方言点的声韵调，所收词语依据各方言点的语音系统，用国际音标注音，为推广普通话、促进汉语规范化和进一步开展汉语方言词汇的比较研究提供了丰富的资料。1995年第二版出版，做了全面修订，重新记录方言材料，收录词语1230个，删去了沈阳、昆明两个方言点，补充了太原、武汉、双峰、建瓯4个方言点。

10.官话与蓝青官话

官话：官话是汉语人口最多(占总人口的三分之二左右)、分布范围最广的一级方言，该名称源自明清时期对汉语官方标准语的称呼，“官话”在语言学上成为特定汉语方言的专有名词，官话方言又叫“北方方言”。官话主要分布于北方地区、西北地区和南方的西南地区、江淮地区(江苏中部、安徽中部)以及广西北部、湖南的北部和东南部、江西的沿江地区。官话一般可细分为八种次方言：东北官话、胶辽官话、北京官话、冀鲁官话、中原官话、江淮官话、兰银官话、西南官话。官话主要特点：保留了介音(即韵头)；分平翘舌音，中古的知、章、庄三组声母合并为卷舌塞擦音，并与平舌音的精组字相对立；原本连接i、ü韵母的z、c、s声母颚化成j、q、x，即尖团合流；分泥、来组声母；中古汉语中的六个辅音韵尾演化保留n、ng；官话未经过剧烈的声调分化，大体上无入声，有阴平、阳平、上声、去声四个声调，四个声调都有在语流中读轻声的现象。

蓝青官话：地方话受官话影响产生一种带方音的官话，被称为“蓝青官话”，又叫“方音官话”。古代非官话所在地的人，要学习官话，往往会受母方言的极大影响，从而说出母方言特征极浓的官话来，相当于今天的广东普通话、山东普通话、四川普通话等，蓝青官话(方音官话)与标准官话之间，只是口音之间的区别，而非方言之间的区别。

五、简述题

1.谈谈你对汉语分期的看法。

答：关于汉语分期，有以下三种说法。

一是，古代汉语与近代汉语两分法。吕叔湘以晚唐为界把汉语分为古代汉语和近代汉语两大阶段，并认为现代汉语不能跟古代汉语和近代汉语鼎足三分，现代汉语从新文化运动开始只是近代汉语内部的一个分期。许威汉认为近代汉语始于唐五代，全面成熟于南宋后半期和明代，发展于1915年新文化运动以后。

二是，古代汉语、近代汉语与现代汉语三分法。王力认为近代汉语的上限在南宋后半期(13世纪)，下限在《红楼梦》以前；胡明扬认为从隋末唐初到明末清初为近代汉语阶段，内部还可以再分早期(隋末唐初到五代北宋)、中期(宋元)、晚期(元明到清初《红楼梦》以前)，蒋绍愚也认为近代汉语下限应在《红楼梦》时代以前；蒋冀骋认为近代汉语的上限为晚唐五代，下限以明末清初为界。

三是，上古汉语、中古汉语、近代汉语、现代汉语四分说。在三分说的基础上，方一新、王云路又把古代汉语划分为上古汉语和中古汉语。

目前，学界初步达成的共识是，上古汉语从先秦到两汉，中古汉语从东汉末到隋唐，近代汉语从晚唐五代到清末，现代汉语从清末民初到现在。那种将现代汉语包含在近代汉语的说法，将现代汉语上限确定在明末清初，应该不符合汉语事实。还有学者提出了“当代汉语”的概念，目前来看，很难依据语音、词汇、语法上的不同从现代汉语中分出一个当代汉语来。

2.简述现代汉语与现代汉民族共同语、普通话与华语的异同。

答：现代汉语是现代汉民族所使用的语言。它包括吴方言、闽方言、粤方言等多种方言和民族共同语。现代汉语是经上古汉语、中古汉语、近代汉语发展而来，分口语和书面语两种形式。

现代汉民族共同语是以北京语音为标准音，以北方话为基础方言，以典范的现代白话文著作为语法规范的普通话。

普通话不仅是现代汉民族的交际工具，同时又是国家法定的全国通用的语言。也就是说，普通话在全国范围内通用，包括特别行政区、民族自治地区和少数民族聚居的地方。推广普通话不是要消灭少数民族语言，也不是要消灭汉语方言，而是要使公民普遍具备普通话应用能力，消除民族语言或方言带来的交际障碍。

华语是包括东南亚、北美、大洋洲等世界各地区海外华人对汉族语言（包括自己家乡话，如闽南话、潮汕话）的一种习惯性称谓。这些华人在海外大多都还使用汉语同时具有保留中国传统节日的习惯，在海外称自己为“华人”，称自己说的话为“华语”。“华语”与“普通话”、台湾省的汉语相似，但是“华语”一般不用来称呼大陆和台湾使用的汉语，是中国国外的汉语言的统称，与普通话相比，具有更多的方言色彩。

3.简谈现代汉语口语与书面语、文学语言的异同。

答：现代汉语有口语和书面语两种形式。口语是人们口头上使用的语言。口语具有词语使用不严谨、句法成分省略、语句简短等特点。这种风格的形成主要是由于口语属于当面交流，有肢体语言、语音语气变化等特定语境的帮助、衬托和支持，它一经出口就稍纵即逝，难以保存和流传。

书面语是用文字写下来的语言，既是以口语为基础形成的，又克服了口语受时间和空间限制的缺点，可以传之异时、异地。书面语具有用词周密、严谨，句法结构完整，语句多长句的特点。这种风格的形成是由于书面语缺少不同语境下当面会话所具有的辅助信息，因此不得不要求语句信息自身严谨和完备。

文学语言,又称标准语,是现代汉民族语言中经过高度加工并符合规范的语言。与一般的书面语和口语相比,文学语言加工更加精细,成果更为定型和更易保存,内容更丰富,更具表达力和典型性。文学语言的形成和发展,以书面语的产生与演进为先决条件,但文学语言不局限于书面语,也就是说,文学语言既有书面语形式,包括文艺作品语言、社会科学和自然科学著作的语言,也有口语形式,包括科学报告、新闻广播、口头声明、答记者问、优秀文艺作品朗诵、戏剧和影视的台词、相声和说书等。文学语言主要在书面上,也在口头上为汉民族文化生活和社会活动的各方面服务,它以自身的"典范性"特征区别于书面语和口语,对现代汉民族语言的健康发展有很大的示范和推动作用。

4.简述现代汉民族共同语的形成过程。

答:现代汉民族共同语的形成,是历史的不断沿革与积累,尤其重要的是经历了"国语运动"与"白话文运动"而最终定型。

汉民族早就有自己口语上的民族共同语,其名称有一个随着历史变迁而更换的过程,春秋时期谓之"雅言",汉代开始更名为"通语",明代改称为"官话",辛亥革命后变为"国语",新中国成立后定名为"普通话"。在民族共同语的口语形成过程中,名称虽然不断变迁,但是其基础方言始终是北方方言,因为历史上的春秋"雅言"、汉代"通语"都是以长安为政治、经济、文化中心,这种情况一直持续到唐代,北宋的开封"通语"以及南宋杭州"通语"也都还属于北方方言,元、明、清三代开始以北京为政治、经济、文化中心,其官话也属于北方方言,作为通用语的北京话被广泛使用而传播到全国各地,所以这为成为现代汉民族共同语的标准音和基础方言做好了历史铺垫。

到了清朝末年,国语运动发出了先声,1909年清政府资政院把"官话"正名为"国语",设立"国语编查委员会",负责编订研究事宜。1911年清朝学部召开"中央教育会议",通过《统一国语办法案》,决议成立国语调查总会,各省设分会,进行语词、语法、音韵的调查,审定"国语"标准,编辑国语课本、国语辞典和方言对照表等。1912年中华民国成立后,"临时教育会议"决定先从统一汉字的读音做起,1913年召开了"读音统一会",议定了汉字的国定读音(即"国音")和拼读国音的字母"注音字母"(也叫"国音字母")。1916年北京教育界人士组织"中华民国国语研究会",简称"国语研究会",正式掀起了一个催促北洋政府公布注音字母和将学校"国文"科改为"国语"科的运动,"国语"运动得到各地教育界人士的响应。1918年北洋政府教育部决定在全国高等师范附设"国语讲习科",专教注音字母及国语,并于同年11月公布了"注音字母"。1919年北洋政府教育部成立"国语统一筹备会",并训令全国各国民学校改"国文"科为“国语”科，又通令修改原来的《国民学校令》，规定首先教授注音字母。1920年，教育部通令初小“国文”科改为“国语”科。1921年教育部发布训令“凡师范学校及高等师范均应酌减国文钟点，加授国语”。1923年，国语统一筹备会第三次大会提案议决函请教育部规定中等以上学校实行国语教育，教育部复函表示同意。同年实行学制改革，全国教育联合会组织了“新学制课程标准起草委员会”公布《中小学各科课程纲要》，规定小学、初中、高中的语文科一律定名为“国语”科，这样，国语运动在学校方面得到了初步的成功。

新文化运动以后国语运动进入深入期，由于注音字母不便于国际应用，黎锦熙、赵元任等人又发起国语罗马字的研究和制订，这个方案于1926年由国语统一筹备会发表，“国语罗马字”作为注音字母第二式于1928年由大学院（教育部）正式公布。由于1913年读音统一会用投票方式议定了“国音”标准（习惯上称之为“老国音”），1919年出版了《国音字典》（初印本），但是各界对此议论颇多，纷纷主张改为以北京语音为标准音。1923年国语统一筹备会成立“国音字典增修委员会”，决定采用北京语音标准，称之为“新国音”。1932年教育部公布发行《国音常用字汇》，采用了“新国音”。1920—1923年间，教育部、各省区教育厅以及民间机构通过“国语讲习所”“国语专科学校”培训了四千名国语教员。1920—1932年间，《国语月刊》《国语旬刊》《国语周刊》等刊物纷纷出版宣传、研究国语，《民国日报》《时报》《时事新报》《申报》《教育杂志》《星期评论》《上海青年》等报刊不断发表宣传国语的文章。《国民学校用新体国语教科书》《新法国语教科书》（商务印书馆）、《新教育国语课本》（中华书局）等各种课本出版了，此外国音的字汇、字典、国语辞典、语音教材、会话读本、留声片等也陆续出版。编纂国音字汇、字典和国语辞典成为国语运动后期的重点工作，专门成立了编纂机构“中国大辞典编纂处”。1937年抗日战争爆发，国语的推行陷于停顿。1949年中华人民共和国建立以后，改为推广以现代典范的白话文著作为语法规范的普通话。普通话的标准与国语略有不同，但是运动的性质仍旧一样，是国语运动的继续，是现代汉民族共同语形成不可缺少的重要一环。

与先秦就已经出现的脱离口语的文言文相比，接近口语的白话文大概到了唐代才产生，如宣讲佛经的禅宗语录（《祖堂集》）、说唱文本变文（《伍子胥变文》《秋胡变文》），后来的宋代语录（《朱子语类》）、宋元话本（《大唐三藏取经诗话》《宣和逸事》）、元杂剧（《高祖还乡》《杀狗劝夫》）、明清俗小说等，都属于古白话文。这些古代白话作品虽然多用市井语言而难登大雅之堂，但大都是用北方方言写成，有的还受北京话的影响比较大，特别是《水浒传》《西游记》《金瓶梅》《儒林外史》《红楼梦》等近代白话作品，它们的广泛流传加速了北方方言的推广，提高了北京话的地位，为白话文取代文言文做好了基础性铺垫。

1917年1月，胡适在《新青年》上发表了《文学改良刍议》一文，提出文学改良的八点建议，吹响了白话文运动的号角。1917年3月9日《申报》6版《国语研究会讨论进行》一文报导了全国各教育界人士为解决各地语言不一的问题而召开大会，制定国语标准，推广白话文教学：白话文运动开始后，大量白话文报纸出现，并为民众所接受，逐渐成为报纸的主流，而白话文推广的另一项重大转变就是标点符号的推广。1919年4月，胡适、钱玄同、刘复、朱希祖、周作人、马裕藻6名教授在国语统一筹备会第一次大会上提出了《请颁行新式标点符号议案》，要求政府颁布通行“，。；：？！ —（）《》”等标点。1920年2月2日，北洋政府教育部发布第53号训令—《通令采用新式标点符号文》，中国第一套法定的新式标点符号从此诞生。1920年4月，教育部又发一个通告，明令国民学校其他各科教科书，亦相应改用语体文。从此，白话文占据教育这块高地，白话文运动取得完全胜利。

“五四”时期的白话文运动，取得了显著效果，不但在文体改革上是一个革命，而且作为新文化运动的一个组成部分，促进了新文学运动和国语统一运动以及汉字改革运动的发展，在白话文运动和国语运动的合力推动下，现代汉民族共同语最终形成，到了1955年被正式命名为“普通话”。

5.简述现代汉民族共同语与方言的关系。

答：（1）现代汉民族共同语是现代汉民族的通用语言，即“普通话”，现代汉语方言是现代汉民族共同语的地域变体或分支，只通行于有限的地域。

（2）现代汉民族共同语是在北方方言的基础上形成的，并作为汉民族语言的高级形式，用于不同方言区的交际。推广民族共同语，是为了消除方言之间的交流隔阂，而不是为了禁止和消灭方言。

（3）一方面，现代汉民族共同语会对方言的语音、词汇、语法产生一定影响；另一方面，它又要从不同方言中吸收有益的语言成分以丰富、发展自己。在一定的政治、经济、文化条件下，方言也可以上升为民族共同语。

6.现代汉语有几个方言区？简述各方言区分布、分片及主要语音特点。

答：世界方言的产生，一般有两种模式，一种是以“谱系树”模式通过自发演变运动形成，一种是以语言接触“波浪说”进行互动演变运动而形成。汉语方言既有通过自然“分化”形成的，如吴方言、湘方言、闽方言、粤方言，也有通过接触“融合”产生的，如赣方言、徽语、平话。

根据中古音类在今天方言里的实际读音这一标准（主要标准是全浊声母的有无，补充标准是入声的有无、入声韵尾与阳声韵尾的有无以及知、照系和精、见组声母的分合），一般将现代汉语分为七大方言区：北方方言（官话方言）区，以北京话为代表；吴方言区，以苏州话为代表；湘方言区，以长沙话为代表；赣方言区，以南昌话为代表；客家方言区，以广东梅县话为代表；闽方言区，以福州话、厦门话为代表；粤方言区，以广州话为代表。现代汉语十大方言说，在“七大方言区”的基础上多划出三个方言区：以太原话为代表的“晋语”，以歙县话为代表的“徽语”，以灵川三街话（桂北平话）和南宁心圩话（桂南平话）为代表的“平话”。各方言区的语音、词汇、语法都存在一定差别，但主要差别是语音差别。

吴方言是从中古汉语分化出来的，分布在上海市、江苏省长江以南镇江以东地区（不包括镇江）、南通的小部分地区、浙江的大部分地区。典型的代表话有苏州话、上海话。吴方言共有六个方言片：太湖片、台州片、瓯江片、婺州片、处衢片和宣州片。吴方言主要语音特点是：(1)古全浊声母[b][d][g][ʣ][ʥ][dʐ]多数点仍读浊音，与古清音声母今仍读清音有别。多数地区只有[ts]组，没有[tʂ][ʧ]两组。(2)古“疑”母今读鼻音[ŋ][ȵ]，不与“影”母相混。(3)古“微”母今有[v][m]文白两读，文读口音，白读鼻音。(4)古“日”母今有[z][ʑ][ȵ][n]文白两读，文读口音，白读鼻音。(5)[m][n][ŋ]能自成音节。(6)“鸟”字声母有[ȵ][t]文白两读，白读与古音端母相符。(7)咸、山两摄一般不带鼻音尾，读口音或半鼻音。(8)平上去入各分阴阳，一部分方言阳调没有阳上，阴调只拼清音声母及紧喉的鼻音声母，阳调只拼浊音声母。(9)入声多数方言收喉塞尾；少数读开尾，但不跟古平上去三声相混。(10)否定词“不”口语读唇齿音声母，瓯江片读[fu]，处衢片读[fəɯ]，多数读作入声的“弗”[fəʔ]或“勿”[vəʔ]。

湘方言是从上古汉语分化出来的，分布在湖南省大部分地区，以长沙话为代表，内部还存在新湘语和老湘语的差别。湘方言分三个片：长益片、娄邵片和吉溆片。湘方言主要语音特点是：(1)古全浊声母逢塞音、塞擦音时，不论今读清音还是浊音，也不论平仄，一律不送气。大致说，北部今读清音，南部今读浊音，可见浊塞音、浊塞擦音有日渐消失的趋势。(2)清塞擦音、擦音只有[tʂ][s]两组，没有[ʧ]组。(3)有[n][ŋ]两个鼻音尾，有入声，但无入声韵尾。(4)声调有五、六个。(5)x和u相拼时读fu，n、l不分。

赣方言大概是受邻近江淮官话、吴方言、湘方言、西南官话以及客家方言长期互相接触、影响而产生的，分布在江西省大部分地区，以南昌话为代表。赣方言可分九个片：昌靖片、宜浏片、吉茶片、抚广片、鹰弋片、大通片、耒资片、洞绥片、怀岳片。赣方言主要语音特点是：(1)古全浊声母今读塞音、塞擦音时读送气清音，全浊音消失，只有塞擦音[ts]组，没有[tʂ][ʧ]两组。(2)有[n][ŋ]两个鼻音尾，有入声韵尾[t][k]。(3)声调一般有六个。(4)有l而没有n，但有[ȵ]。(5)一部分读[t]的字读成送气的[tʰ]。

客家方言也是从中古汉语分化出来的，是历史上多次大移民的产物，分布在广东、福建、台湾、江西、广西、湖南、四川等省，以广东梅县话为代表。客家方言可分八个片：粤台片、粤中片、惠州片、粤北片、汀州片、宁龙片、于桂片、铜鼓片。客家方言主要语音特点是：(1)古全浊声母今读塞音、塞擦音时读送气清音，全浊音消失，只有塞擦音[ts]组，没有[tʂ][ʧ]两组，这两点与赣方言相同，但"古次浊上声和古全浊上声今都有一部分字读阴平"与赣方言不同，如"马、买、美、尾、恼、暖、两、岭、软、咬、有、养、痒"和"辫、弟、坐、柱、倚、舅、在"在梅县等地都读阴平，据此可将客家方言和赣方言分开。(2)鼻音韵尾[m][n][ŋ]和入声韵尾[p][t][k]齐全。(3)声调一般有六个。(4)x和u相拼时读fu，没有[ʨ][ʨʰ][ɕ]。

闽方言是从上古汉语分化出来的，至今还保留着上古汉语某些声母的读音，分布在福建和海南的大部分地区、广东东部潮汕地区、雷州半岛部分地区、浙江南部温州地区的一部分、广西的少数地区、台湾省的大多数汉人居住区，以福州话、厦门话为代表，可分为闽东、闽南、闽北、闽中、莆仙五个次方言（一说分七个区：闽南、闽东、闽北、闽中、莆仙、琼文、邵将）。闽方言主要语音特点是：(1)古全浊声母今逢塞音、塞擦音多数字不送气，少数字送气，厦门、潮州还有全浊音[b][g]。(2)只有塞擦音[ts]组，没有[tʂ][ʧ]两组。(3)有鼻音韵尾[m][n][ŋ]，有入声韵尾[p][t][k]或蜕变为喉塞音[ʔ]。(4)声调一般七到八个。(5)没有f，把"猪、竹、张、抽、畅、池、陈、虫"等一些字读成[t][tʰ]。(6)古匣母字今白读都是[k]或零声母，如福州话的"喉"。(7)部分古云（喻三）母字如"雨、园、远、云、熊、雄"等今白读都是阳调类的[h]声母。

粤方言是从上古汉语分化出来的，至今其语音系统与唐代语音系统比较接近，分布在广东中部、西南部和广西东部、南部的约一百来个县以及香港、澳门，以广州话为代表，可分为七个片：广府片、四邑片、高阳片、勾漏片、吴化片、邕浔片、钦廉片。粤方言主要语音特点是：(1)全浊塞音、塞擦音消失，清塞擦音只有[ʧ]组，没有[ts][tʂ]组。(2)有鼻音韵尾[m][n][ŋ]，有入声韵尾[p][t][k]。(3)一般有九个声调，个别的有十个声调。(4)x和u相拼时读fu，没有[ʨ][ʨʰ][ɕ]。

晋语指山西省及其毗连地区有入声的方言，分布在山西省（东南部属中原官话汾河片），河北省西部邻近山西的地区，河南省黄河以北地区（其中孟县属中原官话），黄河以南的三门峡市何灵宝县、陕县，内蒙古自治区中部黄河以东地区以及陕西省的北部地区。晋语以太原话为代表，可分为八片：并州片、吕梁片、上党片、五台片、大包片、张呼片、邯新片、志延片。晋语主要语音特点是：(1)入声多数为喉塞音[ʔ]，如“格”[kəʔ^{53}]，“塞”[səʔ^{53}]。(2)韵母[ən]与[əŋ]合并，[in]与[iŋ]合并，[uən]与[uəŋ]合并，[yn]与[yŋ]合并，如太原话“根”与“庚”，“新”与“星”，“魂”与“红”，“群”与“穷”读音相同。少数地区鼻音韵尾失落，主要元音往往鼻化，如太谷话“根”“庚”都读[kə̃^{22}]。(3)多数地区有词缀“圪”[kəʔ]，“圪都(拳头义)”，文水话读[kəʔ^{313} tu$^{22-24}$]，吴堡话读[kɤʔ^{22} tou^{212}]。(4)北京话轻声“子”尾，晋语多数地区读[tsəʔ]或[zəʔ][z̨əʔ][təʔ]。(5)除了邯郸、安阳等地以外，多数地区都有分音词，如平遥“摆”读成[pʌʔ$^{23-45}$ læ^{54}]，“杆”读成[kʌʔ$^{23-45}$ laŋ^{53}]。

徽语也叫徽州话，徽语是皖南最有特色的一种土著方言，集中分布在安徽省南部的旧徽州府及浙江旧严州府地区，大致相当于隋代的新安郡，并延伸到江西的婺源、德兴以及旧浮梁县。徽语可分为五片：绩歙片、休黟片、祁婺片、严州片、旌占片。徽语总的语音特点是：它的声母系统接近赣语，古全浊声母今全读清音，其中古塞音、塞擦音不分平仄，大多数地方都以读送气清音为主，但它的韵母系统却跟南部吴语较为接近，咸、山一二等鼻音尾消失或转为鼻化音比较普遍，甚至连“臻、宕、江、曾、梗、通”几摄的一些字也有这种现象，声调方面古上声通常分为阴阳上或合为一调，古全浊上声一般不归阳去，部分方言上声字带喉塞音[ʔ]。

平话是广西汉语仅次于粤语、西南官话和客家话的第四大方言。平话比较集中地分布在交通要道附近，从桂林以北的灵川向南，沿铁路到南宁形成主轴线，柳州以下为南段，鹿寨以上为北段。北段从桂林分出一支，经阳朔、平乐到钟山、富川、贺县，是为北片。南段北端从柳州分出一支，沿着融江到达融水、融安，南端从南宁由水路分出三支，右江支到百色，左江支到龙州，邕江支到横县，是为南片。融江一支在地理位置上属于桂北，但从语言特点上属于桂南平话。南北两片差别很大，但也有其共同点：古全浊音今读塞音、塞擦音时一般不送气；与粤语勾漏片相同。

桂北平话主要语音特点是：(1)知组有些字读如端组。如“猪”读[ty^{24}]，“锤”读[ty^{42}]。(2)有z/c/s声母，如“兹、资、支”读[tsɿ^{24}]，“思、师、诗”读[s^{24}]。(3)有撮口呼韵母[y yɛ yŋ ya yo yaŋ]，如“准”读[tɕyŋ^{44}]，“腮”读[ɕya^{24}]，“茶”读[tɕyo^{42}]，“床”读[tɕyaŋ^{42}]。(4)没有鼻韵尾[m][n]，如“岩”读[ia^{42}]。(5)声调是六类：阴平、阳平、上声、阴去、阳去、入声。

桂南平话受粤语影响大，主要语音特点是：(1)古心母读边擦音[ɬ]，如“苏”读

[ɬu⁵³]，“雪”读[ɬyt⁵]。(2)有鼻音韵尾[m][n][ŋ]和入声韵尾[p][t][k]。(3)声调八个，平上去入各依据古声母清浊分成两类。

7.请列举历代研究方言的代表作(不少于十部)。

答：西汉扬雄《方言》(我国第一部汉语方言词汇比较研究的著作)、晋代郭璞《方言注》、清代戴震《方言疏证》、清代钱绎《方言笺疏》、章太炎《新方言》(第一部给中国汉语方言进行分区的著作)、赵元任《现代吴语的研究》(第一部运用现代语言学方法调查研究吴方言的著作)、赵元任丁声树等《湖北方言调查报告》(新中国成立前汉语方言调查研究篇幅最大的一部著作)、社科院语言所与河北省昌黎县合编《昌黎方言志》(新中国成立后第一部方言志，也是方言研究方面的范式代表作)、中国社会科学院与澳大利亚人文科学院编纂《中国语言地图集》(首次采用“点-小片-片-区-大区”的五级层次划分法，是汉语方言研究的一次重大理论与实践突破)、陈章太与李行健主编的《普通话基础方言基本词汇集》(第一次比较全面地展示了作为普通话基础方言的北方话的语音和词汇的基本面貌)、北京大学中国语言文学系语言学教研室编《汉语方音字汇》和《汉语方言词汇》、罗常培《厦门音系》和《临川音系》、许宝华和宫田一郎主编的《汉语方言大词典》、李荣主编的《现代汉语方言词典》。

8.简述传统方言研究概貌。

答：西汉末年扬雄《輶轩使者绝代语释别国方言》(简称《方言》)，既是中国第一部关于汉语方言词汇比较研究的著作，又是最早记录语言内部词汇差异的著作，被誉为“悬之日月而不刊”。东晋郭璞的《方言注》是为扬雄的《方言》所作的第一个注本，保存了汉晋时期语言演变的许多材料，是对《方言》富有创见性的补充说明，他继承了扬雄重视活语言词汇的传统，用晋代方言来与汉代方言进行比较，以证实古今词语的变化，指明某些汉代词语保存在何地、转移至何处，或已经发展成“通语”。

清代，汉语方言研究取得了一定程度的进展，如戴震的《方言疏证》，该书是研究《方言》非常好的注本，戴震从《永乐大典》得到《方言》善本，用它来跟明代版本对勘，并广泛搜集古籍中引用《方言》《方言注》的文字，与永乐本交互参订，共改正讹字281个，补脱字27个，删衍文17个，辨析疑义，取证确凿。钱绎的《方言笺疏》是清代为《方言》作注释的一部著作，他参考戴震的《方言疏证》和卢文弨《重校方言》两个本子，又使用玄应《一切经音义》来参校，阐释词义旁征博引，但它只注重材料搜集，创见较少。清代杭世骏的《续方言》，是在博采《十三经注疏》《史记》《汉书》《说文》《释名》《集韵》等多种古籍的基础上辑成的，辑录的古代方言词语，为考释古词古义提供了有用的材料，是研究古代方言难得的参考，全书分上下两卷，上卷包括言辞、称谓、计量、衣着等各类词，下卷包括天文、地理、树木、虫鱼等各类词，共500余条，体例仿《尔雅》，按类编次，释文一般先列词目，然后释义，指明是何地方言，最后注明材料来源和出处，有的加上反切注音或作校勘说明。清代程先甲的《广续方言》，共四卷，是清代续补扬雄《方言》较为详备的一本著作，此书仿《尔雅》《广雅》体例，分“诂、言、训、亲、宫、器、乐、天、地、丘、山、水、草、木、虫、鱼、兽、畜”18类。本书广泛搜集古书中的方言资料，分类较细，对研究古代方言词汇有一定参考价值。现代学者周祖谟的《方言校笺》是《方言》的集大成善本，华学诚《扬雄〈方言〉校释汇证》是研究《方言》的又一力作。

9.简述地域方言与社会方言的区别。

答：汉语方言又叫地域方言，俗称地方话，只通行于一定的地域，是局部地区使用的语言，属于汉语的地域变体或分支。同一地方的方言也会因使用者的不同职业、阶层、年龄、性别、文化教养等社会性因素而发生变异，从而产生不同的社会变体，这种社会变体就叫社会方言。地域方言与社会方言的区别分析如下：

一是地域方言是以地域上的分布定范围，在同一个村或同一个城里，即在同一个地域内，是同一个地域的全民方言；而社会方言不是拿地域来区别的，同一个城，同一个村，即同一个地域内，可以有几种不同的社会方言，这几种社会方言只给自己的阶层、行业服务，不是地域内全民的。

二是地域方言的特点可以表现在词汇、语法和语音三个方面，而社会方言基本表现在词汇上，语法、语音上的特点不是主要的。

三是地域方言是语言的缩影，在有利的政治条件下，可以发展为独立的语言，而社会方言无论如何也不能发展成为独立的语言。

10.简述方言地理学与社会方言学的差异。

答：方言地理学与社会方言学都研究一种语言内部的差异，但是研究方法和方向各不相同。明显的差异表现在七个方面：

(1)方言地理学通常对一个大地区内的若干点进行调查，以一个点的语言代表一个分区，选出一两个人为分区的样本，而社会方言学则对分区内某个点进行调查，选出一组人所使用的语言代表这个点。

(2)方言地理学调查项目一般比较多，而社会方言学调查项目通常只有少数几个。

(3)在选择对象时，方言地理学专门挑选能说“纯粹”方言的人，而社会方言学则用随机抽样的办法来找调查对象。

(4)在调查时，方言地理学的调查通常脱离语境，所得到的往往只是正式语体的正式表达方式，而社会方言学则将调查项目放在一定的语境之中，并且设法获得各种语体的不同表达方式。

（5）方言地理学通常将调查结果用文字或地图表示出来，而社会方言学则将调查结果用统计数字或图表表示，有时也用规则表示。

（6）方言地理学在解释语言的差异时，通常从历史、地理、政治、文化等方面找原因，而社会方言学则从社会与心理方面找原因。

（7）方言地理学不重视语言变体的研究，而社会方言学则以研究变体为核心。

11. 现代汉语在语音、词汇、语法等方面各有哪些特点？

答：（1）语音方面，音节界限分明，乐音较多，噪音较少，声调高低变化，语调抑扬顿挫，音乐性强。具体而言，没有复辅音，zh、ch、sh、ng 都只是两个字母记录一个音素；每个音节必须有元音，所以元音占优势（十个单元音）；韵母如果有多个元音而必须相连，所以复元音比例高，而且相同元音不重叠；每个音节最多四个音素，多数音节一个辅音在前，一个单元音或复元音在后，辅音在后的音节很少，所以音节结构整齐简洁，数量较少；每个音节都有固定音高型式的声调，表示不同的意义，声调还可以使音节之间界限分明，使汉语有高低升降的变化，增强了汉语的音乐性。

（2）词汇方面，单音节语素多，双音节词占优势。古代汉语的单音节词发展到现代汉语，经过双音化后变为构词语素，如目—目视、目测、护目镜，口—口吃、口晦、人口，望—仰望、希望、盼望；有些单音节词直接双音化了，如石—石头、桌—桌子、鼠—老鼠；有些单音节词为后起的双音节词代替了，如目—眼睛、日—太阳、颌—下巴；有的多音节词组被简缩成双音节形式，如基础设施建设—基建、家用电器—家电、外交部长—外长；新造词语也多是双音节的，如脱贫、网红、蓝牙、甩锅、躺平，三个音节的较少，如带节奏、背锅侠、杀猪盘。广泛运用词根复合法构成新词，如待业、海归、杀熟、美团、点赞；附加法构词较少，多为类词缀构词，如中国化、城镇化、电动化、中产者、不婚者、红二代、官二代、农二代。

（3）语法方面，汉语缺乏印欧语那种通过词形变化来表示语法意义的语法形态，主要使用语序和虚词来表示语法意义，比如，“我喜欢你”“你喜欢我”，“我”“你”做主语或宾语而没有词形变化，主语、宾语的语法关系是通过语序位置来实现的，“我吃了苹果”“我吃着苹果”，其中“吃”表正在或完成的时态不是通过词形变化而是通过虚词“了”“着”来实现；词、短语和句子的结构规则基本一致，由语素构成词，由词构成短语，还是词或短语形成句子，都有联合、偏正、补充、动宾、主谓五种基本语法结构关系。词类和句法成分关系复杂。不像英语中一类词大体充当一类句法成分，汉语里同一类词可以充当多种成分，呈现出语法上的多功能性，如“星期天”可以做主语、谓语、宾语、定语，“星期天是五一劳动节”“今天星期天”“你把星期天空出来陪我逛街”“星期天的早晨有雷阵雨”。又如“研究”既可以做谓语又可以做宾语，如“航天科学家研究登录月球方案”“这项研究很有实用价值”，像“研究”这种兼类词也不少。量词和语气词十分丰富，数词和名词结合一般要使用量词，名词不同所使用的量词也会不同，如“一口锅”“一把刀”“一头牛”“一根绳”“一棵树”“一辆车”“一匹马”“一只熊”“一张纸”。语气词常常出现在句末，表示陈述、疑问、感叹与祈使语气以及各种语气的细微差别，比如，“我昨天去考试了呀”（陈述）、“你昨天去考试了吗”（疑问）、“你昨天去考试了啊”（惊讶）、“你明天回家吧”（祈使）。

另外，汉语具有与记录它的汉字相适应的特点，不同于印欧屈折语，汉语属于孤立语或分析语，以单音节为主的古代汉语，一个汉字记录一个词，词汇双音化之后的现代汉语仍然可以用汉字来记录，在书面语上仍旧可以起到区别同音词或同音语素的作用，它的超时空性仍然能够满足汉语的需要。

12.什么是现代汉语规范化？现代汉语规范化的标准是什么？

答：现代汉语规范化是根据汉语发展规律来确定并推广现代汉民族共同语明确的、一致的标准，并用这种标准消除语音、词汇、语法等方面存在的一些分歧，同时对它的书写符号、文字的形音义各个方面也要制定标准进行规范，以进一步促进汉语的健康发展。

现代汉语规范化的标准，就是以北京语音为标准音，以北方话为基础方言，以典范的白话文著作为语法规范。

13.为什么要实行现代汉语规范化？

答：实行现代汉语规范化的理由主要如下。

（1）普通话的推广使用不够普遍，方言隔阂还很严重，影响了整个中华民族科学文化的发展提高。

（2）国际、国内的交往要求现代汉语有更加明确一致的标准。

（3）现代科学技术的发展，特别是计算机的广泛运用，对现代汉语规范化提出了更高的要求。

（4）普通话自身在语音、词汇、语法方面的分歧需要进一步规范。

（5）现代汉语在使用过程中，难免出现一些不健康、不纯洁的因素，也需要不断进行规范。

14.怎样进行现代汉语规范化工作?

答:(1)在语音规范化方面,要重申并进一步推广"以北京语音为标准音"的原则。要排除方音、消除北京土音对标准音的不良影响。要确定普通话标准音轻声、儿化的范围。要对异读词进行审定,确定规范读音。

(2)在词汇规范化方面,要重申并进一步推广"以北方话为基础方言"的原则。要排除其他方言对普通话词汇的不良影响,并注意消除北方方言过于土俗的词语对普通话词汇的影响。进一步审理北方方言中说法不一的等义词。要抵制生造词对普通话词汇的污染。

(3)在语法规范化方面,要重申并进一步推广"以典范的现代白话文著作为语法规范"的原则。要消除消极方言语法现象在普通话中的存在。要消除缺乏生命力的古代汉语语法现象的不良影响。对那些缺乏生命力和汉语语法基本规律的外语语法的影响,也要予以消除。普通话内部表达同一个意思却又截然相反的两种说法,也是应该注意规范的现象,如"难免犯错误"与"难免不犯错误","除非大家同意,才能决定"和"除非大家同意,不能决定"。

15.新时期语言文字工作的方针和当前的主要任务是什么?

答:新时期语言文字工作的方针是:贯彻、执行国家关于语言文字工作的政策和法令,促进语言文字的规范化、标准化,继续推动文字改革工作,使语言文字在社会主义建设中更好地发挥作用。

当前语言文字工作的主要任务是:做好现代汉语规范化工作,大力推广和积极普及普通话;研究和整理现行汉字,制定各项有关标准;进一步推行《汉语拼音方案》,研究并解决好实际使用中的有关问题;研究汉语、汉字信息处理问题,参与鉴定有关成果;加强语言文字的基础研究和应用研究,做好社会调查和社会咨询、服务工作。

第一章　语　音

知识提要

语音部分是现代汉语学习的一个难点。本章学习要求:掌握现代汉语语音的基本理论和知识,识记《汉语拼音方案》和普通话语音的特点,能够熟练使用国际音标记录汉语语音,能分析和拼写普通话音节,能用普通话进行交际。第二节、第三节、第四节三节为全章重点。

第一节　语音概说

重点掌握语音的性质、分类等基本相关知识。

一、语音的性质

语音是语言的物质外壳,是一种社会现象。语音具有生理属性、物理属性、社会属性三种属性,其中社会属性是语音的本质属性。另外语音还有心理属性。识记语音的三种属性及本质属性,了解语音的心理属性。

掌握语音的物理属性,即掌握物理四要素:音高、音强、音长、音色。能够理解音高与声调的关系,音强与重音、轻音的关系,音长与轻声的关系。重点掌握决定音色的三个条件:发音体、发音方法、共鸣器的形状。

能够描写声带、鼻腔、口腔在发音中的活动情况,掌握鼻音、口音、口鼻音或鼻化音、半鼻音的含义。熟悉舌头各部位名称。

能够举例论证语音的社会属性,一是从语音表示意义的社会性上看,一是从语音的系统性上看。

二、语音单位

掌握音素、音节等语音单位的含义及其类型。

音素是构成音节的最小单位或最小的语音片段。它是从音色的角度划分出来的。普通话的音素可以分为元音音素、辅音音素两大类。虽然声母由辅音充当,但有的辅音不作声母,只作韵尾,如ng[ŋ]。有的辅音既可作声母,也可作韵尾,如n。重点掌握辅音和元音的主要区别。

音节是语音结构的基本单位,也是自然感到的最小的语音片段。一般说来,一个汉字表示一个音节。正确理解一个汉字代表一个音节的一般性和例外的特殊性。

掌握现代语音学与传统语音学在分析语音上的差异,理解汉语传统的音节分析方法,即一个音节可以分为声母、韵母、声调三部分,并能够具体分析实例。

音位是同一个语音系统中能够区别意义的最小语音单位,也就是按语音的辨义作用归纳出的音类。能够举例说明不同音位的区别特征。

三、记音符号

掌握记音方法的历史,并能够举例说明。掌握威妥玛方案、国语罗马字拼音法式、北方话拉丁化新文字等注音方法,掌握《汉语拼音方案》基本内容,能够简述《汉语拼音方案》的优劣。熟悉国际音标的有关知识,掌握国际音标与《汉语拼音方案》中字母的对应关系。

第二节　辅音与声母

重点掌握普通话的22个辅音,熟悉21个辅音声母的发音原理,掌握辅音与声母的异同。

一、辅音的发音

能够从发音部位和发音方法两个角度描写辅音,能够举例说明普通话辅音不都处于双向聚合关系。

根据发音部位的不同,普通话辅音可以分为七类:双唇音、唇齿音、舌尖前音、舌尖中音、舌尖后音、舌面音、舌根音。同时要能够具体分析每一个辅音的发音情况,能够写出每一小类的具体成员。

从发音方法看,普通话辅音从阻碍的方式上可分为塞音、擦音、塞擦音、鼻音、边音;以声带是否颤动可分为清音和浊音;以气流的强弱可分为送气音和不送气音。同时要能够具体分析每一个辅音的发音情况,能够举例每一小类的具体成员。

二、声母的发音

能够举例说明零声母为何是一种声母,能够全面描写声母发音。

三、声母的辨正

重点掌握尖团音,n与l的区分,f与h的区分,把跟齐齿呼、撮口呼韵母相拼的z、c、s、g、k、h改成j、q、x,把方言中的全浊音改为清音,能够读准普通话零声母字。

第三节 元音与韵母

一、元音的发音

重点掌握单元音的概念及其发音状况。单元音是发音时舌位、唇形及开口度始终不变的元音。识记普通话单元音舌位图,并掌握八个定点元音舌位图。掌握复元音韵母和鼻音韵母的含义及具体实例。

掌握单元音的不同类型:舌面单元音、舌尖单元音与卷舌元音三种。单元音通过看舌位的高低、舌位的前后、唇形的圆展来区别,注意区别邻近单元音的发音特征;掌握舌尖前元音、舌尖后元音的出现环境,能够解释卷舌元音er。

掌握复元音的含义。复元音指的是发音时舌位、唇形都有变化的元音,即由甲元音的发音状况快速滑向乙元音,但是这种变化是逐渐的,不是突变的、跳动的,中间有一串过渡音。掌握复元音的不同分类,按照元音数量,复元音可以分为“二合元音”和“三合元音”;按照韵腹的位置,复元音可以分为前响复元音韵母、中响复元音韵母、后响复元音韵母。能够运用国际音标来描写与解释复元音在语流中的实际音值。

掌握带鼻音韵母,其由由元音和鼻辅音韵尾构成,可以分为带舌尖鼻音n的和带舌根鼻音ng的两类。

二、韵母的发音

掌握普通话39个韵母从结构、口形和韵尾三个角度的分类,能够熟练根据国际音标来判定韵母所属四呼,理解《普通话韵母总表》中的空格现象,理解韵母运用国际音标描写时系统性不足的原因,掌握各家对普通话韵母标音的差异,并能解释各家标音不同的原因。

三、韵母的结构

掌握韵母的基本构成,知道韵母中必须有韵腹,可以没有韵头和韵尾。掌握韵母、韵、韵部、韵目、韵摄等概念的含义,能够判定古诗中的韵脚字以及所押韵部,理解并能解释十三辙中“小言前儿辙”和“小人辰儿辙”为何在北方说唱文学中可以押韵。

四、韵母辨正

能够分辨前后鼻音、i与ü以及读准韵头i、u,便于方言区的人说好普通话。

第四节　声调

一、调值和调类

掌握声调、调值、调类、调型、调号的基本含义,熟悉普通话声调标调的四种标记方法。

二、普通话的声调

熟知普通话四类声调的基本调值,理解调号与调型的区别与联系。

三、古今调类比较

掌握古今调类的演变规律,即平分阴阳、浊上变去、入派三声,能够举例说明古声调与普通话声调的关系。

四、声调辨正

理解方言和普通话声调的对应关系,并能举例说明古入声字的改读。

第五节　音节

一、音节的结构

掌握音节的定义、结构特点及其结构类型,并能举例分析其构成成分。

二、拼音

了解拼音应注意的问题:声母用本音,声韵母之间不要有停顿,要念准韵头。掌握拼音的三种方法:声韵两拼法、声介与韵合拼法、三拼法。

掌握普通话的声韵拼合规律,并能举例说明。

三、音节的拼写规则

熟练掌握并能够描述y、w的用法;掌握隔音符号的用法,能够熟练运用隔音符号;能够熟练运用省写规则,掌握省写与全写的对应关系;能够熟练运用普通话标调规则;熟练运用音节的连写和大写规则。

第六节 音变

理解语流音变的含义，掌握普通话的变调、轻声、儿化和“啊”的语流音变规律。

一、变调

熟练掌握变调的概念，能够辨别上声变调、“一、不”变调、“七、八”变调和形容词重叠的变调；注意无论何种变调都是临时发生变调，所以给该字标调时仍然标注其原声调；重点掌握上上相连和三上相连、在非上声前的变调以及在原为非上声改读轻声的字音前的变调情况。

二、轻声

熟练掌握轻声的概念，能够论证轻声为何不是一种独立的声调；能够举例简述读轻声的基本规律；能够举例说明轻声区别意义、区别词性、增强修辞效果的作用。

三、儿化

熟练掌握儿化概念、儿化音变规律，能够举例说明儿化具有区别词义、区分词性、表示某种感情色彩的作用。

四、语气词“啊”的音变

能够举例说明各种语音条件下“啊”的音变规律。

第七节 音位

一、音位简说

1. 音位及其归纳方法

理解音位、元音音位、辅音音位、声调音位、音质音位（音段音位）、非音质音位（超音段音位）的含义并能举例说明。

2. 音位变体

掌握音位变体、自由变体、条件变体的含义并能举例说明。

3. 归纳音位的重要标准

能够举例简述归纳音位的重要标准：辨义功能、互补分布、音感差异。

二、普通话音位

熟记普通话的元音音位及其音位变体，普通话的辅音音位及其音位变体，普通话的声调音位及其调位变体。

第八节　朗读和语调

一、朗读

熟知并掌握朗读的注意事项:第一,要深入地理解作品的思想内容。第二,要掌握朗读所需要的表达技巧。朗读要用普通话;朗读语言必须在生活语言的基础上进行加工;朗读应注意句中的停顿,声音的快慢、轻重以及高低的变化。

二、语调

掌握语调、停顿、重音、句调、音步、韵律的含义,能够举例解释语法停顿与逻辑停顿、语法重音与逻辑重音,理解词重音与句重音的含义,能够举例说明字调与句调的关系、句调的四种形式。

第九节　语音规范化

熟练掌握语音规范化的概念及其主要内容。语音规范化主要是根据语音发展的规律来确立和推广标准音,包含两方面的内容:确立正音标准、推广标准音。能够举例说明北京话产生异读词的原因:文白异读、方音影响、讹读影响、背离规律。

习 题

一、填空题

1. 语音具有________、________、________三方面属性，其中________是语音的本质属性。
2. ba shou（把手）与ba shou（罢手）的区别决定于________。
3. 从语音的物理属性看，"敢情"与"感情"中两个"情"的区别主要决定于________。
4. 各个方言区的人们运用普通话可以自由交流，没有任何障碍，这种现象决定于语音的________属性。
5. 人的发音器官可以分为__________、__________、__________三大部分，其中调声器官指的是________和________。
6. 按照汉语传统分析方法，一个音节可分为________、________和________三部分。
7. "ba"中的"a"，从音素性质看是________，从它在汉语音节中所处的位置看是________。
8.《汉语拼音方案》于________年由第一届全国人民代表大会第五次会议批准作为正式方案推行，它包括________、________、________、________、________等五部分。方案的主要用途是________、________。
9. 国际音标是由__________制定的，公布于__________年，目标是__________，其记音原则是________、________。
10. 语音是________的物质外壳，是社会的________工具。
11. 语音是由人的发音器官发出的，代表一定的________的声音。
12. 音高是________，决定于________的多少。语音的高低同声带的__________、________、________有关。
13. 音强是________，与________的大小有关。语音的强弱由________来决定的。
14. 音长是__________，决定于__________的时间的久暂。有的语言用音的长短来__________。
15. 音色是________，音色的差别主要取决于物体振动所形成的________。

16.造成不同音色的条件主要是________不同、________不同、发音时________不同。

17.语音是从人的________发出的，人们发出不同的语音决定于________。

18.________是发音的动力站，________是发音的共鸣器，________是语音的主要发音体。

19.口腔上部可以分________、________、________、________、________和________，口腔下部可以分________、________和________，舌头又可以分________、______和________，舌面又可以分________、________、________，舌面后又称________。

20.发音时，软腭和小舌下垂，口腔成阻，气流只能从鼻腔呼出，这时发出的音叫做________。如果口腔无阻碍，气流同时从鼻腔和口腔呼出，发出的音在口腔和鼻腔共鸣，就叫作________。

21.语音的社会属性可以从表示意义的________和语音的________上表现出来。

22.听觉上最容易分辨出来的语音单位叫________。

23.音位是按语音的__________划分出来的，是一个语音系统中能够__________的________。

24.反切是我国记录________的方法之一，它的注音方法是取前一个字的________，后一个字的________及________拼合成音。

25.音素是构成音节的最小单位或最小的语音片断。它是从________的角度划分出来的。普通话的元音音素有________个；辅音音素有________个，其中________个可以作声母，只有辅音________不能作声母，只作韵尾；________除了作声母，还可以作韵尾，而且除阻阶段不发音。

26.普通话音素可以分为________（又叫________）和________（又叫________）两大类。

27.《汉语拼音方案》采取的是________制，普通话音素和音位的关系是________________。

28.元音和辅音的最主要区别是________。另外，发辅音时，发音器官成阻部位__________，发元音时，发音器官各部位__________。发辅音时，__________，发元音时，__________。发辅音时，声带__________，声音一般不响亮，发元音时，__________，声音比辅音响亮。

29. 普通话中________是前、低、不圆唇元音，________是前、高、不圆唇元音，________是后、半高、圆唇元音。

30. 普通话中e[ɤ]是________元音，u[u]是________元音，ü[y]是________元音。

31. 普通话中舌面元音有________、________、________、________、________、________、________共七个，它们的发音主要是由________起作用。

32. -i[ʅ]、-i[ʅ]是________元音，它们的发音主要是________起作用，由________活动的________和________来决定，它们的发音状况不同，音值也不同，都不自成音节。er[ər]是________元音，它实际上是由央元音e[ə]卷舌化生成的。《汉语拼音方案》中的r用在er韵母中不代表音素，只是表示卷舌动作的符号。

33. 造成辅音发音不同的因素是________和________的不同。造成元音发音不同的因素是________、________、________。

34. 发音部位是指________________________________，譬如f的发音部位是________。

35. 发音方法是指________________________________，可以从________、________、________等三方面来观察，譬如f的发音方法是________。

36. 按发音部位的不同可将辅音分成________类，它们是________、________、________、________、________、________、________。

37. 按发音方法的不同可将辅音分成________、________、________、________、________，共________类。

38. 清音、浊音、送气音、不送气音是按________来作为辅音分类标准的。

39. g、k、h的发音共同点是________。

40. j、q、x的发音共同点是________。

41. zh、ch、sh、r、的发音共同点是________。

42. d、t、n、l的发音共同点是________。

43. z、c、s的发音共同点是________。

44. b、p、m的发音共同点是________。

45. m、n的发音也有相同的地方，它们都是________。

46. 普通话中塞擦音有________，它们之间有________的区别。

47. 普通话中塞音有________，它们之间有________的区别。

48. 从发音方法看l是________。

49.g和k发音的不同之处在于________,相同处在于都是________。

50.d和t发音的不同之处在于________,相同处在于都是________。

51.b和p发音的不同之处在于________,相同处在于都是________。

52.z和c发音的不同处在于________,相同处在于都是________。

53.zh和ch发音的不同处在于________,相同处在于都是________。

54.j和q发音的不同处在于________,相同处在于都是________。

55.清擦音有________,它们发音之所以不同是由于________。

56.普通话中的鼻音有________,它们的发音却不同,这是因为________。

57.n和l是两个不同的音,n是________,l是________。

58.普通话声母中送气音有________,与其相应的不送气音是________。

59.舌尖后、浊、擦音是________,舌根、清、擦音是________,舌尖前、清、擦音是________。

60.舌根、送气、清、塞音是________,舌尖中、不送气、清、塞音是________,舌尖前、送气、清、塞擦音是________。

61.对下列声母进行描写:b________、________、________、________,f________、________、________,j________、________、________、________,zh________、________、________、________,q________、________、________、________,g________、________、________、________。

62.写出下列汉字的声母:

蓝________	能________	彻________	洒________	讽________
清________	交________	罢________	庙________	炮________
倒________	高________	靠________	痛________	绣________
谁________	准________	然________	存________	拥________

63.普通话中声母有________个,其中________个是辅音声母,________个是________声母。韵母有________个,其中单韵母有________个,复韵母有________个,鼻韵母有________个。

64.普通话中的十个单韵母分别是:________、________、________、________、________、________、________、________、________、________。

65.普通话中的韵母主要组成部分是________,有的也包含________。

66.韵母的元音最少的是________个,如________,也可以是________个,________个,如________。

67.韵腹是韵母的________,位置在韵腹前的是韵头,又叫________,在韵腹后的是韵尾。________一定是韵尾。一个韵母可以没有________,但一定有韵腹。

68.所有元音都可以充当韵腹,能作韵头的只有________、________、________,能作韵尾的只有________、________两个元音和________、________两个辅音。

69.按韵母内部结构的特点,普通话韵母分为________、________、________。

70.按韵母开头的元音发音口形,韵母可分为________、________、________、________。

71.对下列元音进行描写:a[a]________、________、________、________,o[o]________、________、________、________,ê[ε]________、________、________、________,i[i]________、________、________、________,-i[ʅ]________、________、________、________,-i[ɿ]________、________、________、________,er[ɚ]________、________、________、________。

72.写出符合下列特征的元音:舌面、后、高、圆唇元音________,舌面、前、高、圆唇元音________,舌面、前、半高、不圆唇元音________。

73.普通话韵母总表中的e标示________个元音,它们是________,________,________,________。

74.普通话中的复韵母根据元音数目可分为________、________。

75.根据复韵母各成分间发音的响亮度可将复韵母分为________(它们是________、________、________、________)、________(它们是________、________、________、________、________)、________(它们是________、________、________、________)。

76.单元音韵母和复元音韵母在发音时根本区别是:发单元音韵母时________,发复元音韵母时________。

77.ei中的e实际上是单韵母中的________,ie、üe中的e实际是单韵母中的________。

78.鼻音韵母共有________个。其中前鼻音韵母有________个,它们是________、________、________、________、________、________、________、________;后鼻音韵母有________个,它们是________、________、________、________、________、________、________、________。

79. 前后鼻音韵母的区别在________上，________的称前鼻音，________的称后鼻音。

80. 没有韵头，韵腹又不是 i、u、ü 的韵母称________，韵头或韵腹是 i 的韵母称________，韵头或韵腹是 u 的韵母称________，韵头或韵腹是 ü 的韵母称________。

81. ang、eng、ong 各韵母中的韵腹是________、________、________，ng 是________。

82. iang、uang、ueng 各韵母中的韵腹是________、________、________，i、u 是________，ng 是________，而 iong 韵母的韵腹是________，ng 是________。

83. 写出下列各字的韵母：

过________、旦________、太________、峰________、讲________、

与________、喷________、就________、论________、队________。

84. 韵母 iou、uei、uen 跟辅音声母相拼时写成________，自成音节时写成________。

85. 押韵是指把两个以上________与________相同的字放在诗句的同一位置上，使声音和谐悦耳的情况。

86. 韵脚是指________。

87. 单元音 i 在拼音方案中代表了________、________、________三个不同的音素，这是由于________只在 z、c、s 后出现，________只在 zh、ch、sh、r 后出现，不会发生混淆的缘故。

88. 双声词是由________构成的词，叠韵词是由________构成的词。如哆嗦、烂漫、蟑螂是________词，澎湃、尴尬、崎岖是________词。

89. 有些方言区的人比如河南、湖南、湖北、苏州等省市，还分尖团音，他们在纠正字音记字方面，只要记住，凡是________在同 i、ü 或同以 i、ü 起头的韵母相拼时，一律改为________就可以了。

90. “医、英、屋、万、鱼、原、袄、鹅”这些字的声母是________，所以称________字。

91. 声调就是附在音节里表义的________，普通话中的声调具有________的作用。

92. 普通话的声调有________类，它们是________________________。通常说成________________________，统称________。这种声调的分类称________。

93. 调值是依附在音节里高低升降的________的固定格式，也就是________。它有两个特点，其一，调值主要由________构成，音的高低决定于频率的高低；其二，构成调值的________在读音上是连续的，渐变的，中间没有停顿，没有跳跃。

94. 调号是指________。

95. 普通话声调的调值可以用________来表示，此法由著名语言学家________创制。普通话各类声调的调值是________、________、________、________，它不包括________和________。

96. 普通话中发音高而平的是________，先降后升的是________，由中升到高的是________，由高降到低的是________。调型是声调的升降变化，普通话的调型有________、________、________、________，汉语拼音方案的________就反映了这四种调型。

97. 普通话中又轻又短的调子叫________，这是一种________现象。

98. 声调同声母、韵母一样有________的作用，轻声也有________的作用。

99. “塔”和“它”“大衣”和“大意”“把势”和“罢市”靠________来区别。

100. 古今声调的演变规律可以概括为________、________、________。

101. 作诗填词要讲究“平仄”。“平”指________，“仄”是________的总称。

102. “平分阴阳”指古代平声________演变为普通话________，________演变为________。“浊上变去”指古代上声________演变为普通话________，其他上声字仍然属于上声；古代________，无论是清声母还是浊声母，在普通话里一律仍读去声。

103. iu、ui标调(以阴平为例)时，调号加在________。n、l跟ü相拼，ü上两点________，因为________。

104. 音节是语音的基本结构单位，是________的________。从发音来说，是发音过程中肌肉一次从________到________的过程。汉语中，一个汉字读出来往往就是一个________。“儿子”的“儿”和“小孩儿”的“儿”用拼音表示应该是这样的：“儿子”拼写成________，“小孩儿”拼写成________。

105. 普通话音节结构最齐全的包括________、________、________、________、________五个部分，至少包括________和________两个部分。

106. 普通话的音节有其结构特点:(1)从音素数量来看最多________、最少________;(2)从元音数量来看最少________、最多________;(3)从辅音位置来看,有辅音的音节,辅音的位置________,没有________;(4)从声调来看,每个音节都有________。

107. 一般来说,韵腹是________、________的元音,(如a,o,e)只有当韵母中没有其它元音成分时,________、________的元音(如i,u,ü)等才成为韵腹。

108. 韵头都由高元音__________充当。元音韵尾由__________充当,辅音韵尾由________充当。

109. __________叫拼音,拼音的方法主要有(1)__________,(2)__________,(3)__________,(4)__________。

110. y、w的用法之一是i行韵母自成音节时,原韵母有两个或两个以上元音时,________。u行韵母自成音节时,原韵母有两个或两个以上元音时,________。但要知道y、w不是声母,只是________。

111. y、w的用法之二是i行和u行韵母自成音节时,原韵母只有一个元音时,________。ü行韵母自成音节时,________。

112. ü行韵母跟声母j、q、x相拼时,写成________,ü上两点省略。这不会跟有关的韵母相混,因为声母j、q、x不跟________相拼。因此juan,que,xu等音节里的u必定是________而不是________。

113. 双唇音和舌尖中音d、t能跟________、________、________韵母拼合,不能跟________韵母拼合。

114. ________、________、________、________等组声母能跟开口呼、合口呼韵母拼合,不能跟齐齿呼、撮口呼韵母拼合。

115. ________只能跟齐齿呼、撮口呼韵母拼合,不能跟开口呼、合口呼韵母拼合。

116. 舌尖中音n、l能跟________拼合。

117. "o"韵母只拼________和________声母,而________韵母却不能同双唇音或唇齿音声母相拼。

118. -i[ʅ]韵母只拼________三个声母,-i[ʅ]韵母只拼________四个声母,并且都没有零声母音节。

119. 音变有________和________两类,比较________的语音变化称历时音变,比较同一时期同一方言的音变称________。

120. 普通话的语流音变中，以________、________、________和________为最重要。

121. 在普通话中，最常见的变调有__________、__________、__________、__________、__________。

122. 两个上声音节相连，前一个上声调值由________变为________。

123. 上声在轻声前念________或__________，在非上声的前面调值由________变________。

124. 去声音节在去声音节前调值由________变为________，这是由于后一音节起点高而同化的结果。

125. "一"的本调是________，在去声前变________，在非去声前变________，在重叠动词中间时念________。

126. "不"单念或在词句末尾时念________，在非去声(阴平、阳平、上声)前不变，在去声前变________，夹在相同的动词的中间读________。

127. 根据实际发音给下列词语中的"一"标调：

(1)一(　　)把　(2)一(　　)瞥　(3)一(　　)眼

(4)一(　　)个　(5)一(　　)岁　(6)一(　　)模一(　　)样

(7)一(　　)事无成　(8)一(　　)叶知秋　(9)一(　　)心一(　　)意

(10)一(　　)面之交　(11)看一(　　)看　(12)念一(　　)念

128. 根据实际发音给下列词语中的"不"标调：

(1)不(　　)胜枚举　(2)不(　　)可一世　(3)不(　　)像话

(4)走不(　　)动　(5)不(　　)来　(6)不(　　)成

(7)不(　　)干　(8)不(　　)动　(9)不(　　)要

(10)不(　　)少于　(11)好不(　　)好　(12)笑不(　　)笑

129. 轻声不是四声之外的第五种__________，而是一种__________，是一定条件下读得____________的调子。它与语音的四种物理属性都有关系，但主要表现在________；轻声音节的音高随一定的环境而变化，通常取决于________。有些轻声音节还具有________和________的作用。

130.“谁呀,弟弟,学得怎么样,燕子,石头,我们,它们,屋子里,窗台上,夺回来,来吧,你吗,谁的,看完了,桌子,哪儿,七个,台上,外面,走来,跑出去,萝卜,哥哥,咽下去”等都有读轻声的,从上例可知轻声是有规律的,概括归纳出的五种规律是:(1)__________;(2)__________;(3)__________;(4)__________;(5)__________。

131.“儿化”是一种________的特殊音变,但它不是简单地在韵母后边加上一个卷舌动作,其中包含__________、__________、__________、__________等现象。

132.儿化词的作用是(1)__________(2)__________(3)__________。

133.用在句末的语气词“啊”,由于受到前面一个音节末尾音素的影响,会产生__________、__________等音变现象。

134.音位是一个语音系统中能够________的最小语音单位,它是从语音的________属性划分出来的。

135.每个音位一般包含若干个音素,称为________。在音位变体中,由于环境(或条件)不同而造成的变体叫________;没有环境限制,可以自由替换而不影响意义的音位变体叫________。

136.普通话音位系统中,辅音音位有________个,元音音位有________个,声调音位有________个。声调音位是一种________音位。

137.归纳音位的重要标准有三种:________、________、________。

138./a/音位的主要条件变体有四个:________、________、________、________。

139./e/的主要音位变体有两个:出现在韵尾[i]前面的________,如杯、背、为、未;作韵腹、无韵尾时的________,如欸、街、解、绝、爵。/ə/的主要音位变体有两个:出现在单韵母中的________,如个、哥、特、得;出现在鼻韵母中与作轻音节韵腹的________,如问、闻、恒、亨、的。

140./i/主要音位变体有三个:作韵腹时的________,如即、近;作韵尾时的________,如楷、黑,作韵头(零声母)的________,如页、遥。

141.语音的高低升降在音节中表现为________,在句子中表现为________。句调有降调、平调________、________四种,可以表示句子的不同________。

142.句调和声调是不同的,句调指__________的调子,功用在于__________,也叫________。声调指________的调子,功用在于________,也叫________。

143. 停顿是指说话或朗读时,段落之间,语句中间、后头出现的间歇。停顿的原因有两个方面:一方面是出于____________________,另一方面是为了____________________,并让听者有时间领会说话或朗读的内容。

144. 语句中念得比较重、听起来特别清晰的音叫作重音,又叫________。重音的特点表现在________、________和________上,根据产生的原因,可分为________和________。

145. 主谓之间_______念语法重音,修饰语和中心词之间_______念语法重音,动补、形补中_______念语法重音。

146. 异读词是指________。如果同一汉字在不同词内读音不同,或不同读音代表不同意义,这些都不属于异读词的范围。北京话里异读词产生的原因主要有________、________、________、________。

二、单项选择题

1. 发音体颤动次数多,(　　)。

A. 声音高　　B. 声音低　　C. 与声音的高低没有关系

2. 语音的强弱跟说话时用力的大小(　　)。

A. 成正比　　B. 成反比　　C. 没有关系

3. 发音时(　　)。

A. 声带颤动　　B. 声带不颤动　　C. 声带有时颤动,有时不颤动

4. 语言的本质属性是(　　)。

A. 物理属性　　B. 社会属性　　C. 生理属性

5. ban、bie、bu 中的 b 实际发音(　　)。

A. 完全一样　　B. 不完全一样　　C. 完全不一样

6. ma、mai、man、mang、mian 中的 a 在实际发音中(　　)。

A. 有差异,能区别词义　　B. 有差异,但不能区别词义

C. 没有差异,不能区别词义　　D. 没有差异,但能区别词义

7. 发音时,气流从舌两边发出来的音叫(　　)。

A. 舌音　　B. 舌面音　　C. 边音　　D. 卷舌音

8. 发音时,发音部位的某两个部分靠近形成缝隙,气流从缝隙挤出来的音叫(　　)。

A. 塞音　　B. 塞擦音　　C. 边音　　D. 擦音

9. 发音时,发音部位的某两个部分完全闭合,阻住气流,然后逐步放开,气流从放开的窄缝中挤出来的音叫(　　)。

A. 塞擦音　　B. 擦音　　C. 边音　　D. 塞音

10. 发音时,发音部位形成闭塞,软腭上升,堵塞鼻腔的通路,气流冲破阻碍,迸裂而出的音叫(　　)。

A. 塞擦音　　B. 塞音　　C. 擦音　　D. 边音

11. 舌面音是指(　　)。

A.g、k、h　　B.z、c、s　　C.zh、ch、sh　　D.j、q、x

12.la、li、lu 这三个不同音节中的 l,(　　)。

A. 属于不同的音位　　B. 属于同一个音位　　C. 不都属于同一音位

13. 普通话声母中有六个塞音声母,它们是(　　)。

A.z、c、zh、ch、j、q　　B.b、p、d、t、g、k　　C.z、c、d、t、j、q

14.m 和 n 两个音发音时,(　　)。

A. 气流不从口腔通过,从鼻腔流出

B. 一部分气流从口腔通过,一部分气流从鼻腔通过

C. 发 m 时气流从鼻腔通过,发 n 时气流同时从口腔和鼻腔通过

15.d、t、n、l 四个辅音的发音部位是(　　)。

A. 舌尖前　　B. 舌面　　C. 舌尖中　　D. 舌尖后

16. 普通话中声母(　　)。

A. 都是清音

B. 都是浊音

C. 只有鼻音 m、n、l、r 是清音,其他都是浊音

D. 只有 m、n、l、r 是浊音,其他都是清音

17. 唇齿音 f,发音时(　　)构成阻碍。

A. 上齿与下唇　　B. 上唇与下齿　　C. 上唇与下唇　　D. 上齿与下齿

18. 声母中的鼻音是(　　)。

A.r、l　　B.m、n、ng　　C.m、n、r　　D.m、n

19. 声母 m 是(　　)。

A. 舌尖中浊鼻音　　B. 舌尖后浊鼻音

C. 双唇浊鼻音　　D. 双唇清擦音

20.q是(　　)。

A.舌面、不送气、清、塞擦音　　B.舌面、送气、清、塞擦音

C.舌面、不送气、清、擦音　　D.舌面、送气、清、塞音

21.双唇送气清塞音是(　　)。

A.p　　B.b　　C.q　　D.k

22.舌面音,发音时舌面抬起与(　　)构成阻碍。

A.软腭　　B.硬腭　　C.上齿背　　D.上齿龈

23.普通话声母中,只有一组清浊相对立的声母是(　　)。

A.d和t　　B.m和n　　C.sh和r　　D.j和q

24.ng[ŋ]的发音特点是(　　)。

A.舌根、清、擦音　　B.舌根、清、塞音

C.舌面、清、擦音　　D.舌根、浊、鼻音

25.舌尖后音包括(　　)。

A.j、q、x　　B.zh、ch、sh、r　　C.zh、ch、sh、r、l　　D.d、t、n、l

26.单元音韵母e[ɤ]是

A.舌面、前、半低、不圆唇元音　　B.舌面、中、圆唇元音

C.舌面、前、半高、不圆唇元音　　D.舌面、后、半高、不圆唇元音

27.单元音韵母ü[y]是(　　)。

A.舌面、前、低、不圆唇元音　　B.舌面、后、高、圆唇元音

C.舌面、前、高、圆唇元音　　D.舌面、后、高、不圆唇元音

28.“shou(瘦)”这个音节的韵母是(　　)。

A.前响复韵母　　B.中响复韵母　　C.后响复韵母

29.“que(缺)”这个音节的韵母是(　　)。

A.前响复韵母　　B.中响复韵母　　C.后响复韵母

30.“qiu(秋)”这个音节的韵母是(　　)。

A.前响复韵母　　B.中响复韵母　　C.后响复韵母

31.普通话的前元音为(　　)。

A.i、ü、ê　　B.i、ü、u　　C.u、o、e　　D.a、i、o

32.全为齐齿呼韵母的一组是(　　)。

A.金、永、力、此　　B.拥、前、家、师

C.咬、两、结、月　　D.衣、列、流、小

33.舌面前、低、不圆唇的元音韵母是(　　)。

A.o　　B.e　　C.a　　D.u

34.舌面后、半高、不圆唇的元音韵母是(　　)。

A.e　　B.o　　C.a　　D.i

35.舌面后、半高、圆唇的元音是(　　)。

A.u　　B.ü　　C.a　　D.o

36.舌面前、高、圆唇的元音是(　　)。

A.O　　B.ü　　C.u　　D.a

37.舌面后、高、圆唇的元音是(　　)。

A.ü　　B.o　　C.e　　D.u

38.舌面前、半低、不圆唇的元音是(　　)。

A.ê　　B.e　　C.o　　D.i

39.舌面前、高、不圆唇的元音是(　　)。

A.e　　B.i　　C.a　　D.ü

40.-i[ɿ]是一个(　　)。

A.舌位前、高、不圆唇的舌面元音

B.舌位前、高、不圆唇的卷舌元音

C.舌位前、高、不圆唇的舌尖元音

41.-i[ʅ]是一个(　　)。

A.舌位后、高、不圆唇的舌尖元音

B.舌位后、高、不圆唇的舌面元音

C.舌位后、高、不圆唇的卷舌元音

42.er是一个(　　)。

A.舌位在中央,不圆唇的舌面元音

B.舌位在中央,不圆唇的卷舌元音

C.舌位在后、高、不圆唇的舌尖元音

43.二合前响复韵母有(　　)。

A.ai、ei、ua、uo　　B.ai、ei、ao、ou　　C.ao、ou、uo、ua

44.二合后响复韵母有(　　)。

A.ai、ei、ao、ou、uo　　B.ao、ai、ia、ei、ua

C.ia、ie、ua、uo、üe　　D.ia、ie、ua、uo、ou

45. 三合中响复韵母有(　　)

A.iao、iou、uai、uei　　B.iou、uei、uen、uan　　C.iou、uei、uen、uei

46.an、ian、uan、üan 这几个韵母的韵腹、韵尾相同，只是韵头不同或无韵头，则(　　)。

A. 它们相同部分的发音是一样的

B.“ian、uan、üan”中的“a”发音跟“an”中的“a”发音不同

C.“ian”中的“a”跟“an、uan、üan”中的“a”发音不同

47.ai、an、ang、ao 四个韵母中的韵腹都是 a，则(　　)。

A. 这四个“a”的发音一样

B.“ai、an”中的“a”跟“ao、ang”中的“a”发音不一样

C.“ai、an、ao”的“a”跟“ang”中的“a”发音不一样

48. 在 ei、ie、üe 中的“e”的发音(　　)。

A. 完全一样

B. 比较接近，但不必区分

C. 虽比较接近，但音色区别很大，有的舌位略高，有的舌位略低。

49. 前鼻音韵母中 n 的发音同辅音声母 n 的发音(　　)。

A. 一样

B. 略有不同，前者在音节中有除阻阶段，后者没有

C. 略有不同，后者在音节中有除阻阶段，前者没有

50.ü 和 i 的区别在于(　　)。

A. 舌位的高低不同　　B. 舌位的前后不同　　C. 嘴唇的圆与不圆

51.i[i]和 e[e]的区别在于(　　)。

A. 舌位的高低不同　　B. 舌位的前后不同　　C. 嘴唇的圆与不圆

52.i[ɿ]和 i[ʅ]的区别在于(　　)

A. 舌位的高低不同　　B. 舌位的前后不同　　C. 嘴唇的圆与不圆

53.ü[y]和 u[u]的区别在于(　　)。

A. 嘴唇的圆与不圆　　B. 舌位的高低不同　　C. 舌位的前后不同

54.u[u]和 o[o]的区别在于(　　)。

A. 嘴唇的圆与不圆　　B. 舌位的高低不同　　C. 舌位的前后不同

55.o[o]和e[e]的区别在于(　　)。

A.舌位的高低不同

B.舌位的前后不同

C.舌位的前后不同和嘴唇的圆与不圆

56.a[a]和i[i]的区别在于(　　)。

A.唇形不同　　B.舌位高低不同　　C.舌位前后，唇形不同

57.声韵拼读的时候，声母发成(　　)。

A.本音　　B.名称音　　C.呼读音

58.声韵拼读时，声韵之间(　　)。

A.必有停顿　　B.应该有停顿　　C.不能停顿，要连读

59.声韵拼读时，“前音轻短后音重，两音相连猛一碰”，意思是(　　)。

A.声母要读得重些、长些，韵母读得轻些、短些

B.声母读得轻些、短些，韵母读得重些、长些

C.两者读得一样轻重、长短

60.隔音符号“'”可用在(　　)。

A.以元音开头的音节前，起隔音作用

B.第二音节的开头

C.第二个音节开头的音素是a、o、e的上方

61.停顿和标点(　　)。

A.是完全一致的，有标点的地方要停顿，没有标点的地方不要停顿

B.有时不完全一致，没有标点的地方也不一定不停顿

C.完全不一致，由感情而定，跟标点没关系

62.语句中的强调重音(　　)。

A.是有固定规律

B.是跟语法重音一致的

C.受说话环境和说话人的要求、感情支配的

63.根据普通话声韵配合规律，与f相拼的韵母是(　　)。

A.开口呼、合口呼　　B.齐齿呼、撮口呼

C.开口呼、齐齿呼　　D.合口呼、撮口呼

64.与-i[ʅ]相拼合的声母是(　　)。

A.j、q、x　　B.z、c、s　　C.zh、ch、sh、r　　D.d、t、n、l

65.“chi(池)”这个音节中的元音音位是(　　)。

A.[i]　　B.[ʅ]　　C.[ɿ]　　D.[e]

66.普通话中,只能作声母,不能作韵尾的辅音音位有(　　)个。

A.1　　B.3　　C.20　　D.22

67.轻声(　　)。

A.跟一般声调一样,主要决定于音高

B.跟一般声调一样,主要决定于音强

C.与音高、音强、音长、音质都有关系

68.下面哪项不是轻声的作用(　　)。

A.与四声构成错落有致、富于变化的节奏,增强了语音的音乐性

B.可以使生理上得到调节,避免劳累

C.可以区别一些词的词性和意义

69.“儿化韵”的表示方法是(　　)。

A.用er　　B.在韵母后加r　　C.在韵母后加上er

70.“行啊”中的“啊”应读作(　　)。

A.a　　B.ya　　C.nga　　D.na

71.“眼”和“眼儿”两个词(　　)。

A.意思一样没有区别

B.词义有区别,“眼”指“眼睛”,“眼儿”指“孔”

C.感情色彩有强弱,“眼儿”的感情色彩强

72.轻声(　　)。

A.也是一种调类

B.不是一种调类,普通话中不存在

C.不是一种调类,是音节连读时的一种音变现象

73.普通话中ˉ ˊ ˇ ˋ 的标记称为(　　)。

A.四声　　B.调类　　C.调号　　D.调值

74.“千、前、浅、欠”的区别在于(　　)。

A.声母　　B.韵母　　C.声调　　D.声韵调

75.韵母iou、uei、uen跟辅音声母相拼时写成iu、ui、un,标调应(　　)。

A.标在前面i或u上　　B.标在后面i、u、n上

C.都标在u上　　D.iu标在u上,ui标在i上,un标在u上

76. 声调符号应标在（　　）。

A. 韵母上　　B. 主要元音上　　C. 韵头上

77. 汉语拼音方案的韵母表从左到右是按（　　）排列的。

A. 四呼　　B. 韵母中音素数目的多少　　C. 韵母中带不带鼻辅音

78. 普通话里最长的音节是（　　）。

A. 三个音素　　B. 四个音素　　C. 五个音素

79. 汉语的音节里（　　）。

A. 辅音较少，元音占绝对优势

B. 辅音较多，元音较少

C. 辅音和元音各半

80. 韵头都由（　　）。

A. i、u、ü 充当　　B. a、o、e 充当　　C. 单元音充当

81. “非”不能拼成“fi”，因为普通话中 f（　　）。

A. 不跟开口呼相拼　　B. 不跟合口呼相拼　　C. 不跟齐齿呼相拼

82. “假、掐、夏”不能拼成“ja、qa、xa”，因为普通话中 j、q、x（　　）。

A. 不跟开口呼相拼　　B. 跟齐齿呼相拼　　C. 不跟撮口呼相拼

83. “绷、砰、蒙、封”不能拼成“bong、pong、mong、fong”，是因为普通话中 b、p、m、f（　　）。

A. 不能跟韵母 ong 相拼　　B. 只能跟韵母 eng 相拼　　C. 不跟开口呼韵母相拼

84. “波、婆、莫、佛”应拼写成（　　）。

A. be、pe、me、fe　　B. bo、po、mo、fo　　C. buo、puo、muo、fuo

85. “旧、求、绣”应拼写成（　　）。

A. jü、qü、xü　　B. jiü、qiü、xiü　　C. jiu、qiu、xiu

86. “知、吃、诗”的拼音是 zhi、chi、shi，其中的 i 是（　　）。

A. 元音[i]　　B. 元音-i[ɿ]　　C. 元音-i[ʅ]

三、多项选择题

1. 一个韵母（　　）。

A. 只能包含一个辅音　　B. 可以有两个辅音　　C. 只能有两个元音

D. 至少有一个元音　　E. 最多可以有三个元音

2. 音节是(　　)。

A. 最自然的语音单位

B. 语音的基本结构单位

C. 从听觉中最容易分辨出来的语音片段

D. 最小的语音单位

E. 可以由一个音素和声调构成

3. 下列说法正确的是(　　)。

A. 声带在发音时音高的变化取决于它的长、短、厚、薄、松、紧

B. 语音的声调和音乐的音高有相似之处,也有明显的区别

C. 在同一语音系统中,有几种不同的调值就有几种不同的调类

D. 声调不是汉语音节必要的组成部分,有的音节可以没有声调

E. 构成调值的相对音高在读音上是跳跃的,中间可以有停顿,可以不连续

4. 分析声母,可以从(　　)方面入手。

A. 发音部位　　B. 发音的响亮程度　　C. 发音方法

D. 气流是否受阻　　E. 声母的长短

5. 从发音部位、发音方法上看,K[k^h]是(　　)。

A. 舌根音　　B. 送气音　　C. 不送气音　　D. 浊音　　E. 塞音

6. 下面几个声母中,属于浊音的有(　　)。

A.r　　B.l　　C.k　　D.m　　E.n

7. 下面几个声母中,属于擦音的有(　　)。

A.q　　B.x　　C.h　　D.l　　E.k

8.f 和 h 的发音不同,表现在(　　)。

A. 发音部位不同

B.f 送气,h 不送气

C.f 是上齿与下唇构成阻碍,h 是舌根与软腭构成阻碍

D.f 是塞音,h 是浊音

E.f 是塞音,h 是擦音

9. 普通话单韵母 o[o]属于(　　)。

A. 高元音　　B. 后、半高元音　　C. 圆唇元音

D. 前元音　　E. 不圆唇元音

10./a/音位的变体有(　　)。

A.[a]　　B.[A]　　C.[ɛ]　　D.[ɑ]　　E.[ə]

11.汉语拼音方案中两个字母代表一个音位的有(　　)。

A.zh　　B.ch　　C.sh　　D.ng　　E.er

12.汉语普通话里特有的音位是(　　)。

A.舌尖前元音音位/ɿ/　　B.舌尖后元音音位/ʅ/

C.卷舌元音音位/ər/　　D.声调音位　　E./i/

13.汉语拼音字母i标示(　　)音素。

A.[ɿ]　　B.[j]　　C.[I]　　D.[ʅ]　　E.[i]

14.儿化的作用主要有(　　)。

A.一般表示喜爱或“小”的色彩　　B.区别词性

C.区别词和词组　　D.区别词义　　E.强调“多”

15.下列片段里包含轻声音节的有(　　)。

A.第一　　B.行李　　C.劝劝　　D.木头　　E.出去

16.下列片段中,“一”念去声的有(　　)。

A.一杯　　B.一般　　C.一手　　D.一言难尽　　E.一条裙子

17.下列片段里,“不”念阳平的有(　　)。

A.不香　　B.不好　　C.不像　　D.差不多　　E.不去

四、辨析题(对的打√,错的打×,并给出理由)

1.语音是语言的声音,所以必须从物理学和生理学角度进行分析才是全面的。(　　)

2.离开使用某种语音的民族的社会习惯来分析语音是可能的。(　　)

3.普通话一个音节,最少是两个音素,最多是五个音素。(　　)

4.“烟”“安”“压”三个词中“a”的实际发音有差异,但不区别词义,所以它们是属于同一音位的。(　　)

5.普通话里的/e/和/ə/可以用同一字母e表示,因为它们是两个相同的音素。(　　)

6.元音都是响亮的,可以延长的;辅音都是不响亮的,不能延长的。(　　)

7.不同的元音是由口腔的不同形状决定的,所谓口腔的形状是指舌位的高低、前后和嘴唇的圆展。(　　)

8. 一个音位就是一个语音类型，这是因为同一音位的不同音位变体在交际中并没有区别意义的作用。(　　)
9. 普通话中的舌面单元音共有a、o、e、i、u、ü六个。(　　)
10. 音乐的音高变化有跳动的，也有滑动的，而语音的音高变化是滑动的、连续的。(　　)
11. 发zh、ch、sh、r时，应将舌头前伸到下齿背，舌尖略后的部分对着上齿背，而发z、c、s时，应将舌的前端上举，对着硬腭，这样就能把两组区分了。(　　)
12. n和l的发音部位和发音方法不同，所以它们是两个不同的音，不应该将它们发成同一个音。(　　)
13. f和h都是清擦音，但f是唇齿音，h是舌根音，在普通话语音中是两个不同的音。(　　)
14. b、p和m发音不同，是因为b、p是双唇音，而m是鼻音的缘故。(　　)
15. 有的地方把zh、ch、sh发成j、q、x是发音部位不准确造成的。(　　)
16. 普通话的声母一共二十一个，它们都是辅音。(　　)
17. 发音时声带颤动的是浊音，声带不颤动的是清音。(　　)
18. 擦音也是一种送气音。(　　)
19. “无、万、望”的声母是w，“有、友、洋”的声母是y。(　　)
20. 辅音中的清音和浊音的划分是根据声带振动与否。(　　)
21. 送气声母总共有p、t、k、c、ch、q六个。(　　)
22. 普通话的鼻辅音有三个m、n、ng，其中只能作声母、不作韵尾的是m，只作韵尾、不作声母的是ng，既可作声母，又可作韵尾的是n。(　　)
23. 《汉语拼音方案》中有一个字母v[v]，它是唇齿、浊、塞擦音。(　　)
24. 舌尖前音、舌尖中音和舌尖后音，都是舌尖起作用，其“前、中、后”指的是同舌尖相对形成阻碍的部位分成的前、中、后，即上齿背、齿龈、硬腭前部。(　　)
25. 汉语拼音方案用六个字母a、o、e、i、u、ü记录了单元音韵母，所以汉语普通话中的单韵母共有六个。(　　)
26. 两个或三个元音结合而成的韵母称复元音韵母，也叫复韵母。(　　)
27. 韵母中的辅音是韵尾，所以说韵母中的韵尾一定是辅音。(　　)
28. 每个韵母都由韵头、韵腹、韵尾三个部分组成。(　　)
29. 由三个音素组成的韵母必定有韵头、韵腹、韵尾。(　　)
30. 由三个音素组成的韵母，这三个音素中至少有一个是辅音。(　　)

31.复元音韵母的发音不是两个或三个元音的简单相加,而是元音的有机结合。当元音连续出现时就互相影响,所以复韵母中的元音与单独使用时音色不完全相同。(　　)

32.三合中响复元音韵母是复元音ao、ou前加i,ai、ei前加u构成的,i、u是韵头,中间是韵腹,后面是韵尾。(　　)

33.后响复元音韵母发音时,前头的元音轻短,只表示舌位从那里开始移动,后头的元音清晰响亮。(　　)

34.前响复元音韵母中的"ei"和后响复韵母中的"ie"的"e"实际发音一样,所以都用/e/这个符号表示。(　　)

35.汉语拼音字母"a"在不同的韵母中实际发音有差异,这些差异是受前后音素影响的结果。(　　)

36."a"在不同韵母中的音值有差别,但不影响字义或词义,它们同属于一个音位,书写时可以都用"a"来表示。(　　)

37.ei、ie、üe三个韵母的韵腹相同,都是元音e,音值也相同。(　　)

38.一个或两个元音后面带上鼻辅音组成的韵母称鼻韵母。(　　)

39.构成韵头的元音可以是a、o、e,也可以是i、u、ü。(　　)

40.i、u、ü是介音,只能构成韵母的韵头,不能成为韵母的韵腹。(　　)

41.韵母是音节结构必需具备的部分。(　　)

42.能够充当韵头的有i、u、ü三个元音,作韵尾的有i、u(o)两个元音,n、ng两个辅音。(　　)

43.iou、uei、uen前面加上辅音声母时写成iu、ui、un,单成音节时写成you、wei、wen。(　　)

44.语音里的"韵母"跟诗歌里的"韵"是一回事。(　　)

45."jiu(久)"这个音节的韵母是三个元音连续排列的结构。(　　)

46."er(耳)"这个音节没有声母、韵头、韵尾、只有韵腹和声调。(　　)

47.相同的韵母可以押韵,韵头不同只要韵腹相同的韵母,也可以押韵,作为一个"韵部"。所以韵部要比韵母范围大。(　　)

48.十八韵是把押韵的范围归纳成十八类,每类用一字为名,多用于诗文。十三辙是明清以来北方说唱文学用以押韵的韵部,"合辙"即押韵。同十八韵相比,十三辙押韵较宽。(　　)

49.英语里复辅音音质不相连,而汉语的塞擦音音质相连。(　　)

50. 半元音就是擦音中摩擦很小的一种音，因为它接近高元音，性质介于元音和辅音之间，所以叫作“半元音”。（　　）

51. 以音素结合的特点作标准，韵母分为单元音韵母、复元音韵母、鼻音韵母三大类。（　　）

52. 普通话的音节与汉字一般是一一对应的。（　　）

53. 元音发音时，气流在口腔、鼻腔中没有受阻；辅音发音时，气流必定受阻。（　　）

54. 一个音节中，至多包含两个辅音。（　　）

55. 普通话中的音节都包括声母、韵母、声调三个要素。（　　）

56. 从音理上讲，现代汉语普通话的音节不算声调只有400个左右。（　　）

57. 普通话中的音节都有声调和元音。（　　）

58. 汉语的一个音节中不能出现两个辅音。（　　）

59. 常见的记音符号有国际音标、拼音字母，更早一些还有注音符号、国语罗马字母，这些总括起来，可分为字母和音标两大类。（　　）

60. 普通话的韵母都是由元音充当的，辅音不能作韵母。（　　）

61. 汉语的音高变化不止一个层次，既有音节层次的音高变化，又有句子层次的音高变化。（　　）

62. 零声母可以跟四呼中所有的韵母相拼。（　　）

63. j、q、x只能跟齐齿呼、撮口呼的韵母相拼，不能跟开口呼、合口呼的韵母相拼。（　　）

64. g、k、h、zh、ch、sh、r、z、c、s不跟齐齿呼、撮口呼韵母相拼。（　　）

65. n、l能跟四呼各类韵母相拼。（　　）

66. f不跟齐齿呼、撮口呼韵母相拼。（　　）

67. b、p、m、f、d、t不跟撮口呼韵母相拼。（　　）

68. ü行韵母跟声母n、l相拼时，ü上两点可以省略。（　　）

69. ju、qu、xu、quan、juan、xuan中的u实际是ü，写成u是拼写时的省略。（　　）

70. 隔音符号用在其他音节后，以a、o、e开头的音节的左上方。（　　）

71. 古代汉语的上声字演变到现代汉语普通话里声调不变。（　　）

72. 普通话音节的声调应标记在韵母的主要元音上。（　　）

73. 普通话有四种不同的调值，因而有四种不同的调类。（　　）

74. 汉语是一种声调语言。（　　）

75. 普通话的声调主要由音高的变化构成,一个字的声调读得长一些,短一些,并不改变其意义。( )

76. 普通话的声调包括轻声和变调。( )

77. 在非上声之前,上声音节由214变为21,称"半上"。( )

78. 轻声是普通话的第五个声调。( )

79. 轻声的主要作用是区别词义和词性。( )

80. "哥哥、姐姐、木头"第二个音节都念轻声,可见轻声只是读得比原声调轻而短,没有别的作用。( )

81. 轻声的特点是发音时用力特别小,音强特别弱,所以它除了跟音强有关外,它的音高决定于前面那个音节的声调。( )

82. 普通话的轻声与音色无关。( )

83. "趣"儿化后读[tɕ'yər],属增音的音变现象。( )

84. 轻声、儿化不仅是语音现象,还与词汇、语法有关系。( )

85. er是一个元音,它的发音主要是舌尖起作用,所以称舌尖元音,又因为它发音时将舌头卷起,所以又称卷舌元音。( )

86. 普通话的韵母除ê、er以外都可以儿化。( )

87. "小曲儿、脸蛋儿"中的"儿"含有小、喜爱、亲切的感觉。( )

88. 普通话中某些词末尾虽然有"儿",但要读成独立的音节"er",例如"小女儿"中的"儿"就不儿化。( )

89. 语气词"啊"的音变是由"啊"前面音节末尾音的性质决定的。( )

90. "写字啊"中的"啊"读为[ʐA]。( )

91. "为什么不去啊"中的"啊"音变为"wa"。( )

92. 语法结构重音与逻辑重音相似,要比逻辑重音明显,一旦句子中出现两种重音时,逻辑重音服从语法结构重音。( )

93. 逻辑重音没有固定的位置,完全根据说话人所强调的潜在意识来决定,是随心所欲的。( )

94. 停顿的长短与语言结构的松紧有关,也跟语法层次有关。( )

95. 语速与感情表达有关 ,也与情景有关。( )

96. 语法停顿也称自然停顿,它是生理上的需要,也反映了词语间的疏密关系,跟书面上的标点符号和文章分段是一致的。( )

97. 逻辑停顿是出于表意上的需要，为了突出和强调以收到引起读者注意、表达特殊感情的效果。（ ）

98. 对比性词语、比喻性词语、夸张性词语、表肯定的词语都应读逻辑重音。（ ）

99. “调整”和“调查”的“调”读音不同，它们是异读词。（ ）

100. 异读词是语音学习中的负担，必须加以规范。（ ）

五、名词解释

1. 明末罗马字
2. 威妥玛式拼音
3. 切音字
4. 注音字母
5. 国语罗马字
6. 拉丁化新文字
7.《汉语拼音方案》
8. 双拼制
9. 三拼制
10. 音素制
11. 加符字母
12. 双字母
13. 条件变读
14. 韵母 iou、uei、uen 省写
15.《汉语方音字汇》
16. 尖团音
17. 女国音
18. 韵母分类
19. 音步
20. 音系学
21. 语音学
22. 实验语音学
23. 韵律特征
24. 韵律

25. 词重音

26. 句重音

27. 停顿

六、简述题

1. 为什么成年女性比成年男性说话的声音要高些?

2. 简述语音物理属性的四种要素及其在汉语语音中的作用。

3. 人的发音器官主要有哪些? 功能如何?

4. 举例论证语音为何具有社会属性。

5. 简述音位与音素的区别与联系。

6. 元音和辅音的区别表现在哪些方面?

7. 简述什么是音节及其音节分析方法。

8. 举例简谈汉字注音方法。

9. 声母与辅音的关系如何?

10. 从发音部位和发音方法的角度分析,普通话的声母分为哪些类型?

11. 送气和不送气是按什么区别的? 普通话的送气声母有哪些?

12. 清音和浊音是按什么划分的? 普通话的浊辅音有哪些?

13. 为什么零声母是一种声母?

14. 描写十个单元音韵母的发音特点。

15. 复元音韵母分为哪些类型?

16. 鼻韵母的发音特点是什么? 分为哪几类?

17. 韵母与元音的关系如何?

18. "四呼"是怎样划分的?

19. 韵母和韵部一样吗? 简谈韵摄、韵部、韵母、韵与韵类的差异。

20. 普通话的声调,用"五度标记法"是怎样表示的?

21. 谈谈调值和调类的关系与区别。

22. 简述现代汉语声调与古声调的关系及其演变规律。

23. 汉字与普通话的音节是什么关系?

24. 根据列表要求,分析"宇、遛、疮、斯、勇"五个音节的结构成分。

25. 普通话声母与韵母配合的规律主要有哪些?

26. 谈谈为何选用 y、w 为零声母的隔音字母及其用法。

27. 举例概述音位与汉语拼音字母的关系。

28. 简谈《汉语拼音方案》的优劣。

29. 举例简谈上声变调规律。

30. 举例概述“一”和“不”的变调规律。

31. 什么叫轻声？轻声为什么不是一种独立的声调？举例简谈轻声的作用。

32. 什么是儿化和儿化韵，举例说明儿化音变规律，并简谈儿化的作用。

33. 举例简谈语气词“啊”的音变规律。

34. 简述语流音变中的同化、异化、弱化与脱落现象。

35. 简述句调和字调的关系。

36. 简述音位、音位变体的定义、分类以及两者关系，举例概述归纳音位的重要标准。

参考答案

一、填空题

1. 生理,物理,社会,社会属性。

2. 声调(或音高)。

3. 音强。

4. 社会。

5. 肺和气管,喉头和声带,口腔、鼻腔和咽腔,口腔,鼻腔。

6. 声母,韵母,声调。

7. 元音,韵母。

8. 1958,字母表,声母表,韵母表,声调符号,隔音符号,给汉字注音,推广普通话。

9. 国际语音学会,1888,记录和研究不同民族语言的语音,一音一符,一符一音。

10. 语言,交际。

11. 意义。

12. 声音的高低,发音体振动的快慢或频率,厚薄,长短,松紧。

13. 声音的强弱,发音体振动幅度,发音时气流冲击声带力量的强弱。

14. 声音的长短,发音体振动,区别意义。

15. 声音的特色,音波波纹的曲折形式不同。

16. 发音体,发音方法,共鸣器形状。

17. 发音器官,发音器官活动的部位和活动的方法。

18. 肺,口腔和鼻腔,声带。

19. 上唇,上齿,上齿龈,硬腭,软腭,小舌;下唇,下齿,舌头;舌尖,舌叶,舌面;舌面前,舌面中,舌面后,舌根。

20. 鼻音,鼻化音。

21. 社会性,系统性。

22. 音节。

23. 社会属性(辨义功能),区别意义,最小语音单位。

24. 语音,声母,韵母,声调。

25. 音色(音质),十,二十二,二十一,ng,n。

26. 元音，子音，辅音，母音。

27. 音素/音位，一个音素一般也是一个音位。

28. 气流受阻与否，特别紧张，均衡紧张，气流较强，气流较弱，不一定振动，声带振动。

29. [a]，[i]，[o]。

30. 后、半高、不圆唇，后、高、圆唇，前、高、圆唇。

31. a，o，e，ê，i，u，ü，舌面。

32. 舌尖，舌尖，舌尖，前后，嘴唇的圆不圆，卷舌。

33. 发音部位，发音方法；舌位的高低，前后，嘴唇圆不圆。

34. 发音时气流受到阻碍的位置，上齿和下唇。

35. 发音时喉头、口腔和鼻腔节制气流的方式和状况，阻碍的方式，声带是否振动，气流的强弱，唇齿、清、擦音。

36. 七，双唇音，唇齿音，舌尖前音，舌尖中音，舌尖后音，舌面音（舌面前音），舌根音（舌面后音）。

37. 塞音，塞擦音，擦音，鼻音，边音，五。

38. 发音方法。

39. 都是舌根音。

40. 都是舌面音。

41. 都是舌尖后音。

42. 都是舌尖中音。

43. 都是舌尖前音。

44. 都是双唇音。

45. 浊鼻音。

46. j、q、zh、ch、z、c，送气不送气。

47. b、p、d、t、g、k，送气不送气。

48. 边音。

49. g 是不送气的、k 是送气的，舌根、清、塞音。

50. d 是不送气的、t 是送气的，舌尖中音。

51. b 是不送气的、p 是送气的，双唇音。

52. z 是不送气的、c 是送气的，舌尖前音。

53. zh 是不送气的、ch 是送气的，舌尖后音。

54.j是不送气的、q是送气的，舌面音。

55.f、s、sh、x、h，发音部位不同。

56.m、n，m是双唇音、n是舌尖中音。

57.鼻音，边音。

58.p、t、k、c、ch、q，b、d、g、z、zh、j。

59.r，h，s。

60.k，d，c。

61.双唇，不送气，清，塞音；唇齿，清，擦音；舌面前，不送气，清，塞擦音；舌尖后，不送气，清，塞擦音；舌面前，送气，清，塞擦音；舌根，不送气，清，塞音。

62.l，n，ch，s，f，q，j，b，m，p，d，g，k，t，x，sh，zh，r，c，零声母。

63.22，21，1，零；39，10，13，16。

64.a，o，e，ê，i，u，ü，-i[ɿ]，-i[ʅ]，er[ɚ]。

65.元音，辅音。

66.一，a，两，三，ao、iao。

67.主要成分，介音，韵母中的辅音，韵头或韵尾。

68.i，u，ü；i，u；n，ng。

69.单元音韵母，复元音韵母，带鼻音韵母。

70.开口呼，齐齿呼，合口呼，撮口呼。

71.舌面，前，低，不圆唇元音；舌面，后，半高，圆唇元音；舌面，前，半低，不圆唇元音；舌面，前，高，不圆唇元音；舌尖，前，高，不圆唇元音；舌尖，后，高，不圆唇元音；卷舌，央，中，不圆唇元音。

72.u[u]，ü[y]，e[e]。

73.四；前、半高、不圆唇元音 e[e]，前、半低、不圆唇元音 ê[ε]，中、央、不圆唇元音 e[ə]，后、半高、不圆唇元音 e[ɤ]。

74.二合韵母，三合韵母。

75.前响，ai，ei，ao，ou；后响，ia，ie，ua，uo，üe；中响，iao，iou，uai，uei。

76.口腔形状始终不变，口腔形状要逐渐变化。

77.e[e]，ê[ε]。

78.16，8，an，ian，uan，üan，en，in，uen，ün；8，ang，iang，uang，eng，ing，ueng，ong，iong。

79.韵尾，韵尾是n，韵尾是ng。

80. 开口呼，齐齿呼，合口呼，撮口呼。

81.a，e，u，韵尾。

82.a，a，e，韵头，韵尾，ü，韵尾。

83.uo，an，ai，eng，iang，ü，en，iou，uen，uei。

84.iu，ui，un；you，wei；wen。

85. 韵腹，韵尾。

86. 押韵的字。

87.i[i]，-i[ɿ]，-i[ʅ]；-i[ɿ]，-i[ʅ]。

88. 两个声母相同的音节，两个韵母相同的音节，叠韵，双声。

89.z、c、s，j、q、x。

90. 零声母，零声母。

91. 音高格式，区别意义。

92. 四，阴平、阳平、上声、去声，第一声、第二声、第三声、第四声，四声，调类。

93. 音高变化，声调的实际读音，音高，相对音高。

94. 标记声调的符号。

95. 五度标记法，赵元任，平调 55，升调 35，降升调 214，降调 51，轻声，变调。

96. 阴平，上声，阳平，去声；高平调，中升调，降升调，全降调，调号。

97. 轻声，语流音变。

98. 区别意义，区别意义。

99. 声调。

100. 平分阴阳，浊上变去，入派三声。

101. 古四声中的平声，古上、去、入三声。

102. 清声母字，阴平，浊声母字，阳平；全浊声母字，去声，去声字。

103. 后者；不能省；n、l 不仅跟 u 拼，也跟 ü 拼，若 ü 上两点省略会引起相混。

104. 自然感到，最小语音单位，紧张，松弛，音节，erzi，xiaohair。

105. 声母，韵头，韵腹，韵尾，声调；韵腹，声调。

106. 四个，一个；一个，三个；在音节开头或音节末尾，复辅音；声调。

107. 开口度较大，舌位较低；开口度较小，舌位较高。

108.i、u、ü，i、u，n、ng。

109. 声母和韵母连读成一个音节，声韵两拼法，声介与韵合拼法，三拼法，整体认读法。

110. 把i改成y,把u改成w,隔音字母。

111. 在i前加上y、u前加上w,一律在ü前加y。

112. ju、qu、xu,合口呼韵母,ü,u。

113. 开口呼,齐齿呼,合口呼,撮口呼。

114. 唇齿音,舌面后音,舌尖前音,舌尖后音。

115. 舌面前音。

116. 四呼韵母。

117. 双唇音,唇齿音,uo。

118. z、c、s,zh、ch、sh、r。

119. 历时,共时,古今,语流音变。

120. 变调,轻声,儿化,“啊”的音变。

121. 上声的变调,去声的变调,“一、不”的变调,“七、八”的变调,形容词重叠的变调。

122. 214,35。

123. 35,21,214,21。

124. 51,53。

125. 阴平(55),阳平(35),去声(51),轻声。

126. 去声(51),阳平(35),轻声。

127. (1)51,(2)51,(3)51,(4)35,(5)35,(6)51,35,(7)35,(8)35,(9)51,35,(10)35,(11)轻声,(12)轻声。

128. (1)35,(2)51,(3)35,(4)35,(5)51,(6)51,(7)35,(8)35,(9)35,(10)51,(11)轻声,(12)轻声。

129. 声调,特殊音变,又短又轻,音长变短,前一音节的调值,区别意义,区分词性。

130. (1)助词“的、了、着、过”和语气词“吧、吗、啊、呢”等读轻声,(2)部分单纯词中的叠音词和合成词中重叠式的后一个音节读轻声,(3)后缀“子、头、们”等读轻声,(4)方位词或语素“上、下、里、边”等读轻声,(5)趋向动词“来、去、起来、下去”等读轻声。

131. 韵母,增音,脱落,更换,同化。

132. 区别词义,区分词性,表示细小、亲切、轻松或喜爱的感情色彩。

133. 同化,增音。

134. 区别意义，社会。

135. 音位变体，条件变体，自由变体。

136. 22，10，4，超音段(或称非音质)。

137. 辨义功能，互补分布，音感差异。

138. [a]，[A]，[ɑ]，[ε]。

139. [e]，[ε]，[ɤ]，[ə]。

140. [i]，[I]，[j]。

141. 声调，句调，升调，曲调，语气。

142. 贯穿整个句子，表达整句的意思和感情，语调；单个字，区别词义或词素义，字调。

143. 人的生理上或句子结构上的需要，充分表达思想感情。

144. 语句重音，增强声音的强度，扩大音域，延续时间，语法重音，逻辑重音。

145. 谓语，修饰语，补语。

146. 同一个词有几个不同的读音，文白异读，方音影响，讹读影响，背离规律。

二、单项选择题

1.A	2.A	3.C	4.B	5.B	6.B	7.C	8.D	9.A	10.B
11.D	12.B	13.B	14.A	15.C	16.D	17.A	18.D	19.C	20.B
21.A	22.B	23.C	24.D	25.B	26.D	27.C	28.A	29.C	30.B
31.A	32.D	33.C	34.A	35.D	36.B	37.D	38.A	39.B	40.C
41.A	42.B	43.B	44.C	45.A	46.C	47.B	48.C	49.C	50.C
51.A	52.B	53.C	54.B	55.C	56.B	57.A	58.C	59.B	60.C
61.B	62.C	63.A	64.B	65.B	66.C	67.C	68.B	69.B	70.C
71.B	72.C	73.C	74.C	75.D	76.B	77.A	78.B	79.A	80.A
81.C	82.A	83.A	84.B	85.C	86.C				

三、多项选择题

1.ADE	2.ABCE	3.ABC	4.AC	5.ABE	6.ABDE
7.BC	8.AC	9.BC	10.ABCD	11.ABCDE	12.ABCD
13.ABCDE	14.ABD	15.BCDE	16.ABCDE	17.CE	

四、辨析题

1.×	2.×	3.×	4.√	5.×	6.×	7.√	8.√	9.×	10.√
11.×	12.×	13.√	14.×	15.√	16.×	17.√	18.×	19.×	20.√
21.√	22.√	23.×	24.√	25.×	26.√	27.×	28.×	29.√	30.×
31.√	32.√	33.√	34.×	35.√	36.√	37.×	38.√	39.×	40.×
41.√	42.√	43.√	44.×	45.√	46.√	47.√	48.√	49.√	50.√
51.√	52.√	53.√	54.√	55.√	56.×	57.√	58.×	59.√	60.×
61.√	62.√	63.√	64.√	65.√	66.√	67.√	68.×	69.√	70.√
71.×	72.√	73.√	74.√	75√	76.×	77.√	78.×	79.√	80.×
81.√	82.×	83.√	84.√	85.√	86.√	87.√	88.√	89.√	90.√
91.×	92.×	93.×	94.√	95.√	96.√	97.√	98.√	99.×	100.√

五、名词解释

1.明末罗马字

明末罗马字是明朝末年来中国的西洋传教士为学习汉语汉字的方便，开始用拉丁字母拼注汉字读音的一种方案，利玛窦方案和金尼阁方案是其代表。1605年即万历三十三年，耶稣会士意大利人利玛窦（1583年来华，1610年去世）在北京出版了《西字奇迹》，这是中国第一份有系统的用拉丁字母拼写汉字读音的方案，可惜的是原书已经失传。1610年来华的耶稣会士法国人金尼阁于1626年即明天启6年在利玛窦方案基础上进一步修订，写成了一部用罗马字注音的汉字字汇《西儒耳目资》，这是最早的用音素字母给汉字注音的字汇。金尼阁方案是明末拉丁字母汉字注音方案中系统性最完整的一个。由于其拼音方法简单而有条理，为向来被人认为繁难的“反切”开辟了一条简易途径。明末清初天主教传教士大多用以利玛窦、金尼阁方案为基础的汉语译音作为学习汉语汉字的工具，并且有几种汉字和外文对照的字典编著问世。

应该说，利玛窦的《西字奇迹》和金尼阁的《西儒耳目资》影响了中国汉语拼音的产生，是汉语拼音的鼻祖著作。明末西洋人这种用拉丁字母拼注汉语汉字的尝试，对当时及后来的中国音韵学者产生了深远影响，成为两百年后创造和推行注音字母或拼音字母的先声。

2.威妥玛式拼音

威妥玛式拼音又称威妥玛—翟理思式拼音，简称威氏拼音法、威氏拼音。它是中国晚清至1958年汉语拼音方案公布前，国内和国际上最流行的中文拼音方案。1867年英国驻华使馆中文秘书威妥玛(Thomas Francis Wade，1818—1895，又翻译为托马斯·韦德)出版了一部京音官话课本《语言自迩集》，该书根据北京读书音制订了一套用拉丁字母拼写汉语的方式。该方案借鉴了前人方案的一些特点和写法，保持了接近英文拼法的一些特点，但不完全迁就英文拼写习惯。方案有声母22个，韵母39个，用阿拉伯数字1234分别表示四声，标于音节右上角。由于采用过多的附加符号，使用时又常常省略，容易造成使用混乱。该方案开始时主要作为使用英语的人学习汉语汉字的注音工具，后来扩大用途成为音译中国地名、人名和事物名称的通用标准。1892年英国驻华使馆外交官翟理思在上海出版了Chinese English Dictionary即《中英词典》，对威妥玛式略做修正，用来给汉字注音，后来成为当时邮电部门拼写中国地名的主要依据。

3.切音字

“切音”也叫“合声”，即“拼音”。切音字产生于清末维新变法中，是指在1892—1911年期间民间产生和推行的各种汉语拼音方案的总称。清末，许多有志之士认为中国落后的重要原因之一便是教育不普及，教育不普及的重要原因就是汉字难学、难认、难记、难写，而拼音文字易学、易读、易记、易写，于是有维新思想的人纷纷创制中国的拼音文字，以便用来辅助汉字的学习和普及教育。宋恕(1862—1910)是提出主张仿效日本、教育先教拼音、后教汉字的第一人。1892年福建人卢戆(zhuàng)章出版了《一目了然初阶》(中国切音新字厦腔)，这个方案的字母采用拉丁字母及其变体，是中国人制定的第一个切音字方案，由此开始了持续20年的切音字运动。

这一时期共产生了个人方案28种(比如，1895年吴敬恒的拼无锡音的《豆芽字母》，1896年蔡锡勇拼官话音的《传音快字》、力捷三拼福州音的《闵腔快字》、沈学拼苏州音的《盛世元音》，1897年王炳耀拼广东音的《拼音字谱》，1900年王照拼官话音的《官话合声字母》，1901年田廷俊拼湖北音的《数目代字诀》，1902年力捷三拼官话音的《无师自通切音官话字书》，1903年陈虬拼温州音的《新字瓯文七音铎》和《瓯文音汇》，1904年刘孟扬提出拼官话音的第一种方案《天籁痕》，1905年杨琼、李文治出版《形声通》，1906年劳乃宣拼南京音的《增订合声简字谱》和拼苏州音的《重订合声简字谱》，卢戆章拼官话的《中国字母北京切音教科书》和拼福州音、泉州音、漳州音、厦门音、广东音的《中国字母北京切音合订》，朱文熊拼苏州音的《江苏新字母》，田廷俊拼湖北音的《拼音代字诀》和《正音新法》，沈韶和出版《新编简字特别课本》，1907年劳乃宣出版《简字全谱》《京音简字述略》和《简字丛录》，1908年刘孟扬拼官话音的《中国音标字书》，马体乾拼官话的《串音字标》，1909年宋恕拼温州音的《宋平子新字》，黄虚白拼官话音的第一方案《汉文音和简易识字法》和第二方案《拉丁文臆解》，刘世恩拼官话音的《音韵记号》，1910年郑东湖的《切音字说明书》)，其字母形式有汉字笔画式(14种，受日本假名影响，一开始的切音字方案的字母采用汉字笔画的最多)、速记符号式(5种)、拉丁字母及变体式(5种)、数码符号及其他形式(4种)。音节拼写方式多采用声韵双拼制。语音标准从开始的侧重方音到后来的侧重官话京音。

切音字方案产生于民间，流传学习范围狭小，多有差异，大多没有得到清朝政府的认可和广泛推行，只有王照(1859—1933，汉字改革的先驱者，汉语拼音的创始人，创办的"官话字母"开注音符号之先河)的《官话合声字母》和劳乃宣的《合声简字谱》得到严修、吴汝纶、袁世凯等的赞助而影响较大。为了争取清政府推行官话字母，1910年资政院开会并组织以严复为首的小组审理各种有关字母提案，同意推行切音字，作为"范正汉文读音"和"拼合国语"的工具，但是这些官话字母被摄政王载沣查禁，清政府并未采纳王照、劳乃宣的方案，而是另行拟订方案。

总之，各类切音字方案的拟订和有关著作的连续出版，形成了汉语拼音运动史上的第一个高潮。1912年民国政府成立后，制定并推行了一套法定的汉字形式的拼音字母方案，称为"注音字母"，后改称"注音符号"，至此清末近20年的"切音字"运动宣告结束，我国的汉语拼音运动进入了新的阶段。切音字运动的倡导者和推行者卢戆章、王照等并不要求废除汉字，而是主张汉字、切音字并行，互补互助。

4.注音字母

《汉语拼音方案》公布前用来给汉字注音的拼音字母方案，也是我国第一套由国家正式公布的法定的汉字笔画形式的拼音字母方案，又名"国音字母""注音符号""国语注音符号第一式"。这套方案于1913年由读音统一会议定，1918年中华民国教育部正式发布(1930年改名为"注音符号")。

该方案的主要特点是：一是字母笔画选自古汉字，二是音节拼写法采用三拼制，三是标注汉字读音。公布后其声母排列顺序、标调方法、拼写语音标准等陆续有所修正，修正后字母共40个，拼北京音用37个(万、广、兀三个为闰音字母，拼注方音用)，标调方法由原来的四点标注改为符号标注。该方案在给汉字注音、帮助识字、传播国语等方面发挥了重要作用。1920年开始，注音字母进入小学，成为小学语文教育的第一个环节。目前在台湾仍在使用，1984年台湾把国语罗马字方案加以简化，试用一年，征求意见，1986年1月28日正式公布，称为《国语注音符号第二式》，原注音符号称为《国语注音符号第一式》。在大陆使用至1958年，后为《汉语拼音方案》所代替。

5.国语罗马字

国语罗马字全称“国语罗马字拼音法式”，是中国政府推行国语和供注音用的第一个法定的拉丁字母（罗马字母）式拼音方案。1925—1926年由国语统一筹备会“罗马字母拼音研究委员会”研究制定并由国民政府大学院（教育部）于1928年公布。清末民初，提倡采用罗马字拼音的语文改革声浪兴起，钱玄同（《汉字革命》）、蔡元培（《汉字改革说》）、黎锦熙（《汉字革命前进的一条大路》）、赵元任（《国语罗马字研究》）等纷纷发文讨论并主张采用罗马字拼音，赵元任还提出了制定国语罗马字的25条原则和一个国语罗马字方案草稿，钱玄同、林语堂等也都提出了各自的罗马字拼音方案。1923年，在国语统一筹备会第五次常年大会上，钱玄同提出了《请组织国语罗马字委员会案》，黎锦熙、叶谷虚等也都提案请求讨论一种罗马字拼音方案，与注音字母同时推行。大会通过决议，成立“国语罗马字拼音研究委员会”，选出了钱玄同、黎锦熙、赵元任、林语堂等11人为委员，委员会因时局动荡无法开会，后改由刘复发起的研究音韵学的“数人会”进行讨论，经过一年的工作，最终议定了一个拼音文字方案，即《国语罗马字拼音法式》。1926年9月国语统一筹备会召开了“国语罗马字拼音研究委员会”会议，通过了《国语罗马字拼音法式》方案，并提请教育部公布该方案，1928年9月26日，由国民政府大学院公布，作为“国音字母”第二式推行。该方案没有在学校和社会上得到广泛宣传和学习，仅仅在出版字典注音时采用，与注音字母并列，但是，这是第一个法定的拼音文字方案，开启了从笔画式注音符号进入到拉丁字母式拼音符号阶段，这在中国的拼音文字史上有着重要地位和意义。国语罗马字方案以北京语音为标准音，用变化韵母的办法来表示声调，也适当兼顾其他“官话”区域的读音，还充分考虑到现代汉语语音的特点，还尽可能地照顾到国际习惯。其缺点是表示声调的规则较为烦琐，学习起来不方便。

6.拉丁化新文字

汉语拼音方案公布以前，在群众中推行最广的一套拉丁字母汉语拼音文字方案。受苏联文字拉丁化运动影响，在苏联汉学家的协助下，在苏联工作的瞿秋白、吴玉章、林伯渠、萧三等人于1929年拟订了第一个中文拉丁化方案，经过几次修改后，于1931年在符拉迪沃斯托克（海参崴）召开的中国文字拉丁化第一次代表大会上正式通过，1933年该方案被介绍到中国，陈望道、胡愈之、叶籁士等认为它是书写大众语、普及群众文化科学知识的最好工具。抗战爆发后，拉丁化新文字在群众中得到了广泛推行，

1940年到1942年，在毛泽东、朱德、吴玉章、徐特立、林伯渠等人的支持下，陕甘宁边区开展了学习和使用拉丁化新文字的群众运动。在拉丁化新文字推行期间，全国各地成立了不少有关团体，成立学习班一千多个，参加学习者十多万人，出版各类书刊几十种，得到了鲁迅、陶行知、陈望道、王力、许地山等社会知名人士的大力支持和赞助。拉丁化新文字运动是中国文字改革运动的一部分，是新中国成立以前历史上地域最广、影响最深远的一次文字改革运动，是一次中国拼音文字的伟大实验。

7.《汉语拼音方案》

《汉语拼音方案》是我国现行的给汉字注音和拼写现代汉语语音的法定的拉丁字母式拼音方案。新中国成立后，文改会在研究了以前各种拼音方案和新中国成立以来海内外热心文字改革人士提出的各种拼音方案设计稿以后，提出了汉语拼音方案初稿，1956年2月文改会发表了《汉语拼音方案（草案）》，其间，向全国广泛征求意见。经过多次修改后，新的草案《修正草案》于1957年11月1日国务院全体会议第60次会议上获得通过，1958年2月第一届全国人大五次会议批准公布。该方案采用拉丁字母（拉丁化），拼音方式为音素制（音素化），用符号表声调。方案内容有字母表、声母表、韵母表、声调符号、隔音符号共五部分。该方案所采用的字母，即汉语拼音字母，以拉丁字母为主，在不改变拉丁字母基本字形的前提下，采用了少量加符字母、组合字母和变读字母，字母的读音还是以拉丁字母的国际音域为基础（口语化），并考虑汉语音值，二者兼顾，尽量做到相合或接近，这样既解决了拉丁字母的不足问题，又不增加新字母，保持了拉丁字母系统的完整性。

《汉语拼音方案》已经成为拼写汉语的国际标准，在多个方面获得了广泛应用并体现出较大优势：给汉字注音，利用拼音学习汉字，实现了“无师自通”，既是一种行之有效的自学好方法，也是一种扫除文盲的好方法；以词为单位拼写普通话，有利于推广普通话；在语文教学方面实现了“注音识字，提前读写”，少数民族以及外国留学生也可以通过汉语拼音学习汉字与汉语；利用汉语拼音可以设计聋哑人所用的手语和盲人所用的盲文；利用汉语拼音可以制订或改进少数民族文字；利用汉语拼音可以给各种工具书、文献资料编序、检索，查找方便；利用汉语拼音对人名、地名、民族名、企事业单位名等进行拼写，成为国际标准，便于中文交流；利用汉语拼音进行计算机输入，克服了汉字形体拆分的局限性，有利于中文信息处理。

需要注意的是汉语拼音方案不是汉字拼音方案，也不是文言拼音方案，而是白话拼音方案；不是方言拼音方案，而是普通话拼音方案。使用拼音给记录汉语的汉字注音，不是要废除汉字，是注音识字，其实切音字运动的倡导者和推行者卢戆章、王照等也未要求废除汉字，而是主张汉字、切音字并行，互补互助，特别是经过“国语罗马字运动”和“拉丁化新文字运动”之后，人们逐渐达成了一个共识就是汉字不会废除，至少在相当长的时期内，汉语拼音文字与汉字并用，处于“一语两文”的状态中，那些认为汉语拼音出现后汉字将消亡的认识是错误的，主张汉字走拼音化的道路实践证明是行不通的。

8.双拼制

双拼制是汉语拼音拼写形式之一，即把音节分成声母、韵母两部分，拼合成音，所以也叫声韵双拼法。双拼源于传统反切法。在具体拼法上可以有结合声母和结合韵母两种。结合声母把韵头与声母合成字母，清末王照的《官话字母》即采用这种拼法，如“家”丄ɜ，丄是结合声母ji，ɜ是韵母a。结合韵母是韵头与狭义韵母（韵腹、韵尾组成的韵母）合成字母，清末卢戆章的《中国切音字母》即采用这种拼法，比如“快”，《官话字母》写作“リ－ˋ”（ku－ai），“リ”表示结合声母ku，“－”表示韵母ai，“ˋ”标在右上表示去声；《中国切音字母》写成“乀V”（uai—k），其中“乀”表示带有韵头的韵母“uai”，“V”表示的是声母k。双拼制的优点是容易适应传统的反切法。因为每个音节只有两个字母，所以拼式短。但缺点是不能从拼式分析音节的音素结构，字母数量多。

9.三拼制

三拼制是汉语拼音拼写法形式之一，即把音节分成声母、介母、韵母（韵腹或韵腹与韵尾组合）三部分，也叫“声介韵三拼法”。注音字母方案采用这种拼法。如音节kuai，注音字母写作“ㄎㄨㄞˋ”（k—u—ai），“ㄎ”表示声母k，“ㄨ”表示介母u，“ㄞ”表不带韵头的韵母ai，“ˋ”是声调符号，标在韵母上。三拼制把介母独立出来，它虽然未能完全脱离反切法的约束，但已经使汉语拼音方法朝音素制的方向迈近了一步。三拼制的优点是，除部分韵母外，多数字母是记录音素的字母，字母总数比双拼制大大减少。其缺点是部分拼式比双拼制加长。由于拼式用的字母数量不等，导致书写形式与汉字不很协调。另外，三拼制对拼写外来词仍不便利。

10.音素制

音素制是音节拼写法形式之一，即把音节分析到最小的语音单位——音素，采用音素字母（或字母组合）拼写。拉丁字母是音素字母，《汉语拼音方案》基本上采用的是拉丁字母，该方案基本上是音素制。音素制的优点是便于对语音结构进行分析，便于教学，字母符号数目少，拼音灵活，字母排列形式便于技术应用；缺点是由于音节内所含音素数多少不等，比如普通话音节最少一个音素而最多四个音素，另外还有zh、ch、sh、ng、er都是两个字母记录一个音素，所以音节拼式会长短不齐。

11.加符字母

《汉语拼音方案》中字母ê、ü一般称作加符字母。普通话语音中，元音音素ê[ε]除表声词“诶(欸)”以外，只出现在齐齿呼、撮口呼韵母的音节中，如在jie/jue这种音节中，不会出现元音音素e[ə]，因此在实际拼写中，字母ê除单用的场合，其头上的符号可以省去不用，不会与e[ə]混淆。《汉语拼音方案》规定：“ü行的韵母跟声母j、q、x相拼的时候，写成ju、qu、xu，ü上两点省略；但是跟声母n、l拼的时候，仍然写成nü、lü。”这个规定的前提是在ü的位置会不会出现u，若不会出现u，即可省去两点符号，若会出现u，则不可以省略两点。省写附加符号的原则是既方便使用，又不能发生混淆。加符字母ê、ü的省写，从字母e、u的角度，又可看作是后者的条件变读。加符字母ê、ü都未改变原字母的基本形体，其附加符号又可以在一定条件下省略，所以不作为独立字母列入字母表。

12.双字母

双字母由两个字母组合在一起表示一个音素，是《汉语拼音方案》对字母不足的补充方法之一。双字母共有五个，分别是zh、ch、sh、ng、er。其中zh、ch、sh可以分别理解为z、c、s各自加一卷舌动作所致，在普通话中只充当声母，而ng在普通话中只充当韵尾，er在普通话中只充当韵母。采用双字母可以做到在26个拉丁字母以外不增加新字母，不加符号，从而解决字母不足的问题，同时，这一做法还不必更动通用字母表，避免在技术应用方面由于增字母或加符号带来的麻烦。但是用双字母使音节拼式加长，未能做到理想的“一音一符”，即用一个字母符号表示一个音素。

13.条件变读

《汉语拼音方案》为解决字母不足问题所采取的办法之一。条件变读指字母在它的一般读音以外，在一定条件下读另一个音，“一定条件”指的是该字母所处的前后相邻字母环境，所谓“一般读音”，包括字母的国际音域和汉语音值两方面的含义。《汉语拼音方案》中的变读字母是：单韵母e读[ɤ]，但是在ie、üe中读[ε]，在en、uen中读[ə]，在ei、uei中读[e]，另外还有a、i、r等。条件变读可以不增加新字母，保持拉丁字母的系统性，又不延长拼式，从而解决字母不足的问题，但是，也给实际记音拼读带来了一定困扰。

14.韵母iou、uei、uen省写

《汉语拼音方案》规定，iou、uei、uen前面加声母时写成iu、ui、un，但是iou、uei、uen自成音节时，其韵腹不能省略。从语音学角度讲，iou、uei、uen三个复合音在自成音节或前加声母充当韵母时，受声调或声母支配，其实际音值有时略有变，省写式与实际音值基本吻合，也就是说按省写后的字母拼音，与非省写式读音无显著差异，所以《汉语拼音方案》为了便于学习和利用，当iou、uei、uen前面加声母时一律省写成iu、ui、un。

15.《汉语方音字汇》

《汉语方音字汇》一书根据1956—1958年全国方言普查的结果编制，主要供汉语语音比较研究使用，属于比较汉语方言字音的著作。该书由北京大学中国语言文学系语言学教研室编，由文字改革出版社于1962年出版。全书收集了17个方言点2400多个字的读音，字汇表前列有17个方言点的声韵调，所收单字根据各方言的语音系统，用国际音标注音，单字按北京话韵目排列，并著有中古音。该书为了解方音之间的共同特点和差异，以及古今语音的演变，提供了参考资料。1989年《汉语方音字汇》出版了第二版，在对第一版进行全面修订的基础了增加了合肥（官话）、阳江（粤方言）、建瓯（闽方言）3个方言点的读音。

16.尖团音

清《圆音正考》："试取三十六字母审之，隶见溪群晓匣五母者属团，隶精清从心邪五母者属尖。"所谓团音，就是中古音"见溪群晓匣"一组牙喉音声母与细音韵母（约相当于i、ü或i、ü开头的韵母）相拼的音节，如家、居、交、权、休、学等，至今这些字的北京音仍是团音。现代的音韵学者和戏曲界人士就把见系声纽里分化出来的舌面音j、q、x组成的音节叫作团音。中古音"齿头"声母"精清从心邪"，约相当于现在北京音的z、c、s，与细音韵母（约相当于i、ü或i、ü开头的韵母）相拼的音节叫尖音。这种尖音在现在北京音中也改读团音，这就叫不分尖团，比如，中古尖音绝züe、樵ciao、取cü、先sian、寻sün、酒ziu等，这些字的声母在现代北京音中已经改读团音绝jüe、樵qiao、取qü、先xian、寻xün、酒jiu等，但是北方某些方言中还存在着尖团音的区别。其实，1913年全国"读音统一会"审订的法定标准音——"老国音"和1931年"中国文字拉丁化第一次代表大会"通过的"北方话拉丁化新文字"（简称"北拉"）以及1955年10月文字改革委员会拼音方案委员会提交给全国文字改革会议审议的《汉语拼音文字（拉丁字母式）草案初稿》里都还分尖音和团音，这符合北方话分尖团的语音事实。

17.女国音

女国音是对北京女性口语里的尖音现象的称呼之一。这种尖音现象主要出现于北京地区青春期女性人群，尤其是女大学生中，是北京话的一种口音，也是一种社会方言。它的特点是，将一部分在标准北京话里应读团音（北京话里表现为腭化音，拼音j q x，国际音标tɕ tɕh ɕ）的字的发音位置前移，读成尖音（北京话里表现为齿龈音，拼音z c s,国际音标ts tsh s)。由于这种读音现象最早在北京劈柴胡同师大女附中(今属北京师范大学附属实验中学)发现,因而又叫作劈柴派读音。女国音的主要发音特征是发音位置前移,在发音过程中将j、q、x等舌面音变异为z、c、s等舌尖前音的读音,在韵母为i、ie的单字中发生率较高,而在韵母为-iong、ü、üe、üen等的单字中较罕见。女国音发音时舌前部紧靠下齿龈,舌面前部紧贴上齿龈,嘴形小而闭合,送气减弱,比如jīngshén(精神)读成zīngshén,qīechú(切除)读成cīēchú,àiqíng(爱情)读成àicíng,hējiǔ(喝酒)读成hēziǔ。

18.韵母分类

传统音韵学对韵母有等呼分类。宋元等韵图分韵母为开口、合口两呼。凡介音或主要元音是u的叫合口,其他叫开口。又根据声音的洪细(凡舌位较低较后的听起来响亮度高一些的是洪音。凡舌位较高较前的听起来较低沉的是细音)和i介音的有无,把两呼各分为一二三四等。清江永有"一等洪大,二等次大,三四皆细,而四尤细"之说,主要还是在于区别元音的洪细。随着时代的变迁,语音的演变,到了明清时,开合各四等的分别在口语中已经不便于区分,逐渐由"等"向"呼"过渡。清代潘耒《类音》开始以唇形为标准,提出了开、齐、合、撮四呼的分类方法,沿用至今。

19.音步

音步又称节拍,是最小的、能够独立运用的韵律单位。音步由音节组成,汉语最基本的音步由两个音节组成,被称为"标准音步"。汉语音步还有变体,即"蜕化音步"和"超音步"。"蜕化音步"是指单音节成分,一般只能出现在以单音节词为独立语段的环境中,它可以通过停顿或拉长该音节的元音等手段来满足一个标准音步,也就是读得舒缓些,如:啊! 冬天来了,春天还会远吗?"超音步"是指三音节成分,单音节成分附在标准音步上就构成了超音步,它可以通过缩短该音节的音长来满足一个标准音步,也就是读得要紧凑些,如"吃食堂"。诗歌的节奏就主要表现在"音步"上,一般用语音停顿来表示,如"远上/寒山/石径斜,白云/生处/有人家"。

20.音系学

音系学是研究语言的语音系统的一门学科,包括对当代语言的语音系统的分析和对历史语音变化的研究两个方面。现代音系学的研究始于19世纪末期,波兰语言学家库尔德内和他的学生克鲁舍夫斯基(1851—1887)首先提出了"音位"的概念。20世纪30年代欧洲布拉格学派的特鲁别茨科伊等人发展了"音位"概念,音位的研究在欧洲和美国迅速发展,20世纪50年代侨居美国的布拉格学派主要学者雅柯布逊和瑞典著名声学家方特、美国语言学家哈利合作,系统地提出"区别特征"的概念,为现代音系学的发展开创了新局面。雅柯布逊等人主要从语音的声学特性出发，参考语音的生理特性，把一切语音归纳为12对区别特征，如元音性/非元音性，突发性/延续性，浊音性/清音性，集聚性/分散性，鼻音性/口音性等。区别特征是语言中能够区别意义的最小对立体，这些最小对立体都是偶值的。后来，美国语言学家乔姆斯基和哈利合作，进一步发展了区别特征的理论，创立了“生成音系学”，成为近20年来对音系学研究影响最大的学派。乔姆斯基等人主要从语音的生理特性出发，把区别特征扩充为30多对，区别特征的偶值性更加突出，每对特征都可以用“±”号来表示，例如“+高/−高”“+舌顶/−舌顶”“+圆唇/−圆唇”“+鼻音/−鼻音”“+浊音/−浊音”等。生成音系学是乔姆斯基创立的生成语法的一部分，除发展了区别特征理论外，还着重解释语音转换的规则，规则的书写形式是：A→B / X—Y。A和B都代表区别特征，→表示“变为”，X—Y表示转换的条件，前面用斜线和A→B隔开。这个形式可以读成“区别特征A处在X和Y之间时变为区别特征B”，也就是说XAY→XBY。生成音系学认为，一切语音规则都可以用这样的形式写出来。

另外，在中国最早研究语音系统的著作是隋朝陆法言公元601年所编的《切韵》，这是世界上最早专门对语音系统做出全面分析归纳的专著之一。宋代，受印度声明学的影响，韵图一类的著作开始出现，根据发音部位和发音方法的不同把声母分为唇、舌、牙、齿、喉和清、浊、次清、次浊等，根据舌位和唇形的不同把韵母分为四等和开、合两呼等。韵图按韵分图，每图分列声母和声调，语音系统一目了然，属于汉语音系学研究的先驱之作。

21.语音学

语音学是以语音为研究对象的一门学科。通过声音进行言语交际可以分为三个阶段：发音——传递——感知，发音阶段属于语音从心理现象转换到生理现象的过程，传递阶段属于语音的物理现象，感知阶段属于从生理现象转换到心理现象的过程，据此形成了语音学的各个分支学科，即生理语音学、声学语音学和感知语音学。生理语音学研究发音器官在发音阶段的生理特性，声学语音学研究语音传递阶段的声学特征，而感知语音学研究语音感知阶段的生理和心理特征。

22.实验语音学

实验语音学又名仪器语音学，就是用各种实验仪器来研究、分析语音的一门学科，是语言学的一个重要分支。所用实验仪器大致为，测量肺部气流的压力和流量的仪器如加热流速计、热镍风速计、气压换能器等，观察和测量声带振动的仪器如喉头镜、牙科镜、高速电影摄影机、肌电仪等，测量和分析声腔共鸣和调节作用的仪器，对语音的声学特性进行波形分析的仪器如音鼓浪纹计、电磁音笔浪纹计、示波器等，对语音的声学特性进行频谱分析的仪器如频率分析计、语图仪、音高显示器、声级记录仪等。

实验语音学主要的研究范围一般分为三方面。一是，人的发音机制，包括指挥语言的神经系统、肌肉活动、声带和声腔的发音动作，属于“发音语音学”或“生理语音学”。二是，语音发出后在空气中传播的物理特性，包括语音的四要素音色、音高、音强、音长，属于“声学语音学”。三是，语音传入听话人的听觉器官，造成听觉，又通过神经系统来理解等过程，属于“听觉语音学”“心理语音学”或“感知语音学”。

实验语音学发展大致可分为四个阶段：(1)20世纪初到30年代前，早期的语言学家分析语音只能依靠音标来描写所要研究的语音，后来借用了医疗器械如浪纹计、假腭、喉镜等简单工具来分析发音动作和语音特性。(2)20世纪30—40年代，语言学界开始应用X光照相、腭位照相等对言语生理进行研究。(3)20世纪50—60年代，声谱仪已逐渐普遍应用于语音研究，由动态声谱仪（语图仪）作出的言语声谱模式已被公认，成为一种“视识语”，即“可见语言”。由于语音的特性逐渐被揭示，许多语音规律被归纳出来，并上升到理论，如区别特征理论，从而丰富、订正了语音学本身。此外，生理实验也从静态分析提高到动态分析，应用的实验仪器如X光电影照相、动态腭位记录装置、频闪声带照相、肌电测试仪器等。录音器材有了磁带录音，达到了前所未有的便利和仿真度。不同的语音人工合成和识别系统也由实验阶段而达到应用水平，实验语音学就在这一阶段建立了。(4)20世纪70年代至今，电子计算机已普遍应用于语音分析。在这期间，语音研究已从过去的音素、音节分析扩展到成句成章的分析。除音色之外，超音段特征（包括音高、音强和音长）成为重要研究对象。言语的规则合成和识别的方案是计算机的常备项目。综合这些研究项目，配合新兴的人工智能、言语理解等需要，实验语音学达到高级水平。

早期的实验语音学家首推美国的斯克里普契尔，1906年他出版了《实验语音学研究》，同时还有卢赛洛，1908年出版了《实验语音学原理》。这两本书提供了大量的生理实验方法和成果，是现代实验语音学的启蒙著作。20世纪50年代开始了言语声学的研究。美国的贝尔电话公司实验室、哈斯金斯研究组，瑞典的皇家理工学院言语通信系，英国的爱丁堡大学语音系都做了很多工作，为后来的实验语音学打下了坚实的基础。这一时期的代表人物有美国的弗莱彻、弗拉纳根、拉德福格德，英国的弗赖，瑞典的方特等人。特别是美国的朱斯，他是较早使用声谱仪来分析语音的语言学家。

中国的语言学家早在20世纪30年代就用实验方法分析汉语语音，比如刘复的

《四声实验录》(1924)、王力的《博白方音实验录》(1931)。刘复和王力在英法学习语音学,用浪纹计做汉语声调的实验,当时他们在国内首先阐明了声调就是音高频率的变化关系。赵元任在20世纪30年代以后做了吴方言及广东、湖北、湖南等地的方言调查,罗常培调查了厦门及其他方音,都是用当时的唱片灌音和浪纹计、渐变音高管等工具记录和分析语音。刘复创制了声调推断尺,是国内的第一种语音实验仪器。赵元任在南京的中央研究院历史语言研究所,建立了具有国际水平的语音实验室,罗常培在北京大学创立了"语音乐律实验室",这些都拥有完备的灌音设备和各种型式的浪纹计,以及从国外获得的一些生理实验仪器等。他们还与中央研究院的物理研究所合作,创制电子管的音调计。

实验语音学具有重要作用和价值。在语音教学上,用生理实验演示发音部位,用声学实验演示发音方法和超音段特征,并在教学中使学习者能亲自验证。根据实验成果还可对双语者的语音训练起提高质量和加速进度的指导性作用。在言语处理上,分析出语音的主要信息参量,判断什么是必要的"载信单元",什么是"羡余度",找出语音在连续语言中的变量和恒量的规律,为通信传输、电声系统、合成识别、语音控制、特殊环境通话等一切言语工程提供可靠数据。在言语矫治上,研究言语缺陷患者的发音机制及话音,指导矫治方案,为研制聋哑人的助听、助话等器具提供科学数据,分析脑部、喉肌等微电流帮助失语患者康复治疗等。在语言学研究上,言语活动和语言控制的测验,有利于音位系统的订定、语法结构与语音关系的分析、历史音变及横向干扰的研究等。

23.韵律特征

韵律特征又叫"超音质特征"或"超音段特征"。韵律特征是语言的一种音系结构,与句法和语篇结构、信息结构等其他语言学结构密切相关。韵律特征可以分为三个主要方面:语调、时域分布和重音,通过超音段特征实现。超音段特征包括音高、强度以及时间特性,由音位或音位群负载。韵律是人类自然语言的一个典型特征,具有许多跨语言的共同特点,比如:音高下倾、重读、停顿等都普遍存在于不同的语言之中。韵律特征是语言和情绪表达的重要形式之一。理解口语需要韵律特征,阅读文本语句和语篇时,也要借助韵律特征。

24.韵律

韵律指诗词中的平仄格式和押韵规则,体现在字词的搭配、音调的和谐上。比如诗词的韵律,大致包括三个方面的内容:一是平仄,由南北朝时期的沈约等首先提出,在盛唐以后的格律诗中得到广泛应用,主要是讲究平声和仄声的协调;二是对偶,在韵文特别是格律诗中,对对偶的工巧要求比较严,诗词中一般是句对,在赋和八股文中还有多句对和段对;三是押韵,指同韵的字在适当的地方(一般是停顿的地方),有规律地重复出现。这三个方面都来自汉语语音的特点,就是单音节语素占优势,有声调。押韵的格式有逐句用韵的,也就是一韵到底,也有隔句押韵的,诗绝大多数是隔句押韵,只有开头两句可以都用韵,词的情况比较复杂,既有逐句押韵,又有隔句押韵,还有隔多句押韵的。韵文用韵,多数是全篇一韵,较长的作品也有中间换韵的。韵的应用,古今有很多不同。隋唐时代《切韵》《唐韵》都分得很细,宋朝《广韵》定为206韵,但由于有些韵可以"同用",唐代实际用112韵,宋代用108韵,金元时合并为106韵。

25.词重音

从广义上说,语言的重音有两大类:词汇层面的重音和句子层面的重音,句子层面的重音包括语法重音和逻辑重音,而词重音指的是复音词里读得较重的音节。汉语普通话中,复音词读音轻重有自己的规律:一是轻声音节的双音词,按照"重轻"格式读,如桌子、盘子、木头、砖头;非轻声音节的双音词,按照"中重"格式读,如中华、祖国、调查、建筑。二是中间为轻声音节的三音节词,按照"中轻重"格式读,如月亮湾、鸽子蛋、哈尔滨;非轻声的三音节词,按照"中中重"格式读,如穿小鞋、吃食堂、擦边球。三是第二个音节为轻声的四音节词,按照"中轻中重"格式读,如啰里啰唆、傻不愣登、葡萄糖水;第二、四个音节为轻声的四音节词,按照"中轻重轻"格式读,如研究研究、考虑考虑、打扫打扫;不带轻声的四个音节词,按照"中重中重"格式读,如南开大学、鼎力相助、一马平川。

26.句重音

句重音是指一句话里读得较重的词或短语,可分为语法重音和逻辑重音。语法重音是指根据句子的语法结构,用自然音量读成的重音。语法重音的规律是:谓语或谓语中的主要动词比主语读得重一些,宾语比动语读得重一些,定语、状语、结果补语、程度补语比中心语读得重一些,疑问代词和指示代词比别的词读得重一些。逻辑重音是指为了突出语意重点或为了表达强烈感情而加强音量读出来的重音。逻辑重音的规律是:一句话中,像肯定、否定、对比、比喻、夸张、反复等能够体现说话人表意重点的词语,像表示诘问、愤慨、憎恶、惊惧、讽刺、敦促、夸赞等感情色彩的词语,都读重音。语法重音与逻辑重音相遇时,由于语法重音对意义的影响很小,逻辑重音对语意的表达起关键性作用,所以语法重音要服从于逻辑重音。

27.停顿

停顿是指人们在进行言语活动时，在词语、句子或段落之间出现的语音间歇。这一方面是出于人的生理上或句子结构上的需要，停下来换换气或使结构层次分明；另一方面是为了准确充分地表达思想感情，并让听者有时间领会说话或朗读的内容。生理换气需要的停顿，必须服从结构上或语意表达上的需要，否则便会割裂语意，影响说话、朗读的效果。

停顿可分为语法停顿和逻辑停顿。语法停顿指的是为了表现语法单位之间的语法关系所作的停顿。书面标点符号大体上体现了语法停顿，而在没有标点的地方，有时为了某种需要也要进行停顿，比如，较长的主语之后、较长的谓语之前和较长的宾语之前要停顿，较长的联合短语和较长的复指短语之间要停顿，独立语前后要停顿，表时空的、表情态的全局修饰语之后要停顿，表判断的“是”之前要停顿，表提醒注意的“是”之后要停顿。在没有标点符号的地方，为了突出某种语意或表达某种感情所作的停顿就叫逻辑停顿，这种停顿没有特定规律，会因人而异，与说话人的意图和感情表达有着密切关系。逻辑停顿与语法停顿有时一致，有时不一致。

六、简述题

1.为什么成年女性比成年男性说话的声音要高些？

答：由于声音的高低取决于发音体振动的快慢（频率），而语音的高低跟声带的长短、厚薄、松紧有关。成年女性的声带（发音体）短而薄，振动的频率大，所以声音就高些；成年男性的声带（发音体）长而厚，振动的频率小，所以声音就低些。

2.简述语音物理属性的四种要素及其在汉语语音中的作用。

答：语音是语言的物质外壳，是人类通过发音器官发出的传递词句意义的声音，同其他声音一样，是物体振动产生的音波，可以通过物理仪器测量，具有物理属性，包括音高、音强、音长、音色四种物理要素。

音高即声音的高低，取决于发音体振动的快慢。汉语中单字的声调、句子的句调的不同主要是由音高的高低升降形成的格式造成的，这种语音的高低，跟声带的长短、厚薄、松紧有关。音强即声音的强弱，取决于发音体振动幅度的大小。汉语中重音、轻声现象就是由音强的不同造成的。音长即声音的长短，取决于发音体振动时间的长短。汉语中轻声现象也与音长有关。音色即声音的特色，取决于物体振动所形成的音波波纹的曲折形式的不同，涉及发音体、发音方法和共鸣器形状的不同。汉语中元音、辅音的不同主要取决于音色的不同。

音高、音强、音长为超音色成分,或叫非音色成分,这三个非音色成分是依附于音色的,既可以依附在一个音节里,比如声调;也可以依附在比音节大的音段上,比如语调。在任何语言中,音色是用来区别意义的最重要的物理要素,而音高、音强、音长三个物理要素在不同语言中区别意义的作用不尽相同,比如在声调语言中音高起区别意义的作用,而在非声调语言中音高不起区别意义的作用。

3.人的发音器官主要有哪些?功能如何?

答:语音是人的发音器官发出来的,因此语音有生理属性。人的发音器官包括肺和气管、喉头和声带、口腔与鼻腔三个部分。

其各部分功能如下:

(1)肺是发音的动力站,气管是输送气流的管道。由肺部活动产生的气流经气管输送通过喉头和声带。

(2)声带是喉头内两片富有弹性的带状薄膜。它的前端连结喉头内的甲状软骨,后端连结喉头内的杓状软骨,通过杓状软骨的活动,声带或松或紧、或开或闭。呼吸或发噪音时,声带放松,声门大开,气流可以自由出入;发乐音时,声带靠拢,声门关闭,气流从声门的窄缝中挤出,声带颤动,产生响亮的声音。声带起着发音体的作用,人控制声带的活动,发出不同的声音来。

(3)口腔和鼻腔起着共鸣器的作用,它们把声带发出的音放大传开。口腔内参与发音的主要部位是上唇、下唇、上齿、下齿、上齿龈、硬腭、软腭、小舌、舌。其中上、下唇,软腭、小舌、舌和下颚都是可以活动的,其他都不能活动。唇和舌的活动主要是改变口腔共鸣器的形状,小舌像一个阀门,负责关闭或打开鼻腔通道,下颚的活动决定口的开合,这些发音器官协调活动,就能发出不同音色的语音来。

4.举例论证语音为何具有社会属性。

答:语言是一种社会现象,作为语言的物质外壳的语音也是一种社会现象。

首先,从其表义的社会性来看语音具有社会属性,因为同一意义在不同的语言或方言中可以用不同的语音来表示,比如"水"这个意思,汉语普通话是[ʂuei],英语是['wɔːtə(r)];同一语音可以用来表示不同的意义,比如"huā"这个音,在"鲜花"和"花费"中所表示的意义就不同;同一意义在同一语言中也可以用不同的语音表示,比如"西红柿(xī hóng shì)"和"番茄(fān qié)",是同一事物的两个不同名称。

其次,从语音的系统性上看语音具有社会属性,因为不同语言或方言具有不同的语音系统,比如汉语中不送气塞音 d 与送气塞音 t 分属两个不同的语音单位,"da(大)"与"ta(踏)"的不同在于 d、t 送气不送气的不同,而英语塞音中的不送气音和送气音则属于同一语音单位，如“stop”中的“t”是不送气音，所以汉语与英语两种语言的语音系统不一样。

可见用什么声音表示什么意义随着社会、民族、地域的不同而有所不同，语音与语义之间的关系是由使用这种语言的全体社会成员约定俗成形成的。应该说，语音的物理属性、生理属性是对语音的客观性分析，而语音的社会属性是根据语音与意义的联系进行的主观性分析，语音的社会属性不取决于语音本身而取决于社会群体的共同选择。

5.简述音位与音素的区别与联系。

答：音位和音素的区别在于，第一，研究音素可以超越具体语言和方言，从语音的自然属性上研究；研究音位则必须落实到某种具体语言或方言，不但要从语音的自然属性上，更要从语音的社会属性上研究。音素就像人类共有的制造语音外表的原材料，不同语言或方言的人从中取走不同的音素组成自己的语言或方言的音位系统。第二，音素只能从音质（音色）角度上切分，音位却可以从语音四要素的任何一个要素上划分与归并。第三，音素是一次发音就可分析出来的，音位则往往涉及一类发音。

音位和音素的联系在于，音位是对音素的归并，大致说来，音位与音素的对应关系有两种：（1）一对一的关系，即一个音位只是一个音素，如/s/=[s]、/ts‘/=[ts‘]。（2）一对多的关系，即一个音位包括几个音素，如/a/包括[a]、[ɑ]、[ɛ]、[A]四个音素。

6.元音和辅音的区别表现在哪些方面？

答：音素根据发音特征的不同划分为元音和辅音两大类。这两类的区别主要有四个方面。

（1）从受阻与否看。发元音时，气流通过咽头、口腔不受阻碍；发辅音时，气流通过咽头，口腔一般要受到某个部位的阻碍。

（2）从紧张度看。发元音时，发音器官的各部位保持均衡的紧张状态；发辅音时，发音器官成阻的部位特别紧张。

（3）从气流强弱看。发元音时，气流较弱；发辅音时，气流较强。

（4）从响亮度看。发元音时，声带一定振动，声音比较响亮；发辅音时，声带一般不振动，声音一般不响亮。

7.简述什么是音节及其音节分析方法。

答：音节是最自然的语音单位，或称最基本的语音结构单位，或称从听觉上最容易分辨出来的语音片段。从发音来说，是发音过程中的一次肌肉从紧张到松弛的过程；从听音来说，每一个音节都有一个明显的响度中心。汉语普通话的一个音节可以只有一个音素,比如“a(阿)”“i(义)”;最多有四个音素,比如“jiang(江)”“huai(怀)”;一般来说,一个音节用一个汉字记录,儿化音节是一个音节用两个汉字记录,比如“花儿”“鸟儿”“玩儿”。

音素是最小的语音单位,而音节不是最小的语音单位,所以对它需要做进一步的分析。分析音节主要有两种方法:

(1)音素分析法。这是语音学的分析方法,随着西方语音学的引进而应用于汉语音节分析。它将音节分解为不可再分的最小语音单位音素,然后进一步分析出几个元音、几个辅音。如“大学”,“大”的音节是“da”,有两个音素,辅音“d”和元音“a”;“学”的音节是“xue”,有三个音素,辅音“x”和元音“ü”“e”。这种分析法的优点是比较细致,适合分析世界上任何一种语言的语音,便于世界各种语言之间的语音比较。

(2)声韵调分析法。这是我国传统的语音分析方法。它着眼于语音结构部件的组合,将音节分析为几个组成部分,音节的前部为声母,音节的后部为韵母,贯穿整个音节的音高变化是声调。韵母部分再进一步分为韵头、韵腹和韵尾。例如:“xiao(晓)”的声母是“x”,韵母是“iao”,声调是上声调;韵母“iao”又分为韵头“i”,韵腹“a”,韵尾“o(实际是u)”。这种分析方法的优点是比较符合汉语的实际。

8.举例简谈汉字注音方法。

答:从古到今,给汉字注音的方法有以下几种。

(1)直音法,就是用一个同音字注音。如唐玄度《新加九经字样》:“枖、夭音妖,木盛貌。《诗》云:‘桃之枖枖。’”又如“筋音斤,从月(肉),从竹,竹物之多筋者,从力,象筋也”。再如张守节《史记正义》:“郦食其,历异几三音也。”

(2)读若法,就是用一个读音相似的汉字注音。许慎《说文解字•艸部》:“芨,堇艸也。从艸,及声。读若急。”《玉部》:“珣,读若宣。”《人部》:“信,读若屈伸之伸。”

(3)譬况法,就是通过一个汉字对被注字从发音方法、发音部位角度进行描写来注音的方法。东汉高诱注《淮南子》:“旄读绸缪之缪,急气言乃得之。”

(4)纽四声法,就是用一个声、韵相同的字注音,再指出其声调。这是直音法的补充和发展。比如,《广韵•拯韵》:“拯,音蒸,上声。”

(5)反切法,就是用两个汉字给一个汉字注音,反切上字取声母,反切下字取韵母和声调。比如,《玉篇》:“中,致隆切。”《篆隶万象名义》:“囿,禹救反。”

(6)注音符号法,又叫注音字母法(详见名词解释“注音字母”条),用四十个汉字笔画、构件作为记音符号,用符号来标注声调。比如,高,ㄍㄠˇ;第,ㄉㄧˋ。

(7)罗马字母法,就是用罗马字拼音字母给汉字注音,威妥玛式方案、国语罗马字拼音法式、北方话拉丁化新文字、汉语拼音方案都采用这种方法。比如,江,jiāng;河,hé。

9.声母与辅音的关系如何?

答:声母是音节结构开头的部分,共有b、p、m、f、d、t、n、l、g、k、h、j、q、x、zh、ch、sh、r、z、c、s共21个辅音声母,还有一个零声母;辅音是发音时气流在口腔、鼻腔受阻的音素,共22个,除21个声母外,还有舌根鼻音ng。二者的区分表现有:

(1)性质和着眼点不同。声母是音韵学术语,着眼于音节结构的分析,是音节开头的部分;辅音是语音学术语,着眼于音位系统和语音特色的分析,是发音时气流受阻形成的音素。

(2)范围大小不同。辅音的范围比声母大。22个辅音中,有21个能做声母,ng只能做韵尾,不可作声母;n既能做声母,又能做韵尾。

二者的联系也很密切:所有的声母都是辅音,辅音中除去ng之后,都可做声母。

10.从发音部位和发音方法的角度分析,普通话的声母分为哪些类型?

答:(1)从发音部位看,普通话的21个声母分为七类:双唇音b、p、m,唇齿音f,舌尖前音z、c、s,舌尖中音d、t、n、l,舌尖后音zh、ch、sh、r,舌面音j、q、x,舌根音g、k、h。

(2)从发音方法(主要是成阻、持阻、除阻的方式)看,普通话21个声母分为五类:塞音b、p、d、t、g、k,擦音f、h、x、s、sh、r,塞擦音z、c、zh、ch、j、q,鼻音m、n,边音l。

11.送气和不送气是按什么区别的?普通话的送气声母有哪些?

答:送气和不送气是按气流的强弱不同划分的,送气音气流强,不送气音气流弱。普通话的塞音、塞擦音中存在送气与不送气的对立,送气音有p、t、k、c、ch、q六个,相当于中古的次清音,而b、d、g、z、zh、j为不送气音,相当于中古的全清音。中古的全清音、次清音就是根据塞音、塞擦音的送气不送气划分的,而擦音没有送气不送气的对立。

12.清音和浊音是按什么划分的?普通话的浊辅音有哪些?

答:清、浊的不同是按声带是否振动划分的。声带振动的是浊音,声带不振动的是清音。普通话的浊辅音有m、n、l、r、ng五个。浊音又分全浊音和次浊音,中古的全浊音指的是不送气、带音(声带颤动或振动的音)的塞音、塞擦音,如[b]、[d]、[g]、[ʣ]、[ʥ]、[ʤ]、[z],次浊音指带音的鼻音、边音和半元音,如[m]、[n]、[ŋ]、[l]、[j]。

13.为什么零声母是一种声母?

答:普通话声母共有22个,其中辅音声母21个,还有一个零声母。在普通话里有一些音节没有辅音声母，我们习惯上叫它零声母。通过语音考察发现，普通话以i、u、ü开头的零声母音节，如i、ia、u、ua、ü、üe等，在发音时就会感觉到i、u、ü都会有轻微的摩擦，这种摩擦形成的音可以分别称作半元音（半辅音）[j][w][ɥ]；不是以i、u、ü开头的零声母音节，如an、ai等，有些北京人读起来前面都加了一个轻微的舌面后浊擦音[ɣ]或喉塞音[ʔ]。[j][w][ɥ][ɣ][ʔ]都出现在零声母音位的位置上，都是普通话零声母的音位变体，可见零声母音位是存在的，只是注音或标音时都不写出来。

14. 描写十个单元音韵母的发音特点。

答：(1)a[A]，舌面、央、低、不圆唇元音。(2)o[o]，舌面、后、半高、圆唇元音。(3)e[ɤ]，舌面、后、半高、不圆唇元音。(4)i[i]，舌面、前、高、不圆唇元音。(5)u[u]，舌面、后、高、圆唇元音。(6)ü[y]，舌面、前、高、圆唇元音。(7)ê[ε]，舌面、前、半低、不圆唇元音。(8)-i[ɿ]，舌尖前、高、不圆唇元音。(9)-i[ʅ]，舌尖后、高、不圆唇元音。(10)er[ɚ]，卷舌、央、中、不圆唇元音。

15. 复元音韵母分为哪些类型？

答：复元音韵母指包含两个或三个元音的韵母，普通话里共13个。发音时，复元音韵母的几个元音的响亮程度和清晰度不同，根据主要元音的位置不同，13个复韵母分为三类：前响复韵母ai、ei、ao、ou共四个，后响复韵母ia、ie、ua、uo、üe共五个，中响复韵母iao、iou、uai、uei共四个。

16. 鼻韵母的发音特点是什么？分为哪几类？

答：鼻韵母是指由元音和鼻辅音n或ng组成的韵母，共16个。它们发音时，由元音的舌位向鼻辅音舌位移动，鼻辅音n充当韵尾时与充当声母时略有不同，没有除阻阶段。鼻韵母分为两类：一是前鼻音韵母，韵尾是鼻辅音n，包括an、en、ian、in、uan、uen、üan、ün，共八个；二是后鼻音韵母，韵尾是鼻辅音ng，包括ang、eng、iang、ing、uang、ueng、ong、iong，共八个。

17. 韵母与元音的关系如何？

答：韵母是音节结构中声母后头的部分，元音是气流不受阻碍的音素，汉语普通话中有韵母39个，单元音10个。韵母与元音关系密切。韵母的主要成分是元音，普通话中的10个元音都可以充当韵母；反过来讲，有的韵母由一个元音充当，如a、e、u等；有的韵母由两个元音充当，如ao、ie等；有的韵母由三个元音充当，如uai、iou等；有的韵母由元音和鼻辅音n、ng组合充当，如an、ing等。

元音和韵母也有明显的区别：(1)二者的认识角度不同。元音是就音色的性质说的，是根据音素特征进行分析的，而韵母是就音素在音节结构中的位置和作用说的，是从音节结构进行划分的。(2)二者的单位层级不同。元音是最小的语音单位,韵母不是最小语音单位,它可以包含一个、两个或三个元音,或者是元音和辅音的组合。(3)范围大小不同。韵母的范围比元音的范围大。

18.“四呼”是怎样划分的?

答:我国传统音韵学对韵母按照韵头进行分类,这叫“四呼”。按此方法,把i和i作韵头的韵母称为“齐齿呼”;把u和u作韵头的韵母称为“合口呼”;把ü和ü作韵头的韵母称为“撮口呼”;其余韵母均为“开口呼”。这种方法有利于提示汉语普通话声韵的结合规律。古代音韵学家将中古韵母分为两呼四等,两呼即开口呼、合口呼,凡韵头是[u]或以[u]作主要元音的就叫合口呼,如[iuan]、[uan]都是合口呼,而只要没有[u]作主要元音或韵头的都是开口呼,如[an]、[ian],所以古代的开口、合口实际上就是圆唇、不圆唇的区别。另外,以[iu]开头的[iuan]类合口韵母,到了近代音演变为[y-]类韵母,于是韵头就有了i[i]、u[u]、ü[y],四呼就产生了。

19.韵母和韵部一样吗?简谈韵摄、韵部、韵母、韵与韵类的差异。

答:韵母和韵部是两个不同的概念,它们既有联系又有区别。韵部由韵母充当,韵部的范围比韵母的范围大,一个韵部可以包含几个韵母。凡是韵腹相同(若有韵尾,也要相同)都属于同一韵部,韵头的有无或相同与否,可以不加考虑。如an、ian、uan、üan四个不同韵母都属于普通话an的韵部,即“十八韵”的“寒”韵、十三辙的“言前”韵。《广韵》有95个韵部,如果入声不独立的话,有61个韵部。

另外,凡是韵腹与韵尾及声调相同的都属于同一韵,而韵目就是韵书里韵的标目,即韵的代表字,《广韵》中有206韵,也就有206个韵目,所以韵目实际上和韵数量一致;如果不考虑韵头、声调,韵腹相近、韵尾相同的可归为一类,谓之韵摄。韵摄比韵部范围更大,所以《广韵》共有16摄,下面用矩阵图显示韵摄、韵部、韵母、韵与韵类的差异。

	韵摄	韵部	韵母	韵	韵类
韵头	-	-	+	-	+
韵腹	(+)(相近)	+	+	+	+
韵尾	+	+	+	+	+
声调	-	-	-	+	+

20.普通话的声调,用“五度标记法”是怎样表示的?

答:“五度标记法”是由赵元任发明的。先用一根竖线代表相对音高(频率)而作为比较线，分成四格五度，由低向高标上1、2、3、4、5，依次表示低、半低、中、半高、高，在直线的左边用横线、斜线、曲线来表示普通话四个调值的高低升降变化。高而平的线表示阴平，以55来表示；由中向高变化的线表示阳平，用35来代表；先降后升的线表示上声，用214来表示；由高而低的线表示去声，用51来代表。这就是五度标记法。

21.谈谈调值和调类的关系与区别。

答：调值是普通语音学的产物，指的是依附在音节里高低升降曲直长短的音高变化形式，是声调的实际读音；调类是传统音韵学的产物，指的是声调的种类，它是根据所有音节的实际读音，把调值相同的读音归纳在一起所建立起来的种类。二者关系密切：

首先，调值和调类都是声调不可分割的两个方面；其次，调值决定调类。一般来说，某种语言或方言里，有几种调值就有几个调类。如普通话中有阴平调（55）、阳平调（35）、上声调（214）、去声调（51）四种实际读音，即四种调值，根据这四种不同的调值，把普通话的音节读音归为四大类，即四种调类。反过来说，普通话有四种调类，就说明它的音节共有四种不同的音高变化形式，四种读法、四种调值。上海话中有阴平（53）、阴去（34）、阳去（23）、阴入（55）、阳入（12）五种实际读音，即五种调值，所以上海话的音节读音归为五大类，即五个调类。

调值和调类也有区别，表现在：

（1）确立的根据不同。调值是由音高的变化形成的，确立每一种声调的调值，根据的仅仅是音高的变化情况；而调类是根据调值归纳的类，确定调类的依据是调值的多少。调类与声调的实际读音没有直接联系，只有间接的关系。普通话与方言或方言与方言，它们的调类往往是相同的，但它们的调值一般说来是不一样的，比如阴平的调值，普通话55，沈阳话44、济南话213、西安话31、苏州话44、广州话53，这些调值虽然不同，但都属于阴平调类。

（2）与声调的关系不同。调值是声调的内容，它记录了声调的音高变化轨迹。只要有一定的语音知识，人们完全可以根据调值提供的音高变化形式，较准确地发出不熟悉的方言的各个声调来。调类是声调的分类，称阴平、阳平、上声、去声，或称第一声、第二声、第三声、第四声。它只是对众多音节的声调，根据调值的多少作了类化工作，分声调为几类，每类起个名称，而且名称沿袭了“平、上、去、入”等古代调类名称。

22.简述现代汉语声调与古声调的关系及其演变规律。

答：现代汉语普通话的四种声调是从古代汉语四声“平、上、去、入”演变而来的。古四声“平、上、去、入”四种调类内部又分清声母字、浊声母字。浊声母又可分为全浊和次浊两种。全浊声母指声带振动的塞音、塞擦音、擦音声母,次浊声母指鼻音、边音及零声母。每一种调类受声母的清浊的影响分化为阴阳两类。凡具有清声母的为阴调,凡具有浊声母的为阳调。事实上,古汉语声调是四声八类。汉语各方言的声调系统都由此演变而来,在演变过程中,在不同的方言中产生了不同的变异。普通话四声与古四声的演变规律如下图所示:

		古调类		普通话调类
(1)	平	清声母字	→	阴平
		浊声母字	→	阳平
(2)	上	清声母字	→	上声
		次浊声母字	→	上声
		全浊声母字	→	去声
(3)	去	清声母字	→	去声
		浊声母字	→	去声
(4)	入	清声母字	→	阴平、阳平、上声、去声
		次浊声母字	→	去声
		全浊声母字	→	阳平

从对照表可以看出,古"平声字"在现代汉语普通话中,分别读阴平和阳平,演变的规律是:古清声母的平声字在现代汉语普通话中读阴平,而古浊声母的平声字在现代汉语普通话中读阳平,这就是"平分阴阳"规律。古"上声字"在现代汉语普通话中,一部分读上声,还有一部分读去声,演变的规律是:古清声母和次浊声母的上声字在现代汉语普通话中仍旧读上声,古全浊声母的上声字在现代汉语普通话中读去声,这就是"浊上变去"规律。古"去声字"在现代汉语普通话中仍旧读去声。古"入声字"在现代汉语普通话中已经完全消灭,分别派入普通话的阴平、阳平、上声和去声之中,这就是"入派三声"规律。

另外,汉语声调的分化是以声母的清、浊为分化条件,有时送气、不送气也起作用。中古汉语声调根据声母清、浊而分化为八个调类,即阴平、阳平、阴上、阳上、阴去、阳去、阴入、阳入,这八个调类在汉语语音的历史演变中分化、合并,在今天现代汉语各方言区的表现各不相同。

23.汉字与普通话的音节是什么关系?

答:在汉语中,一个汉字读出来就是一个音节,反过来说,一个音节用汉字记录下来往往就是一个汉字(儿化韵尾除外,儿化韵尾一个字"儿"不是一个音节),即汉字的字音与音节的数目具有一致性。

24.根据列表要求,分析"宇、遛、疮、斯、勇"五个音节的结构成分。

答:

字	拼音	国际音标	声母	韵母			声调(调值)	四呼
				韵头	韵腹	韵尾		
宇	yu	[y]	ø		ü		214	撮口呼
遛	liu	[liou]	l	i	o	u	51	齐齿呼
疮	chuang	[tʂʰuɑŋ]	ch	u	a	ng	55	合口呼
斯	si	[sʰɿ]	s		i		55	开口呼
勇	yong	[yŋ]	ø		ü	ng	214	撮口呼

25普通话声母与韵母配合的规律主要有哪些?

答:普通话有22个声母和39个韵母,若两两相拼理论上可以组成858个音节,事实上普通话音节表里大约有400个音节,这是因为普通话声母的辅音音位与做韵头的元音音位之间有结合关系或排斥关系。从声母方面看,其配合规律主要有:

(1)双唇音b、p、m只能同开口呼、齐齿呼、合口呼(限于u)的韵母配合,不能同撮口呼韵母相拼。

(2)唇齿音f只能同开口呼、合口呼(限于u)的韵母配合构成音节,不能与齐齿呼、撮口呼的韵母相拼。

(3)舌尖前音z、c、s只能同开口呼、合口呼的韵母配合构成音节,不能同齐齿呼、撮口呼的韵母相拼。

(4)舌尖中音d、t只能同开口呼、齐齿呼、合口呼的韵母配合构成音节,不能同撮口呼的韵母相拼;n、l可以同四呼的韵母配合构成音节。

(5)舌尖后音zh、ch、sh、r和舌根音g、k、h只能同开、合两呼的韵母配合构成音节。

(6)舌面音j、q、x只能同齐、撮两呼的韵母配合构成音节。

(7)零声母可以与四呼的韵母配合。

从韵母方面出发,我们还可以得出声韵配合的另一些规律:

（1）“o”韵母只拼双唇音和唇齿音声母，而“uo”却不能同双唇音和唇齿音声母相拼。

（2）“ong”韵母没有零声母音节，只能与辅音声母相拼，“ueng”韵母只有零声母音节，不能有辅音声母。

（3）-i[ɿ]韵母只拼“z、c、s”三个声母，“-i[ʅ]”韵母只拼“zh、ch、sh、r”四个声母，并且都没有零声母音节。

（4）“er”韵母不与辅音声母相拼，只有零声母音节。

26.谈谈为何选用y、w为零声母的隔音字母及其用法。

答：首先用y、w可以解决i、u、ü开头的音节与前接音节界限发生混淆的问题，起到隔音符号“'”的作用，所以要明确y、w都是隔音字母，不是声母，只是起隔音作用的字母。为何用y、w作为零声母音节的隔音字母呢？这是因为普通话零声母音节中i、u、ü三个元音开始发音时，如果舌面上升跟上颚轻微接触时，就会发出轻微的摩擦音，分别发出含有辅音成分的[j][w][ɥ]，表现为零声母的三个变体[j][w][ɥ]，一般称作半元音或半辅音，实际上它们代表的是一种辅音，因而选用y、w作为隔音字母。

当i行韵母自成音节，原韵母有两个或两个以上元音时，把i改成y，比如“言”读音写作“yan”，“押”读音写作“ya”。当u行韵母自成音节，原韵母有两个或两个以上元音时，把u改成w，比如“瓦”读音写作“wa”，“为”读音写作“wei”。当i行和u行韵母自成音节，原韵母只有一个元音时，i前加上y，u前加上w，比如“义”读音写作“yi”，“五”读音写作“wu”。当ü行韵母自成音节时，一律在ü前加y，ü的两点要省略，比如“语”读音写作“yu”，“元”读音写作“yuan”，“月”读音写作“yue”，“云”读音写作“yun”。

27.举例概述音位与汉语拼音字母的关系。

答：字母是拼音文字或注音符号的最小书写单位，音位是最小的能够区别意义的语音单位。普通话的音位与汉语拼音字母的关系是错综复杂的，大致有以下几种：（1）对等关系，即一个字母代表一个音位，如字母b代表/p/音位，字母d代表/t/音位。（2）合作关系，即两个字母代表一个音位，如zh两个字母共同代表音位/tʂ/，ng两个字母代表音位/ŋ/。（3）兼职关系，即一个字母在不同的环境中代表几个音位，如i字母代表/i/、/ɿ/、/ʅ/三个音位。

28.简谈《汉语拼音方案》的优劣。

答：该方案包括字母表、声母表、韵母表、声调符号、隔音符号，共五部分。

其优点是：

(1)字母表完整地包含26个拉丁字母，在字母数和字母顺序上和拉丁字母及英文字母、德文字母完全一致；字母形体、写法也几乎完全一致，仅仅只有楷体小写的ɑ和ɡ不同于拉丁文、英文、德文的a和g。不添加任何其他字母，只是确定5个合体字母zh、ch、sh、ng、er来标示字母表26个字母一般不用来标示的音位，并规定i、e、r分别用于标示不同语境下不同的音。字母的附加符号很少，仅仅只有ê和ü，而且ê只记录感叹词“欸”，用得非常少，几乎可以忽略不提。所以，这样的字母表与采用拉丁字母的国家便于文字上的沟通，有利于更好地加强国际间的文化、经济交往，便于各国人们对中国语言文化的了解。

(2)该方案采用拉丁字母(拉丁化)，实行的是音素化的标音体制，能够比较准确地标示普通话的读音，但也并不僵硬地执行一个字母只与一个音位相对应的原则，而是灵活适当地加以变通，在不会产生混淆的前提下，用一个字母标示不同的音位，如i标示/i/、/ɿ/、/ʅ/三个音位，e标示/ε/、/ɤ/；利用两个已有的字母的结合来标示一个音位，如zh/tʂ/、ch/tʂʰ/、sh/ʂ/、ng/ŋ/；在音节拼写中采取省略方法，如“追”的完整音节为“zhuei”，为了精简、简省、避免字母数量大、拼写偏长而省写为“zhui”，还有“iou”“uen”作韵母时也分别采取省略形式“iu”“un”。

(3)使用符号来表示音节的声调，这种办法和声调符号的样式都承袭了“注音字母”。而且ˉ ˊ ˇ ˋ 这种符号分别对应了55、35、214、51调值，反映出了声调的高低曲直的相对音高和音强。

(4)既可以用来标注一个个汉字的读音，也可以用来标注整个词的读音，给零声母音节制定了隔音字母y、w，起到相当于隔音符号“'”的作用，使按词连写眉目清楚并且形式美观。

但该方案也有不足之处：

(1)字母表、声母表的字母音、声母音以及呼读音不同，造成名称容易模糊与混乱，这种字母“名不正，音不顺”的缺陷，至今未能得到解决。

(2)韵母“ong”实际读音为[uŋ]，“ɑo”实际读音为[ɑu]，其中[u]音素不写作u，仅仅是为了避免书写时u、n形近易混而写作o，这种特殊规定给学习者带来了理解与识记上的困扰。

(3)韵母“uei”“uen”中的央元音e[ə]，根据央元音夹在前后两个响音中间，紧张度较低，在音感上不如前后两个音素明显突出，所以就采取了在拼写中省略的处理方法，以满足缩短音节拼写形式较长的目的，结果给母语学习者以及汉语学习者带来了理解和读音上的困扰，这种处理也让人感觉央元音e[ə]有种弱化到可有可无的地步，会误认为与“in”“ing”“ün”在现代汉语普通话中脱落央元音e[ə]一样。

(4)“个”的[ɤ]、“能”的[ə]属于/ə/的音位变体,“梅”的[e]、“页”的[ɛ]属于/e/的音位变体,但都用e来标示;“即”“礼”“你”“比”“米”的[i]属于舌面前/i/音位,“之”“吃”“是”“日”的[ʅ]属于舌尖后/ʅ/音位,“字”“词”“四”的[ɿ]属于舌尖前/ɿ/音位,但都用i来标示。这样做虽然避免了在26个拉丁字母之外增添新的字母,但用了一个字母来兼表互相有点儿相近而实际差别较大的不同音位,容易误导学习者,使其误解e、i都只标示一个音位。

(5)汉语拼音方案中的字母“b、d、g”并不表示浊辅音,而分别标示的是清辅音[p]、[t]、[k],这让外国学习者容易将“b、d、g”误解为浊辅音,给对外汉语教学带来一定困扰。

29.举例简谈上声变调规律。

答:(1)两个上声紧紧相连,前一个调值从214变成35,与阳平相同,变调规律为214+214→35+214,如“土改”“启齿”“潜水”“领导”。

(2)一个上声在轻声音节前有两种变调形式。A类是214+轻声→21+轻声,如“枕头”“买卖”“本事”“奶奶”“姥姥”“婶婶”“姐姐”“椅子”“嫂子”“毯子”“耳朵”“马虎”“痒痒”“指甲”。B类是214+轻声→35+轻声,如“打点”“老鼠”“小姐”“把手”“想想”“讲讲”“法子”“哪里”。

(3)三个上声相连,前两个上声的变调要根据内部语义停顿而变化,分两种情况。A类:前两个上声音节语义紧凑,语义停顿在第二个音节后,即这种2+1式的音变分两步,第一步是结合紧密的第1、2音节之间先变,第1个音节变成35,第二步是第2个音节再以第3个音节为条件而变为35,变调规律为(214+214)+214→35+214+214→35+35+214,如“展览馆”“手表厂”“手写体”“洗脸水”“礼品好”“种马场”。B类:后两个音节语义紧凑,语义停顿在第一个音节后,这种1+2式的音变也分为两步,第一步是结合紧密的第2、3音节之间先变,第2个音节变成35,第二步是第1个音节再以已经变化了的第2个音节为条件而变成21,变调规律为214+(214+214)→214+35+214→21+35+214,如“纸老虎”“小雨伞”“想洗澡”“很勇敢”“有理想”“好母马”。

另外,三个以上的上声字相连,要根据词语的语法结构和语义结合的紧密度来划分出语义停顿,由此确定出语义段,再根据上述规律进行变调。

(4)上声在非上声(阴平、阳平、去声)前面,调值由214变成21,在由非上声变读为轻声的音节前,变调情况也相同,变调规律为214+非上声→21+非上声,如“北京”“祖国”“土地”“老师”“尾巴”“里头”。

30.举例概述“一”和“不”的变调规律。

答:阴平“一”读55,去声“不”读51,当单用或在句末,念本调,如“十一”“统一”“偏不”,另外“一”在序数中读本调,如“第一”“第十一”“第二十一”,其他情况的变调规律如下:

(1)在去声字前,一律变读35,如“一致”“一定”“一字一句”“不错”“不败”“不必”“不见不散”。

(2)在非去声字前,一律读51,如“一笔”“一直”“一天”“一早”“不说”“不好”“不祥”“不行”。

(3)“不”和“一”在相同的动词中间都念轻声,如“看一看”“谈一谈”“肯不肯”“去不去”。

(4)“不”在可能补语中读轻声,如“吃不了”“唱不好”。

31.什么叫轻声?轻声为什么不是一种独立的声调?举例简谈轻声的作用。

答:普通话有阴平、阳平、上声、去声,每一个声调在语流音变中都有可能变成又轻又短的调子,而不是原来固有调值的声调。我们把这些因语流音变而形成的又轻又短的调子统称为轻声。轻声不是独立于四声之外的第五种声调,而是四声在一定条件下变成比原调又轻又短的声调变体。这是因为:

(1)轻声的性质与声调有很大的不同。决定声调性质的是声音的音高,即频率,但决定轻声性质的主要是音长和音强,表现在音长变短,音强一般变弱。

(2)四声都有自己固定的调值,而轻声音节的音高受前一个音节调值的影响而音高不固定,调值也不固定,一般地说,55调值后的轻声字的调值为2,35调值后的轻声字的调值为3,214调值后的轻声字的调值为4,51调值后的轻声字的调值为1。

(3)轻声字都有原调,属于阴平、阳平、上声、去声中的一种,只是在一定条件下变成了轻声,而轻声的音色变化不定,听感上显得又短又模糊,还会引起声母、韵母中元辅音音色的变化。

可见轻声是一种与语音的四种物理属性都有关系的一种临时音变现象,是声调变体,而不是一种独立的声调。

轻声这一语音现象,与词法、句法有着密切联系。在词法上,具有区别词义和区分词性的作用,比如“东西”“买卖”“大意”“孙子”“利害”“意思”“自然”“敲打”“反正”。在句法上,轻声可以增强语言的节奏感、音乐性,这是因为轻声的轻、短、模糊和四声的重、长、清晰构成了错落有致、富于变化的节奏。

32.什么是儿化和儿化韵,举例说明儿化音变规律,并简谈儿化的作用。

答:普通话的"儿化"指的是一个音节中,韵母带上卷舌色彩的一种特殊音变现象。这种卷舌的韵母叫作"儿化韵"。普通话读"瓜儿"为"guar"时,其中的"儿"不是一个独立的音节,其中的"r"也不是音素,而只是一个表示卷舌动作的符号,这与"好男儿、小女儿、体育健儿、月儿弯弯"中语素"儿"不同。

普通话韵母中,单韵母ê没有儿化音,er本身就是e的儿化音读法,除此之外都可以"儿化"。儿化音变方式与韵腹、韵尾的发音特征有关,根据韵腹、韵尾的不同变化,普通话儿化音变规律有以下五种:

(1)韵母为舌尖前元音[ɿ]或舌尖后元音[ʅ],儿化时舌尖元音脱落,为了完成卷舌动作韵母变为央元音[ə],如"字儿"[tsər],"树枝儿"[tʂər],另外"瓜子儿""石子儿""没词儿""发丝儿""果汁儿""有事儿""锯齿儿"儿化时都要如此音变。

(2)韵母为前高元音[i]或[y]时,儿化时在原韵母之后直接加[ər],如"米粒儿"[liər],"鞋底儿"[tiər],"金鱼儿"[yər],"小曲儿"[tɕʰyər],另外"玩意儿""小米儿""金橘儿""毛驴儿"儿化时都要如此音变。

(3)韵尾为前元音[i]或鼻辅音[n]的韵母,儿化时原韵尾脱落,有的改变韵腹,然后再加卷舌动作,如"一块儿"的"块"[kʰuai]儿化后为[kʰuɐr],"宝贝儿"的"贝"[pei]儿化后为[pər],"小孩儿""晚辈儿""花园儿""伙伴儿""一点儿"皆如此;有的原韵尾脱落,韵腹不变而直接加卷舌动作,如"使劲儿""送信儿""合群儿""长裙儿""脚印儿""今儿""背心儿",有学者认为这属于增音,这种分歧在于对in、ün韵母的描写不同,有的描写成[in][yn],而有的描写成[iən][yən],描写成后者的认为in、ün韵母在实际发音中还存在一个微弱的韵腹[ə],如此ien、üen就与en、uen构成了韵腹韵尾相同而韵头不同的一组韵母,后者的描写符合语音的系统性原则。

(4)韵尾为后鼻音[ŋ]的韵母,儿化时原韵尾脱落,韵腹元音鼻化且卷舌,如"帮忙儿"[mãr],"信封儿"[fə̃r],"胡同儿"[tʰũr],"药方儿""鼻梁儿""蛋黄儿""亮光儿""电影儿""花瓶儿""没空儿"等皆如此音变。

(5)无韵尾或u韵尾的韵母,儿化时在原韵母后只增加卷舌动作,如"花儿"[xuar],"大伙儿"[xuor],"媒婆儿""树叶儿""小车儿""小鸟儿"等皆如此音变。

儿化这种语音现象,跟词汇、语法和修辞都有密切关系,具有区别词义、区分词性和表示感情色彩的作用。如"头—头儿""眼—眼儿""面—面儿""天—天儿""信—信儿",儿化后词义不同了,所以儿化具有区别词义的作用。又如"画—画儿""尖—尖儿""空—空儿""干—干儿",儿化后词性不同了,所以儿化具有区别词性的作用。再如“宝贝儿”“冰棍儿”“小孩儿”“小勺儿”“发丝儿”“小李儿”,儿化后可以表示细小、轻松或亲切、喜爱的感情色彩。

33.举例简谈语气词“啊”的音变规律。

答:语气词“啊”通常附在句子或词语的末尾,读轻声,由于受到前一音节末尾音素的影响,往往发生同化、增音等音变现象,规律如下:

(1)前一个音节末尾的音素是n时,要读na,写成“哪”,如:小明走得多慢哪!

(2)前一个音节末尾的音素是ng时,要读nga,写成“啊”,如:大家都来帮忙啊!

(3)前一个音节末尾的音素是-i[ɿ]时,要读[zA],写成“啊”。如:你考研都五次啊!

(4)前一个音节末尾的音素是-i[ʅ]时,要读ra[ʐA],写成“啊”。如:尊敬的同志啊!

(5)前一个音节末尾的音素是u(包括ao、iao)时,要读wa,写成“哇”。如:你的命真苦哇!她长得多好哇!

(6)前一个音节末尾的音素是i、ü、a、o(ao,iao除外)、e、ê时,要读ya,写成“呀”。如:你敢杀鸡呀!赵主任能不能去呀?你为啥不去找他呀?

语气词“啊”音变后读ya、wa、na时,习惯上分别写成“呀”“哇”“哪”,读nga、ra[ʐA]、[zA]时,习惯上都写成“啊”,在写作、朗读时应注意音变后的写法、读法。

34.简述语流音变中的同化、异化、弱化与脱落现象。

答:同化指的是语流中因发音急速,使得前后相接的不同音素变为相同或相似的音素。比如“guan men(关门)”读成“guam men”,“han hu(含糊)”读成“hang hu”,主要是由于前一音节的鼻音韵尾受到后一音节声母影响,从而向双唇音或舌根音转变的结果。

异化指的是语音上两个相同或相似的音连读而变成不相同或不相似的音。如普通话上声在上声字前面变得近乎阳平,即调值由214变为35。比如“土改”“浅水”“启齿”“洗脸”中的“土”“浅”“启”“洗”都被异化由上声改读阳平。

弱化指的是语音上由较强的音变为较弱的音的现象。声调变为轻声,清辅音变成浊辅音,塞音变成擦音,复元音变为单元音,高元音、低元音、前元音、后元音向央元音靠拢或变成央元音,都属于弱化现象,因为辅音中清音、塞音是比较强的音,浊音、擦音是比较弱的音,元音中央元音、单元音是比较弱的音,比如“哥哥”[kɤ^{55}kɤ^{55}],轻声后读为[kɤ^{55}gə^{2}],比较强的清塞音[k]变为比较弱的浊塞音[g],比较强的后元音[ɤ]变为比较弱的央元音[ə],再比如“尖子”[tɕiɛn^{55}tsɿ^{214}],轻声后读为[tɕiɛn^{55}dzə^{2}],比较强的清塞擦音[ts]变成比较弱的浊塞擦音[dz],比较强的舌尖前元音[ɿ]变成比较弱的央元音[ə]。

脱落指的是语流中的某个音素丢失的现象。比如“豆腐”[$\text{tou}^{51}\text{fu}^{214}$],轻声后读为[$\text{tou}^{51}\text{f}$],韵母[u]脱落了;再比如“使劲”[$\text{ʂʅ}^{214}\text{tɕi}^{\text{ə}}\text{n}^{51}$],儿化后读为[$\text{ʂʅ}^{214}\text{tɕiər}^{51}$],韵尾[n]脱落了。

35.简述句调和字调的关系。

答:句调是指整句话的声音高低升降的格式,是语句音高运动的模式。声调也是音高变化形式的格式,但只指一个音节(字)的音高格式,所以又叫“字调”。句调和字调的关系是:

(1)句调在句末音节上表现得特别明显,但是它是贯串在整个句子中的,所以它从属于超音段成分,不同于音素、音节等音段成分,这一点与声调(字调)属于超音段成分是一样的,依附在音段成分身上,但是句调依附在短语上,形成了句子,而声调依附在声韵结构上,形成了汉语的音节(字音)。

(2)句调和字调的关系是音阶叠加的“代数和”,而不是调形叠加的“代数和”。它们互相依存,彼此制约。声调受句调的调节,虽然相对稳定,但其音阶必须随句调升降而上浮或下沉。句调离不开声调,通过声调的浮沉得以实现。两者是全局与局部的关系,是大波浪与小波浪的关系。比如,如果句调上升,字调也是上升的,句调就使字调升得更高,如:“他姓陈?”如果句调上升,字调是平的,句调就使字调后部上升,如:“他姓张?”如果句调上升,字调是降的,句调就使字调变成降升,如:“他姓赵?”如果句调下降,字调是降的,句调就使字调降得更低,如:“他姓魏。”如果句调下降,字调是平的,句调就使字调变成平降调,如:“他姓张。”如果句调下降,字调是升的,句调就使字调变成升降调,如:“他姓唐。”

36.简述音位、音位变体的定义、分类以及两者关系,举例概述归纳音位的重要标准。

答:音位是按照语音的社会属性划分出来的最小的区别意义的语音单位。从辅音中归纳出来的音位叫“辅音音位”,普通话共有22个辅音音位;从元音中归纳出来的音位叫“元音音位”,普通话共有10个元音音位;从声调中归纳出来的音位叫“声调音位”,简称“调位”,普通话共有4个调位。辅音音位、元音音位都是由音素成分构成的,音素之间的差异是音质的差异,所以由音素成分构成的音位又可以叫“音质音位”,也因此辅音音位、元音音位都属于音质音位。又因为音质音位出现在固定的音段上,所以又称作“音段音位”。调位主要是由音高特征构成的,音高不是音质,所以调位属于“非音质音位”，又因为非音质音位不受音段的局限，所以又称作“超音段音位”。

一个音位往往包含一些不同的音，这些音就叫这个音位的“音位变体”。音位变体是音位的具体表现形式，而音位则是从音位变体中概括归纳出来的，所以音位与音位变体的关系是类别与成员、一般与个别的关系。根据出现环境、条件限制的有无，音位变体可以分为条件变体和自由变体，比如，音位/a/的音位变体[a]、[ɑ]、[ɛ]、[A]都属于条件变体，各自都有出现的语音环境，[a]出现在韵尾[i]或[n]之前，[ɑ]出现在韵尾[u]或[ŋ]之前，[ɛ]出现在韵头[i]和韵尾[n]之间，[A]出现在无韵尾的音节。再比如，北京话零声母音节“瓦、我、歪、微、文、翁”，零声母音位的变体可以是[w]或[ʋ]，无论是读作圆唇的半元音[w]，还是读作唇齿半元音[ʋ]，都可以互相替换而不改变意思，所以[w][ʋ]是零声母音位的自由变体。

归纳音位的重要标准有三条，即辨义功能、互补分布和音感差异，具体概述如下：

首先，辨义功能是归纳音位的最重要特征，这是因为区别性语音特征就是从辨义功能角度着眼的，比如汉语的b与p、d与t、g与k、zh与ch、j与q、z与c归纳为相互对立的不同音位，就是依据送气、不送气这一对区别性语音特征所承载的辨义功能来完成的。

其次，凡是音位变体处于互补分布中的语音差异，一般不能造成音位的对立，所以互补分布是归纳音位的重要标准，比如汉语普通话中的[a]、[ɑ]、[ɛ]、[A]处于互补分布中，这些条件变体各有自己的分布条件，绝不出现在相同的位置上，所以可以归纳为一个音位/a/。

最后，从音位变体的互补分布状况来看，有些音位变体的确呈互补分布状态，但音感差异较大，也不宜归纳为一个音位，而应归纳为不同音位，比如普通话[m]只出现在音节的开头而作声母，[ŋ]只出现在音节的末尾而作韵尾，可见[m]与[ŋ]处于互补分布状况中，但是两者的读音差异较大，所以仍应分别归纳为/m/、/ŋ/音位。可以说，音感差异是互补分布归纳标准的补充标准，也是归纳音位的重要语音标准。

第二章　文　字

知识提要

第一节　汉字概说

掌握文字的含义，能够举例分析汉字的类型、性质与特点，熟知学界对汉字性质的主要分歧，并能给出合理分析。

第二节　汉字的形体

熟悉汉字曾经出现的不同形体及其各自特点，能够将常用的古文字转写为繁简体的今文字，能够举例分析汉字形体演变的主要倾向：符号性越来越强，逐渐定型化，逐渐简化、形音化。

第三节　汉字的结构

能够从结构单位、书写顺序、造字法等三方面把握现行汉字的结构。理解汉字的结构单位，能够辨析开笔画与笔形，熟悉现行汉字笔形，能够举例说明笔画的三种组合方式。能够理解偏旁和部首的差异，能够掌握部件的含义及其部件分类，能够举例说明分析汉字结构时，溯源分析和现状分析、外部结构分析和内部结构分析的不同，能够举例简述部件构成正字的五大组合方式，能够举例概述历代字书收字数量与部首数量，并能够举例分析收字不同、部首不同的原因及其优劣。掌握笔顺的概念及常见字的笔顺。

掌握古代汉字的基本造字法，能够对所给出的古文字进行造字法分析，能够举例解释象形字、指事字、会意字、形声字、省声、省形、亦声字(会意兼形声字)，能够举例分析现代汉字形旁、声旁的作用及其局限性，能够准确分析出现代汉字形声字的形旁和声旁。

第四节　汉字的整理和标准化

掌握20世纪50年代中期国家制定的文字改革的三项任务：简化汉字、推广普通话、制订和推行《汉语拼音方案》。重点掌握新时期汉字工作的主要任务，即研究和整理现行汉字，制订各项有关标准，研究汉字信息处理问题，促进汉字的规范化、标准化等。能够举例概述汉字简化的主要方法，掌握汉字整理所包含的基本内容：简化汉字笔画、精简字数、整理异体字、规范印刷体字形、更改生僻地名用字、统一计量单位名称用字、整理异读词、制定《通用规范汉字表》。

熟练掌握汉字“四定”：定量、定形、定音、定序。能够举例概述汉字三大排列方法(义法、音序法、形序法)的优缺点，熟悉汉字信息处理中有关汉字编码等问题。

第五节　使用规范汉字

掌握《简化字总表》的繁简对应，掌握简化字、简体字、繁体字、异体字、俗体字的含义，掌握类推简化的范围与整理异体字的原则，熟悉有关“二简字”的问题。能够举例说明异体字产生的原因。能够区别新旧字形。掌握异形词的规范问题。理解错字和别字的含义，能够识别错别字并能纠正错别字，能够读准容易读错的字以及多音字，能够举例说明产生错别字的主客观原因。

习 题

一、填空题

1. 文字是记录语言的________，是人类最重要的________。人类有了文字，就突破了语言在________和________上的限制，扩大了语言的________。
2. 文字是在________的基础上产生，依附于________而存在的，不记录________的任何图形、符号都不是文字。
3. 汉字是记录汉语的________，它是________的结合体，是汉族人的祖先在长期的劳动实践中逐渐创造出来的。
4. 汉字是世界上历史最悠久的文字之一，它的历史可追溯到________年前。距今有________多年的甲骨文，已经是一种相当成熟的文字了。
5. 文字是为了满足日益复杂的交际需要，在原始的________的基础上，人们共同创造出来的，我国历史上流传的汉字是________一个人创造出的说法，显然是不正确的。
6. 世界上的文字基本上可以分为两大类：一类是________文字，一类是________文字。汉字是________体系的文字。由于现行汉字一般是记录汉语的单音节语素的，所以又被称为是________文字。
7. 现行汉字绝大部分是形声字。如果按照构成形声字的偏旁的作用来划分，现行汉字可以称为________文字。
8. 汉字对邻国的文字发展有着重要的影响。________、________、________、________等国过去都借用过汉字记录自己民族的语言，至今，________、________等国家还在使用汉字。
9. 联合国把我国的规范汉字作为工作用的________种文字之一，汉字在国际交往中发挥着重要作用。
10. 汉字产生以来，在不断地演变过程中，出现过________、________、________、________、________以及________、________等字体。
11. 甲骨文是指________时代刻写在________或________上的文字。金文主要指________时代铸或刻在________上的文字。

12. 秦始皇统一六国后采用的标准字体是________。大篆指春秋战国时代________国的文字，一般以__________和__________为典型代表。以上两种字体合称________。

13. 隶书分为________、________两种。

14. 楷书又叫__________、__________；一般说的草书，包括__________、________、________。行书产生于________，是一种介于________和________之间的字体，它笔画________，字形却________，好写好认，切合实用。

15. 印刷体常用的有下列几种变体：________、________、________、________。

16. 手写体是指用手执笔直接写成的汉字，根据书写工具的不同，可分成________、________两种。

17. 现行汉字的结构可以从________、________、________三方面进行研究。汉字结构的构造单位有两级：________和________。

18. ________是构成汉字的最小单位，它的组合有三种方式，即：________、________、________。

19. 1988年的《现代汉语通用字表》规定了五种基本笔形，即：________、________、________、________、________。其中前四种是单一笔形，后一种是折笔形，又称________。

20. 部首又称偏旁，是构成________的基本单位。________是具有字形归类作用的偏旁，是字书中各部领头的________或________。部件和部件的组合主要有五种方式：________、________、________、________、________。

21. 现行汉字的部件，按照不同的标准可以分成不同的类型。按照现在能否独立成字划分，可以分为__________和__________两类；按照笔画的多少划分，可以分成________和________两类；按照能否再切分成小的部件划分，可以分成________和________两类；按照部件切分出的先后划分，可以分成________、________、________等。

22. 《说文解字》把9353个汉字归为________部，《字汇》和《康熙字典》的部首基本上从__________着眼，归并为________部，《新华字典》和新《辞海》的部首从________着眼，定为________部和________部，《现代汉语常用字表》又将部首定为________部。

23. 汉字笔顺的基本规则是：________、________、________、________、________、________、________；汉字笔顺的补充规则是________、________、________、________、________、________、________、________。

24. “六书”之中，________、________、________、________是造字方法，________、________是用字方法。形声字是由________和________两部分组成的，其组合方法主要有六种，如“堆”是________，“视”是________，“翠”是________，“贷”是________，“匣”是________，“闻”是________。

25. 现代汉字的独体字多半是从古代________和______字演变来的，一小部分是________字，大部分是________字。

26. 省形是把形声字的形旁省写了一部分，比如“晨”从________省，辰声。省声是把形声字的声旁省写了一部分，比如“绳”从糸，________省声。亦声字，是会意兼形声字，这种字的声旁兼有表意的作用，比如“功”，从力从工，________亦声。

27. 20世纪50年代中期，党和政府积极制定了稳步地进行文字改革的方针，确定了________、________、________为当时文字改革的三项任务。

28. 1985年12月，国务院决定将原中国文字改革委员会改名为________，扩大了它的工作范围和职责。

29. 汉字的整理包括两个内容：一个是________，它按照________、________的原则；一个是________，它主要是________。

30. 新中国成立后我国在整理和简化汉字方面曾制订过__________、__________、__________等几个表，初步建立了现代汉语用字的字形规范。

31. 1986年6月国务院批准废止________方案，并且指出：“今后，对汉字的简化应持谨慎态度，使汉字的形体在一个时期内保持________，以利于社会应用。”

32. 《简化字总表》所用的简化方法主要有以下六种：________、________、________、________、________、________。

33. 1986年重新发表《简化字总表》时，调整了几个字，其中“叠、覆、像、啰”不再作________的繁体字，“瞭”读________时仍简作“了”，读________时作“瞭”，不简作“了”。

34. 异体字是________的字，多音字指的是一个字具有________，同音字则是几个字共有________。

35. 汉字标准化，要求对汉字进行四定，即：________、________、________、________。

36. 1988年2月国家语言文字工作委员会和国家教育委员会联合公布了《现代汉语常用字表》，该表共收________字，其中常用字________个，次常用字________个。

37. 1988年5月国家语言文字工作委员会和新闻出版署联合发布了《现代汉语通用字表》，该表共收字________个。这个字表是在1965年发表的________基础上增删制定的。

38. 汉字的排列顺序有________、________、________三大类。形序法按照字形排列字的顺序，主要可分为________、________、________三种。常见的字序有________、________、________、________。

39. 汉字信息输入方法有三种：________、________、________。汉字键盘输入经历了三个发展阶段：________、________、________。汉字编码是指把汉字变换成代码，主要指________的编制，编码的方法主要有________、________、________三类。

二、注音填空

(1)________(ban)上走丸　　(2)________(cheng)目结舌

(3)循规________(dao)矩　　(4)________(dan)精竭虑

(5)破________(fu)沉舟　　(6)步入正________(gui)

(7)声音________(hong)亮　　(8)披荆斩________(ji)

(9)不________(jing)而走　　(10)________(kuai)炙人口

(11)________(li)行节约　　(12)________(nian)轻怕重

(13)无独有________(ou)　　(14)如法________(pao)制

(15)________(que)之不恭　　(16)耳濡目________(ran)

(17)手不________(shi)卷　　(18)________(tian)不知耻

(19)好高________(wu)远　　(20)一切就________(xu)

(21)________(yi)笑大方　　(22)________(zhuo)发难数

三、改错别字

(1)按排(　　)　　(2)判徒(　　)　　(3)忘想(　　)

(4)感概(　　)　(5)瞻养(　　)　(6)浮浅(　　)
(7)仑库(　　)　(8)祟高(　　)　(9)编缉(　　)
(10)恣态(　　)　(11)粉粹(　　)　(12)欢渡(　　)
(13)必竟(　　)　(14)供献(　　)　(15)题纲(　　)
(16)婉惜(　　)　(17)急燥(　　)　(18)脉膊(　　)
(19)靡烂(　　)　(20)欧打(　　)　(21)滥竽充数(　　)
(22)移笑大方(　　)　(23)渊远流长(　　)　(24)披星带月(　　)
(25)鞠躬尽粹(　　)　(26)惨绝人环(　　)　(27)一望无银(　　)
(28)一番风顺(　　)　(29)世外桃园(　　)　(30)默守成规(　　)
(31)少纵即逝(　　)　(32)变本加利(　　)　(33)穿流不息(　　)
(34)莫不关心(　　)　(35)一促而就(　　)　(36)相辅相承(　　)
(37)暗然销魂(　　)　(38)民生凋蔽(　　)

四、加点字注音

(1)崇高(　　)　(2)瞻仰(　　)　(3)庇护(　　)
(4)鬼祟(　　)　(5)赡养(　　)　(6)瑕疵(　　)
(7)折断(　　)　(8)揣测(　　)　(9)湍急(　　)
(10)拆掉(　　)　(11)戍守(　　)　(12)钢锭(　　)
(13)木柝(　　)　(14)戎马(　　)　(15)破绽(　　)
(16)拾掇(　　)　(17)点缀(　　)　(18)淀粉(　　)
(19)怡然(　　)　(20)怠慢(　　)　(21)鞭笞(　　)
(22)洛水(　　)　(23)恪守(　　)　(24)烙印(　　)
(25)哄动(　　)　(26)起哄(　　)　(27)哄骗(　　)
(28)参加(　　)　(29)参差(　　)　(30)人参(　　)
(31)瓶塞(　　)　(32)堵塞(　　)　(33)要塞(　　)
(34)恶心(　　)　(35)厌恶(　　)　(36)恶劣(　　)
(37)差别(　　)　(38)差不多(　　)　(39)出差(　　)
(40)参差(　　)　(41)和诗(　　)　(42)和面(　　)
(43)和药(　　)　(44)和平(　　)　(45)和了(　　)
(46)披荆斩棘(　　)　(47)跛脚(　　)　(48)罢黜(　　)
(49)相形见绌(　　)　(50)咄咄逼人(　　)

五、组字

用下列各组声旁各组成三个形声字。

(1)仑 (　　　　) (　　　　) (　　　　)

(2)肖 (　　　　) (　　　　) (　　　　)

(3)仓 (　　　　) (　　　　) (　　　　)

(4)己 (　　　　) (　　　　) (　　　　)

(5)良 (　　　　) (　　　　) (　　　　)

(6)段 (　　　　) (　　　　) (　　　　)

(7)艮 (　　　　) (　　　　) (　　　　)

(8)叚 (　　　　) (　　　　) (　　　　)

(9)舀 (　　　　) (　　　　) (　　　　)

(10)勺 (　　　　) (　　　　) (　　　　)

(11)臽 (　　　　) (　　　　) (　　　　)

(12)匀 (　　　　) (　　　　) (　　　　)

六、单项选择题

1. 从汉字的造字法来看,“来、衣、巢”三个字都是(　　)。

A. 象形字　B. 指事字　C. 会意字　D. 形声字

2. 汉字字形的最小单位是(　　)。

A. 笔画　B. 部件　C. 偏旁　D. 部首

3. 造字法与其他不同的一组是(　　)。

A. 胜、望、佐　B. 房、响、何　C. 操、境、伙　D. 涉、需、信

4. 下面四个字中哪一个字不是形声字。(　　)

A. 刻　B. 制　C. 刑　D. 颖

5. 下面四组形声字中不是左形右声的(　　)。

A. 猫、躺、跳、弹　B. 跑、群、伍、弦　C. 精、阻、灯、绀　D. 洗、峰、惜、构

6.“邓、欢、戏、劝、对”等字中的“又”(　　)。

A. 声旁　B. 形旁

C. 既非形旁又非声旁　D. 既是声旁又是形旁

7.“农(農)”的简化方法是:(　　)。

A.同音代替　　B.草书楷化

C.换用简单的符号　　D.保留轮廓

8.下列四组简化字中哪一组用的是保留特征或轮廓的简化方法:(　　)。

A.止、出、卜、后　B.惊、灯、库、灶　C.声、飞、夺、齿　D.苹、长、汉、区

9.整理异体字的主要原则是(　　)。

A.从俗　B.从简　C.从俗从简　D.约定俗成

10.目前最通用的楷书的印刷体是(　　)。

A.宋体　B.仿宋体　C.楷体　D.黑体

11.下列各组字中没有指事字的是(　　)。

A.大、人　B.要、亦　C.本、来　D.山、上

12.下列各组字中没有会意字的是(　　)。

A.武、牧、景　B.信、始、眉　C.春、更、鹿　D.斯、国、益

13.下列各组字中没有形声字的是(　　)。

A.森、桃、本　B.视、执、暴　C.监、牢、盗　D.相、哀、到

14.下列各字属于会意字的是(　　)。

A.袭　B.艺　C.拿　D.荷

15.从汉字形体演变的历史看,打破古汉字象形的传统,奠定现代汉字基础的是(　　)。

A.小篆　B.楷书　C.行书　D.隶书

16.我国第一部以偏旁部首整理出来的字书是(　　)。

A.《说文解字》　B.《集韵》　C.《康熙字典》　D.《中华大字典》

17.《释名》《广韵》《康熙字典》的编排方法依次是(　　)。

A.义类法、韵部法、部首法　　B.部首法、义类法、韵部法

C.韵部法、部首法、义类法　　D.韵部法、义类法、部首法

18.“凹”和“凸”两个字的笔画数都是(　　)。

A.5笔　B.6笔　C.7笔　D.8笔

19.《普通话异读词审音表》保留了一些字的文白异读,其中古代为入声的字,文读用单元音,白读用复元音;韵母有介音的,文读用二合元音,白读用三合元音,下面汉字白读正确的一项是(　　)。

A.薄,bo,阳平　B.剥,bo,阴平　C.嚼,jue,阳平　D.削,xiao,阴平

20. 整理异体字的方式有取舍法和分化法，下面哪一项不属于分化整理（　　）。

A. 夹—挟　　B. 帐—账　　C. 粘—黏　　D. 耻—耻

七、辨析题（正确的打√，错误的打×，并给出理由）

1. 文字是人类社会最重要的交际工具。（　　）
2. 人类社会形成了，文字也就形成了。（　　）
3. 文字起源于图画，是从图画演变而来的。（　　）
4. 汉字是代表音节的，因此汉字同日文的假名一样，是一种音节文字。（　　）
5. 汉字记录汉语不实行连写法。（　　）
6. 在摆脱古汉字的图形意味上起决定性变化的是隶变。（　　）
7. 楷书的出现，汉字成为方块形就完全定型化了。（　　）
8. 六书中的象形字、指事字、会意字都是独体字，形声字则是合体字。（　　）
9. 形声字同会意字的主要区别在于前者带表音成分，而后者不带表音成分（　　）
10. 汉字的声旁又叫声符，其表音功能相当于拼音文字的音符。（　　）
11. 形旁和声旁在方块汉字中的位置是固定的。（　　）
12. “笔”“竺”“筒”三个字的上半部分是形旁。（　　）
13. 《汉语大字典》收字共五万六千多个，这个收字量反映了目前实际上使用汉字的数量。（　　）
14. 简化汉字就是减少汉字的笔画。（　　）
15. 常用字的平均笔画数比非常用字的平均笔画数少。（　　）
16. “習”简化为“习”，“习”可以作为简化偏旁类推。（　　）
17. “治療、遼远、撩起、嘹亮”等词中的形旁一律简化为“了”。（　　）
18. “肺”字共有8笔，它的右旁不从市。（　　）
19. “臼”“舟”二字的笔画都是六画。（　　）
20. “冗”“函”“苗”“异”等字是上下结构。（　　）
21. 汉字会最终走上拼音化道路。（　　）
22. 汉字是据义构形的文字，所以是表意文字，而英文是据音构形的文字，所以是表音文字。（　　）
23. 《说文解字》的540部，《字汇》《康熙字典》和《词源》《辞海》的214部，《现代汉语词典》的201部，这些部首都是据义归部形成的。（　　）

24. 形声字的声旁不仅具有示音功能，还具有别义功能，比如“榆”“槐”表义形旁相同，承载别义功能的是声旁。(　　)

25. 书法上的欧体、柳体、颜体、瘦金体分别是一种字体。(　　)

八、名词解释

1. 文字
2. 汉字
3. 表意文字
4. 笔画
5. 部件(偏旁)
6. 造字法
7. 异体字
8. 汉字标准化
9. 独体字和合体字
10. 常用字和通用字

九、分析题

1. 根据下列各字括号内的提示，说出笔画名称。

(1)乃(第一笔)________　(2)万(第二笔)________　(3)及(第二笔)________
(4)义(第一笔)________　(5)叉(第一笔)________　(6)巨(第二笔)________
(7)长(第一笔)________　(8)丹(第四笔)________　(9)凸(第四笔)________
(10)凹(第二笔)________　(11)垂(第四笔)________　(12)伪(第三笔)________
(13)脊(第五笔)________　(14)幽(第一笔)________　(15)凶(第一笔)________

2. 分析下列形声字的结构特点。

(1)纯________　(2)蹩________　(3)悔________
(4)基________　(5)圃________　(6)闷________
(7)戮________　(8)瞀________　(9)翔________
(10)衷________　(11)苫________　(12)醋________
(13)猷________　(14)窝________　(15)尚________
(16)问________　(17)辨________　(18)围________

3.指出下列各形声字的形旁,说明这些形声字的字义与形旁的联系。

(1)桃　(2)疆　(3)刮　(4)室　(5)钻　(6)简　(7)理　(8)轻

(9)粹　(10)歧　(11)珍　(12)括　(13)帆　(14)然　(15)决　(16)险

4.写出下面各组形声字与其声旁在读音上的关系。

(1)怯、祛、胠　(2)稍、哨、销　(3)赶、肝、杆　(4)狈、钡、呗

(5)沧、苍、创　(6)滔、蹈、稻　(7)格、路、赂　(8)陷、馅、阎

5.指出下列汉字的造字方法。

(1)来________　(2)洗________　(3)香________　(4)躬________

(5)伐________　(6)融________　(7)采________　(8)伞________

(9)丧________　(10)恭________　(11)塞________　(12)姜________

(13)闪________　(14)概________　(15)甘________　(16)锦________

(17)羊________　(18)朱________　(19)末________　(20)拆________

6.下列各字是怎样被简化的?

(1)灯(燈)　(2)务(務)　(3)谷(穀)　(4)泪(淚)　(5)叶(葉)

(6)医(醫)　(7)惊(驚)　(8)体(體)　(9)怅(悵)　(10)区(區)

(11)后(後)　(12)奋(奮)　(13)辽(遼)　(14)东(東)　(15)库(庫)

(16)当(當)　(17)为(爲)　(18)灭(滅)

7.下列简化字和简化偏旁,哪些可以作偏旁类推?试举例说明。

贝　仓　刍　佥　卜　斗　节　击　俞　克　历　宁　庙　卫　只

十、简述题

1.简述汉字的特点。

2.为什么说汉字形体演变的总趋势是简便易写?

3.形声法为什么能成为汉字主要的造字方法?

4.怎样正确认识形旁和声旁的作用?

5.汉字的形、音关系是怎样的?

6.为什么说汉字简化是有限度的?

7.举例说明新中国成立后汉字简化的优点与不足。

8.汉字适应汉语,从哪些方面可以看出来?

9.简述如何分析汉字结构。

10. 简谈历代字书收字数量与部首数量不同的原因及其优劣。

十一、将古文字转写为今文字

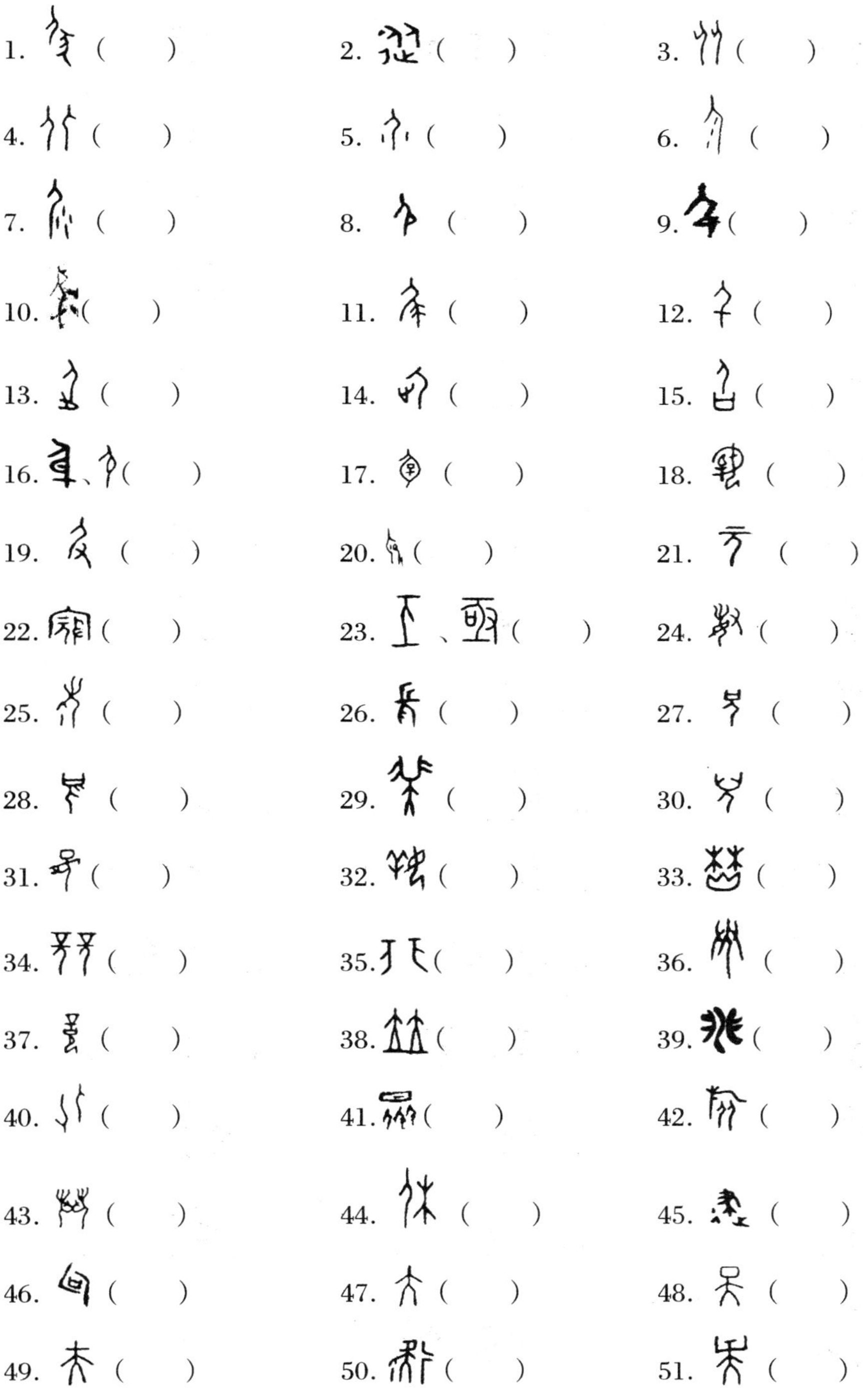

52.（　　）　53.（　　）　54.（　　）

55.（　　）　56.（　　）　57. 、（　　）

58.（　　）　59. 、知（　　）　60.（　　）

61.（　　）　62.（　　）　63.（　　）

64.（　　）　65. 、（　　）　66.（　　）

67.（　　）　68.（　　）　69.（　　）

70.（　　）　71.（　　）　72.（　　）

73.（　　）　74.（　　）　75.（　　）

76.（　　）　77.（　　）　78.（　　）

79.（　　）　80.（　　）　81.（　　）

82.（　　）　83.（　　）　84.（　　）

85.（　　）　86.（　　）　87.（　　）

88. 、（　　）　89.（　　）　90.（　　）

91.（　　）　92. 、（　　）　93. 、（　　）

94.（　　）　95. 、（　　）　96.（　　）

97.（　　）　98.（　　）　99.（　　）

100.（　　）　101.（　　）　102.（　　）

103.（　　）　104. 、（　　）　105.（　　）

106.（ ） 107.（ ） 108.（ ）
109.（ ） 110.（ ） 111.（ ）
112.（ ） 113.（ ） 114.（ ）
115.（ ） 116.（ ） 117.（ ）
118.（ ） 119.（ ） 120.（ ）
121.（ ） 122.（ ）
123.（ ） 124.（ ）
125.（ ） 126.（ ） 127.（ ）
128.（ ） 129.（ ） 130.（ ）
131.（ ） 132.（ ） 133.（ ）
134.（ ） 135.（ ） 136.（ ）
137.（ ） 138.（ ） 139.（ ）
140.（ ） 141.（ ） 142.（ ）
143.（ ） 144.（ ） 145.（ ）
146.（ ） 147.（ ） 148.（ ）
149.（ ） 150.（ ） 151.（ ）
152.（ ） 153.（ ） 154.（ ）
155.（ ） 156.（ ） 157.（ ）
158.（ ） 159.（ ） 160.（ ）

161.（　　）
162.（　　）
163.（　　）

164.（　　）
165.（　　）
166.（　　）

167.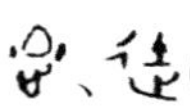（　　）
168.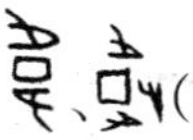（　　）
169.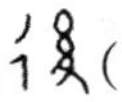（　　）

170.（　　）
171.（　　）
172.（　　）

173.（　　）
174.（　　）
175.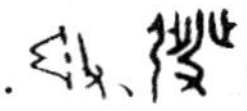（　　）

176.（　　）
177.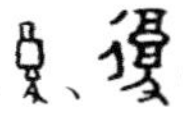（　　）
178.（　　）

179.（　　）
180.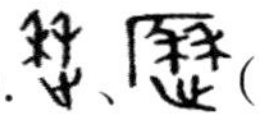（　　）
181.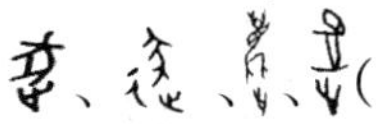（　　）

182.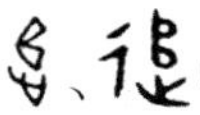（　　）
183.（　　）
184.（　　）

185.（　　）
186.（　　）
187.（　　）

188.（　　）
189.（　　）
190.（　　）

191.（　　）
192.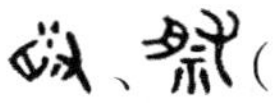（　　）
193.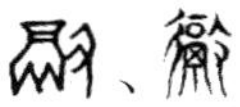（　　）

194.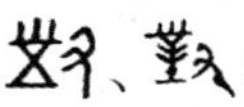（　　）
195.（　　）
196.（　　）

197.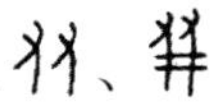（　　）
198.（　　）
199.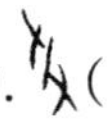（　　）

200.（　　）

参考答案

一、填空题

1. 书写符号系统，辅助性交际工具，时间，空间，交际职能。

2. 语言，语言，语言。

3. 书写符号系统，形音义。

4. 五六千，三千。

5. 图画记事，仓颉。

6. 表音，表意，表意，语素。

7. 意音。

8. 朝鲜，韩国，越南，日本，日本，韩国。

9. 六。

10. 甲骨文，金文，篆书，隶书，楷书，草书，行书。

11. 殷商，龟甲，兽骨，西周，青铜器。

12. 小篆，秦，籀文，石鼓文，篆书。

13. 秦隶，汉隶。

14. 真书，正书，章草，今草，狂草，东汉末，楷书，草书，连绵，独立。

15. 宋体，仿宋体，楷体，黑体。

16. 软笔字，硬笔字。

17. 结构单位，书写顺序，造字法，笔画，部件（或偏旁）。

18. 笔画，相离，相接，相交。

19. 横，竖，撇，点，折，复合笔形。

20. 合体字，部首，部件，笔画，左右组合，上下组合，包围组合，框架组合，品字组合。

21. 成字部件，非成字部件，单笔部件，多笔部件，基础部件，合成部件，一层部件，二层部件，三层部件。

22.540，造字法，214，实际字形，189，250，201。

23. 从上到下，从左到右，先横后竖，先撇后捺，先外后内，先开门后进入再关门，先中间后两边，下三包围结构先内后外，左三包围结构先上后内再竖折，辶廴包围结构先内后外,其他左下包围结构先外后内,上左包围结构先外后内,由勹气等构成外框的上右包围结构先外后内,由丁弋戈构成或以弋戈为主构件构成外框的上右包围结构先上后内再右,点在右上角最后写点。

24.象形,指事,会意,形声,转注,假借,形旁,声旁,左形右声,右形左声,上形下声,下形上声,外形内声,内形外声。

25.象形,指事,会意,形声。

26.晶,蝇,工。

27.简化汉字,推广普通话,制定和推行《汉语拼音方案》。

28.国家语言文字工作委员会。

29.简化笔画,约定俗成,稳步前进,精简字数,废除异体字。

30.《第一批异体字整理表》,《简化字总表》,《印刷通用汉字字形表》。

31.“二简”,相对稳定。

32.类推简化,同音或异音代替,草书楷化,换用简单的符号,保留特征或轮廓,构成新的形声字或会意字。

33.迭、复、象、罗,liao(上声),liao(去声)。

34.音同义同而形体不同,几种不同的读音,同一种读音。

35.定量,定形,定音,定序。

36.3500,2500,1000。

37.7000,《印刷通用汉字字形表》。

38.义序法,音序法,形序法,笔画法,部首法,号码法,笔画序,部首笔画序,拼音笔画序,字角号码序。

39.汉字识别输入,语音识别输入,汉字键盘输入,字处理阶段,词处理阶段,句子处理阶段,汉字输入码,字形编码(形码),拼音编码(音码),形音结合编码(形音码)。

二、注音填空

(1)坂　(2)瞠　(3)蹈　(4)殚　(5)釜　(6)轨
(7)洪　(8)棘　(9)胫　(10)脍　(11)厉　(12)掂
(13)偶　(14)炮　(15)却　(16)染　(17)释　(18)恬
(19)骛　(20)绪　(21)贻　(22)擢

三、改错别字

(1)安	(2)叛	(3)妄	(4)慨	(5)赡	(6)肤
(7)仓	(8)崇	(9)辑	(10)姿	(11)碎	(12)度
(13)毕	(14)贡	(15)提	(16)惋	(17)躁	(18)搏
(19)糜	(20)殴	(21)竽	(22)贻	(23)源	(24)戴
(25)瘁	(26)寰	(27)垠	(28)帆	(29)源	(30)墨
(31)稍	(32)厉	(33)川	(34)漠	(35)蹴	(36)成
(37)黯	(38)敝				

四、加点字注音

(1)chong,阳平	(2)zhan,阴平	(3)bi,去声	(4)sui,去声
(5)shan,去声	(6)ci,阴平	(7)zhe,阳平	(8)chuai,上声
(9)tuan,阴平	(10)chai,阴平	(11)shu,去声	(12)ding,去声
(13)tuo,去声	(14)rong,阳平	(15)zhan,去声	(16)duo,轻声
(17)zhui,去声	(18)dian,去声	(19)yi,阳平	(20)dai,去声
(21)chi,阴平	(22)luo,去声	(23)ke,去声	(24)lao,去声
(25)hong,阴平	(26)hong,去声	(27)hong,上声	(28)can,阴平
(29)cen,阴平	(30)shen,阴平	(31)sai,阴平	(32)se,去声
(33)sai,去声	(34)e,上声	(35)wu,去声	(36)e,去声
(37)cha,阴平	(38)cha,去声	(39)chai,阴平	(40)ci,阴平
(41)he,去声	(42)huo,阳平	(43)huo,去声	(44)he,阳平
(45)hu,阳平	(46)pi,阴平	(47)bo,上声	(48)chu,去声
(49)chu,去声	(50)duo,阴平		

五、组字

(1)沦、论、轮	(2)削、销、悄	(3)伧、沧、苍	(4)忌、记、岂
(5)狼、粮、娘	(6)缎、锻、煅	(7)限、跟、狠	(8)葭、瑕、霞
(9)滔、蹈、稻	(10)豹、钓、趵	(11)陷、焰、馅	(12)均、钧、韵

六、单项选择题

1.A	2.A	3.D	4.B	5.B	6.C	7.B	8.C	9.C	10.A
11.A	12.C	13.C	14.C	15.D	16.A	17.A	18.A	19.D	20.D

七、辨析题

1.×	2.×	3.√	4.×	5.√	6.√	7.√	8.×	9.√
10.×	11.×	12.×	13.×	14.×	15.√	16.×	17.×	18.√
19.√	20.×	21.×	22.√	23.×	24.√	25.×		

八、名词解释

1.文字

文字是记录语言的书写符号系统,是最重要的辅助性交际工具。文字是在语言的基础上产生的,随着语言的发展而发展,扩大了语言在时间和空间上的交际功用。文字起源于图画,从图画到图画文字是文字产生的质的飞跃,从表意图形发展到跟语言相结合,并能够完整地记录语言,形成较成熟的文字体系,需要经历一段漫长的时间。根据文字记录语言要素的种类、文字的基本性质以及文字形音义三者的关系,文字可分为表意文字和表音文字,又可分为音素文字、音节文字和语素文字。

2.汉字

汉字是记录汉语的书写符号系统。它是汉族人在长期的劳动实践中逐渐创造出来的。从文字基本单位的形成来看,汉字是据义构形的一种表意文字,是义符文字;从文字基本单位记录语言单位来看,汉字是记录语素的语素文字。殷商时期的甲骨文是目前较为成熟的汉字系统。

3.表意文字

从文字基本单位的形成来看,如果一种文字的形体是根据所记录之词的词义来造成的,这种文字就是据义构形的表意文字,古埃及的圣书文字、古巴比伦的楔形文字、美洲的玛雅文字和中国的汉字都属于表意文字。

4.笔画

笔画是构成汉字的各种点和线,是构成汉字字形的最小单位。比如“旦”“天”中的“一”就是构成汉字的笔画。

5.部件

部件又称偏旁，或者构件，是由笔画组成的具有组配汉字功能的构字单位，是构成汉字的预制构件，与笔画相比是高一级的构字单位。比如“浪”“壤”中的“氵”“土”就是构成汉字的偏旁部件。

6.造字法

造字法指汉字的构造方式。汉字有象形、指事、会意、形声四种造字法，比如，“日、月、水、山、鸟”等都是用象形造字法造出，“本、末、刃、上、下”等都是用指事造字法造出，“武、信、休、明、朝”等都是用会意造字法造出，“江、河、湖、清”等都是用形声造字法造出，而转注与假借一般认为是用字之法。

7.异体字

异体字指音同、义同而形不同的字。异体字可以分为异构字和异写字两种类型。比如，“泪”与“淚”为异体关系，“泪”从氵、目会意造字，“淚”从氵、戾声形声造字，两者的构形理据不同，属于异构字，“岳”与“嶽”也是会意造字与形声造字形成的异构异体字。“峰”与“峯”，“鵞”与“鹅”属于构件位置的写法不同造成的异体字，属于异写型异体字。

8.汉字标准化

汉字标准化就是对现行汉字进行全面整理，确定明确的标准，提高汉字的规范化水平。汉字标准化，要求对汉字进行四定，即:字数有定量，书写有定形，认读有定音，排检有定序。

9.独体字和合体字

独体字和合体字是对汉字的形体结构进行分析后归纳出来的两大类别。(1)独体字，指某一汉字只有一个单个形体，不能拆开，不是由两个或两个以上的形体组成的字。独体字多半由古代象形字、指事字演变而来，比如“日”“米”“寸”“本”。(2)合体字，由两个或两个以上的部件组成的字。这类字多数是形声字和会意字，比如“悟”“材”“武”“信”。

10.常用字和通用字

常用字和通用字都是对现代汉语的字量进行分类后得出的类别。(1)常用字指使用频率高，构词能力强的字，《现代汉语常用字表》收字3500个，其中常用字2500个，次常用字1000个。(2)通用字指除专用字(如仅用于姓氏、人名、地名、译名、科技术语等方面的字)以外的汉字。《现代汉语通用字表》收字7000个。

九、分析题

1.根据下列各字括号内的提示,说出笔画名称。

(1)乃(第一笔)横折折折钩 (2)万(第二笔)横折钩 (3)及(第二笔)横折折撇
(4)义(第一笔)点 (5)叉(第一笔)横撇 (6)巨(第二笔)横折
(7)长(第一笔)撇 (8)丹(第四笔)横 (9)凸(第四笔)横折折折
(10)凹(第二笔)横折折 (11)垂(第四笔)横 (12)伪(第三笔)点
(13)脊(第五笔)撇 (14)幽(第一笔)竖 (15)凶(第一笔)撇

2.分析下列形声字的结构特点。

左形右声:纯、醋、悔 右形左声:戮、翔、歃 上声下形:基、鼗、瞥
上形下声:苫、尚、窝 内形外声:闷、问、辨 外形内声:圃、衷、围

3.指出下列各形声字的形旁,说明这些形声字的字义与形旁的联系。

(1)形旁木,表树类
(2)形旁土,表示与土有关
(3)形旁刀,表示与刀有关的动作
(4)形旁宀,表示与房屋有关
(5)形旁钅,表示由金属制成或与金属有关
(6)形旁竹,表示与竹子有关
(7)形旁王(玉),表示与玉石有关
(8)形旁车,表示与车有关
(9)形旁米,表示与米有关
(10)形旁止,表示与行路有关
(11)形旁王(玉),表示与玉器有关
(12)形旁扌,表示手的动作
(13)形旁巾,表示用巾制造的
(14)形旁灬(火),表示与火有关
(15)形旁氵,表示与水有关
(16)形旁阝(阜),表示与阜(土,山)有关

4.写出下面各组形声字与其声旁在读音上的关系。

(1)声旁从“去”,读音与“去”相近。 (2)声旁从“肖”,读音与“肖”相近。
(3)声旁从“干”,读音与“干”相近。 (4)声旁从“贝”,读音与“贝”相同。

(5)声旁从“仓”,读音与“仓”相近。 (6)声旁从“舀”,读音与“舀”相近。

(7)声旁从“各”,读音与“各”相近。 (8)声旁从“臽”,读音与“臽”相近。

5.指出下列汉字的造字方法。

(1)象形 (2)形声 (3)会意 (4)会意兼形声 (5)会意

(6)省声 (7)会意 (8)象形 (9)会意 (10)形声

(11)会意 (12)形声 (13)会意 (14)形声 (15)指事

(16)形声 (17)象形 (18)指事 (19)指事 (20)形声

6.下列各字是怎样被简化的?

(1)简化偏旁 (2)保留特征 (3)同音代替

(4)构成新形声会意字 (5)同音代替 (6)保留特征

(7)构成新形声会意字 (8)构成新形声会意字 (9)简化偏旁

(10)换用简单的符号 (11)同音代替 (12)保留轮廓

(13)简化偏旁 (14)草书楷化 (15)简化偏旁

(16)草书楷化 (17)草书楷化 (18)保留特征

7.下列简化字和简化偏旁,哪些可以作偏旁类推?试举例说明。

“贝、仓、刍、佥、节、俞、历、宁”等字可以作为偏旁类推,例如:唄、創、皺、險、櫛、榆、瀝、擰。“卜、斗、击、克、庙、卫、只”等字不可作偏旁类推。

十、简述题

1.简述汉字的特点。

答:(1)汉字属于表意文字、语素文字。世界上通行的文字可以分为表音、表意两大类。表音文字用少量的字母或符号记录一种语言的有限的音位或音节,作为标记词语声音的字母;表意文字不直接表音,而是用大量特定的符号直接记录语言中有意义的语言单位——词或语素,而不是记录语言中的音位或音节。汉字就是大体上用一个字记录一个音节的词或语素,声音相同但意义不同的词或语素往往用不同的字记录。形声字在汉字中虽占大多数,但表音并不很准确,仍要依靠表意的形旁才能确定是哪个词或语素。所以说,汉字属于表意文字。

(2)汉字和汉语相适应。汉字的基本单位是一个个的字,一个字记录一个音节、一个语素,在古代汉语中记录一个词,可见一个汉字能够满足记录一个汉语词的需要。只是汉字记录汉语时不分词连写,不能够从形式上把词的界限显示出来,给写作和阅读带来一定困扰。

(3)汉字是形音义的统一体。汉字的形体是根据所要记录的词义形成的，汉字的音和义来自所记录的词。汉字分化同音词能力强，这要归功于汉字的形旁的示义功能，比如同音词“铜”“桐”需要借助于形旁“钅”和“木”来区别分化同音现象。

(4)汉字有较强的超时空性。现代人之所以能够认识殷商时期的甲骨汉字，就说明了汉字具有超时空性。不同汉语方言区的人们有时候由于语音差别大而难以交流，但是把所要表达的意思写成汉字，大家都能明白，也证明了汉字的超时空性。

(5)汉字字数繁多，结构复杂，缺少完备的表音系统。现代汉语通用字有7000字，《中华字海》收字86000多个，汉字真是繁多。汉字由笔画、部件在二维空间构造成方块结构，笔画和部件的组合方式多种多样，导致结构复杂。汉字缺少完备的表音系统，声符大多具有提示读音的功能，表音准确性低。

2.为什么说汉字形体演变的总趋势是简便易写?

答:汉字的形体是朝着简便易写的方向发展的。这主要表现在以下四个方面:(1)从图画性的象形文字逐步变成不象形的书写符号;(2)笔形从类似绘画式的线条，逐步变成横、竖、撇、点、折的笔画，书写更方便了;(3)许多字的结构和笔画逐步简化;(4)甲骨文、金文都异体繁多，小篆、隶书、楷书的异体减少了。

3.形声法为什么能成为汉字主要的造字方法?

答:形声法是形旁和声旁并用的造字法。由于形声字具有以表意为主，又兼能表音的特点，因而具备其他造字法无法比拟的优点，加上形声造字法构造简便，孳生新字的能力强，所以在汉字的发展史上，形声字的数量呈上升趋势，其他几种造字法已经很少使用。形声法以其能产性而成为汉字主要的造字方法。

4.怎样正确认识形旁和声旁的作用?

答:形声字形旁的主要作用是表示字的意义类属，帮助了解和区别字的意义。适当运用汉字形体演变的知识，了解形旁在古时的形体和意义，有利于对字义的理解和辨析，比如“怀、情、怜、惜”，都与人的感情活动有关联。声旁的主要作用是表示读音，大约有四分之一的形声字声旁和整个字的读音完全相同，如“钉、盯、叮”等字的读音与声旁“丁”完全相同。虽然有些形声字的声旁表音不很准确，但也有一定规律，可帮助区别形似字。另外，学习普通话可以利用声旁类推法纠正方音。

但是，形旁、声旁的表音、表意作用有很大的局限性。如:形旁不好理解、位置特殊，不好辨认，比如“尚”，八形，向声;声旁表音不准、不容易分辨等，比如“悔、海”。因此，学习汉字，既不能望文生义，也不能读半边音，必须认真查对字典，准确掌握汉字的形、音、义。

5.汉字的形、音关系是怎样的?

答:汉字的形、音关系,并非简单的一一对应关系,主要表现在一个形体不止一种读音,一种读音又不止一种形体,前者叫多音字,后者叫同音字,它们显示了汉字形、音关系的复杂性。当然,汉字中也有一音一形或一形一音的字,但不能代表汉字形音关系的全部,所以我们无法做到对所有的汉字见形知音、听音知形。

6.为什么说汉字简化是有限度的?

答:汉字存在"三多五难"(即字数多、音读多、笔画多;难认、难读、难写、难记、难用),所以汉字必须从简化笔画和精减字数两方面进行整理。但汉字的简化是有限度的,简得太多,就会增加形似字的数量,使打字、译电、排版、中文信息处理等工作的出错率上升。同音替代是简化汉字的一种方法,但同音替代多了,就会增加多义字的数量。如果不断地简化,还会使汉字处于一种不稳定的状态,造成使用中的混乱状态。所以,简化汉字是有限度的。

7.举例说明新中国成立后汉字简化的优点与不足。

答:从19世纪以来到20世纪末,中国文字改革运动大致经历了四个时期:清末的切音字运动,五四以后的国语罗马字运动,20世纪30年代到50年代的拉丁化新文字运动,新中国成立以后的文字改革运动。新中国成立后的文字改革运动即简化字运动,有其优点,也有其不足。

汉字简化的优点:第一,减少了汉字的笔画数目,原来的繁体字平均笔画是16画,简化后平均笔画是10.3画;提高了阅读的清晰度,简体字比繁体字清晰得多。第二,减少了通用汉字的字数。第三,简化后产生了一些新形声字,表音比繁体字准确,例如"战、护、证、赶"等。第四,有些简化字便于分解和称说,例如"灭"可以分解为"一"表示物体用来压火。

汉字简化的不足:第一,有些字改变了原来的偏旁系统,使得繁简对照关系变得复杂(例省)。第二,增加了一些形近字,比如"厌、庆""拢、扰"。第三,同音代替减少了字数,但有时造成表意模糊,比如"發、髮"简化成了一个"发","金發"还是"金髮"难以确定。第四,一些简化字将形声字变成了非形声字,削弱了音符的表音功能,例如简化字"爷",只保留了音符的一部分,失去了表音功能。第五,有些简化字的形体不便于分解和称说,特别是那些草书楷化的汉字,例如"农、专、书"。

8.汉字适应汉语,从哪些方面可以看出来?

答:第一,一个汉字代表一个音节,一个语素基本上也是一个音节,因此汉字和语素是基本对应的,用汉字记录汉语语素非常合适。

第二，汉语是缺乏形态变化的语言，语法意义、语法关系主要通过词序和虚词表示，而不像印欧语那样要用音素表示形态变化，所以汉语的特点决定了它用汉字记录是合适的。比如英语的动词do（打）有doing、did、done等形态变化，一个词（尤其是动词）的词形在不同的句子中是不一样的，其音素要发生变化，这样的语言用音素文字记录比较合适；而汉语动词的形态变化，是用一个个独立的语素（词）“正、曾、已”表示的，这种变化用写法固定的汉字记录就比较合适。

第三，汉字记录汉语可以非常有效地区别同音词。汉语音节结构简单，声韵配合只有400来个音节，声韵调配合只有1200多个音节，加之词形简短，以双音节词为主，单音节词依然十分活跃，可以说是汉语语汇的基础，这样同音语素和同音词就非常多，很容易混同，而形态各异的汉字就起到了分化同音词的作用。所以汉语同音词虽然很多，但用汉字记录，在书面上就把同音词巧妙地区别开了，这是拼音文字所做不到的，例如“公式—公事—攻势—宫室—工事”，“形式—形势—行事”，“国是—国事—国势”，“期中—期终”等同音词，口头上说出来，语音完全一样，很容易混同，可是书面上用汉字记录下来，形体各异的汉字很自然就把它们区别开来，根本就没有混同的可能了。

第四，现代汉语方言众多，语音上的差别很大，但是由于各个方言的语法系统和词汇系统一致性比较突出，用汉字记录汉语，书面上起到了沟通方言的作用。同样的词语，虽然各地发音不同，但大都用同一个汉字记录，所以大家都看得明白清楚，因此汉字具有很好的沟通方言的作用，而拼音文字就难以适应汉语方言分歧的特点。汉字在维护汉语的统一，避免汉语分裂成不同语言方面，起到不可磨灭的作用。

9. 简述如何分析汉字结构。

答：分析汉字结构是汉字研究非常重要的内容。首先要区分溯源分析和现状分析。溯源分析是要追溯到造字时的字形而进行的分析，而现状分析无须追溯到造字时的字形，它以当前字形为分析对象。以“为”的结构分析为例，现状分析时以“为”分析对象即可，而溯源分析时不以“为”为分析对象，需要溯源到保留造字构意的甲金文“”“”。有时候，溯源分析和现状分析所得结论是一致的，如“从”“森”“涉”“榆”“菜”“漂”。

其次，在现状分析时还要区分外部结构分析和内部结构分析。汉字的外部结构指纯粹的字形外观结构，一般不涉及字音和字义，不涉及构字的字理。外部结构分析研究的是一个字怎么样由最小的构形单位笔画逐层组合为部件，最后成为整个的二维的方块汉字，比如“潮”字，外部结构可分析为“氵”“𠦝”和“月”。内部结构分析指与音、义有联系的有理据的形体分析，比如“潮”字，内部结构分析为“氵”“朝”，这种分析虽然不是溯源分析，但往往与溯源分析的结果一致。有的内部分析可以对构形理据进行重新分析，即理据重构，从而有利于汉字教学，比如“東”，甲金及战国文字作，皆像橐中有物而以绳索束缚两端之形，篆文作，隶变作，重新分析为“从日在木中”，这种理据重构虽然与造字初衷不同，但也已经被广泛接受。

总之，溯源分析属于造字法研究，而现状分析的外部结构分析属于构形法研究，现状分析的内部结构分析属于构字法研究。

10.简谈历代字书收字数量与部首数量不同的原因及其优劣。

答：纵观古今字书收字数量总体上呈现增多趋势：许慎（东汉）《说文解字》收9353字，吕忱（晋）《字林》收12821字，张揖（魏）《广雅》收18152字，顾野王（南朝梁）《玉篇》收22726字，司马光等（宋）《类篇》收31000字，梅膺祚（明）《字汇》收33179字，张自烈（明）《正字通》收33444字，张玉书等（清）《康熙字典》收47035字，陆费逵等（1915年）《中华大字典》收48000多字，徐中舒等（1990年）《汉语大字典》收54678字，冷玉龙、韦一心（1994年）《中华字海》收85568字（附韵书类：《切韵》收12158字，《唐韵》收15000字，陈彭年等（宋）《广韵》收26194字，丁度（宋）《集韵》收53525字）。

历代字书收字数量增加的原因主要是历代字书不但收当代通用的汉字，而且还收历史上曾经出现的汉字，有些已经是不再使用的死字，不但收正体字，还收俗体字，甚至讹误字，还收一些音义未详的生僻疑难字，到了现代字书还收录了一大批通过类推简化的生造字，从而导致汉字数量越来越多。

历代字书不但收字数量不同，而且部首数量也不同，部首数量呈减少趋势：许慎（东汉）《说文解字》有540部，顾野王（南朝梁）《玉篇》有532部，行均（辽代）《龙龛手鉴》有242部，梅膺祚（明）《字汇》有214部，现代辞书《辞海》有250部，《汉语大字典》和《汉语大词典》200部，《现代汉语词典》和《现代汉语规范词典》有201部，《新华字典》有189部。

历代字书部首数量减少的主要原因是归部的原则不同，以《说文》《玉篇》为代表的字书按照“据义归部”原则建立部首，就是把汉字的表义偏旁确定为部首，这样便于说明字形与字义的联系，这是一种文字学原则的部首。以《字汇》《正字通》《康熙字典》为代表的字书主要按照“据形归部”原则建立部首，就是不管字义，主要着眼于字形，把字形中便于辨认的部分，或者专门规定的部分定为部首，目的是便于查找汉字，这是一种检字法原则的部首，现代字书《辞源》《辞海》《中华大字典》都沿用了《康熙字典》的部首法，而《汉语大字典》和《汉语大词典》在《康熙字典》基础上删去了8部，合并了6部,实有200部。

部首法查字的步骤是先从字形入手查到要查的字属于哪个部,然后在相应部内再查要找的字,其缺点有二:一是部首是字的表义偏旁,在每个汉字内的位置不固定,形体还有变换,有时候不容易找到部首;二是各部的先后次序以及同部字的先后次序缺乏严格的标准。据形归部打破了据义归部的传统,字不仅有定部还有定序,方便检索。但是据义归部和据形归部各有利弊,彻底的据义归部和据形归部几乎难以完全贯彻到底,所以部首数量、汉字顺序不同给汉字立部、归部、排序带来了不少麻烦,部首法亟须进行标准化建设。

十一、将古文字转写为今文字

1.伏	2.从	3.比	4.北	5.介
6.尿	7.屎	8.臀	9.膝	10.颈
11.尾	12.千	13.企	14.此	15.旨
16.身	17.孕	18.乳	19.及	20.股
21.元	22.寇	23.亟	24.妻	25.老
26.长(長)	27.兄	28.须	29.髭	30.儿(兒)
31.何	32.姜	33.焚	34.竞(競)	35.非
36.臾	37.竟	38.并(並)	39.兆	40.化
41.众(衆)	42.旅	43.鬥	44.休	45.建
46.句(勾)	47.大	48.天	49.夫	50.疑
51.央	52.美	53.立	54.亦(腋)	55.夹
56.爽	57.舞	58.异(異)	59.知	60.智
61.黑	62.乘	63.戎	64.扶	65.疾
66.夭	67.屰	68.逆	69.夸	70.去
71.盇	72.伐	73.祝	74.邑	75.令
76.若	77.匿	78.欠	79.吹	80.孚
81.御	82.服	83.承	84.尧(堯)	85.夙
86.艺(藝)	87.致	88.冕	89.女	90.母
91.妾	92.每	93.敏	94.妥	95.嘉
96.妹	97.婪	98.如	99.姬	100.姓
101.汝	102.娘	103.妊	104.娠	105.子

106.保	107.毓、育	108.弃	109.孟	110.孙
111.目	112.瞽	113.直	114.兼	115.民
116.面	117.省	118.眉	119.湄	120.见
121.视	122.媚	123.履	124.相	125.臣
126.望	127.臧	128.耳	129.取	130.斧
131.听(聽)	132.闻	133.自(鼻)	134.臭	135.口
136.曰	137.甘	138.告	139.舌	140.言
141.缶	142.吉	143.由	144.胄	145.司
146.克	147.合	148.仓	149.会(會)	150.古
151.齿	152.龋	153.仑(侖)	154.品	155.区(區)
156.吾	157.革	158.沓	159.止	160.之
161.出	162.各	163.置	164.定	165.正
166.征	167.徒	168.韋	169.後	170.先
171.往	172.逸	173步	174.涉	175.發
176.途	177.复(復)	178.腹	179.武	180.歷
181.逐	182.追	183.逢	184.又	185.左
186.丑(扭)	187.肘	188.肱	189.深	190.爪
191.寽	192.祭	193.徹	194.对(對)	195.度
196.奴	197.友	198.共	199.爰(援)	200.帅(帥)

第三章 词汇

知识提要

第一节 词汇概说

一、词汇

重点掌握词汇的概念,理解词和词汇的相互关系。

二、词汇单位

掌握语素的含义,能够用替代法来确定语素。能够举例概述语素的不同分类,比如按照音节的多少,可以分为单音节语素和多音节语素;按照组合能力(构词能力),可以分为自由语素和黏着语素(不定位黏着语素和定位黏着语素)、成词语素和不成词语素。能够举例解释词的语素化(词素化)现象。

掌握词的含义,能够将语素、词和短语区分开,能够举例解说汉字、语素、词和音节之间的关系。能够举例解释词汇化、词化、概念化的不同。理解离合词的含义,并能举例分析离合词的结构。能够运用替代法、剩余法、扩展法、插入法具体操作区分语素、词和短语。

重点掌握固定短语和自由短语的含义及其区别,能够举例概述缩略语的类型以及简称,知道数词略语都有哪些方式,熟知学界对缩略语与简称的分歧所在,并能作出合理解释。

三、词的结构类型

能够举例概述单纯词的类型,能够理解为什么说单纯词是由一个语素构成的。能够举例概述合成词的结构类型,能够对所给出的合成词进行结构分析和归类,能够举例辨析单纯词的叠音词和合成词的重叠式的区别,能够举例说明何为词缀和类词缀,能够举例区分构词词缀和构形词缀。

第二节 词义及其性质和构成

掌握词义的概念,能够举例区分词汇意义和语法意义,能够理解现实、概念与词义的关系与区别。能够举例概述词义的三种性质:概括性、模糊性、民族性。能够举例说明词义具有模糊性的原因,了解词义模糊性与模糊语言学的关系。

掌握概念义(理性义)与色彩义的含义及其区别,并能举例概述色彩义的不同类型,能够分析色彩义的历时变化,能够对所给出的现代汉语词汇的概念义与色彩义进行具体分析。

第三节 义项和义素

掌握义项、义位、义素的含义及其区别,能够举例概述义项的分类及其引申的规律和方式,能够举例区分词的比喻义和词的比喻用法。

掌握单义词、多义词以及同音词的含义及其区别,能够举例解释多义词、同音词产生的原因。

掌握义素的含义和义素分析的步骤,能够对一组词进行义素分析,能够运用义素分析来区别同义词、反义词以及说明词义的扩大、缩小和转移,能够举例区分词义与语素义。

第四节 语义场

掌握语义场的含义、层次与类型,掌握上下义词(上下位词)、类义词、同义词、反义词、同族词、同源词的含义,能够举例概述同义词、反义词的类型,并能够对同义词、反义词进行准确辨析,能够举例概述同义词、反义词的作用,能够解释反义词的不平衡现象。

第五节 词义和语境的关系

重点理解语境的含义,能够举例解释语境对词义的影响以及对解释词义的作用。

第六节　现代汉语词汇的组成

掌握基本词汇的含义，能够举例概述基本词汇与一般词汇的区别和联系，能够举例论述基本词汇的三个特点。掌握古语词、方言词、行业语、隐语的含义及其特点，能够区分文言词和历史词，能够理解普通话方言词和方言区方言词的区别与联系，能够举例概述外来词的类型，能够对外来词进行类型区分，能够合理解释意译词为何不属于外来词，能够理解外来词的外来色彩是有层级性的，能够理解现代汉语吸收外来词时要从语音、语法、语义、字形上进行改造，使之适应现代汉语结构系统，成为普通话词汇中的成员。在语音上，把外来词的音节结构改造成汉语音节结构；在语法上，取消原有词的形态标志；在意义上，外来词受汉语词义的制约。

第七节　熟语

掌握熟语中成语、谚语、惯用语和歇后语的含义、特点及其区别。能够举例概述成语的四种主要来源，能够分析成语的结构。能够举例概述谚语的内容分类。能够解释惯用语三字格现象。能够举例概述歇后语的修辞分类。

第八节　词汇的发展变化和词汇的规范化

能够举例概述词汇发展变化的表现：新词的产生、旧词的退隐和复出、词义的演变。能够举例说明词义演变的结果，即词义的扩大、词义的缩小、词义的转移，能够举例概述词义发展演变的方式或途径。能够举例说明对异形词、外来词、方言词和古语词的规范。能够列举有关词汇方面的代表性字书、辞书，能够举例简述辞书中解释词语的常用方法。

习 题

一、填空题

1. 语素是最小的________语言单位。语素是用来构词的，而词是语言中最小的能够________的有音有义的语言单位。
2. 语言中最小的音义结合体是________。根据音节划分，可分为________（如山、水、风、土、水、气），________（如枇杷、蜘蛛、葫芦、彷徨、逍遥），________（如哈尔滨、呼和浩特、布尔什维克）；根据构词能力可以分为________（如天、楼、鸡）和________（如羽、目、谨）；根据构词位置可分为________（如民、机、坚）和________（初、老、子、头）；按意义分类可以分为________（如牛、好、吃）和________（如在、从、与）。
3. 根据承担词的意义的不同，构词语素分__________和__________两种；构词语素中的自由语素的特点是它本身能__________，又能__________，而词缀语素则只能__________。
4. “阿凡提卖糖葫芦儿时总是又唱歌又跳舞”这句话中共有________个语素________个词。
5. “聪明的阿春儿终于回家来了”中包含了________个语素________个词。
6. “蜘蛛”是单纯词中的________词，“蝙蝠”是________词，“从容”是________词。
7. 词是构成________或组成________的语言单位，语素是构成________的语言单位。
8. 由一个语素构成的词叫作________。合成词是由________的语素构成的。
9. 单纯词的特点是：不管它有多少音节，都只有________个语素。
10. 双音节单纯词主要包括________、________、________、________四种。
11. 合成词有________、________、________三种构词方式。由词根加词根组成的合成词有________和________两种形式。
12. 复合式合成词是由__________结合在一起组成的合成词；重叠式合成词是由__________构成的合成词；附加式合成词是由__________组合而成的。
13. 从内部结构类型看，复合式合成词主要有__________种类型，它们是________、________、________、________、________。

14. 词汇，又称语汇，是一种语言里所有的（或特定范围内的）________和________的总和，其中，后者的功能相当于前者，后者又可以分为专名和熟语两类，熟语又包括________、________、________、________，而缩略语不属于熟语，缩略语可以分为________和________两类。

15. ________是词的物质外壳，________是词的内容。

16. 词义是词的意义，即词的内容，包括________和________。

17. 词义的性质有三个：________、________和________。

18. 词汇意义由________（又叫________）和________（又叫________）构成，感情色彩、语体色彩和形象色彩是________的具体体现。

19. 义项是词的________分项说明，原本是辞书学术语。只有一个义项的词是________，具有两个或两个以上义项的词是________。

20. 词的本义是词的________意义。基本义是词的________的意义，它是相对于转义而言的，转义主要通过________和________两种方法产生，在基本义的基础上经过推演发展而产生的意义是________，借用一个词的基本义来比喻另一种事物所产生的新的意义是________。

21. 同音词是指________、________、________都相同而意义之间并无联系的一组词，它可以分为________和________两大类。

22. 义素是构成词义的________，也就是词义的________，所以又叫________或________。区别特征是构成词义的最小单位，也就是它们的义素，为了便于说明，我们习惯上把同组中的共同特征叫________，把区别特征叫________。

23. 语义场是________，既有________又有________的一组词的相关语义聚合为一个语义场。语义场就是通过________的对比，根据它们词义的________和________划分出来的。属于同一语义场的各词词义有共同义素和区别义素，________表明各词词义之间的联系，________表示各词词义之间的区别。语义场主要有________、________、________、________、________五种类型。

24. 意义相同或相近的词的相关语义组成的语义场叫作________，场中的各个词叫作________，可分为________和________两类。

25. 同义词的辨析可以从以下三个方面进行，一是________，二是________，三是________。

26. 意义相反或相对的两个词的相关语义构成________，这两个词互为反义词。反义词是就________的关系说的，不是就________的关系说的。从意义关系上区分，反义词分________和________两类。

27. 语境分________和________两类。语境对词义的影响主要有四种：________、________、________、________。

28. 词汇中最主要的部分是________，它是基本词的总和，反映了自然界和人类社会中一些最基本的概念。所以，它很重要，为全民所共同理解。它使用________，生命力强，是构成________的基础。

29. 基本词汇的三个主要特点是________、________、________。

30. 一般词汇包括________、________、________、________和________等。古语词就是从________中流传下来的词语，与古代汉语的词不是一个概念，包括________和______两类。

31. 汉语吸收外来词语的方式主要有________、________和________三种方法。外来词也叫________，指的是从外族语言里借来的词，一般所说的外来词指________，不包括________。

32. 熟语是人们常用的定型化了的______，是一种特殊的词汇单位。由于熟语具有______的性质，人们常常把它当作一个语言单位________来用，因而，熟语也是词汇学研究的对象，属于________。

33. 成语是一种相沿习用、含义丰富、具有书面语色彩的________，所以成语具有三个基本特征：________、________、________。

34. 补全下列常用成语。

(1)一团________气　　(2)得________望蜀

(3)龙飞________舞　　(4)玉不________不成器

(5)名________其实　　(6)滥________充数

(7)________发难数　　(8)卧________尝胆

(9)甚________尘上　　(10)赴________蹈火

(11)________精图治　　(12)改过自________

(13)呕心________血　　(14)五体________地

(15)病入膏________　　(16)气喘________

35. 改正下列成语中的错别字：

(1)负偶顽抗________　(2)暴珍天物________　(3)百步穿扬________

(4)完璧归赵________ (5)刚腹自用________ (6)好高务远________

(7)草官人命________ (8)望梅知渴________ (9)拨苗助长________

(10)开天壁地________ (11)画龙点睛________ (12)老冀伏枥________

(13)推陈除新________ (14)火中取粟________ (15)出奇致胜________

36. 谚语是群众口语中通俗精练、含义深刻的__________。它揭示客观事理，是群众智慧的结晶，富有教育意义，深为人们喜闻乐道。谚语所含内容广泛、丰富，反映了大千世界的方方面面，且种类繁多，主要有__________、__________、________、________、__________、__________、____________等七类。惯用语是指口语中短小定型的习用的短语，大都是________的动宾短语，也有________、________等其他格式。歇后语是由近似于谜面、谜底的前后两部分组成的带有________性质的口头固定短语。歇后语常使用________和________两种修辞手法，据此可将其分为两类：一是__________，二是__________。

37. 词汇发展变化表现在________、________、________三个方面。词义演变的结果有以下几种：________、________、________。

38. 普通话词汇规范化工作主要有以下几个方面：________、________、________。

二、辨析题（对的打√，错的打×，并给出理由）

1. 词是能独立运用的最小的语言单位，短语不是独立运用的最小语言单位。(　　)
2. 一个单音节语素构成一个词，则一个汉字和一个词是相当的。(　　)
3. “中国成功举办过奥林匹克运动会。”这句话里包含了14个语素。(　　)
4. “学问”和“答问”都是短语。(　　)
5. 代表词的各个音节前后可以停顿。(　　)
6. 词与词汇的关系是个体与集体的关系，无论如何，词汇不能用来指单个的词。(　　)
7. 现代汉语与古代汉语都是双音节词占优势。(　　)
8. 单纯词是由单音节语素构成的。(　　)
9. 联绵词的两个音节连在一起才有意义，不能分开去解释各个音节的意义。(　　)
10. 三个音节以上的单纯词绝大多数是音译词。(　　)
11. 合成词都是由两个语素构成的。(　　)
12. 孩子的“子”和第一的“第”都是不自由语素。(　　)
13. “爸爸”“偏偏”“星星”都是重叠式合成词。(　　)

14.“老张”“儿子”“船头”中的“老”“子”“头”都是词缀。(　　)
15.“榆树”是联合型复合词。(　　)
16.“血淋淋”“白晃晃”中的“淋淋”“晃晃”是构词词缀。(　　)
17.“伶俐”“佝偻”是双音节合成词。(　　)
18.专有名词的词义具有概括性。(　　)
19.词义除包括语法意义之外,词汇意义还包括理性义和色彩义。(　　)
20.现代汉语中,多义词是多数,单义词是少数。(　　)
21.词的引申义只指从原始义或基本义引申出来的意义。(　　)
22.单义词没有歧义,不少科学术语、鸟兽、草木、器物的名称都是单义词。(　　)
23.多义词和同音词都是用同一语音形式表示多个意义。(　　)
24.“打毛衣”的“打”和“打麻将”的“打”是多义词。(　　)
25.“娇气”和“骄气”是一对同音词。(　　)
26.“成果—结果—后果”的不同主要在感情色彩上。(　　)
27.“凌乱”和“混乱”词性不同,搭配对象也不同。(　　)
28.“战争”与“和平”是一对极性反义词。(　　)
29.词在使用过程中产生了新义不算出现了新词。(　　)
30.音译外来词的时候,必须完全遵照原有的语音形式来音译。(　　)
31.有一部分行业语往往既存在专门的意义,又有普通的意义。(　　)
32.熟语之所以成为词汇学的研究对象,就在于人们常把它当作词一样的语言单位来使用。(　　)
33.汉语的成语都是四个字组成的。(　　)
34.多义词指一个词有好几个互有联系的意义,在词典上用义项来表示,如“好坏”的“好”和“喜好”的“好”。(　　)
35.残缺和不完整是一对同义词。(　　)
36.基本词汇和一般词汇的界限不是不可逾越的。(　　)
37.“正确和不正确”“有钱和无钱”是两对反义词。(　　)

三、单项选择题

1.语素是(　　)。

A.最小的语音单位　　B.最小的意义单位

C.最小的有音又有义的语言单位　　D.能独立运用的最小的意义单位

2.“报、言、子、头、根、民、第”中包含的不自由语素是(　　)。

A. 子、头、第　B. 言、子、头　C. 头、根、民　D. 言、民、第

3.“自来水管”“管理”“管你叫队长行吗”中三个“管”代表(　　)。

A. 一个词　B. 两个词

C. 三个词　D. 只代表音节,不代表词

4. 下列各组词中全部是联绵词的是(　　)。

A. 崎岖、吩咐、阑干、苗条、囫囵　B. 悄悄、蟋蟀、枇杷、卢布、拮据

C. 犹豫、详细、伶俐、蒙眬、乌托邦　D. 叮当、叮咛、摩托、喽啰、吩咐

5.“忐忑”一词是(　　)。

A. 叠韵词　B. 双声词　C. 音译词　D. 非双声叠韵词

6.“鸳鸯”是(　　)。

A. 联绵词　一个语素　B. 音译词　一个语素

C. 偏正式合成词　两个语素　D. 联合式合成词　两个语素

7.“西方国家”和“西双版纳”中的“西”(　　)。

A. 都是语素　B. 都不是语素

C. 前者是语素,后者不是语素　D. 前者不是语素,后者是语素

8.“和面”“和诗”中的“和”(　　)。

A. 不是词,　B. 是语素,也是词

C. 不是词,是字　D. 不是语素,也不是词

9.“西双版纳好市民”中的语素有(　　)。

A. 一个　B. 二个　C. 三个　D. 四个

10.“新式”“旧式”“老式”是(　　)。

A. 词根加后缀　B. 词根加前缀　C. 并列式合成词　D. 偏正式合成词

11.“函授”一词的构词方式是(　　)。

A. 主谓式　B. 补充式　C. 偏正式　D. 单纯词

12.“逻辑”是(　　)。

A. 联绵词　B. 外来词　C. 并列式合成词　D. 偏正式合成词

13. 不是来源于历史故事的成语是(　　)。

A. 卧薪尝胆　B. 请君入瓮　C. 夜郎自大　D. 叶公好龙

14.“坚强”和“顽强”的区别是(　　)。

A. 语义轻重不同　B. 感情色彩不同　C. 范围大小不同　D. 语体色彩不同

15.“畏惧”和“害怕”的区别是(　　)。

A.语体色彩不同　B.感情色彩不同　C.意义的轻重不同 D.范围大小的不同

16.“发挥”和“发扬”的区别是(　　)。

A.动作的行为特点不同　B.动作行为的施事者不同

C.语义轻重不同　D.支配对象不同

17.“生命”和“性命”的区别是(　　)。

A.集体与个体的不同　B.性状特征不同

C.范围大小不同　D.语体色彩不同

18.“明亮”在“光线充足”意思上的反义词是(　　)。

A.昏暗　B.暗淡　C.模糊　D.黝黑

19.从给出的几个词中选择最恰当的一个填入括号。

(1)对于今年的防洪抗旱工作,市委市政府做出了精心的(　　)。

A.安排　B.部署　C.布置

(2)这场罕见的沙尘暴一直(　　)到傍晚时分。

A.持续　B.连续　C.继续

(3)在警报(　　)之前,我们所有的人都不能放松警惕。

A.破除　B.废除　C.解除

(4)那座高高的灰色小楼(　　)在青山和绿水之间 。

A.耸立　B.矗立　C.屹立

(5)大家永远都无法忘记毛主席当年讲过的话,忘不了毛主席的(　　)。

A.教育　B.教诲　C.教训

(6)这批(　　)的瓷器被作为礼物赠送给了外国朋友。

A.精细　B.精致　C.精彩

(7)我们不应该(　　)孩子的缺点和错误。

A.袒护　B.庇护　C.保护

(8)敌后武工队不断地(　　)敌人的大小据点。

A.摧毁　B.摧残　C.残害

(9)我对日本鬼子的憎恨和对中国人甘做二鬼子的(　　)达到了极点。

A.蔑视　B.请示　C.鄙视　D.藐视

(10)经过全体员工的共同努力,今年我们公司取得了(　　)的成果。

A.丰盛　B.丰硕　C.丰厚

(11)如果我们坚持(　　)销售额,本产品的销售区域也必然会逐步扩大。

A.扩大　　B.扩充　　C.扩张

(12)老师对待自己的学生要有(　　)的态度,但不可放纵学生的行为。

A.亲热　　B.亲切　　C.亲密

(13)我们可能(　　)一个著名作品,但我们无法达到它的最高境界和神韵。

A.捏造　　B.伪造　　C.臆造

(14)许多政客没有足够的能力,但他们(　　)太平的水平却是天下第一。

A.修饰　　B.装饰　　C.粉饰

(15)这种纤维制品的(　　)决定了它只能用于工业制造而不能用于居民生活。

A.特点　　B.特色　　C.特性　　D.特征

20.下面的词属于偏正式合成词的是(　　)。

A.将领　　B.主席　　C.烤鸭　　D.房间

21.下面的单字是不成词语素的是(　　)。

A.钴　　B.硕　　C.错　　D.吗

22.下面的成语有用字错误的是(　　)。

A.当仁不让　　B.哄堂大笑　　C.病入膏盲　　D.无独有偶

23.下面的成语没有用字错误的一组是(　　)。

A.自惭形秽　众目睽睽　虚与委蛇　　B.兔死狗烹　珊珊来迟　养痈遗患

C.笑容可掬　病入膏盲　所向披靡　　D.集液成裘　翻箱倒箧　鹑衣百结

24.下面全部是语素的一组是(　　)

A.捷 赖 历 膀　　B.康 浪 牵 纠　　C.律 民 慎 瑞　　D.茉 雀 泰 衅

25.下面是同音词的一组是(　　)

A.生息—声色　　B.舒散—疏散　　C.家世—家私　　D.人名—人民

26.“寡”的反义词是(　　)。

A.陋　　B.众　　C.少　　D.不多

27.下面的词语中属于熟语的是(　　)。

A.开放改革　　B.解放军　　C.扭亏为盈　　D.泼冷水

28.“垃圾”是(　　)。

A.双声词　　B.叠韵词　　C.非双声叠韵词　　D.叠音词

29.“消化”是(　　)。

A.词根加词缀　　B.词根加前缀　　C.偏正型合成词　　D.联合型合成词

30.“打毛衣”的“打”用的是这个词的(　　)。

A.本义　B.基本义　C.引申义　D.比喻义

31.“发明”“发现”的区别在于(　　)。

A.范围大小不同　B.适用对象不同　C.语义轻重不同　D.词义大小不同

32.下列各词中属于多义词的是(　　)。

A.散文　B.函数　C.栋梁　D.银河

33.下列各词中的“老”是词缀的是(　　)。

A.老派　B.老人　C.老手　D.老虎

34.下列各词中的“头”不完全是后缀或类后缀的一组是(　　)。

A.石头　木头　砖头　B.想头　盼头　念头

C.甜头　苦头　劲头　D.枕头　烟头　光头

35.下列字不是词也不是语素的一组是(　　)。

A.撕、妊　B.琉、枇　C.娠、蝶　D.硕、朋

36.沙发和沙子两个词(　　)。

A.都是单纯词　B.都是合成词

C.前者单纯词,后者合成词　D.前者合成词,后者合成词

四、多项选择题

1.合成词是由两个或两个以上语素构成的词。以下组成结构相同的是(　　)。

A.冰凉、漆黑　B.人民、秋收　C.春耕、苦瓜　D.锋利、年轻　E.花生、瓜分

2.下列五组成语,每组结构相同的是(　　)。

A.叶公好龙、愚公移山　B.赴汤蹈火、包罗万象　C.老骥伏枥、打草惊蛇

D.狼子野心、扶摇直上　E.过河拆桥、开天辟地

3.下列词的后一个字属于词缀或类词缀的是(　　)。

A.零头　B.烟头　C.星仔　D.桌子　E.幼儿

4.下列各词属于单纯词的是(　　)

A.基本　B.悄悄　C.驼绒　D.暖和　E.哈达

5.下列概念指一组词的是(　　)

A.同义词　B.反义词　C.同音词　D.多义词　E.单义词

6.下列成语中由反义语素和同义语素交叉复合而成的是(　　)

A.说三道四　B.天旋地转　C.鬼哭狼嚎　D.东游西荡　E.悲欢离合

7.反义词的存在一般要具备(　　)

A.词性相同　　B.意义上互相矛盾、互相对立　　C.字数相等

D.属于同一意义范畴　　E.符合一般语言习惯,经常并举对比

8.下列论述正确的是(　　)。

A."粮食"和"食粮"不是同义词

B."荒野"和"荒原"是同义词

C."脏"和"干净"是反义词

D.同义词是指一组词在义项上相同相近

E.反义词是指一组词在义项上相反

9.表示动作行为的同义词的不同可能是(　　)

A.施事者不同　　B.支配对象不同　　C.动作行为的特点不同

D.句法功能不同　　E.感情色彩不同

10.下列合成词结构类型分类一致的一组是(　　)。

A.泥土　火锅　　B.公审　公平　　C.宫殿　管理

D.胆寒　眼花　　E.车辆　合成

11.下面的词属于单纯词的是(　　)。

A.垃圾　　B.紫外线　　C.呼哧呼哧　　D.卑微　　E.豺狼

12.下面五组合成词中每组结构相同的是(　　)。

A.理事　起草　　B.缩小　提高　　C.打倒　纠正

D.车辆　枪支　　E.马匹　窗户

13.每组结构相同的成语是(　　)。

A.安然无恙　请君入瓮　B.油腔滑调　南腔北调　C.雨后春笋　弦外之音

D.见风使舵　叶落归根　E.鹤立鸡群　归心似箭

14.下列熟语属于成语的是(　　)。

A.大海捞针　　B.解甲归田　　C.四面楚歌　　D.放烟幕弹　　E.竹篮打水

15.下面成语中没有错别字的是(　　)。

A.稗官野史　　B.运筹帷握　　C.墨守成规　　D.书写了草　　E.姹紫嫣红

16.下列联绵词属于非双声叠韵的是(　　)。

A.秋千　伶俐　参差　　B.骆驼　妯娌　翩跹　　C.蟋蟀　蝼蛄　蝙蝠

D.蝴蝶　蜈蚣　鹧鸪　　E.芙蓉　凤凰　妯娌

17. 下列各词中属于音译词的是(　　)。

A. 猩猩　蛐蛐　蝈蝈　B. 里拉　马达　沙发　C. 尼龙　安培　吉普

D. 嘀咕　马虎　蜈蚣　E. 哆嗦　唠叨　混沌

18. 下列熟语属于歇后语的是(　　)。

A. 大海捞针　B. 芝麻开花　C. 竹篮打水　D. 唱对台戏　E. 四两棉花

五、分析题

1. 分析下列语言单位各包含几个语素、几个词、几个字、几个音节。

(1)优美　(2)猩猩　(3)乌克兰　(4)画儿　(5)人

(6)啊呀　(7)瑙　(8)阿司匹林　(9)小蝙蝠　(10)买卖

2. 指出下列词中哪些是单纯词。

(1)支柱—蜘蛛　(2)偏偏—翩翩　(3)螺蛳—罗汉　(4)莫斯科—南宁

(5)普通—扑通　(6)护持—呼哧　(7)从容—容易　(8)探戈—将军

3. 分析下列词的结构方式。

(1)鸟瞰　(2)口红　(3)揭穿　(4)蚕食　(5)卫生

(6)自卫　(7)民办　(8)参观　(9)春秋　(10)天真

4. 指出下列外来词的类型。

(1)马拉松　(2)幽默　(3)冰激凌　(4)酒吧　(5)维他命

(6)吨　(7)道林纸　(8)俱乐部　(9)TV　(10)巴黎

5. 指出下列词中的单义词和多义词。

(1)群众　(2)打击　(3)卵生　(4)教科书　(5)创伤

(6)离休　(7)咖啡　(8)挂花　(9)后台　(10)台柱子

6. 分析下列各词的基本义和比喻义。

(1)升温　(2)麻痹　(3)疙瘩　(4)起飞

7. 指出下列同义词的主要区别。

(1)惦记—惦念　(2)生命—性命　(3)船只—船

(4)坚强—顽强　(5)拂晓—天亮　(6)映山红—杜鹃花

(7)恳切—殷切　(8)忽然—突然

8. 指出下列带点的词是多义词还是同音词。

(1)A. 赠别诗　B. 我们胸前都别一朵大红花　C. 请别生气

(2)A. 陕西省　B. 省吃俭用

(3)A.新生事物　　B.他是这个学校的新生

(4)A.空气流通　　B.货币流通

9.下列各词，哪些是基本词汇，哪些是一般词汇？

(1)眼睛　(2)月光族　(3)鞋　(4)蓝领　(5)最

(6)在　(7)京剧　(8)鲁迅　(9)股票　(10)天安门

10.从不同角度观察下列各组词语，每一组选出一个与其他词不同类的词来。

(1)纵身　纵目　纵欲　纵然(　　)

(2)总裁　总纲　总集　总则(　　)

(3)偷偷　悄悄　常常　偏偏(　　)

(4)秋千　仿佛　西双版纳　并列(　　)

(5)自立　自卫　自己　自杀(　　)

(6)人　啊　齐齐哈尔　三(　　)

(7)老师　雪白　举重　肉麻(　　)

(8)景观　寒冷　发福　忠诚(　　)

(9)谨慎　拘禁　站立　约束(　　)

(10)钢笔　月亮　鲜花　墨水(　　)

11.指出下列熟语的类别。

(1)先下手为强　(2)兔子尾巴长不了

(3)路遥知马力，日久见人心　(4)上鞋不用锥子

(5)吃大锅饭　(6)跑龙套

(7)夜郎自大　(8)旗杆上绑鸡毛

(9)抓辫子　(10)拦路虎

六、名词解释

1.词化

2.词汇化

3.词素化

4.实词虚化

5.词汇词和语法词

6.韵律词

7.异形词

8. 同形词

9. 同素(逆序)词

10. 类义词

11. 上下义(位)词

12. 义素分析法

13. 义位与义域

14. 语义场

15. 派生词

16. 同族词

17. 偏义复词

18. 行业语

19. 隐语(黑话)

20. 词汇系统

21. 语义单位

七、简述题

1. 怎样区分语素、词和短语?

2. 简述音节、语素、词和字的关系与区别。

3. 简谈离合词的定义、特点与类型。

4. 联绵词能不能拆开使用?“仓促”是不是一个联绵词? 对“仓库”“仓皇”“促进”中的“仓”和“促”应该怎样理解?

5. 简谈词根与根词、词根与词缀的区别。

6. 简谈词缀的性质、判定及其分类。

7. 关于儿化词,有人认为词的儿化形式与非儿化形式意义有差别,有的语法性质也不同,“儿”应看作一个语素;有人认为“儿”没有单独的语音形式,不应看作一个语素。你认为哪一种说法好一些? 为什么?

8. 怎样区分叠音词与重叠式合成词?

9. 简述简称与缩略词的异同。

10. 运用简称的基本原则是什么? 举例说明常见的简称方式。

11. 偏正型合成词的语序是“前偏后正”,对“冰棒”“雪花”这类的合成词的结构,你是怎样看的?

12.联合型合成词的两个词根的语义关系为相同、相近、相关、相反,如此看来“芹菜”“荠菜”“苋菜”“蕨菜”“芥菜”“韭菜”属于联合型吗?与“花菜”“包菜”“香菜”“油菜”有什么不一样的地方?

13.“养病”“救火”从结构上应该属于补充型还是动宾型?谈谈你的理解。

14.“看看”“说说”“圆圆”“狠狠”“干干净净”“整整齐齐”“研究研究”“调查调查”都是重叠构词吗?谈谈你的理解。

15.简要分析“跳楼”跟“跳水”,“救命”和“救火”的语义结构关系。

16.简谈构词法与构形法的区别。

17.谈谈汉语造词法及其与构词法的区别。

18.什么叫词义?它包括哪几个构成部分?词义具有哪些性质?

19.举例说明词义是对客观事物的概括反映,专有名词的词义也有概括性吗?

20.多义词是怎样形成的?为什么现代汉语中多义词比单义词的数量大?简单谈谈多义词的义项类别。

21.词的比喻义与比喻手法有什么区别与联系?

22.什么是多义词?什么是同音词?二者如何区分?

23.什么是义素?义素分析有什么用处?

24.简述义素分析的步骤。

25.什么是同义义场?如何辨析同义义场中的同义词?试辨析下列同义词:夸大—夸张,持续—继续,鼓励—怂恿,商量—商榷。

26.什么是反义义场?举例并用关系式说明反义义场的类型。

27.反义词的构成条件有哪些?

28.简述熟语的性质、特征与范围。

29.什么叫成语?它有哪些特点?使用成语要注意什么?

30.成语的主要来源有哪些?举例说明。

31.简谈成语与惯用语的异同。

32.简谈成语与谚语的区别。

33.简谈歇后语的定义、类型和结构特点。

34.简谈基本词汇与一般词汇的区别和联系,并指出区别基本词汇与一般词汇的意义。

35.从汉语的角度来看,汉语对外族语词在形式上的改造主要有哪些手段?简谈当前外来词的两种分类观点及其发展趋势。

36. 词汇发展主要有什么表现，原因是什么？

37. 谈谈你如何看待词汇规范化。

38. 请用替代法证明“驼绒”是两个语素，“骆驼”是一个语素。

39. 分别指出下列字中的自由语素、半自由语素、不自由语素和不能单独作语素的字。

绩 柿 素 眉 蜻 狗 羊 鸭 学 习 鹃 祝 闪 平 虎 狼

40. 划分出下文中的词（在词下画一横线，成语不画，不分析）。如果是合成词就注明它的构成方式。

伟大的天文学家哥白尼说：“人的天职在于勇于探索真理。”我国人民历来是勇于探索、勇于创造、勇于革命的。我们一定要打破常规，披荆斩棘，开拓我国科学发展的道路。既异想天开，又实事求是，这是科学工作者特有的风格，让我们在无穷的宇宙长河中去探索无穷的真理吧！

41. 指出下列哪些是双声词、叠韵词、音译词、拟声词。

蒙太奇、徘徊、费厄泼赖、仓促、灿烂、歇斯底里、萝卜、枇杷、刺溜、布宜诺斯艾利斯、朦胧、扑通、安乃近、沙发、英特纳雄耐尔、孑孓、恍惚、婆娑、铿锵、蜻蜓、磅、窈窕、啪、扑克、琵琶、噼啪、涤纶、叽叽喳喳、泵、秋千、夹克、蹉跎、踯躅、尴尬、拮据、布尔什维克、婀娜、腼腆、哗啦啦

42. 简谈词的理性义和色彩义的区别，按类别指出下列各词的色彩义。

获悉、心眼儿、阁下、演奏、咳嗽、调试、国家、乳燕、康复、牵牛花、日子、身子骨、遗憾、葡萄胎、竞争、临床、马虎、鹅卵石、暴君、和气、囹圄、悲痛、压迫、捍卫、准则、骑墙、士兵、松弛、折腾、小气、不哼不哈、孩子、死刑、搞、凌乱、响当当、成就、布谷鸟、出台、搅和、打听

43. 简谈词义发展变化有哪几方面的原因？词义发展的结果有哪些？

44. 概述汉语学界是如何界定“词”的。

45. 论述研究汉语词汇应坚持“字”还是“词”的观念。

46. 谈谈有关汉语词汇单位范围的不同观点都有哪些？

47. 简谈什么是方言词并分析各家分歧。

48. 简述词、词义与概念的异同。

49. 简谈词义与词素（语素）义的关系类型，并简谈义素与词义、词素义的区别。

50. 简谈同类词与同源词的区别与联系。

参考答案

一、填空题

1. 有音又有义,独立运用。

2. 语素,单音节语素,双音节语素,多音节语素,成词语素,不成词语素,不定位语素,定位语素,实语素,虚语素。

3. 词根,词缀,独立成词,和别的语素一起构成词,和别的语素一起构成词。

4. 十二,八。

5. 十一,七。

6. 双声联绵,非双声叠韵联绵,叠韵联绵。

7. 短语,句子,词。

8. 单纯词,两个或两个以上。

9. 一。

10. 联绵词,叠音词,音译外来词,拟声词。

11. 复合式,附加式,重叠式,复合式,重叠式。

12. 不同词根,相同词根,词根加词缀。

13. 五,联合型,偏正型,动宾型,主谓型,补充型。

14. 词,固定短语,成语,惯用语,歇后语,谚语,简称,数词略语。

15. 词的语音形式,词的意义。

16. 词汇意义,语法意义。

17. 概括性,模糊性,民族性。

18. 概念义,理性义,色彩义,附属义,色彩义。

19. 理性意义,单义词,多义词。

20. 原始,现代最常用,引申,比喻,引申义,比喻义。

21. 声母,韵母,声调,同形(字)同音词,异形(字)同音词。

22. 最小意义单位,区别特征,语义成分,语义特征,共同义素,区别义素。

23. 语义的类聚,共同义素,区别义素,一些相关词语,相同特点,不同特点,共同义素,区别义素,类属义场,顺序义场,关系义场,同义义场,反义义场。

24. 同义义场,同义词,等义词,近义词。

25. 理性意义方面，色彩方面，词性方面。

26. 反义义场，词与词，词与短语，互补反义词，极性反义词。

27. 上下文语境，情景语境（社会现实语境），语境使词义单一化，语境使词义具体化，语境增加临时性意义，语境表现出词义的选择性。

28. 基本词汇，频率高，新词。

29. 稳固性，能产性，全民常用性。

30. 古语词，方言词，外来词，行业语，隐语，古代文献，历史词，文言词。

31. 音译，意译，借形，借词，音译词，意译词。

32. 固定短语，凝固定型，词，一般词汇。

33. 固定短语，意义整体性，结构凝固性，风格典雅性。

34. (1)和(2)陇(3)凤(4)琢(5)副(6)竽(7)擢(8)薪(9)嚣(10)汤(11)励(12)新(13)沥(14)投(15)盲(16)吁吁。

35. (1)隅(2)殄(3)杨(4)璧(5)愎(6)骛(7)菅(8)止(9)拔(10)辟(11)睛(12)骥(13)出(14)栗(15)制。

36. 固定语句，哲理类，修身类，讽诫类，农业类，气象类，风土类，知识类，三字格，偏正式，主谓式，隐语，比喻，谐音，喻意歇后语，谐音歇后语。

37. 新词的产生，旧词的退隐和复出，词义的演变，词义扩大，词义缩小，词义转移。

38. 异形词、异序词的规范，方言词、外来词和古语词的规范，生造词的规范。

二、辨析题

1.√	2.√	3.×	4.×	5.√	6.√	7.×	8.×	9.√	10.√
11.×	12.√	13.√	14.×	15.×	16.√	17.×	18.√	19.√	20.√
21.×	22.√	23.√	24.√	25.√	26.√	27.×	28.×	29.√	30.×
31.√	32.√	33.×	34.×	35.×	36.√	37.×			

三、单项选择题

1.C	2.A	3.C	4.A	5.B
6.A	7.C	8.B	9.D	10.A
11.C	12.B	13.D	14.B	15.A
16.D	17.C	18.A	19.(1)B	19.(2)A

19.(3)C 19.(4)B 19.(5)B 19.(6)B 19.(7)A
19.(8)A 19.(9)C 19.(10)B 19.(11)A 19.(12)B
19.(13)B 19.(14)C 19.(15)C 20. B 21. B
22.C 23.A 24.C 25. B 26. B
27.D 28.C 29.D 30.C 31. B
32.C 33.D 34.D 35. B 36.C

四、多项选择题

1.ACD 2.AE 3.AD 4.BE 5.ABC
6.BDE 7.ABD 8.BCDE 9.ABCDE 10.CDE
11.AC 12.BCD 13.BCDE 14.ABC 15.CE
16.CDE 17.BC 18.BCE

五、分析题

1.分析下列语言单位各包含几个语素、几个词、几个字、几个音节。

答:(1)优美,2个语素,1个词,2个字,2个音节。

(2)猩猩,1个语素,1个词,2个字,2个音节。

(3)乌克兰,1个语素,1个词,3个字,3个音节。

(4)画儿,1个语素,1个词,2个字,1个音节。

(5)人,1个语素,1个词,1个字,1个音节。

(6)啊呀,2个语素,2个词,2个字,2个音节。

(7)瑙,0个语素,0个词,1个字,1个音节。

(8)阿司匹林,1个语素,1个词,4个字,4个音节。

(9)小蝙蝠,2个语素,2个词,3个字,3个音节。

(10)买卖,2个语素,1个词,2个字,2个音节。

2.指出下列词中哪些是单纯词。

(1)蜘蛛 (2)翩翩 (3)罗汉 (4)莫斯科
(5)扑通 (6)呼哧 (7)从容 (8)探戈

3.分析下列词的结构方式。

(1)偏正 (2)偏正 (3)补充 (4)偏正 (5)动宾
(6)主谓 (7)主谓 (8)联合 (9)联合 (10)偏正

4.指出下列外来词的类型。

(1)音译　(2)音兼意　(3)音加意　(4)音加意　(5)音兼意

(6)音译　(7)音加意　(8)音兼义　(9)字母词　(10)音译

5.指出下列词中的单义词和多义词。

①多义词　②多义词　③单义词　④多义词　⑤多义词

⑥单义词　⑦单义词　⑧多义词　⑨多义词　⑩多义词

6.分析下列各词的基本义和比喻义。

答:(1)温度上升。比喻某事件或事物渐渐受到关注。

(2)身体的某部分失去知觉和运动能力。比喻失去警惕性,疏忽大意。

(3)小球形或块状的东西。比喻不易解决的问题。

(4)(飞机、火箭等)开始飞行。比喻事业开始上升、发展。

7.指出下列同义词的主要区别。

(1)意义轻重不同

(2)语义范围大小不同

(3)集体和个体的不同

(4)感情色彩不同

(5)语体色彩不同,词的用法(句法功能)不同

(6)形象色彩不同

(7)词性同,支配对象不同

(8)词性不同,语法功能不同

8.指出下列带点的词是多义词还是同音词。

(1)A、B、C同音词　(2)A、B同音词　(3)A、B多义词　(4)A、B多义词

9.下列各词,哪些是基本词汇,哪些是一般词汇?

(1)基本词汇　(2)一般词汇　(3)基本词汇　(4)一般词汇　(5)基本词汇

(6)基本词汇　(7)一般词汇　(8)一般词汇　(9)一般词汇　(10)一般词汇

10.从不同角度观察下列各组词语,每一组选出一个与其他词不同类的词来。

(1)纵然　(2)总裁　(3)悄悄　(4)并列　(5)自己

(6)齐齐哈尔　(7)老师　(8)发福　(9)拘禁　(10)月亮

11.指出下列熟语的类别。

(1)成语　(2)歇后语　(3)谚语　(4)歇后语　(5)惯用语

(6)惯用语　(7)成语　(8)歇后语　(9)惯用语　(10)惯用语

六、名词解释

1.词化

“词化”是指在语言系统中将概念转化为词的过程。词义是概念化的结果，就大部分实词而言，词义主要是概念义(或者叫理性义)。人类是通过“概念化/范畴化”的方式来认知客观世界的，对世界上的事物、动作、性状等进行分类，归纳成一个个范畴，形成概念。概念进入语言层面，如果一个概念是用一个词的形式来表达，那么这就是“词化”。

概念也可以不用词，而用“词组”来表达，比如“木本植物的表皮”这个概念，英语用bark来表达，就是词化，而汉语用“木皮/树皮”来表达，就没有词化。再比如，“小马”这个概念，汉语用单音节词“驹”来表达，就是词化，而英语用词组“small horse”来表达，就没有词化。

如何把客观对象概念化，概念是否词化，不同的语言不同，即使是同一种语言的不同历史阶段或不同地域也会存在差异。比如“羊”这个概念，汉语用“羊”来表达，是词化，而英语不能用“sheep、goat”来表达，因为英语没有上位概念“羊”。“有的人”这个概念，古代汉语可以用“或”来表达，是词化，而现代汉语则没有相应的词来表达。无论是在不同的语言之间，还是在一种语言的不同历史阶段或不同地域之间，都普遍存在概念化和词化的不同，从而引起词义不对等现象，这对语言翻译、文化思想交流等带来许多困难，难免产生理解上的分歧。

2.词汇化

从语言历史演变的角度，词汇化专指从非词的单位变为词的单位。最常见的是从短语或句法结构变为词。也就是说，通常把大于词的形式演变为词的过程都称为词汇化，不管最后演变形成的词是语法性的(虚词)还是词汇性的(实词)，都应该是词汇化现象。比如汉语中的“鉴于、因而、于是、极其、所有、何不、何尝、何曾、也许、终于”都是词汇化的结果，再比如英文中的词组“going to”演变为了“gonna”，也是词汇化现象。词汇化的过程是一个由可分析到不可分析的过程，这是词汇化的最大特点。

3.词素化

词素化是指一个独立使用的词与其他语素构词时只选用其中的一个成分来表示原词的全部意义，常见的是双音节的词变为了单音节的语素。比如，“警察”原本是英文police的意译词，后来“警察”词素化为“警”，与“服”“特”构成复合词“警服”“特警”；“轮船”词素化为“轮”，与“油”“货”“客”构成复合词“油轮”“货轮”“客轮”；“薪水”

词素化为“薪”，与“年”“月”构成复合词“年薪”“月薪”；“的士”词素化为“的”，与“面”“轿”“摩”构成复合词“面的”“轿的”“摩的”；“啤酒”词素化为“啤”，与“扎”“生”“冰”“鲜”构成合成词“扎啤”“生啤”“冰啤”“鲜啤”；“蝴蝶”词素化为“蝶”，与“粉”“飞”构成复合词“粉蝶”“飞蝶”。可见，复合词与其他语素构词时可以词素化，联绵词与其他语素构词时可以词素化，外来词与其他语素构词时也可以词素化。

4.实词虚化

如果一个实词在语言使用过程中随着语法位置的变化而变得词义虚化，这便是由实转虚的虚化过程，当这个过程结束后，该词获得了虚词义，从而完成了虚化，这就是实词虚化，西方叫作“语法化”，比如汉语介词“把”“被”“在”都是实词虚化的结果。

5.词汇词和语法词

可以单说，或有明确的意义，虽然不能单说，但是可以单用，能跟其他单位自由组合，根据这种标准确定的词就是词汇词。词汇词一般是指实词。不能单说，即不能单独成句，不能用来回答问题，根据这种标准确定的词就是语法词。语法词一般是指虚词。为何词可以分为词汇词与语法词呢？这是因为词既是词汇单位，也是语法单位。

6.韵律词

从语法角度来界定，词是最小的能够独立运用的语言单位，而从韵律角度来看，汉语词分为韵律词与非韵律词。韵律词是由音步构成的。音步是最小的、能够独立运用的韵律单位。音步是由音节组成的，一般由两个音节构成，因为只有轻重抑扬才有节奏，没有节奏就无所谓韵律，一个音节很难形成节奏，两个音节才能形成高低轻重抑扬的节奏，所以标准音步同时支配两个音节成分。一个标准韵律词必须至少是一个音步，换言之，汉语的标准韵律词只能是两个音节，所以汉语标准韵律词是指双音节词。

汉语的单音节词不合乎“韵律词一般是两个音节”的二分枝原则，所以单音节词构不成一个音步，形不成韵律词。汉语的三音节词超过两个音节，可以构成韵律词，但被称为超韵律词。四音节词是由两个音步组成，五个音节以上的词是由标准韵律词与超韵律词组成。

韵律词和复合词的关系：两个单音语素组合的结果不仅是韵律词，同时也是复合词，但韵律词不一定是复合词，复合词却必须是一个韵律词。可见复合词对韵律是有依赖的。

韵律词的基本类型有：(1)重叠式：甜甜、酸酸。(2)延长式：孔—窟窿，茨—蒺藜。(3)感叹式：天哪，神呀。(4)凑补式：老虎、石头(于义为缀，于音足词)、因而、而后。(5)

略语式:财大、北大、清华、南开。(6)联绵式:联绵词与声韵有关,没有三音节的。(7)复合式:复合词也是韵律词的产物。如龟—乌龟,眼—眼睛,井—水井,盐—咸盐。

7.异形词

异形词是指普通话书面语中并存并用的同音(指声、韵、调完全相同)、同义(指理性意义、色彩意义和语法意义完全相同)而书写形式不同的词语。最早提出异形词规范问题的是殷焕先先生,1962年他在《中国语文》发表《谈词语书面形式的规范》,由此汉语异形词规范整理工作拉开序幕。教育部、国家语言文字工作委员会2001年12月19日联合公布了《第一批异形词整理表》,从2002年3月31日开始试行。本规范规定了普通话书面语中异形词的推荐使用词形。

异形词整理的方针:积极稳妥、循序渐进、区别对待、分批整理。首批异形词整理的数量为338组,给出了推荐词形。异形词整理的主要原则有三个:(1)通用性原则。根据科学的词频统计和社会调查,选取公众目前普遍使用的词形作为推荐词形。通用性原则是首要原则,这符合语言的约定俗成的社会属性,比如"必恭必敬"即必须恭敬之义,是原初写法,但是使用频率远远低于"毕恭毕敬",所以"毕恭毕敬"成了推荐词形。(2)理据性原则。有些异形词目前较少使用,或者词频无显著性差异,难以依据通用性原则确定取舍,则从词语发展的理据性角度推荐一种较合理的词形,以便于理解词义和方便使用,比如"规戒——规诫",虽然戒、诫为同源字,但是选取从言的"诫"更合乎"规诫"的构词理据。(3)系统性原则。词汇内部有较强的系统性,在整理异形词时要考虑同语素系列词用字的一致性。比如,侈靡0次—侈糜0次,靡费3次—糜费3次,奢靡87次—奢糜17次,前两个词根据使用频率难以确定取舍,但是根据第三组词所用糜、靡的次数可以确定。

8.同形词

广义同形词指所有书写形式相同的一组词,包括读音相同和读音不同的。狭义同形词指形体相同而读音不同的一组词。

根据内部结构相同与否,同形词可以分为两类:(1)同构同形词:形式相同,结构方式也相同的一组词。比如,"定性1"指"对犯有错误或罪行的人,确定其问题的性质","定性2"指"测定物质包含哪些成分及性质",都属于动宾型。又如"声色1"指"生气与活力","声色2"指"歌舞与女色",都属于联合型。(2)异构同形词:书写形式相同而结构方式不同的一组词。比如,"详悉1"指"详细地知道",属于偏正型,"详悉2"指"详细而全面",属于联合型。又如"相机1"指"照相用的机器",属于偏正型,"相机2"指"察看机会",属于动宾型。

9.同素(逆序)词

同素(逆序)词指构词语素相同而顺序不同的一组词。从构词语素顺序颠倒后意义是否变化来看有两种情况:一种是顺序颠倒而意义基本不变的,如喜欢—欢喜、力气—气力、和谐—谐和;另一种是顺序颠倒后成了另一种意思,如敌情—情敌、文明—明文、部下—下部。可见语素次序的位置与词的结构形式有关系,词序是很重要的语法手段。

10.类义词

类义词指反映同类概念、表示同类意义的词。狭义的类义词指属于同一语义范畴、表示同类概念,而没有上下义、同义或反义关系的一组词。比如“红、黄、蓝、绿、橙”属于一组表示颜色义的类义词,又如“煎、炸、煮、炒、蒸、烩”属于一组表述烹调方法的类义词。广义的类义词包括具有上下义、同义或反义关系的一组词。

11.上下义(位)词

上下义(位)词指的是有种属关系的一组词。上义(位)词是对事物的概括性、抽象性说明;下义(位)词是事物的具体表现形式或更为具体的说明,比如“植物”是属、是上义(位)词,“菊花”“牡丹”是种、是下义(位)词。可以说,意义概括的词包含意义更为具体的词,意义概括的词是上义(位)词,意义具体的词是下义(位)词,上义(位)词和下义(位)词在语义上具有包含和被包含的关系,两者是具有逻辑上的种属关系的一组词。比如,“树”是上义(位)词,“榆”“杨”“桃”“梨”等是下义(位)词。另外,一个词在不同的联系上可有不同的上义(位)词。上下义(位)词不仅限于两级,可以是多级的。上下义(位)词常用来构成一种表达认识的重要方式,词典释义常常用这种方式。

12.义素分析法

义素分析法的产生与美国描写语言学的形成密不可分。美国人类学家、语言学家难以用传统语言学的方法对墨西哥以北的美洲印第安语加以描述,于是鲍阿斯、萨丕尔和布龙菲尔德提出了一种新的语言分析方法,创立了一个新的结构主义流派,即美国描写语言学。布龙菲尔德在《语言论》中提出“义素”分析,这样就能深入词的内部,把词义分成许多个义素,然后再分析一个词的义素构成情况,从而达到认识词义、比较词义、区别词义的目的。

义素分析法1978年被介绍进入中国,周绍珩的《欧美语义学的某些理论与研究方法》一文发表在1978年第四期《语言学动态》上,这种把语言的最小的音义结合体再分解成若干个意义成分的义素分析法被介绍之后,刘叔新、蒋绍愚等学者开始用义素分析法进行语词分析实践。刘叔新在《论同义词典的编纂原则》一文中运用义素分析来确定同义词,他将义素分为理性义素和感性义素,理性义素再分主要理性义素与次要理性义素,如果主要理性义素不同,两个词在内涵与外延上就不一致,即各反映不同的对象,而次要理性义素只反映事物的一般特点,不造成外延的差异,感性义素属于表达色彩,与意义的内涵、外延无关。蒋绍愚在《词义的发展和变化》一文中运用"义素"概念对词义发展变化的规律进行了具体探讨。他认为词义的演变实际上是四种义素的变化:①中心义素不变,限定义素减少,就是词义的扩大。②中心义素不变,限定义素增加,就是词义的缩小。③保留原有的若干义素,但中心义素改变,就是词义的转移。④易位。中心义素不变,而限定义素起了变化。这是运用义素分析法比较成功的范例。

相比形训法、声训法、同义词互训法、互文见义法、界说法、辨异法、语义搭配法、形音义三者互求法(古形今形古音今音古义今义六者互求法)等传统语义分析法,义素分析法深入词义内部,将词义再分析为若干成分,由原来的宏观描写,进入到微观观察,描写与观察更加细致,将语义分析纳入科学的轨道,在对同义词、反义词以及词义发展变化等方面的分析运用上还是很有效的。但义素分析法完全建立在个人对词义的了解和剖析的基础上,有一定的主观性,并不是验证式的,所以它难以给检验提供客观的、形式上的标志,特别是对虚词以及实词的语法意义难以分解出义素,所以义素分析法还需要与传统语义分析法相结合而加以综合运用,因为传统语义分析法是基于(针对)汉语这种孤立语特点、汉字与汉语单音成义特点相适应而提出并经过长期实践检验的。

13.义位与义域

一个词可以只有一个意义,但多数情况下有多种意义。每一个意义称为一个义位。粗略地说,义位就是词典上所列的义项。义位是属于语言的深层结构的,反映人们思想中对客观事物的分类。义位的有无和义位的结合是相联系的。在某个历史时期,新产生的义位可以单独成词,也可以不单独成词,而只是在原有的词上增加新义位。在研究某一时期词汇系统的面貌或某个历史时期中词汇系统的变化时,很重要的一点,是要考察这些义位的有无,以及这些义位以什么方式结合成词。"义域"是语义学的术语,指某一个词或义位在语义场中所占的区域。"词的义域"就是它的各个义位的义域的总和。

14.语义场

语义场是语义的类聚,既有共同义素又有区别义素的一组词的相关语义聚合为一个语义场。语义场就是通过一些相关词语的对比，根据它们词义的相同特点和不同特点划分出来的。属于同一语义场的各词词义有共同义素和区别义素，其中共同义素表明各词词义之间的联系，区别义素表示各词词义之间的区别。语义场主要有类属义场、顺序义场、关系义场、同义义场、反义义场五种类型。

语义场具有不同的层次，上一层次中某个词的义素必然为下一层次的各词所具有，而下一层次又必然有自己一些特殊的义素。上一层次的称作“母场”，下一层次的称作“子场”。比如“人”和“男人”“女人”是两个层次，“人”是上位词，是“母场”；“男人”“女人”是下位词，是“子场”。另外，上位词必有下位词，下位词可以有自己的下位词，也可没有下位词。比如上位词“人”，有下位词“工人、农民、士兵、商人”等，下位词“工人”还有下位词“木工、瓦工、电工、车工、搬运工”等，但下位词“木工”就不再有下位词了。

一种语言的所有语义场构成该语言的语义系统。这种层次序列与词汇和概念的层次序列基本相同，有人将这一类语义场称为“词汇场”或“概念场”。

15.派生词

派生词是合成词的一种，由词根和词缀组合而成。根据词缀分前缀和后缀两种来给派生词分类，可以分为两种：前缀加词根的派生词，如“老虎”“老鼠”“阿姨”；词根加后缀的派生词，如“石头”“木头”“桌子”。

16.同族词

同族词指的是以某一词根为中心语素而产生的词群。比如“陶器”“铁器”“木器”“电器”“石器”就是以“器”为核心语素构成的一组同族词。

17.偏义复词

复合式合成词的一种，其中一个词根语素失去表义功能，另一个词根语素承担着整个词的表义功能，比如“国家”“窗户”中的“家”“户”都失去了表义功能，词根语素“国”“窗”承担着整个词的词义。偏义复词都是联合型复合词，从词素的意义来看，可分为近义联合复词与反义联合复词，如“园圃”“兄弟”“忘记”“好歹”。

18.行业语

行业语又叫同行语，是各种行业应用的专有词语。行业语受社会专业限制，但不受地域限制，所以行业语属于社会方言。当行业语取得全民性而成为通用词语时，就可以进入普通话词汇，比如“下岗”“尖兵”“麻痹”“渗透”等都由行业语进入普通话词汇。但是，如果一个行业语词在意义上既没有发展、扩大、引申，又没有任何变化，还是停留在原来的词义阶段上，一般地说是不会上升成为普通话语词的。

19.隐语(黑话)

隐语是个别社会集团或秘密组织的内部成员懂得并使用的对外保密的特殊词语。比如旧社会商贩把"一"叫"平头","二"叫"空工","三"叫"横川","四"叫"侧目"。黑话是在旧社会里走江湖的人所用的一种特别的社会性方言,他们自己叫春点,本质上也是一种隐语,所以隐语也叫黑话。在黑话里有一种叫切口。切口是把全民语言的声音,故意歪曲一部分或者增减一部分,而形成的一种特别的社会性方言。切口是黑话的分支,有保密性。比如,"替死鬼",原本指专门代替赌场老板出庭受审的人,属于港澳地区赌博行业的黑话、隐语,现在由于丧失了保密性而进入了普通话词汇。

20.词汇系统

词汇系统又叫词汇体系,指汉语词汇是一个有着有机联系的集合体。它体现在词的内部形式的联系、词的外部形式的联系和词的构成形式的联系上。(1)词的内部形式的联系主要是由同源词来体现的,同源词是词汇中音义相关、由同一语源孳生的词,同源词的形成,使词的音义联系由无理性趋向有理性,反映出词与词之间的亲属关系,这种音义关系的偶然性、约定性、回授性、类聚性、多元性和延展性,展示了同源词内部的有机联系。此外,同义关系、反义关系、上下义关系、类义关系以及本义、基本义与引申义的关系也都在词汇意义上形成系统性。(2)词的外部形式的联系主要体现在汉字的义符表示意义范畴,以部首为义符的同类词(比如狼、狐、狸、豺、豹等),反映了词汇意义的聚合系统。此外,不同部首,但部首意义相通的同类词,也反映其内在的联系。另外,同形关系、同音关系也都在词汇的音形上形成系统性。(3)词的构成形式的联系主要体现在词汇复音化(双音化)成为汉语构词主流,也成为汉语词汇发展的总趋势。另外,同族词、同素词、同构词在词汇结构和功能上形成了系统性。还有古语词、方言词、外来词、基本词汇、一般词汇等都具有层级性、系统性特点。总之,词的内部形式、外部形式和构成形式反映词的深层义,又制约词的深层义,体现词汇的系统性、体系性的联系。

21.语义单位

语义单位指的是语言性的意义单位,就是语义学中所说的"义位",是各种语言成分的独立意义项。狭义的语义单位包括语素义、词义、固定短语义,属于词汇意义,而广义的语义单位还包括语法结构(关系)义,属于语法意义。义素是语义构成的最底层的意义单位,是语义成分或语义特征,不是语义单位。

语素义是最小的、最单纯的语义单位,它本身不能再划分出一个以上的语义单位来。语素义是用来构成词义的,当语素义单独使用时便成了词义,如"天空""地震"

“人民”中的“天”“地”“人”作为构词语素时的意义是语素义，当“天”“地”“人”独立成词时的意义是词义，还有“天真”“天资”“天生”的“天”所具有的“自然、非人力”意义只能是语素义，因为不能独立使用，在构词上具有粘附性。另外，像“螺旋桨”“缝纫机”“语言学”等三音节词中的“螺旋”“缝纫”“语言”原本就是一个词，再来构词时便成了构词语素、语素组，作为构词语素时的意义也属于语素义。

词义是人在社会实践中对有关事物、性质、状态等的抽象认识和概括的结果，包括词汇意义和语法意义。与语素义相比，词义既可以独立使用，也可以作为构词的语素义使用，还可以作为构成短语义或句意使用。具有一个词义的词属于单义词，具有多个词义的词属于多义词。一个词既可以有不能独立使用的语素义，也可以有独立使用的词义。比如，“议论”“讨论”“辩论”的“论”所具有的“分析和说明事理”之义，不能独立使用，所以是语素义，而“论天计算”“论件出售”“买鸡蛋是论斤还是论个儿”的“论”所具有的“按照某种单位或类别说”之义，可以独立使用，所以是词义。

固定短语义就是固定短语所具有的固定意义，既可以独立使用，也可以用来构成句意，所以固定短语义与词义在同一层面上，二者不是种属关系，也不是上下位的层级关系，即词义不统属于固定短语义。虽然在功能上固定短语是词的等价物，但最初也是由词构成的，所以，理解固定短语义需要借助构成它的词义，比如“走马观花”“杀人越货”“扬汤止沸”中的“走”“越”“汤”都需要借助古汉语词的词义来理解。

七、简述题

1.怎样区分语素、词和短语？

答：(1)语素、词和短语是不同层级的语言单位。语素是语言中最小的音义结合体；词是语言中最小的能够独立运用的音义结合体，由语素构成；短语是词与词按照一定的语法关系组合起来的大于词而小于句子的语言单位。

(2)语素、词和短语的基本存在形式不同。语素的基本形式是单音节，词的基本形式是双音节，而短语的基本形式则是三音节或三音节以上。

(3)语素、词和短语的表义程度不同。语素的意义不能独立使用，一般要在它所构成的词里才能使用并明确地体现出来。词的意义相对明确、固定，它的意义是各个构成成分所表示的意义的融合、化合，而不是简单地相加。短语的意义则大体上是构成短语的各个词的意义的加和。

(4)语素、词和短语的结构关系不同。语素只有一个构成成分，而不论其音节数多少。词至少由一个语素构成，而这个语素必须是自由语素，词也可以由两个语素或更多的语素构成,其中必须有词根。词里的各个构成成分结合较紧,不能随意拆离,不能扩展。短语是词与词按照一定的语义、语法关系组合起来的,它的各个构成成分的结合较为松散,中间可以插入别的成分,甚至可以前后易位。

(5)语素、词和短语的语音停顿不同。语素和词的内部不允许有语音停顿,短语的内部允许有语音停顿。

语素是最小的有音有义的语言单位,所以确定语素可以使用替代法,替代要遵循两个原则:一是替代要完全,即一个语言单位的所有成分无一例外可替代,例如“铁路”用替代法,其中的“铁”“路”都可以为别的同类成分替代,替代后分别成为“公路、水路、海路”与“铁器、铁蛋、铁嘴”,可见“铁路”是由“铁”和“路”两个语素构成。二是替代时语素意义保持不变或基本一致。例如“马虎”通过替代发现,此“马”与“马车、马鞍、马匹”的“马”在意义上没有任何关联,此“虎”与“老虎、东北虎”的“虎”在意义上没有任何关联,可见“马虎”的“马”“虎”不表义而只记音,只有合起来才有意义,所以“马虎”是一个语素,构成一个词,而“老虎”“马匹”是两个语素构成一个词。

词是语言中最小的能够独立运用的有音有义的语言单位,所以确定词可以使用插入法或扩展法。早在1944—1945年,王力在解决如何把双音词与词组分开的问题时提出了“插入法”。他说“咱们中国素来是以每一音段为一个字的,既没有传统的拼法,仂语(即词组或短语)和词的界限,就更难辨认了。在没办法之中想办法,咱们可以定出两个标准来。第一复音词是不能被隔开的,仂语则可以被隔开:例如‘老婆’是复音词,因为咱们不能说‘老的婆’而意义不变;‘老人’仂语,不是复音词,因为咱们还可以说‘老的人’而意义不变”。另外,王力还提出了另一个判定标准“判断转换法”,“第二仂语是可以转为连系式的,复音词则不能:例如‘老人’可以转成‘这人是老的’,‘老婆’不可以转成‘这婆是老的’”。这是两个区分词与词组的标准或方法,他说“有时候,两个标准应该同时并用,例如‘黄河’虽可以转成‘这河是黄的’,但咱们不能把黄河称为‘黄的河’,所以‘黄河’只是复音词,不是仂语。这种试验是允许加字的,如‘马车’可以说成‘用马拉的车’,又可以转成‘这车是用马拉的’,所以‘马车’是仂语,不是复音词”。

2.简述音节、语素、词和字的关系与区别。

答:王力在《中国现代语法》(1943)一书中首次探讨了字、词的关系问题,他说:单音词由一个字构成,复音词又分双音词(葡萄)、三音词(图书馆)、四音词(帝国主义),由两个以上的字构成。对汉字与音节、语素、词的关系的正确分析,有助于认清汉字、音节、语素与词各不相同的性质。汉字与音节、语素、词四者之间的关系比较复杂,具体关系如下：

（1）划分角度不同。语素和词是从语言角度划分出来的语言单位，其中语素是用来构成词的，词既是语法单位也是词汇单位，音节是从语音角度划分出来的语音单位，而字是从书写角度划分出来的书写形体单位。

（2）字音、音节、语素和词的层级不同。字音来自所记录的词音，音节是语素、词的物质外壳，而语素又是词的构成成分，所以词是比语素高一级的语言单位，可以由一个或多个语素构成。

（3）字、词和语素的表义各不相同。字义来自所记录的词义，词义可以独立使用，而语素义不能独立运用，必须在它所构成的词里才能使用。

（4）量的对应不同。四者在量上不是一一对应的关系。有时一个汉字记录一个音节，表示一个语素，构成一个词，如“天、水”。有时两个汉字记录一个音节，表示一个语素，构成一个词，如“盖儿、尖儿”。有时两个汉字记录两个音节，表示一个语素，构成一个词，如“仿佛、逍遥”。有时两个汉字记录两个音节，表示两个语素，构成一个词，如“语文、道路”。有时三个汉字记录三个音节，表示一个语素，构成一个词，如“莫斯科、奥斯卡”。有时三个汉字记录三个音节，表示三个语素，构成一个词，如“电视机、卫生间”。有时四个汉字记录四个音节，表示一个语素，构成一个词，如“歇斯底里、共产主义”，另外，五个以上音节的音译外来词，都是多个汉字记录多个音节，表示一个语素，构成一个词，如“布尔什维克、英特纳雄耐尔、多阿摩罗跋陀罗、阿尔多克拉里涅特”。有时四个汉字记录四个音节，表示四个语素，构成一个词，如“一衣带水、居安思危”。有时五个汉字记录五个音节，表示五个语素，构成一个词，如“无后坐力炮、纪事本末体、平行四边形”。有时一个汉字记录一个音节，不表示语素也构不成词，如“琉、鹧、鹦、蝌”。有时一个汉字记录一个音节，表示两个语素，构成两个词，如大米的“米”与米尺的“米”。有时一个汉字记录两个音节，表示两个语素，构成两个词，如传记的“传”与传递的“传”。由此可见，汉字、音节、语素、词之间存在着非常复杂的关系。

总之，我们必须分清“汉字”“音节”“音素”“语素”“词”这些不同的概念。“词”“语素”是分析语言片段所用的术语，“音节”“音素”是分析语音所用的术语，“汉字”是记录汉语的书写符号。

3.简谈离合词的定义、特点与类型。

答：汪馥泉《语汇试论》(1940)首次谈及离合词问题，他认为：“合成语，有的很紧接的，叫近接合成语；有的可以紧接也可离开的，叫分离合成语。……又如‘除外’是紧接的，但还可以在中间插字进去，如‘除衣服外’。”离合词，就是词素之间可以插进别的成分的复合词。其特点是构词的两个词素可离可合,合在一起是具有单一意义的词,分离扩展后便是词组。比如,安家、碍事、碍眼、安心、安营、按理、熬夜、扒皮、拔高、把关、罢官、罢职、颁奖、帮腔、绑票、包车、保胎、报案、报账、背债、备课、蹦高、闭眼、闭嘴、避风、编剧、贬官、标价、屏气、拨号、布道、猜谜、参军、操心、查账、岔气、拆台、唱戏、超车、炒股、吵嘴、扯腿、扯皮、撤军、称心、吃醋、吃惊、吃亏、充电、抽奖、出操、出丑、出资、传话、闯祸、吹牛、存款、答题、打赌、带班、担心、当面、捣蛋、捣乱、倒票、倒牙、倒车、道喜、得病、得志、登场、登台、瞪眼、抵债、点名、垫底、跌跤、跌价、盯梢、顶罪、定罪、丢人、短款、断后、断交、断粮、对标、对眼、夺权、躲债、跺脚、发财、罚球、反水、犯罪、放话、放假、费心、分赃、封嘴、奉命、服软、傅粉、改嫁、赶车、搞鬼、告密、给脸、跟班、估价、鼓掌、管事、滚蛋、过境、过夜、含冤、横心、护短、坏事、还价、换岗、回礼、悔罪、会客、记仇、监考、见鬼、将军、讲话、讲学、交心、搅局、叫屈、接戏、接站、结仇、解职、就座、鞠躬、开刀、看病、可心、哭穷、旷课、来火、理发、论罪、迈步、蒙难、免罪、灭口、摸奖、慕名、纳税、念经、攀亲、判罪、泡澡、评理、抢先、请客、劝架、缺德、撒谎、扫兴、煞气、赏脸、升官、省心、失宠、梳头、赎罪、顺心、诉苦、遂心、听课、停职、托福、洗澡、下药、享福、心寒、圆梦、站岗、涨价、中邪、装蒜、做梦。通过以上离合词语料发现,离合词分联合型、动宾型、补充型,其中动宾型和补充型的离合词占绝大多数,联合型的离合词占比少。

4.联绵词能不能拆开使用?“仓促”是不是一个联绵词?对“仓库”“仓皇”“促进”中的“仓”和“促”应该怎样理解?

答:联绵词不能拆开使用。“仓促”是联绵词。联绵词是复音单纯词,两个音节连缀成义,单个音节没有意义。但是人们在语言的使用过程中对之有个简约和高效的要求,即使用最少的语言材料,表达最大的信息内容,这样就使得一些复音单纯词的无意义音节承担了整个词的意义内容,从而成为有意义音节。这种现象的出现有一定的语言环境,必须是在复合词或成语里,如单个出现仍然是没有意义的音节。“仓”和“促”的情况就是这样。

5.简谈词根与根词、词根与词缀的区别。

答:词根,又称词根词素,与词缀相对。词根是一个词中表示词汇意义的语素。由一个词根构成的词有的可以独立使用,如“天、地、人、木、水”;有的能与其他语素结合构词,如“园”与“艺”组合成“园艺”;有的能与词缀结合成词,如“老虎、桌子”。也可以由两个或两个以上的词根构成词,词根与词根之间的关系主要有五种,如“道路、生死”等的并列关系,“桃红、席卷”等的偏正关系,“提高、缩小、房间”等的补充关系,“管家、司机”等的支配关系，“地震、月亮”等的陈述关系。根词又称词根词，是由单个词根构成的词，如“天、人、好、我”等，其特点有四：一意义原始、单纯，二结构简单，三构成基本词的材料，四根词都是词根，但词根并非都是根词。根词是词，词根是词素（语素）。

根据语素在构词中的作用不同分为词根和词缀。词根是意义比较实在，能自由出现在合成词前面、中间或后面的语素，如“动”“量”等；词缀是意义比较空虚，位置比较固定，或者只出现在词根的前面，或者只出现在词根的后面的语素，如“阿姨”中的“阿”，“席子”中的“子”。具体说来，它们的主要区别表现在以下几个方面：

（1）词根的意义比较实在、具体，是词义的主要承担者，词缀的意义已经虚化或正在虚化。如“孝子”和“竹子”，前一个“子”指“儿子”，后一个“子”却没有这种意思，这说明前一个“子”是词根，后一个“子”是词缀。从语音形式上看，后面的词缀往往读轻声。

（2）词根在构词时的位置比较自由，是不固定的，即可以在别的语素之前、之后或中间，如“水坝”“开水”“下水道”，而词缀在构词时的位置是固定的，或在别的语素之前，或在别的语素之后，如“老”作为词缀只能在前，“头”作为词缀只能在后。

（3）现代汉语中词根数量巨大，而词缀很少。

6.简谈词缀的性质、判定及其分类。

答：词缀是加在词根上面表示附加意义或语法意义的词素。所以，词缀是附加部分，只表示某种附加意义。要注意词缀与词尾（即构形词缀）的区别，词缀是词汇构词问题，除了语法意义之外，还保留着一定的词汇意义，而词尾是语法意义问题，没有词汇意义。

词缀特点从语义特征、组合特征、聚合特征三方面看：一是在语义特征方面具有“虚化性”特点，语义虚化是词缀的主要特征，词缀的虚化意味着在共时平面上主要理性意义的完全消失，它只表示次要理性意义（意味）、感性色彩或附加的语法意义。二是在组合特征方面具有“定位性”“黏着性”特点，即在语义不变的前提下，不能像自由语素那样可以单说或单用；词缀在词中的序位是固定的，而不能像半自由语素那样可前可后。三是在聚合特征方面具有“系列性”特点，也就是说任何词缀都可以构成一个以它为核心的词族。需要注意的是，“能产性”不是所有词缀的特征，“虚化性”“定位性”“系列性”特点对于把词缀和非词缀区分开来具有重要意义。

根据词缀位置前后，词缀可以分为前缀和后缀。在词根前的叫前缀，如“老虎、老鹰”的“老”，“阿姨、阿妈”的“阿”；在词根后的叫后缀，如“桌子、椅子”的“子”，“石头、斧头”的“头”。汉语中有无中缀呢？胡裕树、张斌认为“听得见”“听不见”中的“得”“不”属于中缀。其实“得”“不”后面的成分是补语，“得”“不”的作用是引出后边的成分对前边成分做补充说明，表明肯定或否定的词汇意义，而词缀应该有表明所附着的词的语法意义的作用。任学良把“黑不溜秋、灰不溜丢”的“不”，“叽里咕噜”的“里”，“乱七八糟、零七八碎”的“七八”，“低三下四、丢三落四”的“三四”都看作中缀，黎锦熙、刘世儒将“慌里慌张”的“里”说成是中缀，其实这都是汉语偶数音节（嵌音、凑足音节）的表达需要，不表示词缀的语法意义。

根据概念意义的作用和语法作用的大小不同，词缀分为三类：一是词汇性强的。词缀突出地起了大大改变词根概念意义的作用，而标明一定词性的作用，相比之下并不突出，如“者、员、手”。二是语法性强的。词缀主要起了标明词性的作用，对于词根的概念意义，只有轻微的改变作用，甚至仅仅是添加些色彩，如“子、其、性、儿”。三是词汇性、语法性均衡的。词缀既对词根的概念意义有较明显的改变作用，词性方面的标志作用也相当突出，如“老、化、第、头”。

词缀按照词义虚化的程度可分为典型词缀与类词缀。典型词缀必须具备五个条件：其一，是构词语素，不包括变词语素；其二，参加构词时只能处于前端或后端位置，不能起独立作用，须紧密地结合在词之内，也就是与词根紧密结合在一起组成一个词；其三，意义必须高度虚化，去掉后词义不变，有明确实义的语素不是典型词缀；其四，在形式上大多读轻声，凡重读的不是典型词缀；其五，典型词缀有标志词性的作用，并往往有较强的构词能力，比如“老虎、老鹰”的“老”，“阿姨、阿妈”的“阿”，“桌子、椅子”的“子”，“石头、斧头”的“头”，去掉后词义不变，可见“老、阿、子、头”属于典型词缀。

类词缀也称准词缀，指的是介于汉语实词词素和典型词缀之间的构词要素，是汉语实词词素向典型词缀语法化的一个中间过渡阶段。比如，“者、化、性”以其在一定程度上保留了原来的意义而与典型后缀相区别，以其意义有某种虚化，具有成词或改变词性的语法作用而与一般语素相区别，故可叫作类后缀。“作者、读者、绿化、现代化、创造性、弹性”其中的“者、化、性”不能像“老、阿、子、头”这类典型词缀可有可无，故谓之类词缀。

7.关于儿化词，有人认为词的儿化形式与非儿化形式意义有差别，有的语法性质也不同，“儿”应看作一个语素；有人认为“儿”没有单独的语音形式，不应看作一个语素。你认为哪一种说法好一些？为什么？

答：既然词的儿化形式与非儿化形式有意义上的差别，并且有的语法性质也不同，如“个”和“个儿”，前者是量词，后者是名词，这属于音变构词现象，其中的“儿”不能单独成为一个音节，只是一个儿化卷舌动作，所以最好不要看成一个独立的语素，“盖儿、亮儿、尖儿、画儿、眼儿、头儿”等都属于这类现象，而像“花儿、鸟儿、马儿”如果不儿化而分开读，这时就只是双音词而不是儿化词，此时的“儿”就是一个语素了。

8.怎样区分叠音词与重叠式合成词？

答：叠音词和重叠词从形式上看相同，都是由两个相同的音节构成的，写出来都是两个相同的汉字。如：①饽饽、猩猩、孜孜、潺潺、翩翩、皑皑；②馍馍、星星、刚刚、妈妈、弟弟、娃娃。

但是，①组是叠音词，②组是重叠词。区分在于：叠音词是单纯词，它的两个音节不能分开，必须连缀成义；分开后，每一个音节都没有意义。有的或许有意义，但与整个词的意义没有关系。重叠词是合成词，它的两个音节可以分开，分开之后都是语素，都有意义，并且这个意义与分开前整个词的意义相同或相近。总之，“妈妈、星星、仅仅、刚刚、嚷嚷”这类都属于重叠式合成词，而“堂堂、区区、猎猎、瑟瑟、彬彬、冉冉、袅袅、赳赳”这类都属于叠音单纯词。

9.简述简称与缩略词的异同。

答：从“缩略词(又叫缩略词语、缩略语、略语)”与“简称”之间的关系看，目前学界主要有以下几种看法：

一种观点认为“缩略词”与“简称”是两个相同的概念。比如，凌远征：“略语又叫简称，使用极为广泛，有的略语由于使用多了，用得久了，连全称也被忘记，已经看不出是略语了。”吴本和：“缩略语又叫简称，或缩写、简写。”

另一种观点则认为“缩略词”与“简称”是两个不同的概念，但二者之间存在全部包含关系。比如，王吉辉：“音节较长的形式经过减缩形成的音节较短的形式是缩略词语，缩略语包括简称，并称和合称绝大多数都是缩略语，数字式统括语不是缩略语。”黄伯荣、廖序东则认为：经过压缩和省略的“缩略语”包括“简称”和“数词略语”，认为“简称是较复杂的名称的简化形式，与全称相对而言”。

可见，简称具有临时性特点，如“中央委员会第三次全体会议”简称“三中全会”，“中国共产党第十九次全国代表大会”简称为“十九大”，“文学历史哲学”简称为“文史哲”，像“南大”“山大”“山师大”“山财大”这类说法也都是简称，不是缩略词，因为“南大”既可以对应“南京大学”还可以对应“南昌大学”“南开大学”“南华大学”，“山大”既可以对应“山东大学”又可以对应“山西大学”，“山师大”既可以对应“山西师范大学”又可以对应“山东师范大学”，“山财大”既可以对应“山东财经大学”，也可以对应“山西财经大学”,所以它不是(缩略)词,因为一个词必须具有固定的形、音、义,它的内容还没有被全民固定下来,只在有限的地域使用,还没有转换为一般的词。

有些简称经过长期使用,形式和内容都固定下来了,与简称前的原型存在一一对应的关系,像“清华”“北大”“复旦”这类简称,已经转化为全民使用或熟悉的词,只是正式场合一般不使用简称而使用全称,而有一些简称,其全称反而很少使用了,如“地铁”“空调”。另外,像“鲁”是“山东”,“湘”是“湖南”这种类似简称,其实两者非替代关系,而是各自独立存在。

而缩略词有自己独特的特点,可以与简称区别看来:其一,缩略词与缩略前的本原形式意思完全一样,即无歧义;其二,缩略词与缩略前的本原形式是一对一的关系,非一对多;其三,缩略词与缩略前的本原形式是替代与被代替关系;其四,缩略前的本原形式是固定形式,而非自由组合形式,因为不固定的自由组合形式谈不上缩略问题,或者无须缩略。

所以说,既不能说“简称”包含于“缩略词”中,也不能说“缩略语”包含于“简称”之中,从语言事实来看,“简称”是一种缩略的说法,临时性、地域性明显,但一旦具有了固定性、全民性而无歧义的特点,“简称”就会变为“缩略词”,像“北大”“清华”“地铁”就有这种由“简称”演变为“缩略词”的过程。

10.运用简称的基本原则是什么?举例说明常见的简称方式。

答:吕叔湘在1944年《中国文法要略》里首次提出“简称”问题,从此简称问题进入语言研究视野。汉语简称是语言运用中一种经济的表达形式,但是必须注意使用规范,不能任意滥造滥用。应该按照需要和明确、约定俗成的原则来进行,不得产生意义不明的情况,否则即为不规范现象。即使是通行的简称也一定要注意使用的范围,一般用于口语或报纸杂志,在严肃庄重的场合或重要的文献当中,最好不使用简称。

比较典型的简称方式有:

(1)省略并列的几个结构中相同的语素。如:尖音、团音—尖团音,中学、小学—中小学,理科、工科—理工科,青年、少年—青少年,节日、假日—节假日,企业、事业—企事业,班长、组长—班组长。

(2)提取名称中有代表性的语素。如:中国人民政治协商会议—政协,农副产品贸易市场—农贸市场,西安电影制片厂—西影,文学艺术工作者联合会—文联,体制改革委员会—体改委,国民党革命委员会—民革,博士研究生导师—博导,特区行政首长—特首。

(3)包含外来词的名称可以只取外来词的第一个音节。如:奥林匹克运动会—奥运会。

（4）取每个词一个语素，再把具有类别性质的语素在后面构成新词。如：社会科学院—社科院；职工代表大会—职代会；亚洲太平洋地区—亚太地区。

有一部分以缩略的形式构成的简称，其临时性、地域性越来越淡，而固定性、全民性、无歧义性越来越强，这种不太典型的简称方式有：

（1）提取每个词的前一语素或后一语素构成新词。如：环境保护—环保，家用电器—家电，等待就业—待业，科学技术—科技，公共关系—公关，土地改革—土改，流行性感冒—流感，集中训练—集训，彩色电视机—彩电，女子足球—女足。

（2）提取前一个词的前一语素和后一个词的后一语素。如：外交部部长—外长，高等院校—高校，内部消耗—内耗，销售数量—销量，保证价值—保值，秦始皇兵马俑—秦俑，军人家属—军属，整顿作风—整风。

（3）取前一个词的后一个语素和后一个词的前一个语素。如：香港、澳门、台湾—港澳台，确定编制—定编，华侨眷属—侨眷，重要案件—要案，人民警察—民警，电影评论—影评。

另外，数词略语可分两种情况：

一种是用数词加其中的一个语义成分来概括几种事物或行为，比如原子弹、氢弹—两弹，农业、农村、农民—三农，陆军、海军、空军—三军，精神文明、物质文明—两个文明，包修、包换、包退—三包，信息论、控制论、系统论—三论，通商、通邮、通航—三通，有理想、有道德、有文化、有纪律—四有，电视大学、业余大学、职工大学、夜大、函授大学—五大，东汉、西汉—两汉，百花齐放、百家争鸣—双百，酸、甜、苦、辣、咸—五味。

另一种是数词加上一个共同的语义成分来概括所列举的事物，比如《论语》《孟子》《大学》《中庸》—四书，马、牛、羊、鸡、犬、豕—六畜，蛇、蝎、蜈蚣、壁虎、蟾蜍—五毒，帝国主义、封建主义、官僚资本主义—三座大山。

值得注意的是，“数词略语”与其说是一种简称，不如说更接近缩略词，因为像“三好学生”“三峡工程”“四书集注”“双百方针”“五味杂陈”中的“三好”“三峡”“四书”“双百”“五味”不能用全称来代替，已经取得了词的资格。

11. 偏正型合成词的语序是“前偏后正”，对“冰棒”“雪花”这类的合成词的结构，你是怎样看的？

答：“冰棒”“雪花”是由比喻式造词法造出来的，本体是“冰”“雪”，喻体是“棒”“花”，后者通过比喻的方式描写前者，像“浪花、云海、虾米、瀑布、茶砖、豆腐脑”等都属于这类词。从合成词的结构类型看，我们习惯把它们看成偏正型，这是因为，修饰语成分原本在中心语之前，造词时被有意置后，其目的是从语义上强调修饰语，也就是说，整个词强调的是作为修饰语的后者而不是作为中心语的前者，即语义重心后移了。像"板鸭、雪白、云集、刀鱼、席卷"这类词，其表层语法结构关系与深层语义结构关系相一致，不存在结构类型归类矛盾的问题，而像"冰棒""雪花"这类修饰语后置的就会遇到结构类型是归属偏正型还是补充型的问题，如果归为补充型，其表层语法结构关系与深层语义结构关系就一致了，如果归为偏正型，其表层语法结构关系与深层语义结构关系就不一致了。

12.联合型合成词的两个词根的语义关系为相同、相近、相关、相反，如此看来"芹菜""荠菜""苋菜""蕨菜""芥菜""韭菜"属于联合型吗？与"花菜""包菜""香菜""油菜"有什么不一样的地方？

答："芹菜""荠菜""苋菜""蕨菜""芥菜""韭菜"与"花菜""包菜""香菜""油菜"都是蔬菜。从合成词的结构类型看，"花菜""包菜""香菜""油菜"的"花""包""香""油"起限定作用，单独使用不表示菜，偏正关系明显。"芹菜""荠菜""苋菜""蕨菜""芥菜""韭菜"的"芹""荠""苋""蕨""芥""韭"在古代汉语中单独使用，即可表示一种蔬菜，在汉语词汇双音化的驱动下，单音词"芹""荠""苋""蕨""韭"双音化为"芹菜""荠菜""苋菜""蕨菜""芥菜""韭菜"，这种造词模式属于"小名+大名"或"种+属"类型，在所指范围上是一种被包含与包含的关系，小名的"芹""荠""苋""蕨""芥""韭"所起的作用是限定，语义的中心在大名"菜"上，所以一般也归为偏正型，从语义关系看"芹菜""荠菜""苋菜""蕨菜""芥菜""韭菜"属于被包含与包含关系、上下位关系，而联合型的语义关系则是相同、相近、相对或相反的语义关系。另外，"菠菜"的"菠"不同于"芹""荠""苋""蕨""芥""韭"，因为"菠菜"来自"颇陵国"（即波斯），故名"颇陵"，后因"蔬菜"义而加表义形旁"艹"，从而写作"菠稜""菠薐"，方言叫"菠薐菜"，《本草纲目》始称"菠菜"，虽然今天"菠"所表示的产地义已经湮没不彰了，但是其限定作用依然存在。

另外，现代汉语词汇中"鲫鱼""鲢鱼"等也属于像"芹菜"这种以"小名+大名"造词类型，其结构类型也宜归为偏正型。

13."养病""救火"从结构上应该属于补充型还是动宾型？谈谈你的理解。

答："养病"的意思是"因患病而修养"，"救火"的意思是"在失火现场进行灭火和救护工作"，从语义关系上看"养"的是"人的身体"，"救"的是"人、财、物"，从语法关系上看是隐含性宾语成分，而从语义上看"病"是"养"的原因，"火（火灾现场）"是"救"的处所，从语法上看是补语成分而起补充说明作用，所以结构类型应归为补充型。但是，由于“病”“火”是名词，与典型补充型“提高”“缩小”“扩大”“延长”“合成”“改进”中起补充说明作用的“高”“小”“大”“长”“成”“进”的词性不同，而与典型动宾型“司机”“管家”“失业”“投资”中作被支配对象的“机”“家”“业”“资”的词性一样，导致有些学者将“养病”“救火”归为动宾型，从而产生表层语法结构关系与深层语义结构不一致的矛盾，像“坐牢、站岗、坐月子、跑龙套、打抱不平”都会遇到像“养病”“救火”这类词归属补充型还是动宾型的问题。

14.“看看”“说说”“圆圆”“狠狠”“干干净净”“整整齐齐”“研究研究”“调查调查”都是重叠构词吗？谈谈你的理解。

答：“看看”“说说”属于重叠构词，而“圆圆”“狠狠”“干干净净”“整整齐齐”“研究研究”“调查调查”属于构形，不属于构词。

“看看”“说说”属于单音节词“看”“说”重叠构成的双音节词，这些双音节词相对于单音节词来说是个新词，而“圆圆”“狠狠”“干干净净”“整整齐齐”“研究研究”“调查调查”属于构形，构形不创造新词，其形式变化只表示语法意义。所以，分析词的结构类型时要区分构词法与构形法，构形法是指词的形态变化法，换言之，词的形态变化的方式方法就是构形法，即指同一个词表示不同语法意义的各种变形。汉语缺乏发达的形态，因而构形法主要靠词的重叠、增添辅助词、嵌音等方式表示语法意义。比如，张寿康说：“指人名词加‘们’后即成为指人名词的复词(概数)形式。”指人名词的数的变化，就是名词的构形法，“英雄”“儿童”“朋友”等通过借助“们”表示名词数的变化。再如动词借助重叠表示尝试性的情态，比如“研究研究”“调查调查”；形容词借助重叠表示程度加深的情态，比如“圆圆”“狠狠”“干干净净”“整整齐齐”“急急忙忙”“高高兴兴”；量词借助重叠表示“每”的意思，比如“个个”“块块”“遍遍”。所以，有的动词重叠、形容词重叠、量词重叠只是附加了语法意义的变化，并未创造新词，既不是造词法也不是构词法，而只是词的形态变化，目的是通过重叠表示某种语法意义。

15.简要分析“跳楼”跟“跳水”，“救命”和“救火”的语义结构关系。

答：“跳楼”，从楼上往地面跳，语义结构关系是“处所+动作”。“跳水”，在一定高度的器械上起跳，最终落入水中，语义结构关系是“动作+处所”。“救命”，意思是救助有生命危险的人，语义结构是“动作+受事”。“救火”，意思是在火灾现场进行灭火和救护工作，语义结构是“处所+动作”。

16.简谈构词法与构形法的区别。

答：构词和构形是两个完全不同的概念，因此构词法和构形法也是完全不同的。构形法关注的是同一个词的各种语法变体，这些语法变体采用不同形态变化来实现；

构词法关注的是一个词的构成方式,该词是由什么语素通过什么方式构成的。具体区分如下:

其一,从词的意义方面区分构词与构形。

凡词形变化后,词汇意义并未改变或者完全改变者,都是构词问题。凡是词形变化后,词汇意义基本不变、只改变了语法意义和增加了附带的词汇意义和色彩意义者是构形问题。

属于构词情况的:(1)意义基本不变:妈—妈妈,星—星星。(2)意义完全改变:宝(珍贵的东西)—宝宝(对小孩的爱称),斤(市斤的通称)—斤斤(过分计较),祖辈(祖宗,祖先)—祖祖辈辈(世世代代的意思),缝补(缝和补)—缝缝补补(泛指缝补工作)。

属于构形情况的:词干部分和词汇意义没有改变,只是增加了某些语法意义。(1)加"们"表示"多数"的语法意义,同志—同志们,同学—同学们,你—你们。(2)单音量词重叠,增加"每"等逐指的附加意义,家—家家,趟—趟趟,天—天天,件—件件。(3)动词重叠,增加了表示"短暂态"或"尝试态"的语法意义,AA型如走—走走,试—试试,看—看看;AAB型如跑步—跑跑步,鼓掌—鼓鼓掌,把关—把把关;ABAB型如学习—学习学习,考虑—考虑考虑,甩搭—甩搭甩搭。(4)形容词重叠后,增加了"加强态""轻微态"或"厌恶态"等语法意义。AA型如高—高高,胖—胖胖,白—白白;AAB型如冰凉—冰冰凉,喷香—喷喷香;ABB型如干巴—干巴巴,亮堂—亮堂堂;AABB型如大方—大大方方,清楚—清清楚楚;ABAB型如雪白—雪白雪白,笔直—笔直笔直;A里AB型如马虎—马里马虎,肮脏—肮里肮脏。

其二,从词的形式方面区分构词与构形。

(1)构形——变化前的形式都是词,比如,走—走走,尝—尝尝,大—大大,圆—圆圆。构词——变化之前的形式可以是词,也可以只是用以组词的语素,比如,津—津津,冉—冉冉,翩—翩翩,萋—萋萋,舅—舅舅,落—落落,祖辈—祖祖辈辈。

(2)构形法重在考察形式的变化,所以它必有原形和变形,且原形都是词,变形只比原形增加若干语法意义,不构成新词。如鼓鼓掌—鼓掌,讲讲情—讲情,冰冰凉—冰凉,油腻腻—油腻,暖和和—暖和,昏沉沉—昏沉,磨磨蹭蹭—磨蹭,爽爽快快—爽快,明明白白—明白。

构词法重在考察形式的形成,通常无原形,重叠后不增加语法意义,而是产生新词,比如呱呱叫—呱叫,芨芨草—芨草,毛毛雨—毛雨,哈哈镜—哈镜,猩猩草—猩草,眼巴巴—眼巴,美滋滋—美滋,绿油油—绿油,甜丝丝—甜丝,雄赳赳—雄纠,明晃晃—明晃,兢兢业业—兢业,满满登登—满登,唯唯诺诺—唯诺,婆婆妈妈—婆妈,病病歪歪—病歪,星星点点—星点。

17.谈谈汉语造词法及其与构词法的区别。

答:造词法指的是创造新词的方法,即新词是怎么造成的。造词是解决一个词从无到有的问题。造词研究是一种发生学研究,包括两个方面:一是用什么语言材料造,二是用什么方法造词。广义的造词法包括造词方式与造词策略。造词策略指造词的思维方式、价值取向、心理状态,比如“后进生—差生”“老龄人—老人”“待业—失业”“零增长—负增长”,“后进生、老龄人、待业、零增长”造词时就考虑到了人们的接受心理程度。主要的造词法有以下八种:

(1)音义任意法。用某种声音形式任意为某种事物命名的方法。如:人、山、风、雨、鸟、日、月、牛、羊、树、窈窕、玲珑、参差、从容。

(2)摹声法。用语音形式对某种声音加以模拟和改造。其一,模仿事物发出的声音。根据事物发出的声音给事物命名的。如:猫、鸦、蛙、蛐蛐、蝈蝈。根据事物发出的声音创制新词,以描写该事物的性状。如:哎呀、哈哈、呼噜、嗡嗡、轰隆、哗啦啦、叮叮当当。其二,模仿外族语言中某些词的声音。如:咖啡、沙发、夹克、吉普、马拉松。摹声是各种语言中都有的一种现象,但是同样的发声事物,甲语言采用摹声法造词,乙语言却不用。如:稀里哗啦,rustling sound;卡嗒卡嗒,knocking。两种语言或方言对同一事物都运用摹声法,所造摹声词也是大不相同的。摹声词会因语言而异,从而反映其所在语言的特殊语音系统。公鸡打鸣的英语是cockadoodledoo,俄语是kuku-riku,汉语是“喔喔”。可见,摹声词不是客观事物声音的简单复制,而是某种语言的语音系统的产物,即客观世界的声音必须接受语言的语音系统的制约和改造才能进入该语言世界。当然,摹声词虽然受到民族语言语音系统的制约,但是并不能推翻语言音义结合的任意性特征理论。

(3)音变法。通过语音变化产生新词。汉语中的儿化韵造词就是一种音变造词的方法。如:盖—盖儿、黄—黄儿、尖—尖儿、好(美好)—好(爱好)、传(传递)—传(传记)。

(4)说明法。通过对事物加以说明从而产生新词的方法。其一,从事物的情状方面进行说明。如:地震、起草、抓紧、年轻、口红、赞扬、提高、脑溢血、落花生、超声波、二人转。其二,从事物的性质特征进行说明。比如:形状(方桌、尖塔、回形针、丁字尺),方式(公审、素描、电告、函授),原料(皮鞋、铁路、铅笔、石碑、钢板、玻璃窗),动力(电车、火车、电动机),性质(密码、谜语),类别(经书、动物),性别(公鸡、男孩),工具(笔谈、梳理),人物(霸王鞭、中山陵);地区(湘绣、京剧、武昌鱼、大理石),时间(午睡、夜校、晚会、腊八粥),方位(外科、中东、西医),处所(空袭、家访、海防),程度(深造、高级、重视),状态(热爱、沉思),情态(喜酒、乐观、怒火),职务(主席台、校长室、干部服),道具(木偶戏、大鼓书、扇子舞、皮影戏)。其三,从事物的用途方面进行说明。如:雨衣、护膝、书桌、餐具、洗衣机、扩音器。其四,从事物的领属方面进行说明。如:牛角、鞋带、象牙、羊毛、树叶、火车头、鸡蛋黄。其五,从事物的颜色方面进行说明。如:红旗、蓝天、白糖、绿茶、黄油、红绿灯、黄花菜。其六,用数量对事物进行说明。如:三秋、六书、八卦、二胡、四季、百姓、千里马。其七,通过注释的方法进行说明。用所属物类注释说明,如:菊花、芹菜、松树、糯米、淮河、白杨树、牡丹花。用单位名称注释说明,如:人口、车辆、信件、花朵、书本、米粒、纸张、房间。用事物情状注释说明,如:白茫茫、亮晶晶、冷冰冰、静悄悄、颤悠悠、雾蒙蒙。其八,用语言中习用的虚化成分,对原有词的意义做某些改变以说明事物。如:乱子、日子、推子、想头、看头、甜头、哑巴、岸然、在乎、黑乎乎、红乎乎、酸溜溜、灰溜溜。

(5)运用修辞手法来创造新词的方法。其一,比喻式。一种事物像什么就用什么来命名,就是比喻式造词法。比喻造词法是汉语中一种非常重要的修辞造词方法,它着眼于事物之间相似性的关系,借彼喻此,以他物状此物,形象地反映所指称的客观对象。前比喻式(本体、喻体均出现,喻体在前),如:板鸭、鳞伤、鸡胸、笔直、冰冷、雪白、雪亮、火热、林立、响应、狐疑、笼罩、云集、流逝、瓜分、刀鱼、发菜、牛皮纸、金丝猴、鹅卵石、鸭舌帽、金字塔、苹果绿、蝴蝶结、松花蛋、猫耳洞、虎皮兰、珍珠泉。后比喻式(本体、喻体均出现,喻体在后),如:木马、烛泪、豆腐脑、虾米、瀑布、麦浪、茶砖、木耳、肠衣、浪花、云海、秋老虎、笑面虎、糊涂虫、草珊瑚。前后比喻式,即本体不出现,前后两个语素都是喻体,每个语素都用比喻的方式代表被说明事物的部分特征,然后两个比喻性语素融合为一个整体,从而造出一个新词。如:鸾凤、影响、龙胆、榴梿、水银、银耳、泰斗、浪潮、沉浮、罗网。其二,借代式。借事物的象征性标记或个体特征代替事物,如:红马甲、孔方兄、菜篮子、大团结等。红马甲指证券交易所内的证券交易员,因穿红色背心而得名;孔方兄指钱,因旧时的铜钱有方形的孔;菜篮子,盛菜的篮子,借指城镇的蔬菜、副食品的供应;大团结指拾元面值的人民币,因上面印着民族大团结的图案而得名。以部分代整体,如:眉目、桑梓、丝竹、生手、须眉。以产地或发源地代事物,如:茅台、龙井、竹叶青、梨园(原是唐代都城长安的一个地名,后成为唐代训练乐工的机构)。借具体的动作代抽象的本体事物,如:挂靴(指足球、滑冰、田径等运动员结束运动员生活,不再参加正规训练和比赛)、挂拍、耍笔杆。其三,夸张式。用夸张手法造成新词。如飞毛腿(指跑得特别快的腿,也指跑得特别快的人)、冲天、飞人、绝顶、天梯、魔方、飞涨、万年青、万事通、霹雳舞、顺风耳、千里眼、钻天杨(白杨树别名)、云梯(在古代属于战争器械,用于攀越城墙攻城的用具)。其四,婉言式。用婉曲的修辞方法创造新词,如口条(猪舌头)、后事、有喜、百年、富态、挂彩、归天、作古、短见。其五,仿词式。通过仿拟辞格创造新词的方法。如:冷门—热门,功劳—苦劳,先进—后进,文盲—科盲—法盲—电脑盲,公理—婆理,促进派—促退派,官运—星运,国花—国球—国鸟—国石—国棋,国际—省际—厂际—校际—人际,白领—蓝领—金领—粉领,的哥—的姐,公关小姐—公关先生,家庭妇女—家庭妇男。另外,还有同时使用两种或两种以上的修辞方式来创造新词的,如:人海(比喻、夸张)形容人多,指社会;杯中物(婉言、借代),指酒;松鼠(比喻、借代),一种外形略像鼠,比鼠大,尾巴蓬松而特别长大,生活在松林中的动物。

(6)引申法。运用现有的语言材料,通过词义引申分化的手段创制新词的方法。如:开关、领袖、骨肉、山水、规矩、爪牙、手足、岁月、身手、网罗、矛盾、天地、笔墨。

(7)双音法。通过双音化产生新词的方法。其一,在原有单音词的基础上,采用重言的形式产生双音化的词,新词义和原词义完全一样或基本相同。如:妈妈、爸爸、哥哥、茫茫、耿耿、纷纷、匆匆、常常。其二,在原有单音词的基础上,采用重言的形式产生双音化的词,新词义和原词义基本不同。如:爷爷、奶奶、通通、津津、翼翼、往往、堂堂。其三,在原有单音词的基础上,附加上虚化成分,形成双音化的词,新词义和原词义完全相同。如:石头、木头、老虎、老鼠、老百姓、帽子、桌子、椅子、盐巴、忽然、阿姨、阿婆。

(8)缩略法。就是把短语的形式通过简缩而改变成词的造词方法。如高等院校—高校,农业户口转为非农业户口—农转非,奥林匹克运动会—奥运会,亚洲运动会—亚运会,空中小姐—空姐。简缩词是对固定语形式的简化缩略,并不改变固定语的基本意义。简缩词虽然脱胎于短语,但在句子中的作用相当于一般的词。(该部分详参缩略词部分)

造词法的研究范围与内容是给事物命名时使用的造词方法问题。构词法的研究范围与内容是对已经造出的词的内部结构进行分析,描写与总结其中的结构规律。所以,构词法指的是词素(语素)组合成词的方式与方法,即构词的法则。汉语构词法,从语音形式角度看,按照音节结构多少可分为单音词与多音词,按照音节结构关系可分为重叠式(全部重叠与部分重叠)与非重叠式;从词素的多少角度看,按照词素结构多少可分为单纯词与合成词,按照词素结构组合关系或构成方式可分为复合词与派生词(单纯词因为是一个词素,所以内部没有组合关系)。

造词法与构词法的区别：

其一，从概念上说，造词法研究词语的生成机制，解释语言内部要素是怎样在外部要素的影响下产生新词，类推出形成词语的构词模式，最终推演出词语的生成模式。构词法研究词语的内部结构规律，探讨词语内部结构要素之间的关系，归纳词语的结构模式。

其二，从研究对象上说，造词法侧重词语的生成规律，着眼于从发生学角度揭示词语生成的原因，即着重从社会交际需要和认知角度来探讨词语的生成原因。构词法侧重词语的结构规律，注重词语的内部构成要素在语音、语法、语义层面上的构成规律。

其三，从研究目的上说，造词法一方面总结词语的生成模式，以便更好地解释词语的产生原因，另一方面可以为新生事物生成新词语。另外还可以通过生成原因的探讨总结出造词理据，为规范词语提供理论指导，还可以探讨语言与思维的关系，以及人类思维发展规律等。构词法主要解决词语的内部结构问题。

其四，从自身性质上说，造词法是解释性的，是在对词语构成描写的基础上从诸多角度来动态地解释词语的生成，即“为什么是这个样”的问题。构词法是描写性的，是静态地描写词语内部结构，即目前是“什么样”的问题。

其五，从两者关系上说，造词法与构词法是词语问题的两个方面，因为一个词语总会有生成问题与构成问题，虽然两者从逻辑上有先后，但具体到研究任何一个词语而言，两者又是并列关系，没有主次、附属或先后关系。

其六，从与其他语言理论的关系说，造词法需要借用历史语言学、文化语言学、社会语言学、认知语言学、心理语言学、结构语言学等语言学理论来解释词语是如何生成的，构词法则主要借助结构语言学来静态描写词语的构成。

18.什么叫词义？它包括哪几个构成部分？词义具有哪些性质？

答：词义是词的意义，即词的内容，它包括词汇意义和语法意义。词义具有以下性质：

（1）客观性。词义是以客观事物或现象为基础的，如“车、船、飞机、大、小、优秀、恶劣”等，这些词的词义都联系着现实中的实体或现象。尽管有的词所指称的对象并不存在，如“上帝”“魔鬼”等，但还是有客观基础的，它是对客观事物或现象的错误或歪曲的反映，是人们认知水平不高的表现。

（2）概括性。词义在形成的过程中，只是概括地反映了客观事物或现象的共同特征，而舍弃了其个别的、具体的东西，如把“教室”解释为“用于课堂教学的房间”。这是本质的归结，不管是哪类学校用的教室，也不管房间的面积的大小，只要它具有用于“进行教学”这一属性，它就是“教室”所指的对象。概括性是词义的最重要的性质，任何词义都具有概括性。

（3）模糊性。词义的模糊性指的是词义的界限不清，它源于词所指称的客观事物边界不清。例如“中午”与“上午”之间就没有一个明确的界限。词义的模糊性是客观事物连续性的反映。事物的核心部分一般来说还是可以明确的，但它与邻近事物的差异是逐步扩大的，其间本不存在明确的界限，如时间是一分一秒过去的，并没有中午与上午的明确界限。但是“中午”的核心还是明确的，这核心部分乃是人们注意的重心，是词义所要概括的主要对象。至于边缘部分人们则有意或无意地加以忽略。再如，“婴儿”，《现代汉语词典》解释为“不满一岁的小孩儿”，《新华字典》解释为“才生下来的小孩儿”，二者相比差不了很多。但前者只是作者的主观规定，后者用的虽是模糊语言，但却更合乎语言的实际情况。

（4）民族性。不同的语言用什么词表示什么事物可以不同，就是说词义概括的对象可以不同，由此产生了词义的民族性。例如汉语用“哥哥、弟弟、姐姐、妹妹”表示同一父母所生的子女，而英语只用brother表示哥哥或弟弟，用sister表示姐姐或妹妹。英语的“car”一经借到现代汉语便成了“卡”，有了现代汉语的特点，语音上有变化，词义上也有变化。“car”指一切机动车以及车厢等，现代汉语的“卡”则专指载重的大汽车，如“十轮卡”，单用时还必须说成“卡车”。词义的民族性不仅体现在理性义方面，还体现在色彩义方面。例如“狗”，在汉语中多与贬义词联系在一起，“癞皮狗、走狗、疯狗、狗腿子”等即是，而英语中基本没有这种现象。

19.举例说明词义是对客观事物的概括反映，专有名词的词义也有概括性吗？

答：词义的概括性是说词义反映的是有关客观事物一般的或质的特点，即反映有关事物现象一般具有的或者是该事物特有的特点。正是因为词义具有概括性，所以才能把纷繁复杂的万事万物归并概括成一般的简单的东西，人们掌握有限数量的词就能称呼世界上的万事万物，从而顺利地认识世界，自由地交流思想。如“香蕉”是一种水果的统称，而不管它的品种、大小、产地和香甜程度。再如“鸟”，它是“卵生、有翅膀、会飞”这一类动物的总称；“兽”则是“胎生、四足”这一类动物的总称。最典型的例子是“人”，不管性别、年龄、种族、国籍，还是肤色、职业和身份等，统统包括在内。正像列宁所说：“任何词都已经在概括。”如“日”，在字典中有“太阳”“白天”“一昼夜”等义项，但在语言环境中，词义就很具体，在“日出而作，日入而息”中，词义是太阳，在“夜以继日”中，词义是白天，在“一年有三百六十五日中”，词义是一昼夜。

专有名词的词也有概括性。如“苏东坡”就概括了这个人各个时期的共同特点(籍贯、出生时间、民族、基本体貌特征、父母等主要亲属……),“北京”的词义则概括出不同时期的北京的地理环境、社会变革、人物风貌。这些特点或特征必须是该人该地各个时期共同具备的,所以也具有概括性。

20.多义词是怎样形成的?为什么现代汉语中多义词比单义词的数量大?简单谈谈多义词的义项类别。

答:多义词的出现是词义发展的必然结果。一个词产生的最初阶段,它的意义只是对某一类事物或现象的概括反映,往往是单义的。但是,事物现象是复杂的,具有多方面的特征,甲、乙、丙等类事物现象可能有共同的特征。因此,人们在实践活动中就可能根据两类或几类事物现象之间的某些特征方面的共同之处,用表示甲类事物现象的词去表示与甲类事物现象的特征有联系的乙类或丙类事物现象,从而使这个词产生出与原来意义有联系的新的意义。这样,原来的意义与新的意义并存,就产生了多义词。“枪”“堡垒”的多义都是这样产生的。词汇中越是古老的词,其意义往往就越多。

现代汉语中,多义词数量很大,是因为语言用的语音形式是有限的,而词义的区分越来越细,人们习惯于用原来的语音形式表示相近、相关、相似的事物现象,因此一词多义就成为普遍现象了。

多义词的义项从不同角度有不同的分类:从词义产生的先后来说,多义词的义项分原始义和派生义。原始义又叫本义,指词最初产生时所具有的意义,它是一个词的所有可以查实的义位中作为最初引申起点的义位。原始义有时很难追溯到。派生义指在已有意义基础上产生的意义。从义项派生关系来说,多义词的义项分为基本义与转义。充当转义产生基础的义项称为基本义。基本义直接地或间接地产生的义项称为转义。从社会使用程度上来说,多义词的义项分为常用义与非常用义。词最初产生的时候,它的原始义也就是它的常用义,也是它的基本义;随着词汇的发展,有的原始义不再是常用义了,如“兵”,原始义是兵器,现在常用义是士兵。可见,原始义、常用义、基本义三者间并不完全一致,要具体情况具体分析。

21.词的比喻义与比喻手法有什么区别与联系?

答:词的比喻义是通过比喻用法固定在词中的意义,属于词汇学范畴。比喻手法是利用甲事物比况乙事物,属于修辞学范畴。词的比喻义是固定的,如“傀儡”比喻“受人操纵的人或组织”,“铁”比喻“坚强、坚硬、坚定”,“重头戏”原指唱功和做功很繁重的戏,现在“比喻重要的任务、活动或内容”,这些意义都已固定在词中,在词典上可以查阅，使用时人们已几乎感觉不出它是一种比喻格。而修辞中的比喻手法所赋予的意义是临时的，只是在具体的上下文中才能确定所比喻的意义是什么，这个意义是词典中没有的。如“长征是播种机”的“播种机”一词，本身并没有指“长征”的意义，在这里是临时赋予的。当然，词的比喻义与比喻用法之间并没有一道绝对的界线，一旦一个词的比喻用法比较普遍，就会逐渐固定下来而成为这个词的比喻义。

22.什么是多义词？什么是同音词？二者如何区分？

答：多义词是一个词包含了两个或两个以上的固定义，并且固定义之间有联系的词，如“学”有四个固定义“学习、模仿、学问、学校”，它们之间有引申关系。多义词是一个词现象。同音词是指用相同的语音形式代表不同的意义，并且不同的意义之间没有联系的一组词，如“青—轻—清—氢”。同音词不是一个词，而是一组词现象。同音词分两类：同音同形词和同音异形词。多义词与同音异形词的区分一目了然，因为同音异形词的书写形式不同。多义词与同音同形词书写形式相同，极易混淆，区分原则是：从意义上看，多义词的各个意义之间彼此是有联系的，存在着相似或相关的联系，而同音同形词的意义之间毫不相干，从理论上讲，同音同形词是两个词或多个词，而多义词是一个词，是一词多义而已。

23.什么是义素？义素分析有什么用处？

答：义素是词义构成的最小意义单位，也就是词义的区别特征。义素分析法是现代语言学的一个重要成果和基本方法，它深入到词义的内部微观结构，系统地反映词义之间的相互区别与联系，能够较好地说明语义的聚合关系和组合关系，对于语义分析的形式化、精确化提供了一种新的方法，有利于运用计算机处理语言信息。具体说来，义素分析有如下好处：

(1)义素分析可以帮助我们准确地掌握、解释、理解词义。如旧字典解释“鲸”为“海大鱼也”，其实“鲸”并不是“鱼”，这是共同语素上出现了错误，归类不对。“鲸”应该是“+[哺乳动物]”。

(2)义素分析可以突出地显示词义之间的异同及联系。如下面一些词可以按照义素的异同整齐地排列成矩阵：自行车、卡车、公共汽车、电车等。

(3)义素分析还可以突出词义组合之间关系，如普通话中“喝”要求的宾语一般具有“[液体]”这样的义素，“粥”有“[液体]”这样的义素，所以“喝粥”能够成立。“饭”的义素是“+[固体]”，“-[液体]”，所以“喝饭”就不能成立。

(4)义素分析还可以表现词义的聚合关系，语义场就是根据某些词义与另一些词义具有的某些共同的义素和相互关系建立起来的类。属于同一语义场的各词义有共同的义素,这表明它们属于一类,又有一些不同的语素,这表明彼此之间的区别,如“赢、平、和、输”。

24.简述义素分析的步骤。

答:在进行义素分析时,需要把词义的属性排列出来,通过类属关系同别的非本类事物相区别,再根据某些特征同本类内部其他事物相区别。大体说来有如下步骤:

(1)要明确分析的对象。义素分析总是在一些相关的词(同一语义场)中进行,只有相关的词才可以比较,才更容易选择经济适用的义素。例如“男人—女人”同“男人—女人—小孩”,分析所得的语素便有多少之分。“男人—匆忙”作为一组义素分析的对象就没有什么意义。

(2)根据所选定的词,进行词义之间的比较,找出其共同特征和区别特征,即找出相应的义素,如“男人—女人”可分解为:

男人——[男性][成年人]

女人——[女性][成年人]

这里的“成年人”是共同的义素,[男性][女性]是区别义素,但如果加上“小孩”,则“成年”应独立出来成为区别义素,例如:

男人——[男性][成年][人]

女人——[女性][成年][人]

小孩——[男性]或[女性][非成年][人]

一般说来,区别义素是人们关注的重点。共同义素是表明各词之间的相关性,对于全面认识词义有重要作用。

(3)义素确定后,还需要采取种种方法进行表达。一般要对义素进行概括分类,两项对立的义素可归并成一个,用“+”“-”号区分,义素本身标以[ ],如“男性”(含“雄性”)写成“+[男性]”女性就是非男性,即“-[男性]”,“成年”为“+[成年]”,“幼年”为“-[成年]”。如:

男人——+[男性]+[成年]+[人]

女人——-[男性]+[成年]+[人]

小孩——±[男性]-[成年]+[人]

“±”表示既可以是“男性”,也可以是非男性。对于不适合二分的,也可以多分,分别用数字或其他系列符号表示。

25.什么是同义义场？如何辨析同义义场中的同义词？试辨析下列同义词：夸大—夸张，持续—继续，鼓励—怂恿，商量—商榷。

答：由意义相同或相近的同义词组成的语义场叫作同义义场。同义义场中的同义词的辨析主要从理性意义、色彩意义、词性和用法三个方面进行。

理性意义上辨析包括：

(1)意义的轻重，即"±[程度重]"。如"优秀"与"优异"都有"好"的意思，但是，"优异"的程度显然比"优秀"重。

(2)范围的大小，即"±[范围大]"。如"时代"与"时期"都是指社会或人生发展的某一时间阶段，但"时代"所指的时间较长，"时期"所指的时间可长可短。

(3)个体与集体的不同，即"±[集合]"，也可以说是具体与概括的不同。如"河流"与"河"都是指大的水道，但"河流"只能指集体，"河"既可指集体，也可指个体。

(4)搭配对象不同。如"关心"与"关怀"都是表示给予关注，但是，"关心"的对象很广，既可以是人，也可以是事物，既可以是别人，也可以是自己，既可以对上，也可以对下。"关怀"的对象有限，一般是人，只能对别人，不能对自己，且一般用于上对下。

色彩意义上辨析包括：

(1)感情色彩的不同，即"±[褒义]"。如"果断"与"武断"，有褒义与贬义的区别，"荣誉"与"名誉"有褒义与中性的区别。

(2)语体色彩的不同，这包括众多方面：

①"±[书面语]"。如"儿童"与"小孩"，前者适用于庄重的场合，有书面语色彩，后者适用于一般场合，有通俗的口语色彩。

②"±[行业语]"。如"血液"与"血"，前者适用于专门行业，后者适用于一般场合。

③"±[方言词]"。如"鸡婆"与"母鸡"，前者是方言词，后者是普通话词。

④"±[古语词]"。如"吾"与"我"，前者是古语词，后者是现代词。

词性和用法上辨析包括：

(1)词性的不同，即"±[形容词]"或"±[名词]"等。如"突然"与"忽然"，前者是形容词，后者是副词，"愿望"与"希望"，前者是名词，后者兼名词、动词。

(2)用法上的不同，即"±[定语]"或"±[谓语]"等。如"突然"可以做定语，而"忽然"则不可，"希望"可以做谓语，而"愿望"则不可。

在同义词辨析中，有些现象是交叉出现的，也可以是同时出现的，我们需要综合考虑，进行多方位的分析。

辨析同义词：

(1)夸大—夸张:都表示“言过其实”的意思,但“夸大”含有批评其不实事求是的意思,是贬义词;而“夸张”通常指语言中的一种修辞格或创作中的一种表现手法,是中性词,“夸张”后面一般不带宾语。

(2)持续—继续:都有“延续不断”的意思,但“持续”中含有整个过程一直没有中断的意思;而“继续”含有前后接起来的意思,“继续”能做名词用,表示跟某事有连续关系的另一件事。

(3)鼓励—怂恿:都有鼓动、促使别人干什么的意思,但感情色彩不同,“鼓励”是褒义词,“怂恿”是贬义词。

(4)商量—商榷:都有“交换意见”的意思,但语体风格色彩不同,“商量”多用于口语,“商榷”要庄重些,多用于书面语,指为了解决较大、较复杂的问题而交换意见。

26.什么是反义义场?举例并用关系式说明反义义场的类型。

答:由意义相反或相对的反义词组成的语义场就叫作反义义场。

反义义场的类型有两类:互补反义义场和极性反义义场。

(1)互补反义义场(A=－B,B=－A;－A=B,－B=A)

处于同一反义义场的两个词,肯定A必否定B,肯定B必否定A;同时,否定A必肯定B,否定B必肯定A。两者之间不允许有非A非B的第三者存在。例如,“动”和“静”是互相排斥的,不是处于运动状态即处于静止状态,既动又静或非动非静的状态是不存在的。

(2)极性反义义场(A=－B,B=－A;但－A≠B,－B≠A)

处于这种语义场的两个词,肯定A就否定B,肯定B就否定A,但否定A不一定就是肯定B,否定B也不一定就肯定A,因为还有C、D、E等其他意义存在的可能。例如,“冷”和“热”相反,“热”肯定“不冷”,“冷”肯定“不热”。如果反过来就不能这么说,我们不能认为“不冷”就一定“热”,也不能认为“不热”就一定“冷”,因为还有“温”存在,我们可以说“不冷不热”。这样,“不冷”并非就“热”,“不热”也并非就“冷”。

27.反义词的构成条件有哪些?

答:反义词的构成条件主要有:

(1)同一意义范畴之内的相反相对,即必须隶属于同一上位概念。如“快”与“慢”都指速度,“男”与“女”都指性别。因此,通常情况下,反义词的词性是一致的。

(2)反义词是就词和词而言的,词与短语或短语和短语都不能构成反义词。如“好”与“不好”,意义相反,但一个是词,一个是短语,单位不统一,不能构成反义词,而“作用力”与“反作用力”则可,因为双方都是词。

(3)有的词所反映的事物本身,孤立地看来并不矛盾对立,如“城市”与“农村”“春”与“秋”等。只是人们在习惯上常常把它们当作同一范畴中相互矛盾对立的事物看待,久而久之,这些词也就成了反义词。

28.简述熟语的性质、特征与范围。

答:熟语,有人也称“习语”,是语言中固定的词的组合,也就是定型的词组或句子,是词的等价物。在语言的实践中,熟语与一般词组、句子的区别在于:熟语作为现成的语言材料存在和使用,一般词组、句子则是在言语过程中临时组织起来的。因此,严格说来,熟语是语言单位,一般词组、句子是言语单位。

熟语有四个特征:语义的统一性,在语义上是不可分割的整体,即在意义上都是单一的;结构的固定性,即结构是定型的,不能随意改变结构模式或增减其组成部分;用法的一体性,即在言语使用过程中整体使用;功用上是词的等价物,即在语法功能上相当于词,是词的等价物。

尽管熟语的称说人们已习以为常,但是熟语究竟包括哪些语言形式,熟语的核心内容是什么,此类问题自20世纪40年代以来人们一直没有达成共识。黄伯荣、廖序东认为熟语包括成语、惯用语、歇后语、谚语。有的学者认为格言、名言也属于熟语,比如唐松波在《熟语和成语的种属关系》一文中认为:“成语和谚语、歇后语、格言、名言等一起构成熟语。”而以俞敏、黄智显为代表的学者则把熟语与成语、歇后语、谚语并列起来看待。温端政认为歇后语的结构灵活性比其他熟语大得多,可又不是完全自由组合,也不是任意改变组织结构,而是介于固定结构和自由结构之间的特殊结构,《现代汉语词典》《辞海》《辞源》就不把歇后语作为条目选录,所以,歇后语是不是词汇单位,是不是词汇成分,其中原因值得好好研究斟酌。

29.什么叫成语?它有哪些特点?使用成语要注意什么?

答:成语是一种相习沿用的、结构形式非常固定的短语。其特点有:

(1)意义的整体性。成语的意义往往不是构成的每个语素字面意义的简单相加,而是经过高度概括的整体意义。如“草木皆兵”这个成语,字面意思是把草丛和树木都误作为敌人的伏兵,但它的整体意义是形容遭受失败或打击后内心极度恐慌,对周围事事多疑的情况。再如“破釜沉舟”,其字面意义是把锅打破,把船沉掉。但它的整体意义是比喻下决心不顾一切干到底。所以我们不能单从字面意思去解释。

(2)结构的凝固性。形式上以四字格为主体,一般不能在结构形式上作变动,如“空空如也”不能说成“空空如”,“三言两语”和“粗枝大叶”不能说成“两语三言”“大叶粗枝”。也有个别非四字格的,如“莫须有”“迅雷不及掩耳之势”等。

30.成语的主要来源有哪些?举例说明。

答:成语的来源是多方面的。主要来源有:

(1)神话寓言。如:愚公移山(《列子·汤问》)、刻舟求剑(《吕氏春秋·察今》)、叶公好龙(《新序·杂事》)、画龙点睛(《神异记》)、开天辟地(《太平御览》)、狐假虎威(《战国策·楚策》)、拔苗助长(《孟子·公孙丑上》)、滥竽充数(《韩非子·内储说上》)等。

(2)历史故事。如:卧薪尝胆(《史记·越王勾践世家》)、草木皆兵(《晋书·苻坚载记》)、望梅止渴(《世说新语·假谲》)、请君入瓮(《资治通鉴·唐纪》)、夜郎自大(《汉书·西南夷传》)、甚嚣尘上(《左传·成公十六年》)等。

(3)古诗文语句。如:赴汤蹈火(《韩诗外传》卷一"命入朝廷,如赴汤蹈火")、举一反三(《论语·述而》"举一隅不以三隅反,则不复也")、兢兢业业(《诗经·大雅·云汉》"兢兢业业,如霆如雷")、发号施令(《尚书》"发号施令,罔有不臧")、土崩瓦解(《史记·主父偃列传》"臣闻天下之患在于土崩,不在瓦解")、老骥伏枥(曹操《魏武帝集·步出夏门行》"老骥伏枥,志在千里。烈士暮年,壮心不已")等。

(4)群众口语。产生于古诗俚语的如:狼子野心(《左传·宣公四年》)、唇亡齿寒(《左传·僖公五年》)等。产生于后世的如:三长两短、乱七八糟、狼吞虎咽、一干二净、千方百计、百花齐放、古为今用、成年累月、推陈出新。

(5)外民族的成语典故。如:火中取栗(法国拉封丹的寓言《猴子和猫》)、象牙之塔(法国文艺批评家圣佩维的话)、五体投地(《楞严经》)、"以眼还眼,以牙还牙"(《旧约全书·申命记》)。

31.简谈成语与惯用语的异同。

答:成语与惯用语的相同之处在于它们都具有意义上的整体性。成语与惯用语一经形成后,便通过引申、比喻或形容的方式产生了新的整体意义。它们的不同之处在于:

(1)从音节上看。成语以四字格为主,如"一叶障目、望梅止渴",而惯用语以三字格为主,如"敲边鼓、吹牛皮、闭门羹、风凉话"。

(2)从结构上看。成语的定型性更强一些,结构成分一般不能随意改动;而惯用语则比较灵活,中间可以插入成分,如"戴高帽"可以说成"戴一顶高帽子","炒鱿鱼、穿小鞋、开绿灯"都可以插入成分。

(3)从感情色彩上看。成语中褒义、贬义、中性的都有,难分主次;而惯用语中则贬义的为多,中性的少数,褒义的不多,比如"下马威、半瓶醋、墙头草、软骨头、挤牙膏、磨洋工、挖墙脚、钻空子、放空炮、耍花招"都是贬义的。

(4)从语体色彩上看。成语的书面语色彩浓,如“举案齐眉、稳操胜券”,而惯用语的口语色彩重,如“马后炮、穿小鞋”。

(5)从表意的双层性来看。成语字面意义就是真实意义,没有表意的双层性,而惯用语有表意的双层性,如“泼冷水、碰钉子、扯后腿、安乐窝”。

32.简谈成语与谚语的区别。

答:成语多用在书面语言上,谚语是流传在人民群众口头上的语言;成语和谚语在词句上都比较固定,而成语比谚语更固定;成语保持各地的一致性,谚语有明显的地区性;成语表示一般的概念,它仅表示一种客观的现象、人或事物的特点状态等,谚语表示判断和推理,它概括反映深刻道理和总结斗争经验;成语在句中作用相当于词,可以充当各种句子成分,谚语一般是独立的句子,不做句子成分;有些成语不能从字面上了解意义,而谚语直接从字面上了解意义。比如,“没有不狡猾的狐狸,没有不吃肉的老虎”“有钱吃补药,无钱晚洗脚;洗脚血气生,小病不会生”“千人千脾气,万人万模样”“十艺半懂,不如一艺精通”。

33.简谈歇后语的定义、类型和结构特点。

答:歇后语是由近似于谜面、谜底的前后两部分组成的带有隐语性质的口头固定短语。

歇后语的分类主要有两种:一种以黄伯荣、廖序东为代表,根据使用的比喻和谐音两种修辞手法将歇后语分为两种类型:喻意歇后语和谐音歇后语。喻意歇后语的前一部分是比喻,后一部分揭示前一部分含义,如“飞蛾扑火——自取灭亡”。谐音歇后语的后一部分借用同音字表达意思,如“膝盖上钉掌——离蹄(题)太远”。

另一种以温端政为代表,根据前后两部分的注释关系而将歇后语分为五种类型:一是描写性歇后语,如“太平洋警察——管得宽”“蛤蟆跳井——扑通”。二是判断性歇后语,如“脚上的泡——是自己走的”“坟地里的夜猫子——不是好鸟”。三是说明性歇后语,如“六月里的梨疙瘩——有点酸”“卖膏药的不用动嘴——天然就有幌子”“黄鼠狼看鸡——越看越稀”“买麻花不吃——为了看这股劲”。四是反问性歇后语,如“园子里的韭菜——你算哪一兜”。五是感叹性歇后语,如“倒了油瓶不扶——懒到家啦”。

歇后语前后两部分的关系是引子和注释的关系,这种关系被称为引注关系,是歇后语内部关系的基本特征,但在结构上也有独特灵活的特点:

一是取材相同的“引”,说法上不一定相同,如“老鼠钻风箱,两头受气”“老鼠入风箱,两头受气”“老鼠钻风盒,两头受气”“老鼠钻到风箱里,两头受气”“耗子钻进风箱里,两头受气”。

二是同一个意思的“注”,也可以有不同说法,如“狗咬吕洞宾,不认识真人”“狗咬吕洞宾,不认真伪人”“狗咬吕洞宾,不识好赖人”“狗咬吕洞宾,不认识好人”“狗咬吕洞宾,不识好人心”。

三是“引”“注”的位置,一般是“引”在前,“注”在后,也有颠倒过来的,如“秀才遇到兵,有理讲不清”“有理讲不清,秀才遇到兵”。

四是“引”“注”可以拆开,中间加入其他语言成分,如“王八吃秤砣,你真铁了心”“浅碟子盛水,我算是一眼看透”“三两棉花四张弓,给他细细弹(谈)”“石鸡上南山,咱们咯咕咯(各顾各)”。

34.简谈基本词汇与一般词汇的区别和联系,并指出区别基本词汇与一般词汇的意义。

答:一种语言的词汇由于其内部成员的地位和作用不同,可以分为基本词汇和一般词汇两大部分。基本词汇是基本词的总汇,是词汇中最主要的部分,同语法共同构成语言的基础。基本词汇从整体上讲具有以下三个特点:

(1)稳固性,即长期存在,不易变化。人们现在所使用的很多基本词在甲骨文、先秦典籍中就出现了,长期为社会服务。如“山”“水”“日”“月”等。

(2)能产性,即成为构成新词的基础。词汇丰富的主要手段是利用已有的语素构造新词,而以基本词作为构词材料创造出来的新词,最易于被人们理解和接受。基本词一般有很强的构词能力,比如“山”,可以组成“山峰、山林、山川、山石、山鸡、山果”等词。

(3)全民常用性,即流行地域广,使用频率高,为全民族所理解。如“学习”“劳动”“锻炼”“建设”等。

一般词汇是一般词的汇合,包括古语词、外来词、方言词、行业语、隐语等。与基本词汇相比较,它的特点是对社会发展变化反应最为敏感。随着新事物出现而诞生的新词都属于一般词汇。它与基本词汇有区别,也有联系。表现为:基本词汇是丰富和发展一般词汇的源泉,一般词汇又能充实基本词汇,二者在一定的条件下可以转化。如“皇帝”在中国封建社会中是一个基本词,在今天则为一般词。“电视”曾是一般词,如今已经走进寻常百姓家,因而成了一个基本词。

区别基本词汇与一般词汇有十分重要的意义。把二者区别开来,一方面能正确地了解它们在词汇系统中的关系、不同的地位,从而更好地了解语言的稳固性和变动性;另一方面能正确地认识它们,以促进语言词汇的健康发展。

35. 从汉语的角度来看，汉语对外族语词在形式上的改造主要有哪些手段？简谈当前外来词的两种分类观点及其发展趋势。

答：从汉语的角度来看，汉语对外族语词在形式上的改造主要有以下几种手段：一是音节改造，使外来音素和音节结构汉语化。如“欧姆”，英语 ohm，汉语 oumu。二是音节意化，即所谓谐音。如“敌杀死”，英语 decis。三是音节简缩。如“菩提萨垂（从土的垂）”缩成“菩萨”，梵语 bodhisattva。四是原文意译。可以是部分的，也可以是全部的，甚至可以是音译之外再提取某些义类成分作为“类标”的。如“色拉油”，英语 salad oil；“卡片”，英语 card。五是文字意化，即形声化。如“目宿”，写成“苜蓿”。

以黄伯荣、廖序东为代表的学者，将外来词分为以下五种类型：

（1）音译外来词：照着外语词的语音形式翻译过来的词，如“蒙太奇”“模特儿”“沙发”等。（2）音意兼译外来词：兼顾外语的语音形式和汉语的字面意思翻译的外来词，如“乌托邦”“幽默”“俱乐部”等。（3）音译加意译外来词：整个外来词音译后，再加上一个表示义类的汉语语素。如“啤酒”“沙丁鱼”“酒吧”等。（4）字母外来词：直接用外文字母（简称）或与汉字组合而成的词。如“MTV”“CD”“卡拉 OK”等。（5）借形外来词：从日语中借来的汉字词，如“景气”“引渡”“取缔”“演绎”等。

以史有为为代表的学者，将外来词语分为16种类型：

（1）内容：外来。形式：固有语素、固有结构方式（自己创造，与外族语词构词方式不对应），即狭义意译词。如“墨水”，英语 ink。

（2）内容：外来。形式：固有语素、固有构词方式（固有词汇而首先被日本用来意译，所谓“旧瓶装新酒”）。这是一种“回归汉字词”，如“革命”（日本用古汉语“革命”改译 revolution）。

（3）内容：外来。形式：固有语素、固有构词方式（自己创造，但与外族语词构词方式对应）。这就是所谓的仿译词。如“足球”，英语 football。

（4）内容：外来。形式：固有语素、固有构词方式（由日本用汉字创造或意译西语）。有人称之为“借形词”。如“积极”，日本意译英语 positive。

（5）内容：外来。形式：由日本参考汉语语素，仿照汉字创造新字翻译西语。如“腺”，日本意译英语 gland。

（6）内容：外来。形式：全部汉字记音并外加固有语素。一般称之为“音译加类标”。如“卡车”，英语 car。

（7）内容：外来。形式：一半汉字记音兼谐音，一半意译。如“霹雳舞”，英语 brenk dance。

(8)内容:外来。形式:一半记音,一半意译。一般称之为“半音译半意译”。如“摩托车”,英语motor cycle。

(9)内容:外来。形式:汉字记音,但又是完全相关的谐音,很接近用汉语固有语素和固有方式构成的意译词。这类词称为“完全谐音词”或“音译兼意译词”。如“雷达”,英语radar。

(10)内容:外来。形式:记音,是不完全相关的谐音。在表面上似乎用固有语素,类似意译,但在构词上又无法凝聚成明确词义,也即在表面意义上是散性的。这类词可称为“散性谐音词”。如“雪碧”,英语sprite。

(11)内容:外来。形式:记音,是完全不相关的谐音。这种谐音或者与原词义无关,或者只是一种恶作剧或玩笑。这类词可以称为“谐译词”。如“尖头鳗”,英语gentleman。

(12)内容:外来。形式:记音,仅是部分谐音。谐音部分只起到提示作用,全词不能用汉语固有语素构成完整明确的意思。这类词可以称为“部分谐音词”。如“速灭杀丁”,英语sumicidin。

(13)内容:外来。形式:汉字记音,这是最狭义的音译词。如“沙发”,英语sofa,“卡拉ok”,日语karaoke,kara意“有空”,而ok是英语orchestra“乐队”的日语缩略。

(14)内容:外来。形式:汉字记音(由日本音译西语)。如“瓦斯”,日音gasu,音译荷兰语gas。

(15)内容:外来。形式:日创汉字记音(由日本自创汉字音译西语)。如“吨”,日音ton,音译英语ton/tun。

(16)内容:外来。形式:完全借用外文形式,但在通常情况下读音汉化。如“USA”,英语the United States of American。

刘正琰、高名凯、麦永乾、史有为根据《汉语外来词词典》所收6213个外来词发现外来词以音译为主,目前对外来词的引入越来越偏重于记音和借形。另外,周荐还发现:“外语中的成分借进本语言后,除可成为单纯词外,也可构成合成词和某种固定词组,有的甚至能够仅仅作为语素用于构词。”借进汉语成为汉语语素的如“啤”(冰啤、扎啤、生啤、鲜啤)、“的”(的哥、的姐、面的、轿的、摩的)等。

36.词汇发展主要有什么表现,原因是什么?

答:词汇发展的表现主要如下。

(1)不断地产生新词。如“网虫”“股市”“黑客”“伊妹儿”“高速公路”“二手房”等。

(2)旧词的消亡和变化。一些旧词退出了日常交际舞台,逐渐消失,如“交际花”

“红卫兵”“走资派”等。一些旧词逐渐地缩小使用范围,如“阶级”“马路”等;一些旧词又获得了新义,如“改革”“明星”“工程”等;一些曾退出了交际舞台的旧词又重新启用,如“股票”“拍卖”“破产”等。

(3)词义的发展变化。很多专业术语,如“起飞”“辐射”“反馈”等,原都是单义词,如今已进入一般领域,成为多义词。

(4)词的声音形式的发展变化,如儿化词、轻声词的不断出现,异读词的重新规范就是其中的重要方面。

(5)构词法的发展变化。这些年来,缀加法的兴盛,字母词的崛起,是一种很值得注意的现象。

词汇发展的根本原因是社会的不断发展与进步以及人类实践领域的不断扩大。新事物不断出现,人们的新认识不断形成,都要求有词来指称,于是新词就随着产生了。随着旧事物和旧观念的消失,标志它们的词语也逐渐地退出交际舞台。随着人们的认识加深,一些旧词被用来指称新认识、新事物,因而许多词的意义发生转移,出现深化现象,义项增多。随着人们的观念转变,一些旧词又被使用起来。语言内部的变化发展也是词汇发展的重要原因。

37.谈谈你如何看待词汇规范化。

答:词汇的规范化工作应该考虑四个主要原则:一是必要性,就是说一个词在普通话中有无存在的必要,在表达上是不是不可缺少。要根据语言实践的需要,对词语进行选择和取舍。社会上出现了新事物,形成了新概念,就有必要用新词来称谓。二是普遍性,即选用那些流行范围广、使用频率高的词语。三是明确性,就是选用意义明确的,容易被人们理解和接受的。四是准确性原则,就是要选用那些能准确无误地反映客观事物的词语,淘汰不能准确反映客观实际的词语。例如改“残废”为“残疾”,很快得到社会的支持和理解,并迅速流行起来。这不仅因为“残疾”合乎表意准确的原则和规范,而且合乎道德标准。

词汇的规范化工作主要有以下几个方面:

(1)方言词的规范:普通话的词汇是在北方方言词汇的基础上发展起来的,它包括汉民族共同使用的和逐渐发展为共同使用的词。近百年来,大量的基础方言和非基础方言的词涌进普通话,丰富了普通话词汇,但也造成了一些分歧和混乱。本着必要、普遍和明确三项原则,我们应该慎重挑选吸收。对已经进入普通话词汇中的方言词应予以保留,对那些有特殊表现力的和那些标志着只在某个或某些地区产生和存在的事物的词,应予保留,如“胡同”“尴尬”“青稞”“荔枝”等。

(2)外来词的规范:吸收外来词对丰富本民族语言词汇,增强语言表现力是有积极作用的,但应该注意以下几点:

①不要滥用外来词。凡汉语中已有相应的词表达的,就不必再用外来词,如汉语中已有“连衣裙”,就不需要“布拉吉”。

②统一外来词的书写形式。采用通用式,淘汰其他形式,如“托拉斯”不写“托拉思”。

③吸收外来词应尽量采取意译方式。除了人名、地名、国名要用音译,以及不用音译不能准确表达外来事物的意义的之外,一般尽量采用意译形式,如用“激光”,不用“镭射”,用“话筒”不用“麦克风”。

(3)古语词的规范:古语词的吸收是丰富现代汉语词汇的一个重要途径,但必须根据实际表达和特殊场合的需要而选用那些有表现力的古语词,如“瞻仰”“谒见”等,反对吸收那些已经失去生命力的词语,如“衔泣”“含忖”等。

(4)新词的规范:为了满足交际的需要创造一些新词,这是必要的。可是有些所谓的“新词”意义含混不清,结构也不符合汉语构词习惯,如“刚开始”说成“刚始”,“疲劳”说成“疲累”等,这样的词其实是“生造词”,必须加以规范。

38.请用替代法证明“驼绒”是两个语素,“骆驼”是一个语素。

答:“驼绒”中的“驼”和“绒”都可为已知语素所替代,也可以跟已知语素组合。如:①驼绒、平绒、呢绒、鸭绒。②驼绒、驼毛、驼峰、驼铃。

前一组说明“驼”被“平、呢、鸭”替换,“绒”可以跟上述语素组合,后一组说明“绒”可以被“毛、峰、铃”替换,所以“驼”“绒”是两个语素。“骆驼”中的“驼”不能被替换,也就是说“驼”不能跟任何其他的语素组合,它不具备语素的资格。由于语言中同一层次的单位才能组合,语素不能跟非语素组合,所以在这里“驼”也不是语素,“骆驼”只能算一个语素。

39.分别指出下列字中的自由语素、半自由语素、不自由语素和不能单独作语素的字。

答:自由语素:狗、羊、学、祝、闪、平、狼

半自由语素:绩、柿、素、眉、鸭、习、虎

不自由语素:(无)

不能单独作语素的字:蜻、鹃

40. 划分出下文中的词(在词下画一横线,成语不画,不分析)。如果是合成词就注明它的构成方式。

答:伟大的天文学家哥白尼说:“人的天职在于勇于探索真理。”我国人民历来是勇于探索、勇于创造、勇于革命的。我们一定要打破常规,披荆斩棘,开拓我国科学发展的道路。既异想天开,又实事求是,这是科学工作者特有的风格,让我们在无穷的宇宙长河中去探索无穷的真理吧!

联合式合成词:伟大、探索、人民、创造、开拓、发展、道路、风格、宇宙

附加式合成词:天文学家、勇于、我们、工作者

偏正式合成词:天职、真理、历来、一定、常规、科学、特有、长河

动宾式合成词:革命、无穷

补充式合成词:打破

41. 指出下列哪些是双声词、叠韵词、音译词、拟声词。

答:双声词:仓促、孑孓、恍惚、秋千、踯躅、拮据、枇杷、尴尬、琵琶、噼啪

叠韵词:灿烂、婆娑、腼腆、蜻蜓、萝卜、徘徊、蹉跎、朦胧、窈窕

音译词:沙发、扑克、涤纶、蒙太奇、歇斯底里、磅、泵、夹克、安乃近、费厄泼赖、布尔什维克、英特纳雄耐尔、布宜诺斯艾利斯

拟声词:叽叽喳喳、哗啦啦、扑通、刺溜、啪

42. 简谈词的理性义和色彩义的区别,按类别指出下列各词的色彩义。

答:理性义又叫概念义,在指明词所表示的事物的范围时,理性义起主要作用,它是实词词义中不可缺少的主要部分,主要靠它表示相应的概念。色彩义则是在理性义的基础上附加上去的一些意义要素。色彩义往往是人们在交际过程中产生的,所以与使用者的感情、使用的场合(语境)、使用者的形象感以及词的来源(来源于古代书面语、现代方言、某种社会集团等)有一定的关系,他们不是每个词所必须具备的因素。一个词可以没有色彩义,也可以有两种以上的色彩义,但不能没有理性义。

(一)感情色彩:

(1)褒义:和气、捍卫、成就

(2)贬义:暴君、小气、马虎、凌乱、压迫、折腾

(3)中性:孩子、咳嗽、遗憾、死刑、悲痛、松弛、士兵、竞争、国家

(二)语体色彩:

(1)书面语:获悉、临床、阁下、乳燕、准则

(2)口语:身子骨、日子、心眼儿、打听

(三)形象色彩:鹅卵石、牵牛花、响当当、不哼不哈、骑墙、布谷鸟

(四)术语、行业语色彩:葡萄胎、演奏、调试、康复、出台

(五)地域方言色彩:搞、搅和

(六)时代色彩:囹圄

43.简谈词义发展变化有哪几方面的原因?词义发展的结果有哪些?

答:词义发展变化的原因主要有三个方面:

(1)标志的事物和现象本身发生变化,从而引起词义的变化。如“车”从表示“两轮中贯一轴,轴上承舆以任载”的以马为动力的陆上交通运输工具,发展到指“以电、汽油等为动力”的电车、火车、汽车等。“车”的基本义是指“陆上的交通运输工具”,虽没有变化,但内涵却丰富多了。

(2)由于科技进步,人们对事物认识的提高,引起了词义的深化。如“云”在《说文解字》里是指“山川气”,合乎科学的说法应该是“有水滴、冰晶聚集形成的在空中悬浮的物体”(《现代汉语词典》)。

(3)人们循着事物之间的相似点和相关点把词用来指与原义有某种联系的新事物和新认识,从而引起了词的义项的增加或减少。如“铁流”,用“流动的铁水”去指称“战斗力强的队伍”等。

词义是一个历史范畴,所以它具有发展性,随着生产力的发展和科学的进步,随着人类对外界的认识和对自身的认识的日益深化,而不断变化。词义发展变化的结果共三种情况:

(1)词义的扩大。一是指词的指称对象范围由小变大。如“河”在古代专指黄河,现在则指一切天然的和人工的大水道。“沉湎”本指沉溺于酒,现指沉溺于酒色等不良嗜好之中。还有“洗”,古意是指洗脚,现在用水或汽油、煤油等去掉物体上的脏东西都叫洗。二是指义项由少变多。“收获”本来指“得到成熟的庄稼”,后来“比喻心得和战果等”,增加了一个义项。

(2)词义的缩小。一是指词的指称对象范围由大到小。如:“肌肉”古意是指“皮肤和筋肉”,现在不指皮肤,只指“人体和动物体的有许多肌纤维集合而成的一种组织”。“报复”原指“报答恩怨”,现在则仅指“打击批评自己或损害自己利益的人”。二是义项由多到少。如:“粪”在古代汉语中有三个义项“扫除”“屎”“施肥”,在现代汉语中只当“屎”讲,减少了两个义项。“可怜”当“值得怜悯”或“怜悯”讲,这是古今一致的,而古代汉语中的“可怜”还当“可爱”讲,这个义项在现代汉语就消失了。

(3)词义的转移。一是指词的理性意义变了,由指甲转而指乙,甲乙两事物互不

相包容。如“涕”本来指“眼泪”,后来指“鼻液”。“牺牲”原指“作祭品的牛羊”,现在特指“为正义的目的舍弃自己的生命”,泛指“放弃或损害一方的利益”。“书记”原指“起草、抄写文书的人”,现在指“党团组织的主要负责人”。二是指词的附加意义变了,主要是指感情色彩发生了褒贬的变化。如“爪牙”是猛禽和猛兽的武器,古代用来“比喻武勇之臣”,现在用来“比喻坏人的党羽”,词义由褒义变为贬义。“勾当”本指“事情”,现在常指“坏事情”,词义由中性变为贬义。“独裁”作为政治术语,本来指“专政”,后来指“掌握大权,实行专制统治”,词义由中性变为贬义。由上可见词义的转移主要表现为词义感情色彩的变化。

44.概述汉语学界是如何界定“词”的。

答:汉语学界对“词”的定义主要从语法或词汇角度进行界定,大概有三种方式:

一是从语法角度界定。如赵元任认为“词是造句的单位”,吕叔湘认为“词是语言的最小的独立运用的单位”。武占坤、王勤则指出:“词,作为词汇的基本单位,主要以其实现词汇的称谓功能和造句功能时的独立性,而区别于小于它的结构单位——词素。词,作为造句的最小单位,主要以其在造句时的整体性或定型性,不再为句法规律所渗透,而有别于大于它的造句单位——一般词组(或自由词组)。”

二是从词汇角度界定词,即词汇是语言的建筑材料。如王力指出,“一个词就是一个简单的意义单位”,孙常叙认为“词是一个形式和内容统一起来的语言最小单位”。郭良夫认为“词是音义的结合体”,这深受布龙菲尔德“最小的自由单位”、法国梅耶“一个词就是意义跟一组声音约定俗成的结合体,而这种声音在语法上有它的功用”这些现代结构语言学观点的影响。刘叔新《论词的单位的确定》指出:“词是一种完备的语言建筑材料单位;在语流里,它的语音形式始尾处会有停顿,而当中不能有停顿;在不同的语流里,它可因形态变化而有部分形式的歧异,其余部分虽可能出现差别也总是保持材料构造上的一致;它的意义在每个语流里总是单纯的,本身不含明晰的意义联结,而是同所组合的意义之间存在这种联结的表现;在不同的语流里,它的意义可能有区别,但因彼此有派生上和语感上的关联而可形成一个意义内容综合体。”

三是从词汇和语法角度来界定。周祖谟《汉语词汇讲话》认为:“词在语言中是具有一定意义的语言形式,它是最小的能够独立运用的语言单位。”黄伯荣、廖序东指出:“词是语言中最小的能够独立运用的有音有义的语言单位。”其中的“有音有义”是从词汇角度界定,“运用”是从句法角度来界定。高名凯、石安石认为:“词是一种语言建筑材料的单位,也就是造句的时候能够自由运用的最小单位。”张静、蒋荫楠则认为:“词是有固定声音和特定意义的最小造句单位。”又如李兆同、徐思益指出:“词作为语言的建筑材料,它存在于无数具体的句子之中。离开了一个个句子,我们无从找到词。词也是语音和语义的结合物,词在语法规则的支配下构成句子,所以对于高一层的句子来说,词是基本的语义单位和语法单位。”

45.论述研究汉语词汇应坚持“字”还是“词”的观念。

答:每一个音对应的成分是字还是词?如果认为每一个音所对应成分是字,这就是字本位的语言观;如果认为每一个音所对应的成分是词,这就是词本位的语言观。王力对汉语持“词”的观念,他说:“字是什么?若说它们是一种形体单位,那它只是文字上的单位,适足以证明语言本身无所谓字。”所以,对汉语词汇的研究要突破方块字的局限,树立起从语言出发的词本位观念。所以,从语汇的角度看,现代汉语的词汇不能再以字为单位。用汉字写汉语,这个问题还不十分显露;如果改用拼音文字,这个问题就相当突出了。

确立词的观念,主要的是要区分词和非词(一个是字,一个是词组),重点在于排除字的纠缠,划清它们之间的界限,因为“词”在欧洲语言里是现成的,欧洲语言学家的任务是从词分析语素,而汉语恰好相反,现成的是“字”,汉语语言学家需要研究哪些字或字群是词,哪些是词组。确立词的观念,就是确立词本位的观念。词本位,原是语法学说之一,其特征是以词法为语法研究的主要内容,用词法控制句法。由于“词”既是语法结构的单位,又是组成词汇的单位,所以在语法分析和词汇分析中都要坚持词本位观念,用词本位分析说明汉语词汇现象是可行与必须的。

46.谈谈有关汉语词汇单位范围的不同观点都有哪些?

答:一说,词汇只包括词,孙常叙《汉语词汇》指出:“每种语言所蕴蓄的词的总汇叫作词汇。”他认为词是唯一的词汇单位,只有词是词汇成员,词的等价物未被看成是词汇。周祖谟《词汇和词汇学》也认为“词汇是语言里全部词的总称”。

二说,词汇包括语素(词素)、语素组合,吕叔湘《语言和语言学》认为:“一个语言的所有语素和所有具有特定意义的语素组合,总起来构成这个语言的语汇。”郭良夫《词汇》指出:“词汇有广义的,有狭义的。狭义的词汇指的是一个语言里头最后的意义单位,不管是什么性质的,也不管能独立的还是不能独立的,全部形成一系列的语素,这个全体就叫做词汇。广义的词汇,不但可以包括狭义的词汇,而且还包括语素跟语素组合成的复合词。”

三说,词汇包括词素、词和固定词组(成语)。郑奠《中型现代汉语词典编纂法(初稿)》认为现代汉语收词以词为主,但同时也兼收构词能力强的词素,以及非词而经常使用的成语、词组。词典的编纂引起了人们对词汇单位的新思考，将词素、成语、词组视作可与词兼收在一起，成了一种新认识，促进了对词汇单位的认识而慢慢达成共识。比如，张世禄《普通话词汇》明确提出普通话词汇"它的成分当中，还有一种'固定词组'，也是值得注意的"。周祖谟《汉语词汇讲话》指出："成语是语言中固定的词组，它代表一个完整的意思，所以在句子里多半作为一个成分来用，它的作用常常等于一个词。"

四说，词汇由词素、词、熟语构成。武占坤、王勤《现代汉语词汇概要》认为"词汇是构成语言的建筑材料，是语言中所有的建筑材料（包括词汇、词、熟语）的总汇"，"语言中的熟语（包括成语、谚语、歇后语、惯用语等）也是语言的建筑材料，他的造句功能相当于词，其形式、结构上大于词的整体性的造句部件。所以，熟语也是词汇成分的一种，不能把它排斥于词汇体系之外"。

五说，词汇由词和固定短语构成。符淮青《现代汉语词汇》认为："词言学一般所说的词汇，不仅包括词儿，也包括由词构成的、性质作用相当一个词的词言单位，叫'语'，我们叫'固定结构'，如成语（'愚公移山'、'江河日下'、'雨后春笋'等）、谚语（'打蛇要打七寸'、'磨刀不误砍柴工'、'春打六九头'等）、俗语（'敬酒不吃吃罚酒'、'汗珠掉地摔八瓣'、'横挑鼻子竖挑眼'等）、歇后语（'猪鼻子上插葱——装象'、'老鼠尾巴长疖子——出脓也不多'、'一根筷子吃藕——挑眼'等）。"黄伯荣、廖序东也持此说。

词素到底算不算词汇单位呢？应该说词素是构词单位，是词汇单位。另外，刘叔新认为成语、惯用语、歇后语、专名语、专门用语、准固定语属于词汇性单位，而谚语、名言、成句子的俚语等是常语，属于非词汇性的单位。这说明词汇单位的包含成分仍然存在分歧。

47.简谈什么是方言词并分析各家分歧。

答：方言词是指普通话从各方言中吸取来的词。

有些学者认为，凡在某一方言系统中出现、使用的词，都是方言词；另一些学者认为，必须是有别于民族共同语及其方言而显出本方言特点的词，才可算作方言词；还有一些学者把共同语中来源于方言的词称作方言词。周荐认为：由基础方言脱胎出来的词语，已经成为共同语词汇的基础部分，它们只属于共同语而不再是方言词。在共同语词汇的基础之后继续从某些方言中吸收的一些词，常常在意义的构成上或表达上有某种特殊之处，它们以其独具的方言色彩与早已成为共同语词汇基础的成员区别开来，尽管它们也已成为共同语词汇的成员，如垃圾、牛仔裤，这类词也不是真正的方言词,而是共同语中来源于方言的词。

一个词称为方言词,理应与共同语的词不同。就属于某一具体方言而显出该方言的特点来说,方言词又应与其他方言的词不同。这些不同,不仅指以各自所从属的系统相区别,主要还在于指词与词的相异。方言词不论出现在哪一个方言系统当中,都应该意味着有独特性,存在着与其他系统的词的不同之处。方言词的独特之处,表现在语音形式、语义内容、语法构造和搭配关系四个方面上。共同语的一般词汇中的方言词,不应是这些在语音形式、语义内容、语法构造和搭配关系上显现出独特之处的纯粹方言词(这些词只属于某一方言),也不是在共同语词汇基础形成之初所有的那些词汇单位(它们的方言色彩早已消失净尽),而是那些在共同词汇基础形成之后又陆续从各方面吸收进来而今还保留着方言色彩的词语。刘叔新提出"方源词"的概念,他说:"来源于方言、成为共同语词汇单位的,可称为方源词。"还有学者认为:方言是语言的地方变体,应把方言词汇放到与基本词汇相对待的一般词汇中来看,方言词不应是共同语外的地域性中的词汇现象。

48.简述词、词义与概念的异同。

答:有人认为词、词义与概念是一回事,事实上词、词义与概念不存在一一对应的关系,既有联系又有区别:

其一,语言中的词语的意义,从功用上看,有词汇意义和语法意义之分,词汇意义用来指称或表明某种事物现象、动作行为,语法意义用以表示或反映某种关系、语气。而概念只与词语的词汇意义(更准确地说是词语的部分词汇意义)大致相当。

其二,语言中词语的意义,从其在语义系统中所处的地位等方面看,又可以分理性意义和感性意义,理性意义是对客观对象本质的反映,感性意义所反映的是客观对象的本质之外的某些性质特点;通常说到的表达色彩即属于感性意义。而概念只与词语的理性意义(更准确地说是词语的部分理性意义——属于词汇意义的那部分理性意义)大体相当。

其三,词的概念意义是以逻辑为基础的,词的联想意义、社会意义是以经验为依据的,它的文化背景尤其突出。概念意义是封闭性的,联想意义、社会意义是开放性的。

其四,词和客观对象之间没有必然联系,它们之间是社会约定俗成的,所以同样的概念可以用不同的词表示,比如"妻子、媳妇、老婆、内人、娘子"等多个词表达同一概念,又如"鲁迅、周树人、周豫才"等多个专有名词皆表达同一个概念。而同一个词可以表达多个概念,比如"行文"既可以表示"组织文字,表达意思"这个概念,又可以表达“发公文给(某个或某些单位)”这一概念。词可以表示概念,但词组、句子也可以表示概念,所以词与概念不是完全对等的,比如“人民大会堂”“自动铅笔”等概念,都是用词组的形式来表示。

其五,概念作为思维成果,需要通过词来表示出来,所以概念是内容,词是表示概念的语言形式,都通过语音形式来表达。从这个角度说,概念是词的内容,词是概念的形式,两者是内容与形式的关系。词是语言的基本单位,是概念的载体,而概念属于思维范畴。

49.简谈词义与词素(语素)义的关系类型,并简谈义素与词义、词素义的区别。

答:词义就是词所表示的意义内容,包括词汇意义、语法意义。当一个词可以独立用来造句时,它所表示的意义内容就是词义。当然,词义既可以用来独立造句,也可以构词,即词义可充当词素义的角色来构词。当一个词不能独立用来造句而只能用来构词时,它所表示的意义内容就是词素义,也就是说这个词是个非词词素。如果这个词有多个词素义,又叫作多义词素。词素义只能用来构词,不能充当词义来独立造句。

词义同构成它的词素的意义的联系,常见的有以下四种情况:一是词素义表示词义,如“公产、私营”;二是词义是词素义的借代、比喻用法,如“眉目、旗手”;三是词素义表示了词义的某些内容,如“挂面、台灯”;四是合成词中部分词素失落原义,如“忘记、丝糕”。

义素是构成词义的最小意义单位,又叫语义成分或语义特征。义素是不能构词的,义素只能构成词义与词素义。词素义也是由义素构成的,只不过它不像词义那样可以独立造句,只能用来构词。构成词义或词素义的语义单位是义素,不是词素义。所以,不要将义素与词义、词素义混为一谈。

50.简谈同类词与同源词的区别与联系。

答:同类词主要是结合汉字的偏旁来谈论词与词之间的意义联系。同源词主要是结合语音来谈论词与词之间的亲属关系。同类词属于同一部首或相关部首在意义上相通或属同一范畴的一组单音词。同部首或部首意义相通的字是就“语源”关系而论,被看作是同类字。凭同类字来研究语源,是《说文》家们的主要工作之一,有助于研究词汇体系。因为汉字的部首表示了意义范畴,所以辨认同类词主要以部首为依据,比如歌、歎、欷、歔等单字词都从欠,词义都与欠(张口出气)有关,而汉字从欠与从口、言相通,比如歎又从口而写作嘆、欷从口而写作唏,等等。

第四章　语法

知识提要

第一节　语法概说

掌握语法、语法体系的含义，能够举例区分词法和句法，能够举例论述语法的三个性质（抽象性、稳固性和民族性），理解四级语法单位（语素、词、短语、句子），理解句法成分以及八种配对句法成分的语法关系。

第二节　词类（上）

一、划分词类的依据

正确理解划分词类的依据或标准，熟悉学界有关词类划分的分歧以及词类划分学术史。

二、实词

掌握各种实词的意义、种类、语法特征。

1. 掌握名词的意义、种类、语法特征，重点掌握以下特殊用法：名词重叠，名词可以作补语，名词前加副词，构形后缀“们”表示“之类”“之流”或“定指”语用义，时间名词作状语，方位词表示时间。

2. 掌握动词的意义、种类、语法特征，重点掌握以下特殊用法：表心理活动的动词和一些能愿动词前加程度副词，动词重叠表示短促动作的动量少、时量短或尝试、轻松义，单音动词、双音动词以及动宾式合成词的重叠用法，判断动词“是”的三种用法以及其与副词“是”的区别，能愿动词不能用在名词前面、不能重叠、不带助词和数量补语。

3. 掌握形容词的意义、种类、语法特征，重点掌握以下特殊用法：性质形容词的重叠用法，状态形容词不受程度副词修饰，状态形容词的重叠属于修辞上的反复格而不是构形重叠。

4. 掌握区别词的意义和语法特征，能够举例说明区别词为何与形容词分开而不归入谓词。

5. 掌握数词的意义、种类（基数词和序数词）和语法特征，重点掌握以下特殊用法：数词+名词的直接组合用法，俩、仨的用法，数目增加或减少时倍数、分数的用法。

6. 掌握量词的意义、种类（物量词、动量词）和语法特征，重点掌握以下特殊用法：判断数量短语处在动词后作补语还是宾语，单音量词、数量短语重叠的用法。

7. 掌握副词的意义和语法特征，重点掌握以下特殊用法：同小类内副词用法的区别，如“都”与“只”的用法，“就”的用法，少数副词“就、仅、仅仅、只、光、单、单单、几乎”修饰名词性成分的用法，“没有、没、白、怪、净、老”等副词兼动词或形容词的用法；时间副词和时间名词的区别。

8. 掌握代词的意义、种类（人称代词、疑问代词、指示代词）和语法特征，重点掌握以下特殊用法：“我们”与“咱们”的用法，“你”“我”的虚指用法，“自己”“自个儿”的泛指用法，“人家”的确指、复指用法，“这、那”的虚指用法，“每、各、某、另”的分指、不定指或旁指用法，疑问代名词的任指、虚指用法。

9. 掌握拟声词的意义和语法功能，能够举例解释拟声词为何不划入虚词。

10. 掌握叹词的意义和语法功能，能够解释叹词为何划入实词。

第三节　词类（下）

一、虚词

掌握各种虚词的意义、种类和语法特征。

1. 掌握介词的意义、种类和语法特征，能够举例解释介词的虚化、语法化现象，重点掌握以下特殊用法：介词的各种标记作用，即所标明的动词与名词或动作与事物之间的语义关系（格关系）；虚化后的介词与虚化前的动词用法的区别。

2. 掌握连词的意义、种类和语法特征，注意区分连词和介词的用法。

3. 掌握助词的意义、种类和语法特征，重点掌握以下特殊用法：定语标记结构助词“的”与“之”的不同用法，由“的”构成的“的”字短语与“者”字短语的用法，能够辨别

"者"字短语的"者"与构词语素"者";能够区分"着"表示"动作进行"与表示"状态持续"的不同用法;时间助词"的""来着"的用法;助词"所"与及物动词组成的名词性短语的用法;"连……也(都、还)……"格式表示隐含比较的用法。

4. 掌握语气词的意义、种类和语法特征,重点掌握以下特殊用法:两三个语气词连用的用法,语气词"的""了"与助词"的""了"的用法区别,能够解释动态助词"了"与语气词"了"合用的特殊现象。

二、词类小结

1. 词类的划分

熟悉汉语词类划分的学术争议,了解各家词类划分标准与具体分类情况,理解汉语词类、印欧语词类与句法成分的对应关系。

2. 词的兼类和借用

掌握兼类词的含义与判定兼类词的原则,熟悉常见的兼类词的种类,能够区分兼类现象和借用现象。

3. 词类的误用

熟悉词类误用的常见现象,比如"名词、动词、形容词的误用""数词、量词的误用""副词的误用""代词的误用""介词的误用""连词的误用""助词的误用",能够准确指出句法结构中存在的词类误用问题,并能给出正确的解决方案。

第四节　短语

掌握短语的含义、各种分类与语法关系,重点掌握短语的结构类型和功能类型,能够对具体的短语类型进行语法结构分析与语法功能分析,能够区分动宾短语与中补短语、联合短语与同位短语、兼语短语与连谓短语。

掌握单义短语与多义短语的含义,能够说清形成多义结构的原因,掌握消除多义的方法,能够从结构关系和语义关系两方面对多义结构进行分析,并能够运用层次分析法对多义短语进行描写。

第五节　句法成分

掌握句法结构中八种句法成分的含义、分类、构成材料和语义类型,重点掌握主语与话题的异同,能够举例说明中性主语的含义及其具体小类,能够分析主语、动语、补语、定语、状语、宾语之间的语义关系,能够举例说明中性宾语的含义及其具体小类,能够准确安排多层定语与多层状语的顺序位置,能够准确区分辨认补语与宾语。掌握“独立语”的含义和分类。

不仅能够运用传统的句子成分分析法和直接成分分析法分析句法结构,还能够运用变化分析法、语义成分分析法、语义特征分析法、语义指向分析法、配价分析法、格关系分析法分析句法结构。

第六节 单句

掌握句型的含义、分类以及句式的含义与分类,能够识别或举例说明主谓句与非主谓句,理解名词谓语句为何被说成动词谓语句的变体,能够解释名词性非主谓句和省略句的区别,能够举例解释动句、形句、名句的含义,能够举例概述主谓谓语句的五种语义结构类型,能够举例简述“把”字句的四个特点,能够举例描写“被”字句的三个特点,能够区分辨认连谓句、兼语句,能够举例概述兼语句的四种常见类型(使令式、爱恨式、选定式、“有”字式),能够区别兼语句和主谓短语作宾语的句子,能够举例概述双宾语的三个特点,能够根据存现句具备的三个条件正确分析存现句,能够将省略句、倒装句与原句进行变换。

掌握句类的定义及其分类,能够举例概述或辨认陈述句、疑问句、祈使句、感叹句及其具体小类。

第七节 单句语病的检查和修改

熟悉常见的句法失误:1.搭配不当,主谓搭配不当、动宾搭配不当、定状补与中心语搭配不当、联合短语中的一部分与配对成分搭配不当;2.残缺和多余,成分残缺(主语残缺、谓语残缺、宾语残缺、定状补语缺少或者不完整)、成分多余(主语有多余成分、谓语有多余成分、宾语有多余成分、定语多余、状语多余、补语多余);3.语序不当,定语和中心语错位、定语和状语错位、状语和补语错位、状语和中心语错位、句中状语错位、多层定语语序错位、多层状语语序错位;4.句式杂糅,两种说法混杂或前后牵连。

掌握检查语病的方法,比如朗读法、简缩法、类比法。

掌握修改语病的原则:分析和修改相结合;修改要符合原意;修改要保持原句的

结构；修改不要顾此失彼；出现新问题时，小改比大改好。

第八节　复句

重点掌握复句的含义、分类，能够对多重复句进行层次结构分析，能够辨认联合复句（包括并列、顺承、解说、选择、递进五小类）和偏正复句（包括转折、条件、假设、因果、目的五小类）及其具体小类，能够区别紧缩句与单句，能够发现并修改复句的语病。

第九节　句群

掌握句群的含义及其类型，能够解释句群、复句和段落的不同，能够发现并改正句群运用中常见的错误。

第十节　标点符号

掌握常用标点符号，了解标点符号的作用和性质，能够正确运用标点符号，注意标点符号的位置，能够解释标点符号为什么不是语言符号。

习 题

一、填空题

1. 语音是语言的物质外壳，词汇是语言的建筑材料，语法是语言的________。笼统地说，语法是________、________、________等语言单位的结构规律。

2. "语法"这个术语有两个含义：一个是指__________，即客观存在的语法事实；另一个是指__________，即语法学者对客观语法事实的说明，带有主观性。西方传统语法学把语法分为__________和__________两部分，前者的研究范围包括________、________、________；后者的研究范围是短语、句子的________和________。

3. 语法体系有两个含义，一个是指________，即客观存在的语法事实、语法规律的系统，就是说，语法是各种规则交织成的整体，是自成系统的。另一个是指________，它是语法学者根据自己的观点在研究和解释语法事实时所用的分析方法、分类术语等的系统。一个民族语言的________只有一个，一个民族语言的________可以不止一个。

4. 与语音、词汇相比，语法具有更明显的________、________、________。语法单位可以分为四级：________、________、________、________，它们都是语言中的________。

5. 语素是语言中最小的________的构词单位，是构词的备用单位。语素可以组合成合成词，有的语素可单独成词。

6. 词是最小的能够________的语言单位，是组织________和________的备用单位。一部分词加上句调可以单独成句。

7. 短语是由________组成的、没有________的语言单位，是________的备用单位。大多数短语可以加上________成为句子。

8. 句子是具有一个________，能够表达一个________的语言单位，句子前后有隔离性停顿。

9. 短语、句子这些句法结构是由若干词按__________组成的。__________就是句法结构的组成成分，包括________、________、________、________、________、________、__________、________。

10. 句法成分是根据______定名的。一个句法成分都跟另一句法成分互相依存，发生一定的语法（句法）关系，比如，作为句法成分的主语与谓语之间发生的句法关系是________，动语与宾语、定语与中心语、状语与中心语、中心语与补语之间发生的句法关系分别是________、________、________、________。

11. 词类是词的________的分类。划分词类的目的在于说明________和________。分类的依据是词的________、________和________，就汉语来说，________是主要依据，______和________是参考依据，三者合称为________。

12. 词的语法功能，即词的________，主要是指________，即词的职位。比如能作主语、宾语，就是能居________、________。实词的句法功能还指________，有两种表现：（1）________，包括这一类能不能跟另一类组合，用什么方式组合，组合后发生什么关系，等等；（2）虚词没有作句法成分的功能，但有________的能力，即与什么实词结合，表示什么语法意义等。

13. 词的形态可分为两种：一为________，例如，动词和形容词的不同重叠形式就是在形式和语法意义两方面都不同的形态变化；二为________，例如，动词“凿”加词缀“子”构成另一个词汇意义不同的词“凿子”，这个后缀“子”就是构成名词的形态。

14. 词的意义，指的是语法上同类词的________或________。名词表示人或事物的名称，动词表示动作、行为等，形容词表示性质、状态等，其中的“事物”“动作”“行为”“性质”“状态”都是概括出来的同类词的共同意义，这个意义不同于词的词汇意义。

15. 功能、形态、意义这三种划分词类的依据，在不同的语言中其重要性各不相同，在印欧语中划分词类主要凭________，而汉语划分词类主要凭________，但是功能标准的使用也必须分清________、________或者________、________，因为汉语的实词如动词、形容词，大都是多功能的，即每类词大都能充当多种句法成分。

16. 在同一词类里，各词的语法特征也有个性，这就有再分小类的可能，比如及物动词有的只能带名词性的宾语，有的只能带谓词性的宾语，有的能带名词性宾语也能带谓词性宾语，于是又可以细分为________、________、________三小类；而不同大类的词也有共性，这才有归并成一个更大的词类的可能，比如动词和形容词都有经常作谓语的功能，可以归并为________。

17. 汉语语法学在划分词类时以词的________作为主要依据，将词分成实词和虚词，认为能够单独充当句法成分，意义实在，即有________和________的是实词；不能充当句法成分、只有________的就是虚词。实词再细分为________、________、________、________、________、________、________、________、________、________十种；虚词再细分为________、________、________、________四种。

18. 名词表示人、事物或时地的名称，可以细分为________、________、________、________、________。动词表示动作、行为、心理活动或存现等，可以细分为________、________、________、________、________、________、________、________。形容词表示形状、性质和状态等，可以细分为________、________。

19. 数词表示数目或次序，分________和________。量词表示计算单位，可以细分为______和________两大类，前者再细分为________、________，后者再细分为________、________。个体量词、集体量词、度量衡量词属于________。此外有一种由两三个不同的量词复合而成的词，叫________。数词、量词、名词和人称代词的语法功能比较接近，合称为________，与谓词相对。为了通俗易懂，有时用名词性的词语或名词语代替________和________。

20. 副词限制、修饰动词或形容词性词语，表示程度、范围、时间等意义，可以细分为八种：________、________、________、________、________、________、________、________。代词能起代替和指示作用，如果按照句法功能划分，代词可以分为________、________、________、________；如果按照意义划分，代词可以分为________、________、________。

21. 虚词有共同的特点，一是依附于________，表示语法意义；二是不能________；三是不能单独作________；四是不能________。这些都与虚词无________有关。介词常常充当语义成分（格）的标记，标明跟动作、形状有关的________、________、________、________、________、________、________、________等。连词起连接作用，连接词、短语、分句和句子等，表示________、________、________、________、________、________等关系。助词的作用是附着在实词、短语或句子后面表示结构关系或动态等语法意义，可以细分为________、________、________、________、________、________、________。语气词的作用在于表示语气，主要用在句子的末尾，也可以用在句中主语、状语后有停顿的地方，它本身念轻声，可以细分为________、________、________、________。

22. 短语是由语法上能够搭配的________组合起来的没有________的语言单位,又叫________。它是大于________而又不成________的语法单位。简单短语可以充当复杂短语的句法成分,短语加上句调可以成为句子。词组成短语的语法手段是________和________。从内部结构来看,短语可以分成________、________、________、________、________五种基本结构类型。另外还有七种非基本结构类型:________、________、________、________、________、________、________。偏正短语又细分为________和________。量词短语又细分为________和________。助词短语又细分为________、________和________。

23. 短语有两个方面的功能:一是作________,所有短语都能充当一个更大短语里的组成成分;一是________,大部分短语加上句调便能独立成句。有少数短语则不具备成句的能力,________就不能独立成句。短语的功能是凭它相当于哪类词的功能决定的,因此从功能角度可以将短语划分为________、________、________、________。

24. 从主语的构成材料看,主语可分为________和________。从主语所表示的人、事物和谓语所表示的动作之间的语义关系来说,主语可分为________、________、________三种。从谓语的构成材料看,谓语可分为________、________、________、________。从与动语的语义关系看,宾语可分为________、________、________三种。从宾语的构成材料看,宾语可分为________和________。从定语的语义类型看,定语可分为________和________。从补语的语义类型看(即与中心语的意义关系来看),补语可分为________、________、________、________、________、________、________七种。根据与其配对的成分性质的不同,中心语可分为________、________、________三种。

25. 独立语是独立于八种配对成分之外的句子的特殊成分,在句内而不与句内的其他成分发生________,无配对的成分和句内的语气词、语调等被称为“零碎”,根据其作用大致分为________、________、________、________四种类型。

26. 根据句法成分的配置格局分出来的类叫________,即句子的结构类型。根据句子内部结构的不同,句子可分为________和________,前者又分成________和________。由主语、谓语两个成分构成的单句叫主谓句,从谓语核心看主谓句又分成________、________、________三种。分不出主语和谓语的单句叫非主谓句,它由主谓短语以外的短语或单词加句调构成。根据全句主要词语的词性,非主谓句又分为________、________、________、________、________五种。

27. 主谓句中的动词谓语句情况复杂、特点多,常见的、有结构特点的句式主要有以下七种:________、________、________、________、________、________、________。

28. 共时语法的某一句型总有一定句法成分,各成分的排列都有固定的位置。在交际中出于修辞或语用上的需要,故意减省了句法成分或调换成分的位置,这些变化了的句型叫________,变化前的句子叫原句。变式句可分为________和________。

29. 根据全句的语气分出的类叫________,即句子的语气类。根据语气,句子可分为________、________、________、________四种类型。

30. 提出问题、具有疑问语气的句子叫疑问句。根据提问的手段和语义情况,可以细分为________、________、________、________四类。

31. 根据分句间的意义关系划分,复句可以分为________和________两大类。联合复句内各分句间________,无________,又叫________。偏正复句内各分句间意义________,也就是有正句有偏句,又叫________。________即主句,是句子的正意所在;________是从句,意义从属于正句。

32. 联合复句可分为________、________、________、________、________五类。

33. 偏正复句可分为________、________、________、________、________五类。

34. 单句中常见的句法错误主要有以下四大类别:________、________、________、________。

35. 句法中搭配不当的常见类型有________、________、________、________四种。

36. 句法中语序不当的常见类型有________、________、________、________、________、________六种。

37. 关联词语是复句中分句关系的语法标志,其使用都有一定的规则,违背了这些规则就会出现以下几种常见错误:________、________、________、________、________。

38. 句群在运用中会出现以下常见错误:________、________、________、________、________、________、________。

39. 短语是造句的备用单位,是静态单位;句子是语言的运用单位,是动态单位。复句的直接成分是________,句群的直接成分是________。

40. 中国语法学的奠基之作是________,《新著国语文法》的作者是________,《中国文法要略》的作者是________,朱德熙的________是新时期汉语语法研究的奠基作。20世纪50年代,丁声树、吕叔湘、李荣等八位先生编著的语法学专著是________。________是我国第一部现代汉语语法词典或用法词典。

二、单项选择题

1. "兵、万、辆、你"这四个词都是( )。
   A. 体词 B. 谓词 C. 名词 D. 代词
2. "我就纳闷你怎么什么都不知道"中的"什么"( )。
   A. 虚指代词 B. 旁指代词 C. 任指代词 D. 指示代词
3. ( )可以用数量短语修饰。
   A. 代词 B. 动词 C. 形容词 D. 名词
4. "走进原始森林之中"属于( )。
   A. 动补短语 B. 方位短语 C. 动宾短语 D. 偏正短语
5. 以下哪一句中"要"的用法与其他不同。( )
   A. 她要留学美国 B. 小赵要过生日 C. 小朋友要东西 D. 总理要辞职
6. "走进原始森林之前"属于( )。
   A. 动补短语 B. 方位短语 C. 动宾短语 D. 偏正短语
7. "她的心情渐渐好起来"中的"起来"属于( )。
   A. 助动词 B. 判断动词 C. 趋向动词 D. 不及物动词
8. "阳性、军用、彩色"是( )。
   A. 动词 B. 名词 C. 副词 D. 区别词
9. "一帮吃喝嫖赌的"中的"的"属于( )。
   A. 动态助词 B. 结构助词 C. 语气词 D. 尝试助词

10.“手机让小偷给偷走了”中的“给”是(　　)。

A.介词　　B.能愿动词　　C.助词　　D.尝试助词

11.“刚才”与“刚刚”(　　)。

A.都是时间名词　　B.都是时间副词

C.前者是时间名词,后者是时间副词　　D.前者是时间副词,后者是时间名词

12.“他在游戏人生”中的“在”是(　　)。

A.动词　　B.副词　　C.介词　　D.方位词

13.“你就打扮得再时髦,我也不爱你。”句中的“就”是(　　)。

A.连词　　B.副词　　C.介词　　D.助词

14.“我去怎么样?”句中的“怎么样”是(　　)。

A.动词　　B.代谓词　　C.代名词　　D.代副词

15.“今天农历十五”是(　　)。

A.主谓短语　　B.述宾短语　　C.述补短语　　D.偏正短语

16.“那个报效祖国的”是(　　)。

A.主谓短语　　B.“的”字短语　　C.述补短语　　D.偏正短语

17.“没有条件上学”是(　　)。

A.主谓短语　　B.连谓短语　　C.兼语短语　　D.同位短语

18.“数学家华罗庚”是(　　)。

A.主谓短语　　B.联合短语　　C.偏正短语　　D.同位短语

19.“他早晨到的济南”中的“的”是(　　)。

A.结构助词　　B.构成“的”字短语

C.表示过去发生的事情　　D.肯定动作行为

20.“我所研究的”这个短语是(　　)。

A.“的”字短语　　B.“所”字短语　　C.主谓短语　　D.偏正短语

21.“她出国也好”中的“她出国”是(　　)。

A.施事主语　　B.受事主语　　C.中性主语　　D.谓词性主语

22.“教育成功的秘密在于尊重学生”中的“尊重学生”是(　　)。

A.施事宾语　　B.名词性宾语　　C.谓词性宾语　　D.受事宾语

23.“她哭肿了眼睛”中的“肿”是(　　)。

A.结果补语　　B.趋向补语　　C.状态补语　　D.程度补语

24."教室里闹得慌"中的"慌"是(　　)。

A. 结果补语　B. 趋向补语　C. 状态补语　D. 程度补语

25."他对工作中的许多问题想得太简单"中的"太简单"是(　　)。

A. 结果补语　B. 趋向补语　C. 状态补语　D. 程度补语

26."今年的亩产,算起来也有八百斤"中的"算起来"是(　　)。

A. 复说语　B. 状语　C. 插入语　D. 同位语

27."十年的爱情一日间破裂了"是(　　)。

A. 动词谓语句　B. 形容词谓语句　C. 主谓谓语句　D. 名词谓语句

28."你,我终生追随"是(　　)。

A. 动词谓语句　B. 形容词谓语句　C. 主谓谓语句　D. 名词谓语句

29."明天情人节"是(　　)。

A. 动词谓语句　B. 形容词谓语句　C. 主谓谓语句　D. 名词谓语句

30."鱼汤真鲜啊"是(　　)。

A. 动词谓语句　B. 形容词谓语句　C. 主谓谓语句　D. 名词谓语句

31."父母看了很满意"是(　　)。

A. 连谓句　B. 兼语句　C. 存现句

32."你去叫处长开会"是(　　)。

A. 连谓句　B. 兼语句　C. 连谓兼语句

33."他出门打的走了"是(　　)。

A. 连谓句　B. 兼语句　C. 存现句

34."轮到你演讲了"是(　　)。

A. 连谓句　B. 兼语句　C. 存现句

35."昨天镇上来了一伙土匪"是(　　)。

A. 连谓句　B. 兼语句　C. 存现句

36."面善心不善"是(　　)。

A. 复句　B. 紧缩句　C. 省略句

37."王教授一有空就读书著说"是(　　)。

A. 复句　B. 紧缩句　C. 省略句

38."我想笑又不敢笑"是(　　)。

A. 复句　B. 紧缩句　C. 省略句

39.“什么事让美伊两国大动干戈?”是(　　)。

A.是非问　B.特指问　C.选择问　D.正反问

40.“明天你有约会吗?”是(　　)。

A.是非问　B.特指问　C.选择问　D.正反问

41.以下组合中全是短语的一组是(　　)。

A.线路、白菜、图书、保障　B.风趣、作画、批语、想法

C.领导、开心、思念、预防　D.快走、挖坑、买饭、新鞋

42.下列不属于谓词性短语的是(　　)。

A.高兴得哭了　B.极度恐惧　C.满腹的抱怨　D.十几米高

43.下列各组短语中属于结构层次不同造成歧义的是(　　)。

A.访问台湾的科学家;看打乒乓球的少先队员;关于植树造林的决议;招待好朋友

B.在树上刻花;关心他的父亲;新修建的图书馆和宿舍楼;大地主的父亲

C.连我都不认识;进口录像机;印度文学研究;打死老虎;部分遭洪水浸泡的房子

D.准备了一年的干粮;青年理发店;中东石油价格;扮演的是一位知名演员

44.下列各组短语中都有歧义的是(　　)。

A.对主任的意见;塑料玩具;书包掉了;相信的是骗子

B.我都不认识;你们三个人一个房间;少数受蒙骗的单位;两名师院的教师

C.两种生物的机能;诗人的风度;其他的同学和老师;扫得干净

D.学习资料;地下商店;学校幼儿园;澳洲人的印象

45.“从今往后,咱们各走各的路”是(　　)。

A.主谓谓语句　B.名词句　C.兼语句　D.双宾句

46.下列句子中不是紧缩复句的是(　　)。

A.她不去不要紧　B.你有意见就提出来

C.我说什么也得去　D.没有根据就不要瞎说

47. 对下列紧缩复句的结构关系分析正确的是(　　)。

(1)敢说不敢做。(2)她来了我才能走。(3)电脑上网一学就会。(4)你替他也行。

A.(1)转折关系;(2)条件关系;(3)顺承关系;(4)假设关系

B.(1)转折关系;(2)顺承关系;(3)假设关系;(4)条件关系

C.(1)并列关系;(2)假设关系;(3)条件关系;(4)转折关系

D.(1)并列关系;(2)条件关系;(3)转折关系;(4)转折关系

48. 下列句子中没有语病的是(　　)。

A. 这次回到故乡,我又看到了阔别多年的母亲那熟悉的可爱的乡音和那爽朗的笑声

B. 我们不但盖出了林立的工厂、学校、住宅,而且盖出了人民大会堂这样宏伟的工程

C. 大量的观测数据告诉我们,要掌握天气的连续变化,最好每隔半个小时就观测一次

D. 我们有一些同学,他们缺乏的是没有远大的理想

49. 下列句子中没有语病的是(　　)。

A. 英雄可歌可泣的壮举,猛烈地震动着观众的心弦,在极度的激动中受到了深刻的教育

B. 他是一位有三十多年教龄的五十多岁的语文有经验的教师

C. 文章对环境污染问题作了比较具体的分析,引起人们对环境科学的重视

D. 图书管理人员的数量和质量都较欠缺

50. 下列句子中没有语病的是(　　)。

A. 在掌声中,周成讲了许多使农民尽快富裕起来的具体政策

B. 如果当时能够预知,也许花费十分之一的努力可能就够了

C. 可是我常常是自己推门进去以后才意识到做错了,往回走又不是,只好对她苦笑一下,或者自嘲自己不懂礼貌

D. 介绍和评述国外学术思想的书籍或丛书近年来如雨后春笋般破土而出,是我们对外开放的一项成果

三、多项选择题

1. 下列语句中的“的”不属于结构助词的是(　　)。

A. 敌人昨天进的城　B. 老师会理解你的　C. 新款的轿车

D. 遇到一个傍大款的　E. 地方政府是这么做的

2. 下列语句中的“了”不属于动态助词的是(　　)。

A. 我已经请了假　B. 医院去年上了新设备　C. 明天我下了课陪你玩

D. 你都大姑娘了　E. 我都大四了

3. 下列语句中的“过”属于动态助词的是(　　)。

A. 我去过上海　B. 他立过特等功　C. 某处长被记过一次

D. 飞机穿过了隧道　E. 这首歌你听过

4. 下列语句中的“在”不属于介词的是(　　)。

A. 妈妈在家　B. 他在地里除草　C. 把课本放在书架上

D. 他在浏览网页　E. 在公司要少说多做

5. 下列句子中的“跟”不属于介词的有(　　)。

A. 我跟他一起吃的晚餐　B. 你跟他比赛　C. 谁跟谁合作都行

D. 你好好跟他聊聊　E. 警察跟着嫌疑犯观察

6. 下列句子中的“让”是介词的是(　　)。

A. 让他一次　B. 让一下道　C. 让老虎咬伤了

D. 让敌人找来　E. 让车撞坏了

7. “孩子，你该上床睡觉了”这句话，(　　)。

A. “孩子”是主语　B. “你”是主语　C. “孩子”是独立成分

D. 是主谓谓语句　E. “孩子”和“你”是同位短语

8. 下列句子中的“就”是副词的是(　　)。

A. 在困难时期，孩子们拥有一个布娃娃就是很快乐的事了

B. 山东人喜欢吃煎饼就大葱

C. 就全球反恐战略来说，反恐并不是泛恐

D. 亲朋好友都善言相劝，他就不听

E. 家里就再困难，我也供你念完大学

9. 下列选项中的词语都可以带谓词性宾语的是（　　）。

A. 反对、了解、给予　　B. 显得、喜欢、继续　　C. 争论、觉得、赞同

D. 修理、预备、作为　　E. 受到、发现、打算

10. 下列不含虚指宾语的是（　　）。

A. 笑什么？别笑了　　B. 走他一趟　　C. 别管是谁的，拿就是了

D. 你走你的，别管他　　E. 他怎么样了？

四、分析题

1. 分析下列句子，如果是单句，请根据谓语确定其句型；如果是复句，则分析分句之间的层次和关系。

（1）他电话上说，只要我们愿意去旅游，他一定当我们的导游。

（2）他不但细心听取了我们的意见，而且立刻通知组内同志前来商量，态度甚至比我们还要积极。

（3）他大概让朋友留下共度晚宴了。

（4）视察途中，毛主席多次下车走进农村和农田同农民亲切交谈。

（5）要是谁在工作中违法犯罪，不管他过去有多大功绩，不管他有什么来头，我们党和政府决不姑息。

（6）一些同志在某种错误思潮袭来之时，虽不附和响应，也感到难于鉴别和批判，或者认为无关大局，因而采取观望态度。

（7）他大学一年级时把学习的时间都用在上网玩游戏了。

（8）掌柜是一副凶脸孔，主顾也没有好声气，叫人活泼不得；只有孔乙己到店，才可以笑几声，所以至今还记得。

（9）虽然这世界罕有的铁路工程甚为艰巨，虽然领导干部和技术人员都没有对付过这样复杂的自然情况，虽然绝大部分工人是刚放下枪杆或者农具的外行，不懂得如何下手工作，可是，历史既把建设的担子放在他们肩上，他们就以无比的英雄气概，挑起这繁重的担子，坚毅地向前走。

（10）恩格斯不仅肯定了人类与高等动物的一般的共同性，更重要的是指出了人类与动物最本质的区别，即人类能制造工具并使用工具从事劳动，来支配和改造自然，而一般动物则不能。

（11）只要能让我工作，不管到什么地方，不管条件多么艰苦，我都去！

（12）三味书屋后面也有一个园，虽然小，但在那里也可以爬上花坛去折蜡梅花，

在地上或桂花树上寻蝉蜕。

(13)他不大说话,也不大管他人的闲事,不过要是一有自己的主张,那主张就会在他脑子里生根发芽,而且不晓得要长到多长。

(14)看见鱼翅,并不就抛在路上,以显其“平民化”,只要有营养,也和朋友们像萝卜白菜一样的吃掉,只不用它宴大宾;看见鸦片,也不当众摔在茅厕里,以见其彻底革命,只送到药房去,以供治病之用,却不弄“出售存膏,售完即止”的玄虚。

(15)有的人由于不懂逻辑,所以对别人不合逻辑的言论,不但不能觉察它的荒谬,反而随声附和,人云亦云。

(16)现在一些中、低焦油含量的香烟虽然减少了对肺部的损害,但是并不等于此类香烟无毒,因为只要香烟燃烧,就会产生大量的一氧化碳和其他有毒物质,就会对机体继续造成损害。

(17)因为学习不但要靠理解力,还要靠记忆力,而理解力和记忆力无论有多强,要理解和记住刚学会的东西,总要有一个过程,哪一个人如果妄想一下子就把什么都学会,其结果必定要吃大亏。

(18)火车上,我脑海中不停地思考着这个问题:“他怎么痴迷于梵文呢?”

(19)隔壁的王大妈告诉我,我的一个远房亲戚今天上午来过。

(20)谁如果把自己看成是群众的官老爷,那么,不管他的才能有多大,地位有多高,也是群众所不需要的。

(21)忽视人民群众生活消费对社会生产的促进作用,不积极满足人民生活消费正常增长的需要,当然是错误的;不管生产发展的可能,不顾我国的国情,一味地盲目追求高消费,肯定也是错误的。

(22)如果一篇文章所讲解的道理错误,所引用的材料虚假,即使形式上多么华丽,也决不会被认为是好文章。

(23)我们有正确的思想路线、政治路线和组织路线,只要大胆而谨慎地工作,只要经过周密的调查研究,广泛听取群众意见,就完全有把握把大批优秀的中青年干部选拔出来,保证我们的事业后继有人。

(24)他早想在路上拾得一注钱,但至今还没看见;他想在自己的破屋里忽然寻到一注钱,慌张地四顾,但屋内是空虚而且了然。

(25)我两手空空,既不愿让悲鸿知道,以免他焦急,又不愿开口向他人求助。

(26)虽然是满月,天上却有一层淡淡的云,所以不能朗照;但我以为这恰是到了好处——酣眠固不可少,小睡也别有风味的。

(27)我们很多人没有很好地学习语言,所以我们在写文章做演说时就没有几句生动活泼切实有力的话,只有死板板几条筋,像瘪三一样,瘦得难看,不像一个健康的人。

(28)如果站在水边,先是一阵子呆看,再发一阵子空想,即使能够想出一大堆“道理”来,自己也还是不会游泳,对于别的游泳的人也没有好处。

(29)固然,如果不认识矛盾的普遍性,就无从发现事物运动发展的普遍原因或普遍的根据,但是,如果不研究矛盾的特殊性,就无从确定一事物不同于其他事物的特殊本质,就无从发现事物运动发展的特殊原因。

(30)一个革命者如果不能掌握科学的认识论,没有正确的思想方法,即使他有一切善良的动机,也不可能把工作做好,也会犯这样或那样的错误。

2.判断下列句子的句型与句式(句型是根据全句特点分出的上位类名,句式是根据句子的局部特点分出的下位类名)。

(1)族长即将离任的消息,很快就传遍了全部落。

(2)老师夸赞他是个机灵鬼。

(3)老房子陪伴我走完一生。

(4)改革开放以来,来中国投资和旅游的外国人越来越多。

(5)教师们选他当校长。

(6)中国的经济迅速发展起来。

(7)党和政府始终把人民的利益放在首位。

(8)每天清晨,山上都传来撩人心弦的情歌。

(9)村头的王爷爷有个妹妹很出色。

(10)凡年满十八岁的中国公民都有权利参加选举和被选举。

(11)你得把作业拿回去修改一下。

(12)中国的快速发展令世人刮目相看。

(13)当代大学生的抑郁心理问题让教育部门重新反思大学教育。

(14)石头随手摘了个樱桃放在嘴里。

(15)彭德怀把身上的棉衣脱下来给受伤的战士盖上。

(16)通讯员去打电话请他来参加讨论。

(17)你这房子谁租着住?

(18)咱俩一起看电影好不好?

(19)朦胧中听到母亲说,到了上海了。

(20)今天愚人节。

(21)这事我得跟你嫂子商量商量。

(22)这几天风声紧得要命。

(23)地主恶霸被暴动的农民镇压下了。

(24)橘子全都叫我给吃了。

(25)他告诉我今天有报告。

(26)昨天阴天。

(27)雨后的天空很蓝。

(28)有个村庄专门生产铁锅。

(29)多么纯洁的爱情呀!

(30)台上坐着主席团。

3.指出下列句子里的独立成分的类型。

(1)煤矿瓦斯爆炸死伤二百多人想必你第一时间知道。

(2)说句实在话,我非常地钦佩你的为人处世。

(3)海棠号龙卷风席卷了我国的东南沿海一带,比如福建、广东,人民生命财产受到极大损害。

(4)哎!多睡了一会儿误事了。

(5)这种英语复读机你见过吗,晓菡?

(6)据考证,这幅画是张大千的真迹。

(7)这次炒股,往少处说,他也得挣个万儿八千的。

(8)同学们,要牢记拼搏才会赢。

(9)嗨,我早把这档子事给忘了。

(10)嗖,嗖——耳边擦过几颗子弹。

五、病句改错及理由

1.我们怀着一颗十分激动的心情来瞻仰烈士。

2.据专家估计,政府采取的夏季空调节能行动至少为国家节约五千多万千瓦左右的电。

3.赵慧和颜梅在南京路上相遇,她万分激动地上前抱住她。

4.我同他结下了真挚而深刻的友谊。

5.丈夫妥协了妻子要购买高级化妆品的计划。

6. 俄罗斯国家芭蕾舞团在人民大会堂的演出，博得了全场观众的热烈掌声，对这次精彩表演评价很高。

7. 那次野外采风活动，是小朋友小学期间最高兴、最难忘、最有意义的一天。

8. 我们要彻底铲除“四人帮”的流毒和影响。

9. 最近全国全党展开了学习“三个代表”思想的新高潮。

10. 改革开放以来取得的辉煌成就，对于我们倍感自豪与骄傲。

11. 元宵节的夜晚长安街显得特别热闹，到处张灯结彩，车水马龙特别多。

12. 伊拉克人民正在恢复和医治战争的创伤。

13. 听了杨院士的精彩报告，我心里由衷地钦佩他。

14. 他十分重视对新干部的教育，对新干部的缺点错误及时进行帮助。

15. 这部电影我昨天才看，今天不想再看了。

16. 他如果不能实事求是，科研结论的可信度就会大打折扣。

17. 广大青年表现出无比的勇于改革的热情。

18. 我们再也不会任意被列强宰割和瓜分了。

19. 既然你来了，我也该走了。

20. 同学们正在努力复习，迎接四六级英语考试到来。

21. 你不认真学习，那怎么可能有好成绩是可想而知。

22. 不管气候和地理环境都极端不利，登山队员仍然克服了困难，胜利攀登到顶峰。

23. 这个经验值得文教工作者尤其中小学教师的重视。

24. 我们早已和一汽集团说好，把他们的半成品加工。

25. 我把这篇小说没有来得及看完，所以很难发表意见。

26. 故事的情节被描写得十分细腻。

27. 今年以来，我国加快了高等教育事业发展的速度和规模，高校将进一步扩大招生，并重点建设一批高水平的大学和学科。

28. 中国人民不但认识了现代霸权主义的反动本质，而且第三世界越来越多的国家和人民也都从自己的经验中看清了现代霸权主义的真实面目。

29. 这家工厂虽然规模不大，但曾两次荣获省科学大会奖，三次被评授予省优质产品称号。

30. 敌人恨他入骨，想迫害他而又不敢下手，因为他的名字不光是写在报纸上，写在书本上，而是写在千千万万人的心上。

31. 有人主张接受，有人反对，他同意这种主张。

32. 校长办公会议上，校领导们研究了目前应加强教学楼的建立。

33. 老板口口声声欺骗那些雇工。

34. 同学们很快掌握和提高了外语单词和阅读能力。

35. 你对我们照顾得太周全了。

36. 这次会议对开展研究性学习的问题也交换了广泛的意见。

37. 那里有美丽富饶的草原绿洲，有朴实无华的许多朋友。

38. 有些炎症，西药中药都能治。不但中药能与一般抗生素媲美，而且副作用小，成本低。

39. 如果分裂祖国的阴谋得逞，子孙后代不答应，海峡两岸的人民不答应。

40. 我们经过一冬天的苦干，河道终于疏通了。

41. 夜深人静，想起今天一连串发生的事情，我怎么也睡不着。

42. 关于以上两门课程，内容都是相当丰富的，而且都是对实际有帮助的。

43. 有没有坚定的意志是一个人在事业上能够取得成功的关键。

44. 在办公室里昨天许多同学都同新来的英语老师热情地打招呼。

45. 我无时无刻没有不想念她。

46. 通过这次学习和讨论，使我们一致认为我国社会主义正处在一个新的历史发展时期。

47. 该地区的水稻生产，由于合理密植，加强管理，一般长势良好。

48. 我们学校的两位有三十年工龄的优秀语文教师也当上了代表。

49. 观摩了这次关于农村经营承包合同法的庭审以后，对我们这些“村官”的法律水平有了很大的提高。

50. 由于技术水平太低，这些产品质量不是比沿海地区的同类产品低，就是成本比沿海的高。

51. 政府领导一定要深入基层，否则只是坐在办公室里听汇报、发号令，肯定干不好工作。

52. 到了冬天，不管天气很冷，气温很低，他还是坚持冬泳。

53. 千吨位轮船碰上这样大的风浪也得上下颠簸，而且这么一条小木船。

54. 来自个体经济的压力和挑战，促使国营和集体商业部门改善经营方式，改善经营手段，改善服务态度，进而无形中形成了经济生活中的竞争局面。

55. 由于他看问题的方法不对，又不听从别人的劝告，以至犯了错误。

56. 他没有来上课,由于他病了。

57. 参加这次大会的有各政府、部队、学校及其商业部门的代表。

58. 我记得你是1998年还是1999年结婚的。

59. 事故发生后,工厂领导决定对安全问题进行一次教育。

60. 抗战历史对我们很感兴趣。

六、名词解释

1. 马建忠《马氏文通》

2. 黎锦熙《新著国语文法》

3. 吕叔湘《中国文法要略》

4. 王力《中国现代语法》

5. 高名凯《汉语语法论》

6. 吕叔湘、朱德熙《语法修辞讲话》

7. 陆志韦等《汉语的构词法》

8. 赵元任《北京口语语法》

9. 丁声树等《现代汉语语法讲话》

10.《暂拟汉语教学语法系统》

11. 吕叔湘《汉语语法分析问题》

12. 朱德熙《语法讲义》

13. 朱德熙《语法答问》

14. 三个平面理论

七、简述题

1. 简述语法学史上主要的"词类观"并加以述评。

2. 汉语划分词类的依据是什么?

3. 举例简述名词的语法特征。

4. 近年来在书面语中出现一种程度副词修饰名词的现象,例如"很淑女""很绅士""太传统""非常专业"等,如何解释?

5. 举例简述方位词的类型和语法特征。

6. 简述动词的意义和种类,举例说明动词有哪些语法特征。

7. 简谈趋向动词的类型与语法特点。

8.简谈判断动词与能愿动词的语法特点。

9.举例简述形容词的分类和语法特征。

10.举例简谈区别词的语法特征。

11.举例简述数词和量词的分类及其语法特征。

12.举例简述副词的类型和语法特征。

13.举例简述代词的类型和语法特征。

14.代词是实词里的一类,有的是体词性的,有的是谓词性的。请分析下列各句中代词本身的语法功能和它所替代的词的语法功能之间的关系。(1)你喜欢什么?我喜欢洋娃娃。(2)你最近怎么样?我最近生病了。(3)水稻亩产多少斤?亩产一千两百斤。(4)奶奶笑得多么开心?奶奶笑得非常开心!

15.举例简述什么是拟声词、叹词及其语法特征。

16.举例简述介词的分类和语法特点。

17.举例简述连词的类别与语法特点。

18.举例简述助词的分类和语法特征。

19.根据材料分析汉语动词后面“了”的作用和特点。材料:(1)他下了课就上图书馆了。(2)下了课再去。(3)关了灯就什么也看不见了。

20.举例简述语气词的类型和语法特征。

21.举例简谈兼类词及其语法特点。

22.简述短语的类型。

23.举例简述八种配对句法成分的构成材料与语义类型。

24.举例说明宾语和补语、定语和状语的区别。

25.什么是句型?怎样确定汉语的句型?

26.现代汉语里的疑问句通常分为几类?划分的依据是什么?举例说明。

27.什么是句式?常见的句式有哪些?

28.什么是“把”字句?“把”字句有哪些特点?使用“把”字句须注意什么?

29.什么是“被”字句?“被”字句有哪些特点?使用“被”字句须注意什么?

30.什么是连谓句?常见的连谓句有哪几种类型?

31.什么是兼语句?兼语句有哪些特点?兼语句和主谓短语做宾语的句子有什么区别?

32.什么是存现句?存现句具有哪些特点?

33.什么是非主谓句?它与省略句有什么区别?

34.什么是紧缩句?

35.句群与复句的根本区别是什么?

36.句群和段落(这里指自然段)的区别主要是什么?

37.谈谈词法结构与句法结构不一致的情况。

38.简述句子成分分析法的基本内容及其优劣。

39.简述层次分析法(直接成分分析法)的基本内容及其优劣。

40.简述变换分析法的基本内容及其优劣。

41.简述语义特征分析法的基本内容及其优劣。

42.简述语义指向分析法的基本内容及其优劣。

43.简述格关系分析法的基本内容及其优劣。

44.简述配价分析法的基本内容及其优劣。

45.简述国外语言学理论和方法对汉语语法研究的意义与价值。

46.简述汉语语法研究的发展历程。

47.简述语法学史上的五种“本位”观并加以述评。

八、层次分析题

1.语法结构层次不同的短语

(1)校长的助理妻子

校 长 的 助 理 妻 子　偏正短语(指校长的妻子给校长做助理)

|定|　|中|

　　　　|定|　|中|

校 长 的 助 理 妻 子　偏正短语(指妻子是校长助理的)

|定|　|中|

|定|　|中|

(2)新教师宿舍

新 教 师 宿 舍　偏正短语(指新进教师的宿舍)

|定|　|中|

|定|　|中|

新 教 师 宿 舍　　偏正短语（指教师的新宿舍）
定　中
定　中

（3）两个半劳动力

两 个 半 劳 动 力　　偏正短语（指两个都是半劳动力）
定　中
定　中

两 个 半 劳 动 力　　偏正短语（指劳动力有两个半）
定　中
联　合

（4）他们四个人一组

他 们 四 个 人 一 组　　主谓短语（指他们是四个人一组）
主　谓
主　谓
定　中　数　量

他 们 四 个 人 一 组　　主谓短语（指他们四个人是一组）
主　谓
同　位　数　量
定　中

这一类结构层次不同的多义短语还有：“老教师休息室”“三个学生的意见”“你这倒霉蛋的弟弟”“三个文学院的学生”“两种语音分析的方法”“我们没有做不好的事情”等。

2.结构关系不同的多义短语

（1）开了三年的车

开 了 三 年 的 车　　动宾短语（回答的是“人开车开了几年了”）
动　宾
动　补

开	了	三	年	的	车	偏正短语(回答的是“车用了几年了”)
动					中	
动		补				

(2)学习讨论

学	习	讨	论	动宾短语(回答的是“学习什么”)
动		宾		

学	习	讨	论	偏正短语(回答的是“什么讨论”)
定		中		

(3)走不好

走	不	好	中补短语(回答的是“走得怎么样”)
动	补		
	定	中	

走	不	好	主谓短语(回答的是“什么不好”)
主	谓		
	定	中	

(4)想下去

想	下	去	动宾短语(回答的是“想什么”)
动	宾		

想	下	去	中补短语(回答的是“想得怎么样”)
中	补		

这一类结构关系不同的多义短语还有:“学习文件”“进口芯片产品”“跑下去”“我买的书”“需要出租厂房”等。

3.语义关系不同的多义短语

(1)这个人谁也不认识

这	个	人	谁	也	不	认	识	主谓短语(“这个人”是受事,意指谁也不认识这个人)
主			谓					
			主	谓				

这个人谁也不认识	
这 个 人 谁 也 不 认 识 主（这个人） 谓（谁也不认识） 主（谁） 谓（也不认识）	主谓短语（“这个人”是施事，意指这个人不认识其他任何人）

(2)鲁迅的书

鲁迅的书	
鲁 迅 的 书 定（鲁迅） 中（书）	偏正短语（“鲁迅”是施事，意指鲁迅自己写的书）
鲁 迅 的 书 定（鲁迅） 中（书）	偏正短语（“鲁迅”是受事，意指写鲁迅的书）

(3)开刀的是他父亲

开刀的是他父亲	
开 刀 的 是 他 父 亲 主（开刀的） 谓（是他父亲） 的（开刀） 字（的） 动（是） 宾（他父亲） 定（他） 中（父亲）	主谓短语（“他父亲”是施事，意指开刀的医生是他父亲）
开 刀 的 是 他 父 亲 主（开刀的） 谓（是他父亲） 的（开刀） 字（的） 动（是） 宾（他父亲） 定（他） 中（父亲）	主谓短语（“他父亲”是受事，意指开刀的病人是他父亲）

(4)(这张图片)放大了

放大了	
放 大 了 动（放） 补（大了）	中补短语（“大”是“放”的结果补语，回答的是放得“怎么样了”）
放 大 了 动（放） 补（大了）	中补短语（“大”是“放”的程度补语，回答的是放得“大了”还是“小了”）

这类语义关系不同的多义短语还有：“看他的父亲”“小孩子都知道”“鸡不吃了”“父亲的回忆”“他谁都认识”“反对的是李校长”“这孩子追得我累死了”“连你也不相信”“领子破了的就换掉”“反对压迫自己的人”等。

4.结构关系和语义关系都不同的多义短语

(1)热爱人民的军队

热　爱　人　民　的　军　队

定　　　　中

动　宾

偏正短语(“军队”是施事,意指“军队热爱人民”)

热　爱　人　民　的　军　队

动　宾

定　　　　中

动宾短语(“军队”是受事,意指“热爱的是人民军队”)

(2)访问英国归来的科学家

访　问　英　国　归　来　的　科　学　家

定　　　　中

主　谓

动　宾

偏正短语(“科学家”是施事,意指“科学家访问英国归来”)

访　问　英　国　归　来　的　科　学　家

动　宾

定　　　　中

状　中

动宾短语(“科学家”是受事,意指“访问从英国回来的科学家”)

(3)咬死了敌人的狗

咬　死　了　敌　人　的　狗

动　　　　宾

中　补　　定　　　　中

动宾短语(“狗”是受事,意指“敌人的狗被咬死了”)

咬　死　了　敌　人　的　狗

定　　　　中

动　　　　宾

中　补

偏正短语(“狗”是施事,意指“狗咬死了敌人”)

这类结构关系和语义关系都不同的多义短语有:“咬死了猎人的狗”“咬死了农民的狗”等。

九、附加题(限于篇幅,不再提供参考答案)

1.你这可恶的儿子

2.我们班唱歌唱得最好的同学

3.(西瓜)一块一角

4.叫他哥哥

5.批评老张教育老李的方法不对

6.准备了三天吃的

7.这个人人都头疼的问题一直没得到很好的解决

8.这三位同学我还叫不上名字

9.我们乡现在已经有一百多个有大学文化的青年

10.我最好的朋友是你哥哥的数学老师

11.我是看着爷爷离开的

12.他的哥哥和妹妹的朋友

13.看打乒乓球的中学生

14.三个电视台的记者和编辑

15.命令我们连明天到达目的地作战

16.春节是中国的传统节日

17.全校师生都在学习中央文件

18.王局长仔细地把监狱巡查了一遍

19.你应该在国外学习几门外语

20.我们认为李市长的报告符合实际

21.知道李明已经参军上前线打仗了

22.爸爸说的话他一句话也听不进去

23.分析研究一下这件重大刑事案件

24.做一名有思想有文化的青年

25.一位有丰富教学经验的语言学老师

26.世界珍贵稀有动物东北虎的故乡中国

27.他气得敲着桌子哭起来

28.那个给我写信的朋友来这里看我

29.能不能给贫困学生一些关心和爱护

30.把发展教育事业放在全国首要位置

31.我们现在对社会发展规律的认识比过去深刻得多

32.咬坏孩子的狗

33. 他谁都认识
34. 他和你的同学
35. 他自己去埃及旅游
36. 他弟弟是个战斗英雄
37. 我的同学的父亲的朋友
38. 昨天在办公室里都热情地同李书记交谈
39. 喜欢看打篮球的学生今天都来了
40. 学生大都喜欢看踢足球
41. 他妈妈上个月给他四次钱
42. 领导叫他乘火车去广州开广交会
43. 我们非常喜欢学校紧张有序的生活
44. 小李的爸爸上个月买回来一台智能化空调
45. 老李在火车上写标语
46. 李大爷在房顶上发现了小偷
47. 他没有不好的事
48. 老李觉得他做得很对
49. 发现敌人的哨兵
50. 他说不好
51. 他要烤地瓜
52. 她的毛衣织得好
53. 写好书
54. 我不懂这句话的意思
55. 走了一会儿
56. 洗得干净
57. 我不同意选他当主席
58. 这张照片放大了一点儿
59. 台上坐着主席团
60. 发现敌人的哨兵回军营了

参考答案

一、填空题

1. 组合法则,词,短语,句子。

2. 语法规律,语法学(知识或理论),词法,句法,词的分类(词类),词的构成(构词法),形态变化(构形法),句法结构,分类。

3. 语法系统,语法学说的系统,语法系统,语法体系。

4. 抽象性,稳固性,民族性,语素,词,短语,句子,音义结合体。

5. 有音又有义。

6. 独立运用,短语,句子。

7. 词,句调,造句,句调。

8. 句调,相对完整的意思。

9. 语法规律,句法成分,主语,谓语,动语,宾语,定语,状语,补语,中心语。

10. 句法关系,陈述(主谓)关系,支配或涉及(动宾)关系,修饰限制(定中)关系,修饰限制(状中)关系,补充说明(中补)关系。

11. 语法性质,语句的结构规律,各类词的用法,语法功能,形态,意义,语法功能,形态,意义,词性。

12. 分布功能,实词在语句里充当句法成分的能力,主位,宾位,词与词的组合能力,实词与另一些实词的组合能力,依附实词表示语法意义。

13. 构形形态,构词形态。

14. 概括意义,意义类别。

15. 词的形态标记,语法功能,主要,次要,经常,非经常。

16. 名宾动词,谓宾动词,名谓宾动词,谓词。

17. 语法功能,语法意义,词汇意义,语法意义,名词,动词,形容词,区别词,数词,量词,副词,代词,拟声词,叹词,介词,连词,助词,语气词。

18. 专有名词,普通名词,时间名词,处所名词,方位名词,动作动词,心理活动动词,存在、变化、消失动词,判断动词,能愿动词,趋向动词,形式动词,关系动词,性质形容词,状态形容词。

19. 基数词,序数词,名量词,动量词,专用名量词,借用名量词,专用动量词,借用动量词,专用名量词,复合量词,体词,体词,体词短语。

20. 程度副词,范围副词,时间、频率副词,处所副词,肯定、否定副词,方式、情态副词,语气副词,关联副词,代名词,代谓词,代数词,代副词,人称代词,疑问代词,指示代词。

21. 实词或语句,单独成句,句法成分,重叠,词汇意义,时间,处所,方式,原因,目的,施事,受事,对象,并列,选择,递进,转折,条件,因果,结构助词,动态助词,尝试助词,时间助词,概数助词,比况助词,其他助词,陈述语气词,疑问语气词,祈使语气词,感叹语气词。

22. 词,句调,词组,词,句,语序,虚词,主谓短语,动宾短语,偏正短语,中补短语,联合短语,连谓短语,兼语短语,同位短语,方位短语,量词短语,介词短语,助词短语,定中短语,状中短语,数量短语,指量短语,"的"字短语,比况短语,"所"字短语。

23. 句法成分,成句,所字短语,名词性短语,动词性短语,形容词性短语,加词性短语。

24. 名词性主语,谓词性主语,施事主语,受事主语,中性主语,动词谓语,形容词谓语,名词谓语,主谓谓语,数量谓语,受事宾语,施事宾语,中性宾语,名词性宾语,谓词性宾语,限制性定语,描写性定语,结果补语,情态补语,趋向补语,数量补语,时地补语(介词短语补语),可能补语,程度补语,定语中心语,状语中心语,补语中心语。

25. 结构关系,插入语,称呼语,感叹语,拟声语。

26. 句型,单句,复句,主谓句,非主谓句,名词谓语句,动词谓语句,形容词谓语句,名词性非主谓句,动词性非主谓句,形容词性非主谓句,叹词句,拟声词句。

27. 主谓谓语句,把字句,被字句,连谓句,兼语句,双宾句,存现句。

28. 变式句,省略句,倒装句。

29. 句类,陈述句,疑问句,祈使句,感叹句。

30. 是非问,特指问,选择问,正反问。

31. 联合复句,偏正复句,意义上平等,主从之分,等立复句,有主有从,主从复句,正句,偏句。

32. 并列复句,顺承复句,解说复句,选择复句,递进复句。

33. 条件复句,假设复句,因果复句,目的复句,转折复句。

34. 搭配不当,残缺和多余,语序不当,句式杂糅。

35. 主语和谓语搭配不当,动语和宾语搭配不当,定语、状语、补语与中心语搭配不当,联合短语中的一部分与配对成分搭配不当。

36. 定语和状语错位，定语和中心语错位，状语和中心语错位，句中状语错位，多层定语语序错位，多层状语语序错位。

37. 关联词语搭配不当，缺少必要的关联词语，错用关联词语，滥用关联词语，关联词语位置不对。

38. 前后脱节，语序不当，前后矛盾，答非所问，重复多余，点断失误，句群误为复句。

39. 分句，句子。

40.《马氏文通》，黎锦熙，吕叔湘，《现代汉语语法研究》，《现代汉语语法讲话》，《现代汉语八百词》。

二、单项选择题

1.A	2.C	3.D	4.C	5.C	6.B	7.C	8.D	9.B	10.C
11.C	12.B	13.A	14.B	15.A	16.D	17.B	18.D	19.C	20.A
21.D	22.C	23.A	24.D	25.C	26.C	27.A	28.C	29.D	30.B
31.A	32.C	33.A	34.B	35.C	36.B	37.B	38.B	39.B	40.A
41.D	42.C	43.A	44.D	45.A	46.A	47.A	48.C	49.C	50.A

三、多项选择题

1.ABE	2.DE	3.ABDE	4.AD	5.AE
6.CDE	7.BC	8.ADE	9.BE	10.CE

四、分析题

1. 分析下列句子，如果是单句，请根据谓语确定其句型；如果是复句，则分析分句之间的层次和关系。

(1)主谓句，动词谓语句。

(2)他不但细心听取了我们的意见，|(递进)而且立刻通知组内同志前来商量，||(递进)态度甚至比我们还要积极。

(3)主谓句，动词谓语句，“被”字句。

(4)主谓句，动词谓语句，连动句。

(5)要是谁在工作中违法犯罪，|(假设)不管他过去有多大功绩，|||(并列)不管他

有什么来头，||（假设）我们党和政府决不姑息。

（6）一些同志在某种错误思潮袭来之时，虽不附和响应，|（转折）也感到难于鉴别和批判，|||（选择）或者认为无关大局，||（因果）因而采取观望态度。

（7）主谓句，动词谓语句，“把”字句，连谓句。

（8）掌柜是一副凶脸孔，||||（并列）主顾也没有好声气，|||（因果）叫人活泼不得；||（并列）只有孔乙己到店，|||（条件）才可以笑几声，|（因果）所以至今还记得。

（9）虽然这世界罕有的铁路工程甚为艰巨，||（并列）虽然领导干部和技术人员都没有对付过这样复杂的自然情况，||（并列）虽然绝大部分工人是刚放下枪杆或者农具的外行，|||（因果）不懂得如何下手工作，|（转折）可是，历史既把建设的担子放在他们肩上，||（因果）他们就以无比的英雄气概，挑起这繁重的担子，|||（顺承）坚毅地向前走。

（10）恩格斯不仅肯定了人类与高等动物的一般的共同性，|（递进）更重要的是指出了人类与动物最本质的区别，||（解说）即人类能制造工具并使用工具从事劳动，||||（目的）来支配和改造自然，|||（转折）而一般动物则不能。

（11）只要能让我工作，|（条件）不管到什么地方，|||（并列）不管条件多么艰苦，||（假设）我都去！

（12）三味书屋后面也有一个园，|（解说）虽然小，||（转折）但在那里也可以爬上花坛去折蜡梅花，|||（并列）在地上或桂花树上寻蝉蜕。

（13）他不大说话，||（并列）也不大管他人的闲事，|（转折）不过要是一有自己的主张，||（假设）那主张就会在他脑子里生根发芽，|||（递进）而且不晓得要长到多长。

（14）看见鱼翅，||（假设）并不就抛在路上，||||（目的）以显其“平民化”，|||（并列）只要有营养，||||（条件）也和朋友们像萝卜白菜一样的吃掉，|||||（转折）只不用它宴大宾；|（并列）看见鸦片，||（假设）也不当众摔在茅厕里，||||（目的）以见其彻底革命，|||（并列）只送到药房去，||||（目的）以供治病之用，|||||（转折）却不弄“出售存膏，售完即止”的玄虚。

（15）有的人由于不懂逻辑，|（因果）所以对别人不合逻辑的言论，不但不能觉察它的荒谬，||（递进）反而随声附和，|||（并列）人云亦云。

（16）现在一些中、低焦油含量的香烟虽然减少了对肺部的损害，||（转折）但是并不等于此类香烟无毒，|（因果）因为只要香烟燃烧，||（条件）就会产生大量的一氧化碳和其他有毒物质，|||（并列）就会对机体继续造成损害。

（17）因为学习不但要靠理解力，|||（递进）还要靠记忆力，||（顺承）而理解力和记忆力无论有多强，|||（条件）都要理解和记住刚学会的东西，||||（并列）都要有一个过程，|

(因果)哪一个人如果妄想一下子就把什么都学会,||(假设)其结果必定要吃大亏。

(18)主谓句,动词谓语句。

(19)主谓句,动词谓语句。

(20)谁如果把自己看成是群众的官老爷,|(假设)那么,不管他的才能有多大,|||(并列)地位有多高,||(条件)也是群众所不需要的。

(21)忽视人民群众生活消费对社会生产的促进作用,|||(并列)不积极满足人民生活消费正常增长的需要,||(假设)当然是错误的;|(并列)不管生产发展的可能,||||(并列)不顾我国的国情,|||(条件)一味地盲目追求高消费,||(假设)肯定也是错误的。

(22)如果一篇文章所讲解的道理错误,||(并列)所引用的材料虚假,|(假设)即使形式上多么华丽,||(假设)也决不会被认为是好文章。

(23)我们有正确的思想路线、政治路线和组织路线,|(因果)只要大胆而谨慎地工作,|||(并列)只要经过周密的调查研究,广泛听取群众意见,||(条件)就完全有把握把大批优秀的中青年干部选拔出来,|||(目的)保证我们的事业后继有人。

(24)他早想在路上拾得一注钱,||(转折)但至今还没看见;|(并列)他想在自己的破屋里忽然寻到一注钱,|||(顺承)慌张地四顾,||(转折)但屋内是空虚而且了然。

(25)我两手空空,|(因果)既不愿让悲鸿知道,|||(目的)以免他焦急,||(并列)又不愿开口向他人求助。

(26)虽然是满月,|||(转折)天上却有一层淡淡的云,||(因果)所以不能朗照;|(转折)但我以为这恰是到了好处||(递进)——酣眠固不可少,|||(选择)小睡也别有风味的。

(27)我们很多人没有很好地学习语言,|(因果)所以我们在写文章做演说时就没有几句生动活泼切实有力的话,||(并列)只有死板板几条筋,|||(假设)像瘪三一样,||||(假设)瘦得难看,||||(假设)不像一个健康的人。

(28)如果站在水边,||(顺承)先是一阵子呆看,|||(顺承)再发一阵子空想,|(假设)即使能够想出一大堆"道理"来,||(假设)自己也还是不会游泳,|||(递进)对于别的游泳的人也没有好处。

(29)固然,如果不认识矛盾的普遍性,||(假设)就无从发现事物运动发展的普遍原因或普遍的根据,|(转折)但是,如果不研究矛盾的特殊性,||(假设)就无从确定一事物不同于其他事物的特殊本质,|||(并列)就无从发现事物运动发展的特殊原因。

(30)一个革命者如果不能掌握科学的认识论,||(并列)没有正确的思想方法,|(假设)即使他有一切善良的动机,||(假设)也不可能把工作做好,|||(并列)也会犯这样或

那样的错误。

2.判断下列句子的句型与句式(句型是根据全句特点分出的上位类名,句式是根据句子的局部特点分出的下位类名)。

(1)主谓句,动词谓语句。

(2)主谓句,动词谓语句,兼语句,爱恨式。

(3)主谓句,动词谓语句。

(4)主谓句,动词谓语句,连谓句。

(5)主谓句,动词谓语句,兼语句,选定式。

(6)主谓句,动词谓语句。

(7)主谓句,动词谓语句,“把”字句。

(8)主谓句,动词谓语句,存现句。

(9)主谓句,动词谓语句,兼语句,“有”字式。

(10)主谓句,动词谓语句,连谓句。

(11)主谓句,动词谓语句,连谓句,“把”字句。

(12)主谓句,动词谓语句,兼语句,使令式。

(13)主谓句,动词谓语句,兼语句,使令式。

(14)主谓句,动词谓语句,连谓句。

(15)主谓句,动词谓语句,“把”字句。

(16)主谓句,动词谓语句,连谓句,兼语句。

(17)主谓句,主谓谓语句。

(18)主谓句,形容词谓语句。

(19)主谓句,动词谓语句,省略句。

(20)主谓句,名词谓语句。

(21)主谓句,主谓谓语句。

(22)主谓句,形容词谓语句。

(23)主谓句,动词谓语句,“被”字句。

(24)主谓句,动词谓语句,“被”字句。

(25)主谓句,动词谓语句,双宾句。

(26)主谓句,名词谓语句。

(27)主谓句,形容词谓语句。

(28)非主谓句,动词性非主谓句,兼语句。

(29)非主谓句,名词性非主谓句。

(30)主谓句,动词谓语句,存现句。

3.指出下列句子里的独立成分的类型。

(1)“想必”是插入语。

(2)“说句实在话”是插入语。

(3)“比如福建、广东”是插入语。

(4)“哎”是感叹语。

(5)“晓菡”是称呼语。

(6)“据考证”是插入语。

(7)“往少处说”是插入语。

(8)“同学们”是称呼语。

(9)“嗨”是感叹语。

(10)“嗖,嗖——”是拟声语。

五、病句改错及理由

1.“一颗”与“心情”搭配不当,去掉“一颗”。

2.成分多余,“五千多”与“左右”都是表示概数,删掉其中一个即可。

3.两个“她”指代不明,应该把“她”具体化。

4.定语和中心语搭配不当,应该把“深刻”改成“深厚”。

5.“妥协”属于不及物动词,可以改成“同意”等能带宾语的及物动词。

6.成分残缺,“对”之前应该加上主语“全场观众”。

7.主谓不搭配,“活动”无法与“一天”搭配,可以改“一天”为“一件事”。

8.动宾搭配不当,“铲除”不了“影响”,可以改成“肃清”。

9.动宾搭配不当,“展开”不能与“新高潮”搭配,可以改“展开”为“掀起”。

10.主谓搭配不当,应该把“对于”放在句首。

11.成分多余,“车水马龙”就包含了多的意思,可以删掉“特别多”。

12.动宾搭配不当,可以去掉“恢复和”。

13.状语多余,“由衷”就已经具有心里的意思,应删掉“心里”。

14.状语与中心语搭配不当,改为“对新干部的缺点错误及时指出并帮助他们克服”。

15.成分残缺,应该在“才看”后面加上表示动作完成的助词,如“了”或者“过”。

16. 语序不当,“如果”应该放到“他”的前面。

17. 多层定语位置不当,“无比”应该放在“热情”前面。

18. 状语位置不当,“任意”应该放在“宰割”之前。

19. 关联词语搭配不当,“也”改成“就”。

20. 谓语多余,“到来”应该删掉。

21. 句式杂糅,反问句与判断句混在一起,可以改成“那怎么会有好成绩呢?”或者“成绩不好是可想而知的”。

22. 关联词语搭配不当,“不管……都……”不合习惯,可以改成“不管……多么……”。

23. 成分多余,句中应该去掉“的”,“值得信赖、值得学习、值得参观”等都不用“的”。

24. 成分残缺,“把”字句中的动词前面或者后面要有其他修饰或者补充成分。

25. 语序不当,副词“没有”不能放在“把”字结构的后边,而且此句不宜用“把”字结构。可以改为:我没有来得及看完这篇小说,所以很难发表意见。

26. 成分多余,“被”字应该去掉。

27. 动宾搭配不当,“加快”与“规模”不能搭配,可以说“扩大规模”。

28. 关联词语位置不当,可以改成:不但中国人民认识了现代霸权主义的反动本质,而且第三世界越来越多的国家和人民也都从自己的经验中看清了现代霸权主义的真实面目。

29. 主谓搭配不当,可以在“三次”前面加上“其产品”。

30. 关联词语搭配不当,“不光”不能与“而是”搭配,可以和“而且”搭配。

31. 指代不明,他同意的是哪一种主张,句意不明确。

32. 动宾搭配不当,“研究”的应该是“问题”,与“建立”无法搭配。

33. 状语与中心语搭配不当,“口口声声”应该和“承诺”搭配,与“欺骗”不搭配。

34. 动宾搭配不当,应该是“掌握外语单词”与“提高阅读能力”。

35. 补语与中心语搭配不当,“周全”改成“周到”。

36. 语序不当,“广泛”应该修饰“交流”。

37. 语序不当,“朴实无华”应该直接修饰“朋友”。

38. 关联词语位置不当,“不但”应该放到“中药”后面。

39. 分句关系不当,把“子孙后代不答应”放在“海峡两岸的人民不答应”之后。

40. 谓语残缺,应该把“的”去掉。

41. 修饰语与中心语搭配不当,“一连串”应该直接修饰“事情”。

42. 主语残缺,介词“关于”多余。

43. 搭配不当,“有没有”不能与“关键”搭配,可以去掉“没有”。

44. 多层状语语序不当,应改为“许多同学昨天在办公室里都热情地同新来的英语老师打招呼”。

45. 误用多重否定,去掉“没有”。

46. 主语残缺,去掉“使”。

47. 主谓搭配不当,“水稻生产”无法与“长势良好”相配,可以去掉“生产”。

48. 多层定语位置不当,“两位”应该直接修饰“优秀语文教师”。

49. 主语残缺,去掉“对”。

50. 主谓搭配不当,“产品质量”可以与“优劣”搭配,不可以与“高低”搭配。

51. 关联词语不当,“否则”应改为“如果”。

52. 关联词语不当,“不管”应改为“尽管”。

53. 关联词语不当,“而且”应改为“何况”。

54. 关联词语不当,“进而”应改为“从而”。

55. 关联词语不当,“以至”应改为“以致”,表示因果关系。

56. 关联词语不当,“由于”应改为“因为”,用“由于”的原因从句一般不能放在主句后面。

57. 关联词语不当,“及其”应改为“及”。用“及其”的说法,在于表明前后两项有从属关系,即后者是从属于前者的。

58. 关联词语不当,“还是”应改为“或者”。“还是”虽然表示选择关系,但是带疑问语气,一般用于疑问句。

59. 误用介词,“对”应改为“针对”或“就”。

60. 语序不当,应改为“我们对抗战历史很感兴趣”。

六、名词解释

1. 马建忠《马氏文通》

《马氏文通》(下文简称《文通》)是中国人自己写的第一部汉语语法学著作,标志着汉语语法学的正式诞生,自诞生之日起一直深刻而直接地影响着汉语语法研究的百年发展,以其不可磨灭的功绩屹立于中国语言学史乃至中国学术史上。

这部晚清维新派为救亡图存在语言文字方面学习西方的著作,共十卷,由上海商务印书馆于1898—1900年出齐。该书模仿西方拉丁文语法体系来构建汉语文言文语法体系,在体例上打破西方传统语法以形态为主的体制,建立以句读为主线、句法统率词法的新体制,建立了字、顿、读、句四级语法单位,字相当于"词",首先分实字、虚字,然后实字分名字、代字、动字、静字、状字,虚字再分介字、连字、助字、叹字。由此可见,《文通》的词类划分已经初具规模,与今天的词类划分大体相当,为汉语词类系统搭建了基本框架,虽经百年语法研究,仍未摆脱其框架范围。《文通》认为词可以分类,但以"字"的意义来作为划分"字"类的标准,由于字的词汇意义与句法意义不统一,因此得出了"字无定义,故无定类"的结论。

这体现在他的"假借说"上,"字无定义,故无定类"的"字"不是指多义字,而是指一个字在不同语法位置上表达相同的意义。如"天之苍苍,其正色耶"的"苍苍",马建忠认为"'苍苍'重言,本状字也,今假借为名(字)"。可见,马建忠发现了一个语言现象,即同一个字,如果词义不同,应出现在不同的句法位置上;如果词义相同,也可以出现在不同的句法位置上。他还设立"位次"说来解释偏正、同位、并列、复指等句法关系。以"起词(相当于主语)""语词(相当于谓语)"、止词、表词、司词、加词、转词等术语来分析句子结构,归纳出句子的主要结构为"起词+语词"。《文通》的"读"相当于主谓短语作句子成分或从属分句,"顿"指除了"读"以外的其他短语,可见"顿""读"指的就是句子成分或分句的短语。

《文通》有意识地从"通经致用"的经学附庸中解脱出来,标志着中国语言学开始步入现代语言学,它使用了7326个古汉语例句来归纳古汉语的语法规律,也是传统语文学的延伸及集大成者。它是在当时社会模仿西方文化环境下的产物,模仿中又有创新,总结出了汉语文言文中许多可信的规律,但模仿也有其弊端,它要求词类与句子成分对应,又将词义作为划分词类的标准,提出了字类假借说,未观察到汉语实词与句子成分关系的复杂性,潜意识中以印欧语"形态与句法成分对应原则"来划分词类,必然得出汉语无词类的结论。

2.黎锦熙《新著国语文法》

《新著国语文法》(下文简称《文法》)1924年由商务印书馆出版。黎锦熙是中国现代汉语语法研究的奠基者,其著作《文法》的出版标志着现代汉语语法学的正式诞生,该书是我国第一部具有自己独特体系的描写白话文语法的著作。黎锦熙在该书中首创"句本位"语法体系,即把"意义"作为分析语法的标准,用意义来划分实词,以施事、受事来确定主语和宾语。在句子分析方面采取中心词分析法,把句子成分与词对应起来,找句子成分实际就是找出构成这一成分的词。在分析程序上先找主要成分主语、述语，再找连带成分宾语、补足语，然后找主要成分和连带成分的附加成分，这种分析法即句子成分分析法，由于分析时要求首先找出全句的中心词（主语或谓语），让其他成分分别依附于中心词上，因而又叫中心词分析法。这种分析法注重词与句子成分的对应关系，注重句子成分之间的结合关系，找中心词（即找主干）的方法，也便于使人理解和把握全句的中心，便于修改病句。但其弊端有二：一方面，这种方法把复杂的句子简单化，另一方面，这种方法未能抓住句子结构的重要特点——层次性，故而这种分析法难以分析复杂的、多层次的句子或者有歧义的句子。

该书设立了词、语、句、词类、句类等基本概念，树立了“句本位”的语法观，试图从主要研究词的形态变化的词本位转向研究句子组织结构的句本位上来，建构了五类（实体词、述说词、区别词、关系词、情态词）九种（名词、代词、动词、形容词、副词、介词、连词、助词、叹词）的词类体系。这是一种逻辑语义上的分类，但以义分类不能解决具体词的归类问题，黎锦熙说“国语的词类，在汉语的形体上无从分别，在词义的性质和复合的形态上，虽有主要的分别，还须看它在句中的位次、职务，才能确认这个词是属于何词类”，这样就把词类和句子成分对应起来，以句子成分来定一个词的类属，同一个词在不同的成分位置也就分别隶属于几个类，因而就出现了“国语”的九种词类随着它们在句子中的位置或职务而变更这种现象，于是产生了“凡词，依句辨品，离句无品”的词的归类观。《文法》认识到汉语词无形态变化这一特点，认识到汉语的词类本身无从分别，就从句本位出发，把词类分别与句子成分对应起来，依句辨品，其结果只能是无限制的词的转类，而至词无定类，直至离句无品。《文法》用六大成分（包括主语、述语的主要成分，宾语、补足语的连带成分，形容性的附加语、副词性的附加语的附加成分）来分析汉语的句子，并用图解法来显示句子分析的结果；如果施事位于述语后、受事位于述语前、副位（即状语）位于主语前、修饰限制性成分在主要成分后，便认为这是倒装；如果句子所含成分缺少，则大量采用省略说。省略是客观存在的，省略的成分应是可以添补并且是唯一能添补的，省略有对话省、自述省、承前省、蒙后省等。但是，《文法》的省略说以及倒装说，有时无视句子的句法结构规律，无视句子的本来面目，割裂了形式与意义的统一，以意义决定形式，从逻辑语义出发，混淆语义、语用和句法的区别，带有一定的主观色彩，达到了滥用的境地。《文法》根据结构复杂与否将句子分为单句和复句。

3.吕叔湘《中国文法要略》

《中国文法要略》（下文简称《要略》）的上卷和中下卷分别于1942年与1944年由商务印书馆出版。吕叔湘是国内第一个广泛运用转换方法来分析和论证各种句型的语法学家。该书既有精巧严密的理论框架,又有精确细致的细节描写,具有博大精深的特点。从语法形式去探讨语法意义,从语法意义来探讨语法形式,这种由外而内又由内到外的编写体例,有益于从不同角度探讨汉语语法形式与语法意义之间的对应关系。它启示语法研究者,既要注意句法结构关系,又要注意语义结构关系,并使两者有机结合。该书注重描写方法,注意从语言材料中归纳规律,强调占有材料,努力探索汉语的特点和规律。该书析句的方法与众不同,从功能和谓语性质角度把句子分为叙事句、表态句和判断句等类别。该书是变换研究的先驱,即是研究汉语句法结构变换关系的先驱,变换分析是分化歧义句、区别同义句、辨别语言单位或语言结构性质的重要方法,吕叔湘首次使用变换分析法解决汉语语法问题。该书注重比较方法,通过对比各种语言现象来发现汉语语法的规律和特点,从这个意义上说它是一部比较语法的专著。另外该书还有语义分析、动词中心论、短语做句子成分论、区分省略和隐含等内容,书中提出的动词“向”的理论就是西方的动词配价理论,吕氏之说比西方早了17年。

全书分“词句论”和“表达论”两部分,“词句论”共8章,研究汉语语法的各个基本单位:词、句、词组、词的构成,词类以及词的配合的基本结构形式,句子的种类,句子的组成与分析,句子与词组的转换,句法的变化等。

在词类划分上,将词类首先分为“实义词”和“辅助词”两大类,“实义词”又分为“名词”“动词”“形容词”,“辅助词”又分“较实”和“较虚”两类,“较实”的包括“限制词”和“指称词”,“较虚的”包括“关系词”和“语气词”,限制词还包括方所限制(这里、那里、到处等)、时间限制(今、暂、一会儿等)、动态动相限制(包括动后趋向动词、动态助词及已、方、将等时间副词),指称词还包括数词和量词,关系词还包括介词、连词、结构助词,语气词还包括语气副词和感叹词。

在词类划分上,《要略》赞同“词类活用”理论,认为“一个词可以分别本用和活用”,如果某类词不在其经常的位置,就是本用的活用,可见这是按照词在句子中的功能来分别的。《要略》的词类活用比《马氏文通》之假借、《新著国语文法》之转类的范围要小得多,部分地承认了词的多功能性,即兼类现象,但作者有时候将本用、兼类、真正活用相混而不别。《要略》将未进入句子时的词与词的配合关系分为三类,即联合关系(相当于联合短语)、组合关系(相当于偏正短语)、结合关系(相当于主谓短语),很显然这三种关系不足以概括汉语中词与词的关系类型。在句子种类上,《要略》将句子分为“简句”和“繁句”两大类,只包含一个主谓结构的句子是简句,包含两个以上主谓结构的句子是繁句。“简句”从谓语的表达中心角度分为叙事句、表态句、判断句、有无句等几种。“繁句”则又分为关系结合句、构造结合句。在句子分析上，采用两套术语，以动词为中心的叙事句，其结构由起词、动词、止词、补词等构成，不以动词为中心的句子分主语和谓语，作者认为主语并非都是起词，止词、补词也可以是主语，主语不过是动词涉及的几个事物中被提到句子的开头当作主题的那个事物，与起词没有对应关系。《要略》从结构类型和语义性质上讨论了句子和词组的种种转换关系，指出哪类句子可以转换成词组，哪类句子不能转换，并说明了转换的条件、规则以及不能转换的理由。

“表达论”共15章，又分范畴和关系两部分，范畴部分讨论了数量、指称、方所、时间、肯否、语气等意义，关系部分主要讨论复句的各种关系。《要略》注意挖掘汉语各意义范畴及其表达形式，以表彰汉语的特点。比如对“时间”范畴的阐述，汉语动词没有时的形式变化或标志，而用各种时间词来表示叙述的时间，既可以用限制词“将、方、已、要、正在、既”等表示，又可以用“着、了、起来、下去、去、来、来着、过”等后置表示，其观察细致、分析恰当、结论可靠，为现代汉语的时间系统（时相、时制、时态）研究打下了良好基础。《要略》以语义为纲描写汉语句法，是迄今为止对汉语句法进行全面语义分析的代表性著作，它根据分句与分句之间的关系及其各种关系的表达方式，将语义关系分为以下六种：离合向背式（联合、加合、递进、转折、交换、排除等关系）、异同高下式（主要讨论各类比较关系句）、同时先后式（主要讨论时间关系，如相承、并进等）、释因纪效式（讨论因果、目的关系）、假设推论式（讨论假设、条件关系）、擒纵衬托式（讨论容认、纵予、衬托、逼进、无条件、连锁等关系）。

4.王力《中国现代语法》

《中国现代语法》（下文简称《语法》）的上册和下册分别于1943年与1944年由商务印书馆出版。这是一部侧重汉语语法规律的著作。该书根据词的概念意义和造句作用，将词分为理解成分和语法成分。理解成分又分实词和半实词，实词包括名词、数词、形容词、动词，半实词即副词。语法成分又分虚词和半虚词，虚词包括联结词、语气词、记号，半虚词包括代词和系词。

为解决汉语词类与句子成分之间的关系，王力提出“三品说”（词品观念来源于叶斯柏森，品是词在句中的位置、地位）。“词品”是一座在词类与句子成分之间架起联系的桥梁，王力指出“词在字典里的时候，分类不分品；词在句子里的时候，分品不分类”，虽然词品与句子成分对应起来了，但依然不能解决词的归类和分类问题。另外，主语、宾语比谓语重要而为首品，定语与谓语地位平等而为次品，状语、补语不如定语重要而为末品，这种规定的品级无法给出语法或语义上的合理解释。

《语法》把语法单位分为词、仂语、谓语形式(经常充当谓语的各类动词性短语以及介词短语)、句子形式(即主谓短语)、句子,使用替代法和扩展法来确定词与非词,应该说是对普通语言学理论借鉴的一种创新,仂语、谓语形式、句子形式概念的使用表明了作者观察到汉语短语是可以作句子成分的。同时,该书还根据表述功能将句子分为叙述句、描写句、判断句三类,并与谓词的构成成分的性质联系起来,叙述句是以动词为谓语的,描写句是以形容词为谓语的,这种分类把功能与结构联系起来,避免了单纯的语义观或结构观,深化了对汉语句子构造的认识。《语法》以谓语为观察点,归纳、描写出汉语中几类特殊句式,比如能愿式、使成式、处置式、被动式、递系式、紧缩式,这是对汉语句型和特殊句式全面研究的开始,是对兼语句、连动句式研究的先导。该书以《红楼梦》《儿女英雄传》为语料选取来源,语料的时代、地域、材料确定,体现了描写语言学思想。该书重视量词研究,发现了副词的语义指向,用描写的观点看待欧化语法现象,体现了汉语语法的发展观。

5.高名凯《汉语语法论》

《汉语语法论》1948年由上海开明书店出版,1957年科学出版社出修订本。这是一部真正的科学语法研究专著,充满哲学意味,不同于以实用教学为目的的语法著作,而是注重理论和方法的探索和论辩,注重语系间、共时与历时、共同语与方言的比较,更具普通语法学特色。本书将词分为“表知的词”和“表情的词”,“表知的词”再分为实词和虚词,实词继续分为“具有名词功能的词”“具有动词功能的词”和“具有形容词功能的词”,虚词继续分为“代表虚词”“范畴虚词”和“结构虚词”,“代表虚词”又包括“指示词”和“代词”两类,“范畴虚词”又包括“数词”“数位词”“次数词”“体词”“态词”“欲词(愿词)”“能词”“量词”“系词”;“表情的词”也分实词和虚词,其中的实词分类同“表知的词”的实词分类,其“虚词(口气虚词)”包括“否定词”“确定词”“询问词”“疑惑词”“命令词”和“叹词”。

在词类问题上,作者看到了前人以意义分类或以造句功能分类的缺点,认为词类是词的语法分类,每一类词都有自己的语法意义和语法作用,并认为划分词类应以语法意义、句法功能和词的形态三位一体为标准。作者这种深受印欧语法观影响的看法导致其产生了“实词不能再分类”的思想观点,但作者又根据功能将实词分为三类(具有名词功能的词、具有动词功能的词、具有形容词功能的词),这也说明作者看到了汉语实词的多功能性。

《汉语语法论》忠实地体现了词序和虚词是表达汉语语法意义的重要手段这一认识,讨论了指示词、人称词、数词、数位词(名量词)、次数词(动量词)、体词、态词(动词的施动与受动态、及物不及物态、使动态)、欲词与愿词(要、欲、将等)、能词(表可能、许可、意欲、应然等的词)、量词(相当于表范围、程度的副词)等语法成分(语法形式)是如何表达语法意义(语法范畴)的。其中,作者认识到汉语没有表时间范畴的语法形式而有表体范畴的语法成分,并认为汉语动词没有施动态、受动态的分别,看出汉语动词本身没有内、外动之分,这些观点对汉语语法研究影响较大。在句法问题上,作者把实词在句子中与其他实词的关系分为规定关系(相当于主谓、偏正关系)、引导关系(相当于述宾、介宾关系)、对注关系(相当于同位关系)、并列关系、联络关系(相当于复句间关系);在句型问题上,作者认为同一种句子结构,除了直陈外,还可以表达否定、命令、询问、传疑、反诘、感叹等内容,这是一种侧重表情的语法研究,也就是对汉语句子语气类型的研究,这是受到房德里耶斯《语言论》关于情感问题研究的影响,也充分体现了作者就语法意义描写其各种语法形式,以及寻求语法意义与语法形式之间的对应关系的语法上的远见卓识。

6.吕叔湘、朱德熙《语法修辞讲话》

《语法修辞讲话》1951年在《人民日报》连载46次,1952年出版,共分语法的基本知识、词汇、虚字、结构、表达和标点符号六讲。它以实用为目的,倾向于解决语言学习和语言运用的实际问题,以大量例句说明问题,取材体现了语言运用中存在的问题的普遍性和问题评析的实用性、针对性,分析透辟,归纳精当。比如作者指出“把”字句使用的三个重要条件,再比如分析名词、动词前的附加语不止一个而排列顺序不当的原因,在汉语语法学史上第一次总结出汉语附加语(定语、状语)的顺序规律;结合逻辑、修辞、词汇讲语法,呈现出综合分析、评论的态势。

在语法体系上它的优缺点如下:在划分词类上,它的“一词多类”论以及不能完全根据词在句子里的地位来定词类的观点,从语法学史上看是进步的,可以避免词类泛转现象,据此,作者将词类划分为八类,即名词、动词、形容词、代词、副词、连接词(即连词和结构助词“的、得”)、语气词、象声词(包括叹词、问答词以及狭义的象声词)。量词是名词的一个小类,叫“副名词”,介词是动词的一个小类,叫“副动词”,数词是形容词的一个小类。在词法上,作者认为汉语的词是没有形态变化的,因此汉语语法只有造句法。该书首次把介于词和句子之间由词构成的又不成句子的语言单位称为“短语”,包括联合短语、主从短语、述宾短语、主谓短语。在句子成分上,他们认为句子成分包括主语、谓语、宾语、表语以及附加语、同位语、外位语。在句子成分的构成上,该书有较大认识突破和贡献,比如,他们认为做主语的除名词、代词外,动词、形容词、各类短语乃至句子形式也有充当主语的功能,做谓语的有动词、形容词,也有名词。从结构复杂与否,句子分为简单句和复合句,复合句又分并行、进一步、交替、比例、比较得失、因果、条件、无条件、先让步后折入正意、先假设后折入正意等10类。全书只讲词和造句,没有涉及段落篇章。

7.陆志韦等《汉语的构词法》

《汉语的构词法》1957年由科学出版社出版,该书是我国第一部系统地描写汉语构词法的专著,运用新的方法、理论讨论了词与非词的界限、词的连写问题。此前的语法著作由于看到了汉语缺乏严格意义的形态变化,所以轻视或忽略了词法而侧重于句法,未能对汉语的构词类型进行深入细致的研究,《汉语的构词法》一书的出版则标志着汉语语法学的分支汉语构词法真正建立起来,并引起语法学界的高度重视。

在词与语素的关系上,《汉语的构词法》认为词都是由“有意义的音节”——语素构成的,语素独立时就等于词,不能自由运用时就必须同别的语素组合成词,语素和词是不同层级的语法单位,两个不能独立运用的语素相加只能是词,这种词与语素的理论就避免了“语素+词=词”或“词+词=词”的矛盾。在词与词组的关系上,《汉语的构词法》则发现了汉语语法的一个重要特点即造句法和构词法的基本一致性,正是这个特点给词与词组的界线确定带来了困难,作者运用“扩展法”来查看一个语言片段内部结构是构词的还是造句的,并指出运用扩展法需要注意的三个问题:一是扩展的原则,扩展后的结构跟原来的结构是同一形式,语法结构保持相同,因为扩展法是语言结构递归性的体现。二是一个小片段在单独场合下能否扩展和它在整个句子里能否扩展,要保持扩展前后意义不变。三是运用扩展法不必拘泥,手续有时可以简化,比如是否包含不独立语素、是否有轻音语素、是否整个儿可以儿化也都可以作为确定方法。

作者亲自考察了4万多条小片段,运用扩展法确定了3万多条是词,在此基础上归纳出汉语九类构词类型,分别是多音的根词、并列格、重迭格、偏正格、后补格、动宾格、主谓格、带后置成分、带前置成分。总之,《汉语的构词法》中的语素观念、扩展法的运用、意义与形式结合而侧重形式的语言观、将构词法与连写法联系起来等,都标志着汉语构词法研究进入了一个新的阶段,但它把多音的根词看成构词格,把“饽饽、猩猩、区区”看成重迭格,把“的、着、了、过”看成构词成分,都是不合理的。

8.赵元任《北京口语语法》

《北京口语语法》原名《国语入门》,1948年由哈佛大学出版,1952年该书由李荣先生编译为《北京口语语法》,由开明书店出版。该书是第一部尝试使用结构主义语言学的理论方法系统分析汉语语法的著作,真正、全面、系统地把结构主义的描写语言学运用于汉语语法研究。赵元任是结构主义汉语语法学的开创者和奠基人，他的《北京口语语法》(《国语入门》)和《中国话的文法》在理论、方法和体系等方面奠定了20世纪50年代后期到90年代在国内居于主流地位的结构主义汉语语法的基础。他运用分布分析法来确定和划分语素、词、短语、句子等汉语各级语法单位的类别，用直接成分分析法(层次分析法)分析句子，用话题和说明来解释汉语句子的主语和谓语，用位置的前后来规定主语和宾语，这些观点对丁声树等人的《现代汉语语法讲话》、朱德熙的《语法讲义》等书都有直接影响。

《北京口语语法》提出了不少新颖的看法。比如，在字与词的关系上，作者认为词是自由运用的造句单位，要是一个字同时又是一个词，这样的字叫自由字；如果一定要与别的字联合起来才能造成一个词，就叫黏附字。这是从语法角度把汉字看作语素，而把语素分成自由和黏附两类。在词类划分标准上，作者把分布即词与词的结合关系视为划分词类的主要标准，从而把汉语词类分为九类：助名词(相当于量词)、名词、代词、动词、形容词、介词、副词、连词、单呼词(相当于叹词)。作者还划分出决定字、时间词、地位词、定位词等特征类来。书中将造词法分为三类：字的重迭和变读、附加成分、复合词，然后根据复合词成素与成素之间的造句关系，把复合词分为主谓复合词、并列复合词、向心复合词、动词宾语复合词、动词补足语复合词五类，可见作者认识到词的构成成素是最小的意义单位；在句法结构关系上，提出了五种类型：主谓结构、并列结构、向心结构、动词宾语结构、动词结构连用式(连动式)，可见作者认识到词的构成与短语的构成有某种一致性，将造词法与造句法联系起来。在主语谓语内涵外延及其关系上，作者认为“主语跟谓语在语音上连(联)系得很松，意义上也是这样”，主语可以从字面上解释成主题，并不是句子结构所必需的，谓语不一定是主语表示的动作或特性，汉语表主动被动也不是动词本身所决定的，所以他将主语分为四类：体词主语、动词主语、主谓主语、宾语兼主语，而将谓语分为三类：动词谓语、体词谓语、主谓谓语。

9. 丁声树等《现代汉语语法讲话》

丁声树、吕叔湘、李荣、孙德宣、管燮初、傅婧、黄盛璋、陈治文等人合著的《现代汉语语法讲话》(下文简称《讲话》)1952—1953年在《中国语文》连载，1961年由商务印书馆出版单行本。该书被誉为美国描写语言学在汉语语法研究中的初次成功运用，它使汉语语法学在科学化、现代化方面向前迈进了一大步。

在词类划分标准上，主张把形式(分布环境，即共同用法)和意义(范畴意义，即共同性质)结合起来，也就是按抽象概括的意义和组合能力来给词分类，基本做到词有定类、类有定词、词可兼类,按性质和用法把词分为十类:名词、代词、数词、量词、动词、形容词、副词、连词、语助词、象声词。《讲话》将量词正式确定为词类中独立的一类且正式定名,而不给介词独立地位,并认为把"着、了、过"看作词尾不合适。

在句法结构上,《讲话》认为汉语的主要句法结构有五种:主谓结构、补充结构、动宾结构、偏正结构、并列结构。这五种句法结构不仅可以用来描写单句的构造,还可以用来分析短语及复合词、句子成分,客观上揭示了汉语词法结构、句法结构的某种一致性。在句法分析上,《讲话》运用了结构主义的层次分析法,但又不拘泥于层次切分,而是既讲层次也讲关系,并用句子成分名称和句法关系来标注层次,实际上是把结构主义与传统语法结合起来,把层次分析和句子成分分析结合起来。

在句子类型上,《讲话》着重介绍了以谓语性质为标准划分的四类谓语句:体词谓语句、形容词谓语句、动词谓语句、主谓谓语句。这表明《讲话》的基本语法观,是根据形式来确定句子成分,而不以逻辑语义来确定句子成分,自此以后一般都承认主谓谓语句的存在。在特殊句式上,《讲话》从谓语特征类角度入手,分析了连动式、兼语式、连锁式三类特殊句式。

在句子成分上,《讲话》把主谓句的句子成分分成主语、谓语、宾语、补语、修饰语、中心语等类,并认为这些句子成分不在同一平面上,而是有层次性的,主谓相对而言,宾语相对谓语动词而言;把句法概念的主宾语与作为语义概念的施受区别开来,避免了以往语法学家在语法术语与语义术语上的混淆;在宾语上,《讲话》认为宾语不仅限于受事,还有处所、存在的事物、主语的类别、结果以及施事等,并且认为动词后面带的动量词、时段时间词占的都是宾语的地位,性质也接近于宾语,由于跟一般的宾语不尽相同而叫"准宾语";在修饰语上,将修饰语分为名词的修饰语、动词的修饰语、形容词的修饰语,而在修饰语的次序问题上,《讲话》的层次观还不明确,还认为各种修饰语都能直接修饰中心语;在补语上,《讲话》从有无形式标志"得"入手分为两大类,一类是补语前有"得"字的,一类是补语前没有"得"字的,没有"得"字的补语可以加"得""不"造成可能式,有"得"字的补语不能再加"得""不"构成可能式,同时认为不带"得"的补语有结果补语、程度补语、趋向补语以及次动词加宾语的表示受事、时间、处所的补语等,这些补语大多有带"得""不"的可能式。另外,在论述次动词结构做补语时,认为动宾结构做补语可以分析为连动结构,比如"带给政委""生在一八一八年""坐在拜厅上",作两种分析导致前后观点的矛盾。

《讲话》既吸收了美国描写语言学的语法理论精髓,又吸收了传统语法的长处,并结合汉语语法实际进行取舍和创新,如在研究对象上,口语与书面语并重;不从定义出发，通过举例来说明问题并引导读者独立思考；形式与意义相结合分析受事主语、动宾关系、体词谓语句、主谓谓语句、补语类型等问题；在分析句子时既讲层次也讲关系和成分。

10.《暂拟汉语教学语法系统》

《暂拟汉语教学语法系统》(下文简称《暂拟系统》)1956年由人民教育出版社出版。该书认为词是最小的、能够自由运用的语言单位，将词分为单纯词与合成词，但在对合成词的构成方式上没有涉及主谓式、补充式、兼语式、连动式、前缀式；在词类的分类标准上采取词汇语法范畴的标准，具体说就是词类是根据词的意义和词的语法特点来划分的，这比单纯的意义标准、句法功能标准、形态标准更全面，据此将汉语词类划分为十一类：名词(附类方位词)、动词(附类能愿动词、趋向动词、判断词)、形容词、数词、量词、代词(人称代词、疑问代词、指示代词)、副词、介词、连词、助词(结构助词、时态助词、语气助词)、叹词，其中名词、动词、形容词、数词、量词、代词属于实词，副词、介词、连词、助词、叹词属于虚词；由于没有认识到汉语词类的多功能性，把词类与句子成分对应起来，导致在词类假借说、转类说、三品说的基础上发展出“动词形容词的名物化”理论。该书认为词组关系有四种，即联合关系、偏正关系(包括补充关系)、动宾关系、主谓关系。

在句子成分上，该书认为句子是由词构成的，词在句子中充当一定的成分，除独立成分外共有六大成分：主、谓是主要的或基本成分，宾、补、定、状是主语或谓语的修饰、限制或连带成分。分析句子成分的“中心词分析法”(又叫句子成分分析法)被《暂拟系统》发展到顶峰，谈论中心词分析法的优缺点即以《暂拟系统》为准，其优点是：一，主次分明，主语、谓语是句子的中心，其他成分是二者的内部成分。二，强调结构关系，先找中心，再看附加成分，既有利于检查句子结构问题，又能使各成分在构造句子时的作用和功能一目了然。其缺点是：一，不考虑结构层次，不能反映句子结构的层次性。二，不适宜分析词法，也不适宜分析句法中的复句，缺乏语言分析方法的一贯性。同时，这种方法也限制了词组做句子成分，把句子成分同词对应起来，既不合语言事实，也不利于讲解语法。比如当动宾词组、定中词组、状中词组、补充词组做主语时，其中心往往不是谓语陈述的对象，而提取了中心词之后，剩下的部分命名比较困难；最后以找句子成分为满足，又用六种句子成分去框套丰富多彩的语言现象，把复杂的句子结构简单化，无法达到利用语法分析揭示语法规律、建立句型系统、探讨转换生成能力的目的。

《暂拟系统》将前或后有判断动词、能愿动词、趋向动词的谓语命名为判断合成谓语、能愿合成谓语、趋向合成谓语,种种“合成谓语”说掩盖了汉语句子结构的复杂性和独特性,从教学角度也不利于对句子的理解。另外,该书还将动词的连用或动词形容词的连用格式命名为“复杂谓语”。在复句问题上,《暂拟系统》认为,两个或两个以上的单句联合起来,每一个都不做另一个的任何成分的是复句,并按分句间的关系将复句分为联合复句和偏正复句两类。这种复句体系对汉语教学语法影响很大,到目前为止,大多数教材仍采用这一体系,它承认非主谓句可以成为复句的分句,认为复句的分句不做另一分句的成分,这有利于从结构、形式上区分单复句,使所谓的“包孕复句”从复句中划出,即主谓词组做句子成分时不再认为该句是复句。

总之,《暂拟系统》充分吸收了各家语法研究的优点和成就,比如在词的定义、单复句的区分上主要采取了吕叔湘的说法,复杂谓语说与王力的“递系式”有关,单部句(即非主谓句)、独词句与高名凯的说法相类,词的重叠主要采取了陆宗达、俞敏的讲法,动词、形容词的名物化是变通了黎锦熙的观点,主宾语的确定很大程度上采用了《现代汉语语法讲话》的位置论。总之,《暂拟系统》是个综合性系统,有取舍有融合也还有问题,需要继续研究讨论。从汉语语法史的角度看,《暂拟系统》反映了当时汉语语法研究的成就,无论是在教学语法还是在科学语法方面都起到了重要作用,推动了汉语语法学的发展。

11.吕叔湘《汉语语法分析问题》

《汉语语法分析问题》是新时期现代汉语语法学领域总结过去、展望未来、开启一个新时代的承前启后的著作,1979年由商务印书馆出版。整本书包括前言、正文、附录,其中正文又分引言、单位、分类和结构四部分。引言部分交代语法思想、名词术语选用标准、语法分析分歧多的根本原因及汉语语法特点对汉语语法分析的影响;单位部分讨论了语素、词、短语、小句、句子等语法单位的大小、异同、联系及各自内部结构、类别和它们在汉语语法分析中的价值;分类部分从语法层面讨论了分类的目的、角度、划分词类的标准、再分类和再概括的必要性、各类词中可能存在的问题及词类转变、句子和短语的分类标准和分类状态;结构部分讨论了结构层次和结构关系的概念、层次分析法和句子成分分析法的优缺点,针对主语宾语与施受关系的矛盾,提出了主语二重性的观点,分析动词之后的成分提倡用“补语”这一概念,包括事物补语、时地补语、数量补语、性状补语,提出要研究句子结构的复杂化和句子格式的多样化,要在静态研究的基础上加强动态研究。

《汉语语法分析问题》在汉语语法学史上具有重要地位,概述如下:

(1)在如何看待国外语法理论问题上,该书站在历史高度,介绍并评判了国外语法学流派及其如何运用于汉语语法研究，在充分研究分析的基础上加以创新，提倡走研究、消化、改造、运用的路子，如该书分析了句子成分分析法和层次分析法的优缺点之后，提倡两者要结合，既讲层次又讲关系。这种对待国外语言学的态度对新时期汉语语法学产生了极为深刻的影响。

(2)在语法研究的途径上，强调要把摆事实(用例、用法研究)和讲道理(即对语法体系、语法理论的研究)结合起来。

(3)在汉语语法特点上，强调必须以汉语语法本身固有的特点为参照点或立足点，明确指出汉语语法最本质的特点是"缺乏严格意义上的形态变化"。他进一步分析说：由于汉语缺乏发达的形态，许多语法现象就是渐变而不是突变，在语法分析上就容易遇到各种"中间状态"。比如词和非词的界限、词类的界限、各种句子成分的界限，划分起来都难以处处一刀切，难以根据单一标准，而常常要综合几个方面的标准，意义不能作为主要的依据，更不能作为唯一的依据，但不失为重要的参考项。这些真知灼见，不仅道出了语法研究在语法单位区分上的难处，还可以避免区分纠葛中的主观人为性，避免为区分而作硬性区分。还看到汉语里语法范畴主要依靠大小语言单位互相结合的次序和层次来表达，以及主谓短语和动词短语功能相同等。

(4)在语法研究的侧重点和角度上，该书倡导加强语素和短语的研究，提出把短语定为词和句子之间的中间站，认为短语集中体现了大小语言单位互相结合的次序和层次。这种认识从根本上动摇了词本位或句本位的语法观，为"短语本位"的确立打下了基础。该书提倡对大于句子的语言单位进行研究，促进了新时期句群或篇章的研究；该书还认为句子也可以按功能分为始发句和后续句。该书提出不仅要研究静态语言单位的结构层次和结构关系，还要研究动态语言单位的句法结构中的语义关系；同时提倡对句子复杂化和多样化进行研究，不仅要找出一些静止的句子格式，还要进一步观察这些句子格式结合和变化的规律，强调用有限的句子格式去说明繁简多方、变化不尽的语句才是语法分析的终极目的，静态研究和动态研究相结合的方法成为新时期语法研究的共识。

(5)在析句方法上，该书认为层次分析是由语言的结构特点决定的，层次分析是语法分析的必然手段，但层次分析还不足以说明某一语言片段的特征，还必须分析其结构关系；又指出层次分析不利于归纳句型以及不利于歧义结构、兼语句式等切分上的不足，从而主张层次与成分相结合的分析法，这一认识发展了层次分析法。

12. 朱德熙《语法讲义》

《语法讲义》是继《现代汉语语法讲话》之后又一部力求系统吸收美国描写语言学

理论方法来研究现代汉语语法的上乘之作，同时对转换生成语法的部分方法也有所吸收。该书1982年由商务印书馆出版，正文共分为十八章，第一章“语法单位”概括介绍了语素、词、词组、句子四种基本语法单位的性质和特点。朱德熙认为语素是最小的有意义的语言单位，并分出自由语素和黏着语素、定位语素和不定位语素；把词定义为最小的能够独立活动的有意义的语言成分，并对“独立活动”进行了具体分析，认为区别词与非词要把能否单独成句、活动能力强弱、可否扩展三个方面因素都考虑进去，而且强调指出不能单凭意义来确定词与非词；将词组(即句法结构)分为联合、偏正、述补、述宾、主谓、连谓六类，这六类基本结构还可以层层套合形成复杂的结构；在句法结构分析方面，指出要从内部构造和语法功能两个方面考察，具体介绍了层次分析、直接成分、二分法等概念。第二章“词的构造”主要讨论合成词的三种内部构造方式，即复合、重叠和附加，认为汉语复合词的组成成分之间的结构关系基本上和句法结构关系一致。

第三、四、五、六、十三、十四、十六章讨论了有关词类理论并描写了各类词，作者认为词类是反映词的语法功能的类，汉语不像印欧语那样有丰富的形态，所以给汉语的词分类不能根据形态，只能根据词的语法功能，一个词的语法功能指的是这个词在句法结构里所能占据的语法位置，这种词类观是最为彻底的语法功能观，即按分布理论来划分汉语词类。在语法功能观基础上，作者讨论了词类的共性和个性、兼类等问题，走出了词类假借说、词类转变说、词类活用说等困境，将汉语词类划分为十七种：名词、处所词、方位词、时间词、区别词、数词、量词、代词1(以上是实词中的体词)、代词2、动词、形容词(以上是实词中的谓词)、副词、介词、连词、助词、语气词(以上是虚词)、拟声词、感叹词。该分类体现了严格的功能观、层次性，避免了附类的纠葛，提出了一些新术语，比如数词的系位构造和系位组合、区别词、体宾动词、谓宾动词、名动词、名形词、谓词的体词化、体词性代词和谓词性代词等，对封闭性的词类或小类中的具体词的语法特点、意义、用法进行细致的描写，如助动词、代词、介词、语气词等，体现了参考语法的性质。

第七、八、九、十、十一、十二章讨论了六种词组的内部构造、语义关系、句法成分类别等。作者认为应从结构、语义和表达三个角度来观察主语和谓语的关系，这样便于正确理解主语、施事、主题三者之间的异同关系，避免把不同层面的现象混同。作者对各类有特色的主语(周遍性主语、时间处所主语、受事主语、与事主语、工具主语、谓词性主语)、谓语(体词性谓语、形容词性谓语、“是”谓语、主谓结构谓语、“的”字结构谓语)的构成、条件、结构、特点进行了充分描写。在述宾结构中，指出述语与宾语的语义关系是复杂的,主宾语与施受事不是同一层次的概念,并从结构上区分出黏合式和组合式两种不同性质的述宾结构,进而对处时宾语、存现宾语、准宾语、双宾语、虚指宾语、程度宾语、谓词性宾语等小类宾语的形式、结构进行了描述,并把谓词性宾语分为陈述性的和指称性的两类。在述补结构中,区分出黏合式和组合式两类,进而对结果、趋向、可能、状态、程度等类补语的形式和意义进行了描写。在偏正结构中,作者首先指出定语和状语区分的复杂性,接着讨论了"的"的使用规律、同位性定语、准定语、联合结构定语等现象,而对状语,作者主要讨论了名词加副词后缀"的"转化成的副词性状语及形容词性状语;对黏合式偏正结构和组合式偏正结构进行区分,并分析"圆圆地排成一个圈"一类句法位置与语义关系的不一致现象,这已经涉及了语义指向分析法。在连谓结构上,主要讨论了它的性质、构造以及"v1+N+v2"结构中三者之间的语义关系。

从语法学史的角度看,该书具有以下特点:

(1)建立了一个汉语语法新体系。一是严格以语法功能观来讨论词类;二是以对句法结构即词组的内部结构关系和语义关系的分析为语法分析的中心,把对句子成分的辨识——传统语法的分析重心——融于词组分析之中,尝试建立"词组本位"的语法体系;三是以层次分析作为语法分析的主要手段;四是以探求语法形式与语法意义的对应关系为目的,贯彻"形式与意义相结合、以形式为纲"的原则。

(2)全面而系统地运用结构主义的方法来研究汉语语法。用替换法来分析语素,用扩展法来区分词和词组,用分布分析来划分词类,用层次分析来分析句法结构,同时保留传统语法中的合理因素,如保留句子成分的名称,重视结构关系;合理吸收转换语法的方法,比如对歧义句式的分化(例如"在黑板上写字""台上坐着主席团""是瓦特发明的蒸汽机"),对准定语、准宾语的解释。

(3)把语法事实的描写和理论说明有机结合起来,做到理论与事实相结合。比如,提出区分黏合式结构与组合式结构,揭示了相同句法结构由于内部组合的差异而形成句法功能上的不同这一重要语法现象,这一理论的提出是作者分析了大量在功能上对立的组合式和黏合式的偏正结构、述宾结构、述补结构的实例之后得出的。

(4)在对主谓关系进行分析时,提出并实践了在结构、语义、表达不同层面上进行语法分析的主张,提示人们进行汉语语法分析时应当进行多层面的动态分析。

13.朱德熙《语法答问》

《语法答问》1985年由商务印书馆出版,是一部对语法问题进行专题研究和对汉语语法进行全面描写的理论总结。全书共七部分,涉及对汉语语法特点、语法体系、形式与意义原则、词类、句子成分、析句方法等理论的概括与认识。在汉语语法特点方面,作者通过与印欧语进行比较,提出两点独到认识:一是汉语词类跟句法成分之间不存在简单的一一对应关系,分析了动词和形容词可以做主、宾语,名词可以做定语,形容词可以做谓语和状语,名词在一定条件下可以做谓语等语法现象,这直接使传统的所谓的词类假借、词类转变、词类活用、名物化等看法失去了存在的基础;二是汉语句子的构造原则跟词组的构造原则基本上是一致的,并进一步指出造成这两个特点的根源都在于汉语词类没有形式标记。

在汉语语法体系方面,在对“句本位”语法体系的实质和缺点进行分析的基础上,作者认为在词组的基础上描写句法,就可以建立一种以词组为基点的语法体系,而句子不过是独立的词组,词与词组之间是组成关系,词组和句子之间则是一种实现关系,于是“词组本位”语法体系在朱德熙的大力提倡下建立起来。

在语言形式和意义方面,作者认为语法研究的最终目的就是弄清楚语法形式和语法意义之间的对应关系。讲语法形式时,要能够得到语法意义方面的验证;而讲语法意义时,要能够得到语法形式方面的验证。

在词类划分方面,作者先区分语法功能、语法性质和语法特点(即语法特征)。语法功能就是词与词之间的结合能力,准确地说,是指词“所占据的语法位置的总和”,即“词的(语法)分布”。语法性质应该指这个词类的全部语法上的共性,当然也包括与别的词类共有的某些性质。语法特点指的是仅为这类词所有而为他类词所无的语法性质,即指这一词类所以区别于别的词类的个性。一个词类的语法特点必须是这个词类的全部语法性质里头的一部分,而划分词类的标准又是语法特点里头的一部分,因此语法性质大于语法特点,语法特点又大于词类划分标准。

在句法成分辨识方面,作者提倡采用典型结构确定法来辨识句法成分。比如,明确了典型的主谓结构的形式特征之后,如果需要辨识某一成分是否为主语,只需要看包含这一成分的句法结构与典型主谓结构之间有无一系列的足够多的平行性,有的话就是主谓结构,据此辨识出主语来。这种方法避免了单纯意义标准的主观性,具有很强的可操作性。

朱德熙在语法问题研究、语法体系建立、语法理论总结上为汉语语法学做出了巨大贡献:一是认识到汉语的词类跟句法成分之间是一对多的关系;二是认识到汉语句子的构造原则跟词组的构造原则基本上是一致的;三是提倡汉语语法研究应该以词组为本位;四是将相同句法关系的句法结构分为黏合式和组合式;五是提出语法单位存在指称和陈述的分别,陈述形态转化为指称形态有转指和自指两种情况;六是“VP

的”结构的歧义指数是可以计算的；七是应开展标准语语法、方言语法、历史语法之间的比较研究；八是对结构、语义、表达三者既要区别又要联系。

14.三个平面理论

印欧语的传统语法偏重于对词本身的形态的研究，汉语的传统语法则偏重于依凭意义来研究句子及其构成，忽略对结构形式的考察，对句子的语用和语义的分析也不系统；结构主义以形式为纲则忽略了其他方面；转换生成语法旨在沟通深层到表层的转换来探讨语言能力。这些语法思想都忽略了语法结构的要素由多方面构成这一事实。1938年，美国符号学家、语言学家莫里斯指出符号学包括句法学（研究符号与符号之间的关系）、语义学（研究符号和思维反映之间的关系）和语用学（研究符号与解释者之间的关系）三部分，可以应用到语言学研究上。胡裕树、张斌在20世纪80年代初倡导把句法、语义、语用三个平面分析方法引入语法研究。1985年，胡裕树、范晓发表了《试论语法研究的三个平面》，标志着三个平面理论的形成；1992年，范晓、胡裕树又发表了《有关语法研究三个平面的几个问题》，使三个平面理论进一步系统和完善；1994年，胡裕树发表了《汉语语法研究的回顾与展望》，又对三个平面理论作了全面总结和进一步阐述，后两篇文章标志着“三个平面理论”进入成熟阶段。该理论的基本思想内容如下：

（1）该理论的提出是对过去汉语语法研究进行反思的结果，也是语法学发展的必然结果。它主张静态研究与动态研究相结合，形式与意义相结合，描写与解释、实用相结合，这既符合语言自身的性质和特点，又符合语法研究的需要。

（2）该理论来源于语言哲学以及符号学理论，具有更大的普遍性或方法论价值，吸收继承了传统语法、结构主义语法、转换生成语法、格语法以及系统功能语法等诸多理论的精华，同时又结合汉语实际有所创新。

（3）三个平面是指语法分析和研究的三个平面，即句法平面、语义平面和语用平面。句法平面指的是对短语和句子进行句法分析，语义平面指的是对句子进行语义分析，语用平面指的是对句子进行语用分析。句子分析必须同时对句子进行句法分析、语义分析、语用分析才算最后达到语法分析的目的，同时三个平面分析既要分开，又要结合，可见该理论是析句方法理论。

（4）三个平面理论中的语法意义和语法形式。句法平面的语法意义是句法意义，指词语与词语相结合组成句法结构后所产生或形成的表层的关系意义以及词的功能；句法平面的语法形式是句法形式，指表示句法结构表层关系意义的形式。语义平面的语法意义是语义意义，指词语和词语相互配合组成语义结构所产生的深层的关系意义;语义平面的语法形式是指表现语义意义的形式。语用平面的语法意义是语用意义,指词语或句法结构体在实际使用中所产生的语用价值或信息,往往体现说写者的主观表达意向;语用平面的语法形式是表达语用意义的形式。一个具体的句子同时存在句法结构、语义结构和语用结构,每一种结构都有形式和意义,句法、语义、语用的形式都是语法形式,而且句法、语义、语用的意义也都是语法意义。

(5)三个平面之间的关系及其在语法分析中的价值。句法和语义是表里关系、显层和隐层、表层和深层的关系,语用与句法、语义之间的关系是信息与载体的关系、外层与内层的关系、主观与客观的关系。三个平面有三种结构,也就会有三种成分,即句法成分、语义成分和语用成分。这三种成分在一个具体的句子中同时存在,共同构成句子的要素,相互制约,但从不同角度看侧重点不同,从说写角度句法是关键,从听读角度看语义是关键,从交际双方角度看语用是关键,但是从语法研究的角度看句法是核心,分析要紧扣句法,以句法为基础,向隐层挖掘语义,向外层探求语用,研究时做到形式与意义相结合、内层与外层相结合、静态与动态相结合。

(6)三个平面研究的主要内容。三个平面研究的对象是句子,突破了过去以句子句法为内容的局限,扩大了语法研究的内容,加强了对句子的解释力,因而可称为"新句本位"。它在句法平面分析上着眼于句子和短语的结构,既研究结构方式,又注重层次,确定句子类型和短语类型;在语义平面上研究的是跟句法有关的语义,有动核结构(由动词和形容词充当谓词的论元结构)、动词的价(向)、名词的格、语义指向、词的语义特征、语义的选择限制等;在语用平面上研究的是与句法有关的语用因素,有主题和述题、表达重心和焦点、语气、口气、评议性成分、句型或句式变化等。

三个平面理论可用来解决实际语言问题。比如,过去的研究往往以施受定主语、宾语,即施事等于主语,主语必须是施事;后来又以位置定主语、宾语,即句首NP成分都是主语,如此导致主语与话题相等了。从语用角度看,句首NP成分不都是主语,也不都是主题,还有可能是外位语(独立于句子外,同时又和句中某个成分指同一事物或同一概念的成分称为外位语)、提示语、游离语。

从三个平面理论看歧义问题,造成歧义的原因有句法的、语义的,也有语用的,句法歧义、语义歧义、语用歧义等不同平面的歧义要用不同的方法来分化消解。

从三个平面理论看省略、隐含与暗示问题。省略是句法上的,不是语用上的,因为它是由句法成分的删略而形成的一种隐略现象,省略式在句法上有相应的非省略式,省略的是句法结构成分。隐含是语义上的,不是句法上的,它是由句法格式紧缩而形成的一种隐略现象,隐含式在句法上没有相应的非隐含式,隐含的不是句法结构成分,而是语义结构成分。暗示是一种语用现象,暗示义是一种语用隐含义。因此,虽然语言中的隐略现象是客观存在的,但是各种隐略现象各属于不同的隐略平面,所以是否隐略的条件、形式表现、对句子理解的制约也就不一样。区分不同平面的隐略,有助于探讨形式与意义的对应关系,也有利于汉语教学和自然语言处理。

三个平面理论为语法规范化提出了一个综合而且可操作性强的标准,即一个句子合不合法,在实际中管用不管用,一是要看句法上词语间结合得妥当不妥当,二是要看语义上词语搭配得合理不合理,三是要看语用上词语安排得是否恰切。凡是在句法、语义、语用三个平面上符合妥当、合理与恰切的句子,就是一个合法的好句子,反之,可能就是一个不合法的病句。

总之,三个平面理论提倡句法成分和语用成分的区分,主语、施事和主题的区分,名物化与名词化的区分等,廓清了过去研究中三者相混以至纠葛模糊不清的种种认识,充分体现了三个平面理论的价值和解释力,有助于语法学科的精密化、系统化和实用化。

七、简述题

1.简述语法学史上主要的“词类观”并加以述评。

答:在汉语词类划分史上出现过各种词类观,大致可分为三个阶段、两个层面。

20世纪前半叶,马建忠、黎锦熙、王力、吕叔湘等老前辈,都已经意识到不能按印欧语划分词类的标准来给汉语划分词类,因为汉语词类跟句子成分不一一对应,所以他们实际上都按照意义给词分类,但又总想着寻找汉语词类跟句子成分之间的关系,并想方设法协调二者的关系,于是《马氏文通》提出了“通假”说来解决“字无定类”问题。黎锦熙提出了“依句辨品,离句无品”的词类观,提出了“名词七位”说,即在主位、在宾位、在补位、在领位、在副位、在同位、在呼位,“不必跟西文一样地都说为词类转变”,而“只把它区别为几个‘位’就行,即此可见中国文法的特质了”。还提出了“散动词”说:做主语、宾语,“当名词看待”;做形容词附加语,“可当形容词看了”;做副词性附加语,“可当副词看了”。对于形容词只提到其做谓语时,“犹‘内动词’”,未提及其做主宾语时的情况。应该说,黎锦熙看到了汉语跟印欧语在词类上的不同,他那句“依句辨品,离句无品”说出了汉语词类的实际情况。当然,黎锦熙实际是按意义给词分类的,同时又将按意义分出来的词类跟印欧语的词类比附,让词类跟句子成分一一对应。王力、吕叔湘采纳了叶斯柏森的“三品”说来给词类和句子成分的对应关系寻找出路,但也没有解决词类划分的问题。

高名凯主张按形态分类而提出“汉语无词类”观,意思是说汉语没有像印欧语那样的词类划分。德国语言学家洪堡特、法国语言学家马伯乐、瑞典汉学家高本汉等学者认为:汉语没有词类语法范畴,因为其没有形态。而苏联汉学家康拉德认为:说汉语没有形态那是一种“错误的观念”;汉语有丰富的形态,因此汉语有词类语法范畴,有词类。高名凯1953年在《中国语文》发表《关于汉语的词类分别》一文,驳斥康拉德的观点,认为康拉德所说之汉语形态并非真正的形态;就一个个词来说,汉语的词并没有印欧语那样的词类分别,但不是说汉语没有词类。高名凯也给实词分了词类:具有名词功能的词,具有动词功能的词,具有形容词功能的词。可见,高名凯不是说汉语实词不能分类,其所要表达的思想是:印欧语的词类划分是根据词的形态,而汉语实词没有足以划分词类的形态,所以汉语实词没有印欧语那样的词类划分。后来,高名凯在文章中指出“汉语的实词是多类的,没有一个实词是只属于一类的”“一个词可以同时用作名词、形容词、动词”,可见高名凯提出的“汉语无词类”观的真正用意是呼吁大家研究汉语语法,不能机械模仿印欧语的语法,必须依照汉语的特点走上自己的道路。

20世纪60年代之后,词类划分上出现了一些新观点。

朱德熙这一时期在汉语词类划分上提出不少新见解:观点一,词类不是个体词类别,而是概括词的语法分类,由个体词概括为概括词所遵循的原则是“同音同义”,一般称之为“语法单位的同一性原则”。观点二,划分词类的依据是词的语法功能,划类的具体标准是词的语法分布,认识到印欧语“能够根据形态划分词类,是因为形态反映了功能。形态不过是功能的标志”。而依据词的语法功能划分出来的词类,在意义上也一定有共同点,也就是说,印欧语依据词的形态分类,实质上是依据词的语法功能分类,因为形态反映了语法功能,形态不过是语法功能的标志,而且词的语法功能实际上也是词类语法意义的外在表现,所以划分汉语词类的主要依据完全可以是词的语法功能,具体划分词类时可采用“分布分析法”来操作。观点三,印欧语的词类与句法成分之间是一对一的关系,汉语则是一对多的关系。

郭锐认为:词类从本质上说不是分布类,划分汉语词类的本质依据是“词的内在表达功能”,具体操作依据才是句法分布。具体说来,其一,词类从本质上说不是分布类,是词的语法意义的类型,这种语法意义叫作“表述功能”,即词在组合中的意义类型,如陈述、指称、修饰等大的类型,以及实体、位置、计量单位、数量、指示等小的类型。因此,词类实际就是以词的词汇层面的表述功能为内在依据进行的分类。其二,表述功能可分为两个层面:内在表述功能和外在表述功能。内在表述功能是词语固有的表述功能,外在表述功能是词语在某个语法位置上所实现的表述功能。两个层面的表述功能一般情况下是一致的。其三,相应于表述功能的分层,词语的词性相应也分为两个层面:对应于内在表述功能的词性,是词汇层面的词性;对应于外在表述功能的词性,是句法层面的词性。词汇层面的词性是词语固有的词性,可在词典中标明;句法层面的词性是词语在使用中产生的,由句法控制。其四,在具体划分汉语词类的操作上,即在具体确定某个词的词性的操作上,是通过计算词的语法功能的"相容性"来确定词的"等价功能",并以此作为分类标准。郭锐的词类观体现了朱德熙先生"词的形态不过是词的语法功能的标志,而词的语法功能实际是词类语法意义的外在表现,因此划分出来的词类,在意义上也一定有共同点"这一观点,同时又深化了朱德熙对词的语法意义、语法功能的认识。

袁毓林认为:词类本质上是一种原型范畴,范畴的成员不必具有该范畴的所有属性,AB、BC、CD、DE式的家族具有相似关系,范畴成员的特性不完全一样,他们是靠家族相似性来归属于同一范畴,因此属于同一词类的各个词在语法性质上有程度不同的相似性。陆俭明认为:词类具有层次性,各家词类系统,不管是分为八类、十一类、十五类、十八类,还是二十五类,各个类都是独立的类,表面看是并列的,实际上具有层次性,即不在一个平面上。同时,划类具有相对性,划分为多少类才合适?要看其不同的需要,词类的数目会不一样,划分的原则是"够用,好用"。

进入21世纪之后,汉语词类研究出现了新的争辩:"名动包含"说和"名动分立"说,沈家煊2007年提出了"名动包含"说,他认为:由于印欧语的名词、动词、形容词是分立的,所以,受印欧语法学影响,以往汉语学界认为汉语的名词、动词、形容词也是分立的,其实汉语的名词、动词、形容词是层层包含关系,汉语的动词(陈述语)也是名词(指称语),动词是名词的一个次类,动词其实都是"动态名词",兼有名词和动词两种性质,汉语名词和动词是"名动包含"关系,不是分立关系。事实上,沈家煊的"名动包含"说的"名"所指的是比名词更大的上位概念"实词","名动包含"说的"动"所指的是比动词更大的上位概念"谓词",而且沈家煊的"包含"说也不符合汉语的语言事实,真正的兼有名词性的动词约只占动词总数的20%,兼有名词性的形容词约只占形容词总数的4.5%,故而说汉语也是名词、动词、形容词分立的,"名动性包含"说并未能解决词类划分的难题。

由于我们对汉语词类的认识,最早来自印欧语语言学,可是印欧语是"形态语言",故而在词类上,印欧语的名词、动词、形容词、副词是"形态类"(主要依据形态分类)。汉语则属于"非形态语言",无法根据词的外部形式加以分类,汉语的名词、动词、形容词、副词则是主要根据词的功能分类的“功能类”,故而分类不一。原因有以下几点:其一,汉语学界的语法观念是西方的,而汉语词类跟句法成分的关系不像印欧语那样一一对应(具体关系见附图)。其二,汉语在共时平面上存在着不同的历史积淀和领域层次,这也影响对词的归类。其三,印欧语的句子是以动词为核心的“形态结构型的”,作为句子一定有个定式动词作为谓语核心,主谓结构等于句子(包括分句),句子基本上等于主谓结构,要求主语的性、数、格跟谓语定式动词在形式上要保持一致;而汉语的句子是“韵律型的”,没有结构上的特别要求,词和任何类型的句法结构加上句调就是句子,因此汉语可以大量省略句法成分,尤其是在口语中,主谓结构跟其他句法结构地位平等。其四,以往汉语词类的划分,都是举例式,没有穷尽式考查,难免以偏概全。

目前词类划分的困境在于:如果做到“词有定类”就将“类无定职”,如果做到“类有定职”就将“词无定类”。如果满足“简约原则”就将违反“扩展规约”和“并列条件”,如果满足“扩展规约”“并列条件”就将违反“简约原则”。其实,动词、形容词跑到主宾语位置上不单是汉语的特点,而是世界语言的普遍现象。汉语的特点不表现在动词、形容词能做主宾语这一点上,而是表现在大量的零派生和大量的省略上。

虽然朱德熙认为“根据词的意义划分词类是行不通的”,但是有的学者则对意义持完全肯定的态度。比如,李葆嘉认为“形态范畴的本质是语义范畴,分布功能的本质是语义搭配,词类的本质共性是语义类别”;吴怀成等也认为“汉语词类(包括其他语言的词类)的本质是语义类别”。因此,在词类划分上需要做些实际的考查,要具体考查研究常用动词、形容词(状态词、区别词除外)做主语、宾语的情况,动词、形容词出现在“N的V/A”结构的情况,动词出现在“V的N”结构里的情况,名词做谓语的情况,以及名词、动词、形容词前加数量词为定语的情况。

另外,还需要加强汉语里“省略”现象的研究,考查省略是否会关系到词性转移;还需要加强汉语信息结构对词类影响的研究。张伯江曾指出,汉语主谓结构主要反映的是“话题—说明”关系,汉语的述宾和述补结构主要反映的是“预设—焦点”关系,汉语的定中结构主要反映的是“参照体—目标”关系,汉语的状中结构主要反映的是“伴随信息—事件”关系。任何语言其句法都会受语言信息结构的制约,“形态语言”受语言信息结构的制约少,因为其首先要受语言本身的句法规律制约;而“非形态语言”汉语,更多则是受语言信息结构的制约,像时间词“昨天”“现在”等在汉语里可以以“话题”的身份做主语,而在英语里只能做状语,在汉语里属于名词而在英语里属于副词。汉语中有许多动词、形容词可以做主语,这与汉语信息结构有关,行为动作或性状都可以作为话题，因此重视并深入研究汉语信息结构，将有助于汉语词类研究。

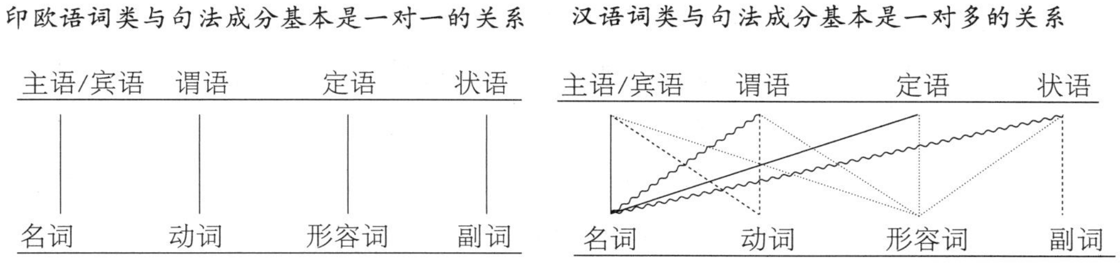

语法学史上主要的“词类观”示意图

2.汉语划分词类的依据是什么？

答：对汉语的词进行分类，主要以词的语法功能为依据，形态和意义是参考依据。词的语法功能，是指词与词的组合能力，表现为以下几点。(1)词在语句里充当句法成分的能力。表现在能不能充当句法成分，充当什么句法成分上。例如名词经常做主、宾语，介宾短语不能做主语。(2)实词与另一类实词的组合能力。表现在能跟什么词组合，不能跟什么词组合，组合以后发生什么样的关系。例如名词前面可以加数量词，组合后发生偏正关系。名词的前面不能加“不”。(3)虚词依附实词和短语的能力。包括虚词与什么实词结合，表示什么语法意义等。例如虚词“的”用在偏正短语里表示修饰与被修饰的关系。

3.举例简述名词的语法特征。

答：(1)名词经常放在动词前后，分别做主语和宾语，例如“鸡吃米”；多数能做定语和带定语，例如“玉米面”“东边山冈”。名词一般不能做补语，但有时也可以做补语，例如“小张在家养病”“老人长期卧床”。

(2)名词前面一般能够加上表示名量的数量短语，一般不能加副词。例如能说“一个人”，不能说“不人”“不鬼”，只有在“不人不鬼”“山不山”“水不水”对用或连用时可以使用。至于“(张小姐)很淑女”“(小李)很绅士”“(青岛啤酒)很德国”“(这次冬奥会)很中国”这类说法，是因为其中的“淑女”“绅士”“德国”“中国”都含有一种描述性语义特征，比如“很淑女”中的“淑女”所用到的语义特征大致有“仪容大方、待人得体、言语温润、品德高尚、心地善良”等。注意“首批房源不日对外售卖”中“不日”是个词，表示“不久”的意思，这是词汇化的结果。

(3)名词一般不能用重叠式表示某种共同的语法意义。亲属称谓以及其他少数词，例如“妈妈”“哥哥”和“星星”等，这些是构词的语素重叠，不是构形的形态变化，但像“人人”“家家”就属于表示语法意义的构形重叠。

(4)名词经常用在介词后面，组成介词短语，例如“把西瓜(吃了)”“按要求

(造句)”。

(5)汉语名词单复数同形。部分指人的名词(和代词)后面能够加“们”表示群体,加“们”后不再受数量短语修饰,比如“朋友们”“同事们”“我们”“他们”,当然不加“们”的名词可以是个体,也可以是群体。指人的专有名词加“们”表示“之类”“之流”的意思,如“汪精卫们”(卖国求荣而不知廉耻)、“李登辉们”(数典忘祖、背信弃义);指物的名词加“们”属于拟人用法,如“熊猫们(快快乐乐地吃竹子)”;“们”还具有表示“定指”的语用意义,一般不做宾语,如“吃了午饭再走,娘们正在厨房准备午饭”“我当年资金链断裂,是哥们及时出手相助的”,其中的“娘们”“哥们”都是有定指的。

4.近年来在书面语中出现一种程度副词修饰名词的现象,例如“很淑女”“很绅士”“太传统”“非常专业”等,如何解释?

答:这类名词有一个共同特点,即在此类名词的语义中,都包含一种描述性语义特征。例如“很绅士”中的“绅士”一词就有“有礼貌、有风度、尊重女性”等语义特征。“很淑女”中的“淑女”则有“仪容大方、待人得体、言语温润、品德高尚、心地善良”等语义特征,像“很学生”“很男人”“很女人”“很青春”“特现代”“很雷锋”“很中国”都属于这类语法现象。但是,并非任何名词都能受程度副词修饰。比如“很桌子”一般是不能成立的。

5.举例简述方位词的类型和语法特征。

答:方位词包括单纯的和合成的两种。单纯方位词,如“西、北、上、后、左、外、中、间、旁”。合成方位词是在单纯方位词的基础上形成的,前面加“以”或“之”,如“以上”“之间”;后面加“边、面、头”,如“西边”“北面”“里头”。

方位词主要用在其他词或短语后边,组成方位短语。方位词的基本用法是表示处所,如“房顶上”“教室旁”;有的表示时间,如“开会前”“比赛中”;有的表示数量界限,如“五十以上”“五小时内”;有的表示方向或者位置,如“往西”“上有哥哥”;“上、中、下”等方位词在介宾短语组合中还有表条件、范围等用法,如“这份报告是在充分调查研究的基础上写成的”“教师代表需要从全体教师中选取产生”。

6.简述动词的意义和种类,举例说明动词有哪些语法特征。

答:动词表示动作、行为、心理活动或存现等,有八种类别。表示动作的动词,如“跑”“打”“锻炼”“跳舞”;表示心理活动的动词,如“喜欢”“讨厌”“羡慕”“爱”“恨”;表示存在、变化、消失的动词,如“有”“存在”“发生”“演变”“消失”;表示判断的动词,如“是”;表示能愿的动词,如“能”“会”“愿意”“敢”“应该”“要”;表示趋向的动词,如“来”“去”“回”“起来”;表示形式的动词,如“进行”“予以”“加以”;表示相互关系的动词,如

“姓”“等于”“像”“似”。

动词的主要语法特征有：

(1)多数动词做动语带宾语，能做谓语或谓语中心(核心)，如“爸爸在家做饭了”“爷爷溺爱小孙女”。

(2)动词能够受否定副词“不”修饰，一般不受程度副词修饰，只有少数表心理活动的动词和一些能愿动词能够前面加程度副词，如“很怕”“很喜欢”“很羡慕”“很应该”“很会”“很能”。

(3)动词能构成“V不V”式表示选择问，可以带宾语，如“去不去”“走不走”“喜欢不喜欢旅游”“有没有老鼠”。

(4)动词多数可以后带“着、了、过”等表示动态，如“妈妈在客厅里全神贯注地看着电视里播放的《红楼梦》”“今天中午我吃了奶奶亲手烧制的红烧肉”“济南的春天冷过一阵子”。

(5)有些动作行为动词可以重叠，表示短促动作的动量小、时量短或尝试、轻松等意义，限于表示可持续的动作动词。单音动词重叠是AA式，如“敲敲”“走走”“尝尝”“说说”“笑笑”，双音动词重叠是ABAB式，如“锻炼锻炼”“调查调查”“宣传宣传”“学习学习”。有些动宾式合成词的重叠式是AAB式，如“跑跑步”“打打拳”“跳跳舞”。注意这些动词重叠都属于构形重叠，不属于构词重叠。

7.简谈趋向动词的类型与语法特点。

答：趋向动词表示动作的趋向，有单音节趋向动词和双音节趋向动词，列举如下。

	上	下	进	出	回	过	起	开
来	上来	下来	进来	出来	回来	过来	起来	开来
去	上去	下去	进去	出去	回去	过去		开去

趋向动词可以单独做谓语或谓语中心，如“太阳出来了”“火车开来了”；趋向动词也常用在动词或形容词后边表示趋向，充当趋向补语，如“下去”“跑出去”“跳起来”“说下去”。趋向动词除了表示动作的趋向以外，还能表示出动作“开始”或“继续”的作用，其意义已经虚化，如“八点不到大会就开起来了”“汽车就这样加速开下去，会有巨大安全隐患的”。

8.简谈判断动词与能愿动词的语法特点。

答：判断动词“是”，表示判断和肯定，常常处于谓语中心的位置，后头不能有补语和助词“着”“了”“过”，也不能重叠，可以有“V不V”并列提问式，如“你是不是语言学研究生”“她是不是现代文学研究生”。“是”放在主语、宾语之间,有多种语法意义关系,具体如下。

(1)表示事物等于什么或者属于什么。“A=B”的例子:“钱锺书是《围城》的作者”“曹雪芹是《红楼梦》的作者”,这种句子中的A、B可以互换位置;“A<B”的例子:“大熊猫是中国的国宝”“台湾是中国不可分割的领土”“香港是中国的一个特别行政区”,这种句子中的A、B不可以互换位置。

(2)表示人、事、物的特征、质料、情况。表示特征的例子:“小王是个高挑个”“小刘是个单眼皮男生”。表示质料的例子:“茶壶、茶杯都是什么做的,这茶壶是紫砂,那茶杯是高硼硅。”表示情况的例子:“俄乌战争前,乌克兰是富饶的;俄乌战争后,乌克兰是贫穷的。”

(3)表示事物的存在。比如“墙上是一幅梵高的《向日葵》”“草原上到处都是游客和羊群”“喷泉广场上全是戏水的孩子们”。这类句子的主语一般是表示处所的词语,整个句子是存现句。

需要注意的是,句子中的“是”处在谓语动词、形容词之前,属于副词而表示肯定,比如“今天上午日本岛是地震了”“元旦晚会是热闹”“老魏的脾气是倔强”。如果“是”需要重读,相当于“的确”“确实”,不能省略;如果“是”不需要重读则可以省略。

另外,“是”与句末语气词“的”配合构成“是……的”格式,如“他是认真的”“小马是真心的”,与“老王是个卖茶叶蛋的”相比,格式与词性都不同,因为“老王是个卖茶叶蛋的”中的“是”属于判断动词,“卖茶叶蛋的”属于由助词“的”组成的“的”字短语。

能愿动词又叫助动词,能用在动词、形容词前表示客观的可能性、必要性和人的主观意愿,有评议作用。可分为三小类:

(1)表可能:能、能够、可、可以、可能、会。

(2)表必要:要、应、应该、应当、该当、该。

(3)表意愿:敢、肯、要、愿、愿意。

在句子里可以做谓语或谓语中心,如:“这件事可能不可能?”“可能。”常常做状语,如:“你们年轻一代应该好好学习科学文化与技术。”而且做状语时可以有“×不×”或“不×不”格式,如“校长能不能脱稿讲话”“你要不要喝豆浆”“小张不会不知道”。与一般动词不同,能愿动词不能用在名词前面,“要苹果”“会中文”中的“要”“会”是一般动词而不是能愿动词;能愿动词不能重叠,不能带助词“着”“了”“过”,不能带数量补语。

9.举例简述形容词的分类和语法特征。

答:形容词是指表示人或事物的形状、性质或状态的词,属于实词的一种。它可分为性质形容词和状态形容词两类,“好、坏、崇高、胆小、优秀、聪明、大、小、高、低”等属于性质形容词,“雪亮、油绿、翠绿、火红、火热、蜡黄、金黄”等属于状态形容词。

(1)形容词常做定语、谓语或谓语中心,比如“火红的太阳升起来了”“枫树的叶子红了”“柿子树上的柿子软透了”“总经理的观点比较模糊”。

多数形容词能够直接修饰名词,比如“模糊观点”“伟大发明”;少数性质形容词能够直接修饰动词,比如“志愿军战士勇敢冲锋保家卫国”“小王作为老生代表在迎新晚会上大方演讲”。

形容词通常要重叠或者加助词“地”,才可以用作状语,比如“轻轻地放”“吃吃地笑”“得意地看着”。一部分形容词也能做补语,比如“最近小王吃胖了”“小马学好了”“司马懿变聪明了”。

(2)形容词不能带宾语,但是有些性质形容词兼属动词,做动词时能带宾语,比如“丰富经验”(使经验丰富)、“明确态度”(使态度明确)、“纯洁队伍”(使队伍纯洁),有致使义,这样用时叫“使动词”。还有“花了眼”“直着身子”,表示一种变化或者事物表现为某种状态,“直”“花”等是动词。这种词,前加程度副词时是形容词,不能带宾语;后带宾语时不能前加程度副词。这些词兼属形容词和动词两类。

(3)性质形容词大都能受程度副词修饰,比如“很奢侈”“十分聪明”“太胖”“特坏”。性质形容词的重叠式和状态形容词,或者因为是表情态的,或者因为本身带有某些程度意义,不能再受程度副词修饰,比如“长长的裙子”不能加“很”说成“很长长的裙子”,“雪白的皮肤”不能加“非常”说成“非常雪白的皮肤”。

(4)有些性质形容词可以重叠,即以形态变化的方式表示性状程度的加深或适中,重叠后不能前加副词“很”,因为构形重叠就表示程度加深了。

单音节:基本式是AA或AA的、AA儿。比如“高高”“低低”“短短的”“红红的”“肥肥的”“好好儿”“慢慢儿”。

双音节:基本式是AABB,或AABB(的)、AABB(儿)。比如“干干净净”“大大方方”“匆匆忙忙”“漂漂亮亮”“快快乐乐(的)”。

少数双音节贬义形容词有A里AB式,比如“马里马虎”“糊里糊涂”“小里小气”“傻里傻气”“埋里埋汰”。

(5)有些单音性质形容词可带上叠音词缀或其他词缀,此时用法同状态形容词,比如“亮晶晶”“黄灿灿”“雨蒙蒙”“暖洋洋”“懒洋洋”“潮乎乎”“热乎乎”“黑咕隆咚”

"灰不溜秋"。

(6)状态形容词本身已经表示特定状态和程度,而且程度较深,所以不用重叠或加"很",可以以"ABAB"格式重复使用而表示强调,比如"笔直笔直""雪亮雪亮""火红火红""翠绿翠绿",但这种情况一般认为属于反复修辞格,不属于构形重叠。

需要注意的是,还有用两个单音形容词联合重叠的格式,比如"高高低低""大大小小""红红绿绿",其中的"高低""大小""红绿"都不是词而是词组,所以这种重叠格式不是构词法或构形法的词法问题,而是句法问题,这是句法结构中的固定格式。两个单音节名词、动词、区别词也可以重叠构成这种联合重叠格式,比如"瓶瓶罐罐""男男女女""来来去去"。

10.举例简谈区别词的语法特征。

答:区别词表示人和事物的属性或区别性特征,有区分事物的分类作用,往往成对或成组使用,比如"西式—中式""阴性—阳性",主要语法特征如下。

(1)能直接修饰名词和名词短语,做定语;多数能带"的"形成"的"字短语,比如"小型轿车""慢性胃炎""中号的""野生的""男的"。

(2)不能单独做主语、谓语、宾语,但是,组成联合短语或成双对比后可以做主语、谓语、宾语,比如"男女搭配""雌雄对决""不分男女""企业分国有私有""大型客机军民两用";组成"的"字短语后可以做主语、宾语,比如"中式的比较便宜""他要买大号的""我用的电脑是微型的"。

(3)不能前加"不",否定时前加"非",比如"非正式对话""这个手镯是非金的"。

与能充当定语和谓语,部分做补语和状语,能前加副词"不"和"很"的形容词相比,区别词只能充当定语,不能单独充当谓语,不能前加"不""很",因此区别词缺少形容词作为谓词的主要语法功能,故而不宜归入谓词。有些学者因为区别词能直接修饰名词和名词短语以及能带"的"形成"的"字短语,所以把区别词看成形容词中的一个特殊小类,称其为"非谓形容词"。

11.举例简述数词和量词的分类及其语法特征。

答:数词表示数目或次序,可分为基数词和序数词。表示数目多少的基数词又可分为系数词(零或〇、一至九)和位数词(十、百、千、万、亿、万亿、兆),两种基数可以组成复合数词,还可以组成表示倍数、小数、分数、概数的短语,比如"十倍""零点八""百分之五十""十来个人""百把条枪""三十斤上下""六十米左右""五六只鸡"。表示次序前后的序数词,一般是在基数前加前缀"第"或"初"组成,如"第五""初九",有时还可以用"甲、乙、丙、丁"或"子、丑、寅、卯"等表示序数。

数词的语法特征如下。

(1)数词通常要跟量词组合成数量短语,才能做句法成分,如“十斤苹果”;一般不直接跟名词组合,但是古汉语以“数+名”直接组合为常,现代汉语仍承古而用,如“一砖一瓦”“一草一木”“两兄弟”“三姐妹”“亚洲四小龙”“连续七昼夜”“狼牙山五壮士”“十万军民”等,这种组合强调语义的整体性,一般不适用量词,而有些可以加量词,如“睁一眼闭一眼”“一手拿枪一手拿笔”“抱成一团”“围成一圈儿”等。

(2)基数词不能单独做句法成分,只有在数学计算时或文言格式中可以单用,如“三加四等于七”“七窍流血”“五马分尸”“七上八下”。序数词在特定情况下也可以直接修饰名词,多数是组成专有名词,中间不用量词,如“第二车间”“第六林场”“第三食堂”。有时甚至不用“第”而用基数形式表示序数内容,如“二车间”“三食堂”。

(3)“俩”是两个的合体数量词,“仨”是三个的合体数量词,意义和功能相当于数量短语,后头不能加量词“个”,而且只用于口语,如“俩人儿”“俩钱儿”“仨西红柿”“仨瓜俩枣”。

(4)倍数只能用来表示数目的增加,不能表示数目的减少;分数既可以表示数目的增加,也可以表示数目的减少。

表示数目的增减时是以原来的数目为基准,不是以增减后的数目为基准。表示数目增加,可以用“增加(了)”“增长(了)”“上升(了)”“提高(了)”,此时数目不包括底数,只指净增数,如“从十增加到一百”,可以说“增加了九倍”,不能说“增加了十倍”;也可以用“增加到(为)”“增长到(为)”“上升到(为)”,此时数目包括底数,指增加后的总数,如“从十增加到一百”,可以说“增加到十倍”不能说“增加到九倍”。

表示数目减少,可以用“减少(了)”“降低(了)”“下降(了)”,此时数目指差额,如“从一百减少到十”,可以说“减少了十分之九”,不能说“减少了九倍”;也可以用“减少到(为)”“降低到(为)”“下降到(为)”,此时数目指减少后的余数,如“从一百减少到十”,可以说“减少到十分之一”。

量词表示计量单位,可分为名量词和动量词两大类。名量词表示人和事物的计算单位,如“一条裙子”“一尺布”。动量词表示动作次数和发生的时间总量,如“说一遍”“走一遭”“看了三天”“看了三遍”。表示动作延续时间长短(时段)的动量词,可以称为时量词,属于动量词的一种,是计算动作的久暂的,是量词的一个小类,如“住了三年”“去了三天”“来了三小时”“说了三分钟”,还有“用了三个中午”“三个冬天都没暖气”“革命时期落下的病”“两个星期没回家”“三个礼拜忙加班”“五个小时不休息”,其中的“中午”“冬天”“时期”“星期”“礼拜”“小时”既是量词也是名词,属于兼类词。

另外,由两三个不同的量词复合而成的词,叫复合量词,如"人次""吨海里""辆艘次",这种复合量词与数词组成数量短语时都不做定语,而是用在名词后头做补语,如"支援车船一千辆艘次""发送旅客一点五亿人次"。

量词的语法特征如下。

(1)量词总是位于数词和名词之间,数词与量词组成数量短语,做定语、状语、补语或宾语等,如"一本书""三顿饭""他三小时完成""小张五天不睡觉""打了一顿""砍了一刀""看三本"。

(2)单音量词大都可以重叠,重叠后表示每一、逐一、多等语法意义,能够单独充当定语、状语、主语、谓语,不能做补语、宾语,如"个个都是孬种"(做主语)、"雷声阵阵"(做谓语)、"沂蒙精神代代相传"(做状语)、"条条大路通罗马"(做定语)。

数词和量词组成的数量短语也可重叠,组成"一A一A"式或"一AA"式,如"一条一条的鲤鱼""一件一件的衣服""一匹一匹的战马",这种数量短语重叠后做定语,表示数量多;如果做状语,则表示按次序进行,如"飞机一架一架飞过""轮船一艘一艘离港";如果做主语,则表示每一,如"一台一台摆放整齐""一根一根洗好"。上述重叠格式中后一个"一"可以省去,变成"一AA"式,语法意义和用法不变。"一A一A"式也可以不限于"一"而是"二、三、四"等,如"五根五根洗好""三只三只摆好"。

(3)量词有时单独做句法成分,如"西瓜论个""鲤鱼论条";什么量词能与什么名词组合,在普通话和方言里各有自己的习惯,需要注意,如"一头猪""一口猪"。

(4)量词用在指示代词后面,构成指量短语,如"这台""那只""这架""那根",指量短语与数量短语都属于量词短语。

另外,由于数词、量词与名词、代词的语法功能比较接近,所以合起来又叫体词,与包括动词和形容词的谓词相对。

12.举例简述副词的类型和语法特征。

答:副词限制、修饰动词、形容词性词语,表示程度、范围、时间等意义,可分为八种类型。(1)表示程度:很、极、太、十分、格外、更、稍微、尤其等;(2)表示范围:都、总、共、仅仅、一概、全、通通等;(3)表示时间:已经、曾经、刚刚、正在、立刻、常常、总是、依然、再三等;(4)表示处所:四处、随处、到处等;(5)表示肯定、否定:必须、的确、没有、未必、不用、无须等;(6)表示方式、情态:特意、猛然、忽然、公然、赶紧、单独等;(7)表示语气:难道、偏偏、简直、难怪、幸亏、居然、确实、何尝、恰好等;(8)表示关联:便、也、又、却、再、就等。

需要注意的是同一小类的副词,其语义和用法不一定都相同,如"都"和"只"虽然都表示范围,但是“都”一般总括它前面的词语,而“只”限制它后面的词语,“他们都只吃了一根香蕉”,其中“都”语义指向的对象是“他们”,而“只”语义指向的是“香蕉”。再比如“不”“没有”“别”的语义和用法也不相同,即便是同一词形也可能分属不同的副词小类,其语义和用法也不相同,如“就”有“将要”“已经”“立刻”“偏”“只”等不同的语义,相应的语义也有不同用法,因此要仔细观察、描写与解释同一小类内副词的不同语义和不同用法。

副词的语法特征如下。

(1)副词大都能做状语,几乎都能修饰动词,近半能修饰形容词(特别注意哪些不能修饰动词、形容词),如“应该调查研究”“终于解放了”“特紧张”“很漂亮”;个别程度副词“很”“极”还可以做补语,如“高兴极了”“绳子结实得很”。用来修饰名词的副词不多,有“就、仅、仅仅、只、光、单、单单、几乎”等,表示限制人或事物的范围;“才、就、好、仅、大概、已经、不过、将近、恰好”等副词可以修饰数量短语,用来表明说话人对数量的一种看法,如“兜里恰好一千元”“读博已经三年了”“不同意拆迁的就两户人家”。

(2)副词一般不能单说,只有“不、没有、也许、有点儿、当然、马上、何必、刚好、刚刚、的确”等在省略句中可以单说,如:“你最近有没有去北京?”“没有。”“背部疼不疼?”“有点儿。”部分副词能兼有关联作用,可以单用,也可成对使用,如“打得赢就打,打不赢就跑”“越开越快”“又唱又跳”。

另外,要特别注意兼类动词、形容词的副词用法,如“没有”“白”“怪”“净”“老”。

还要细心分辨做状语的副词和形容词,具体说来,形容词也能做状语,跟副词不同的是,形容词能单独成句,能做述语和定语,副词除少数(“不”“也许”等)以外,一般不能单独成句,只能做状语,例如“突然想起”“忽然发现”。

也要注意时间副词和时间名词的用法区别。具体说来,副词一般修饰动词或形容词,可以表示程度、情态、方式、时间、频率、范围、否定、语气,副词的语法特点是充当状语。多数副词只能用在动词和形容词前边,部分表示时间或语气的副词还可以用在句首,修饰后边整个主谓短语,例如“突然鬼子进村了”。时间名词也能做状语,跟副词不同的是,时间名词的前边可以加“从、到、在”等介词,例如“我从昨天开始发烧”。

13.举例简述代词的类型和语法特征。

答:代词能起代替和指示作用,它跟所代替、所指示的语言单位的语法功能大致相当,即所代替的词语能做什么句法成分,代词就做什么句法成分。

按照句法功能划分,代词可以分为代名词、代谓词、代数词、代副词,其中代名词又可细分为一般代名词、时间代词、处所代词、数量代词。代名词的功能同所代替的名词大体相当，代谓词、代数词、代副词的功能分别同所代替的谓词、数词、副词大体相当。按照代词的意义划分，代词又可分为人称代词、疑问代词和指示代词，指示代词又可细分为近指代词和远指代词。

代词的语法特征如下。

(1)人称代词是对人或事物起称代作用的，可以分为第一、第二、第三人称代词。第一人称代词“我们”和“咱们”的用法有区别，“我们”只包括说话人一方，排除听话人一方，称为排除式用法，“咱们”包括说话人和听话人双方，称为包括式用法。排除式用法：“我们都是大四老生，一定会好好爱护你们这些大一新生。”包括式用法：“咱们都是中国人，中国人不打中国人。”

在需要满足委婉谦虚的表达方式时，“我们”实指“我”，如“关于词类划分问题，我们认为，应该从汉语实际出发来划分汉语词类，不应照抄照搬西方词法理论和划分标准”。

“你”“我”有时候在不确指哪一个人时属于虚指，如“你一言我一语”“你看看我，我看看你”。

反身代词“自己”“自个儿”可以复指前面的名词或代词，如“我自己去出差”“妈妈自个儿在家”，还可以泛指任何一个人，如“自己的事情自己完成”“自己的贷款自己还款”。与“自己”相对的“别人”“人家”，可以泛指对话双方以外的人，如“舞刀弄枪的，会伤着自己，也会伤着别人”；“人家”有时具体指称第三个人，如“人家是人大代表，咱比不上”；“人家”有时也指说话人自己，如“你离家出差半年了，人家想你啦”。“大家”指一定范围内所有的人，也常常用于复指，如“大家的校园大家管理”“你们大家都说说心里话”。

(2)指示代名词用来指代人，也用来指事物，如“这同学学习认真”“那垒墙的技术真好”“那可是十里八乡的漂亮姑娘”。“这”“那”有时候对举使用，不确指任何事物而属于虚指，如“我当年嫁给你爹，不图这，不图那，就图你爹踏实、肯干、有想法”。指示代词“每、各、某、另”各有不同的语法意义，“每”“各”是分指，指全体中的任何一个个体，“每”侧重于“同”，“各”侧重于“异”，如“每人都有善心”“各人都有缺点”。“某”是不定指，“另”是旁指，两者都是指不确定的人或事物，如“篮球比赛时，某个球员受伤无法继续参赛了，另一个球员马上顶上去”。

(3)疑问代名词的主要用途是表示有疑而问(询问)或无疑而问(反问、设问)。“哪”表疑问，不确指，要求在所指代事物中选定，如“今晚去哪儿散步，校园运动场还是教学区马路”;“哪里”连用成“哪里哪里”,可以表示否定,不表示询问处所,如:“你的文采飞扬,立意高远。”“哪里哪里。”疑问代名词可不表疑问,有任指的用法,指任何人或任何事物,即在所说的范围内没有例外,如“他哪儿都不想去”“别管是谁的,都放到仓库里保管起来”;还有虚指的用法,即指代不能肯定的人或事物,包括不知道、说不出或不想说出的,如“我想想在哪儿吃过这种做法的酸辣粉”。在转述别人话语时,可以用来指代不必说或不愿具体说的对象,这时代词也可以重叠使用,如“儿子放学回家说谁谁谁喜欢上了画画儿,谁谁谁喜欢上了足球”。“什么”也可以用来表示列举未尽之意,用在并列名词短语后面时加上语气词“的”,如“儿子的房间里摆满了各种物件,什么手工陶艺、自制卡片、用过的小提琴、淘汰的运动鞋,别有一番味道”“过年时奶奶准备了一大桌子美味佳肴,有地锅鸡、红烧肉、清蒸鱼什么的”。

14.代词是实词里的一类,有的是体词性的,有的是谓词性的。请分析下列各句中代词本身的语法功能和它所替代的词的语法功能之间的关系。(1)你喜欢什么?我喜欢洋娃娃。(2)你最近怎么样?我最近生病了。(3)水稻亩产多少斤?亩产一千两百斤。(4)奶奶笑得多么开心?奶奶笑得非常开心!

答:例1中的“什么”做宾语,属于代名词,所替代的“洋娃娃”在句中也做宾语;例2中的“怎么样”做谓语,属于代谓词,所替代的“生病”是动宾短语,做句子的谓语;例3中的“多少”做定语,属于代数词,所替代的“一千两百”是数词,做定语。例4中的“多么”做状语,属于代副词,所替代的“非常”是副词,做状语。

15.举例简述什么是拟声词、叹词及其语法特征。

答:拟声词是摹拟声音的词,又叫“象声词”,比如“叮当”“哗啦啦”“叽里咕噜”。拟声词能独立成句,也能充当状语、定语、补语、谓语,如“热水瓶啪的一声炸了”(做状语)、“昨晚叮叮当当的声音让我彻夜未眠”(做定语)、“昨晚的风吹得呼呼的”(做补语)、“狗子睡觉时经常嗯哼几声”(做谓语)、“哈哈哈,这个笑话笑死人不偿命”(做独立语)。与虚词不同,拟声词能做句法成分,能独立成句;与形容词不同,拟声词不受程度副词修饰,因此拟声词是比较特殊的一类实词,不是虚词。

叹词是表示感叹和呼唤、应答的词,比如“唉、啊、哼、哦、咦、喂、嗯”等。叹词常用作感叹语,独立成句,或者充当插说语,跟虚词不同,不跟别的词发生结构关系,是一种特殊的实词。

由于叹词模拟人的感情呼声,拟声词模拟人与自然的声响,两者有共同的意义和功能,所以可以合称为“声词”。

16.举例简述介词的分类和语法特点。

答:介词起标记作用,依附在实词或短语前面共同构成“介词短语”,整体主要修饰、补充谓词性词语。介词常常充当语义成分(格)的标记,标明跟动作、性状有关的时间、处所、方式、原因、目的、施事、受事、对象等,因此介词可分为以下几大类:表示时间、处所、方向,如“从、自从、自、打、到、往、在、由、向、于、至、趁”等;表示原因、目的,如“因、因为、由于、为、为了、为着”等;表示施事、受事,如“被、给、让、叫、归、由、把、将、管”等;表示关涉对象,如“对、对于、关于、跟、和、同、给、替、向、除了”等。

介词不能单独做句子成分,所构成的介词短语可以做状语,如“用真情感动听众”“从早上工作就没有休息”,少数介词短语可以做补语和定语,如“这次出访住在钓鱼台国宾馆”“有关梁山伯与祝英台的传说打动了亿万听众”。在动词谓语句中,特定的介词还具有标明动词与名词之间的格关系(语义关系)的作用,如介词“按”可表方式,介词“给”“向”可表对象,介词“用”可表工具,等等,如“校长按照教育部要求在七月三十日用邮政快递把优秀毕业生材料寄给高教司”。

17.举例简述连词的类别与语法特点。

答:连词起连接作用,连接词、短语、分句和句子等,表示并列、选择、递进、转折、条件、因果等语法关系。连词可分为三大类:一是连接词或短语的连词,如“和、跟、同、与、及、或”等;二是连接词语或分句的连词,如“而、而且、并、并且、或者”等;三是连接复句中的分句,如“不但、不仅、虽然、但是、然而、如果、与其、不但……而且、或者……或者、因为……所以”等。

“和、跟、同、与、及、以及”等都表示联合或并列关系的语法意义;“而且”连接谓词性词语,表示递进关系的语法意义;“并”“并且”连接动词性词语或分句,表示并列关系或递进关系的语法意义。另外,还要注意像“和、跟、同、由于、因、因为”作为连词和介词时的用法区别,如:“我和妈妈逛商场”(连词),“我不和好朋友商量,就独自去云南旅游了”(介词),“我跟爸爸下象棋”(连词),“我跟爸爸要了一百元钱”(介词)。

18.举例简述助词的分类和语法特征。

答:助词的作用是附着在实词、短语或句子后面表示结构关系或动态等语法意义,它可分为结构助词、动态助词、尝试助词、时间助词、概数助词、比况助词、其他助词。

分类谈语法特征:

(1)结构助词主要表示附加成分和中心语之间的结构关系,“的”是定语的标记,“地”是状语的标记,“得”是补语的标记,如“光荣的使命”“高兴地跳起来”“喝得东倒西歪”;“光荣之家”“缓兵之计”中的“之”不可换成“的”,一是因为承古而用,二是因为韵律要求,“之”不能轻读而满足了“之家”“之计”一个标准音步的韵律要求,而“的”读轻声不合乎一个标准音步的韵律要求。

“的”还可以用来组成名词性“的”字短语,如“吃的”“喝的”“进步的”“落后的”“红的”“黄的”;“的”字短语还具有泛指性用法,“历史证明,一切卖国求荣的都没有好下场”“危害自由市场经济最严重的就是那些投机倒把的”。

“者”也可以组成“者”字短语,书面语色彩浓,与口语色彩浓的“的”字短语功能一样,如“持股者都可以分红”“给每一位参会者发一套纪念品”,注意“记者”“读者”“作者”中的“者”属于构词的类词缀,不属于结构助词。

(2)动态助词包括“着、了、过”,动态指的是动作或性状在变化过程中的情况,表明是处在哪一点或哪一段上,不是表示事件发生的时间。“着”用在动词、形容词后面,表示动作在进行或者状态在持续,如“工人正在山顶上架设着高压线”“门开着”;“了”用在动词、形容词后面,表示动作或性状的实现,即已经成为事实,如“奶奶想起了逝去的爷爷,不禁潸然泪下”“我走得太匆忙,忘记了锁门”;“过”用在动词、形容词后面,表示曾经发生这样的动作或者曾经具有这样的性状,如“小王去过云南,这次不打算跟团去云南旅游了”“我去年在喜马拉雅上听过《明朝那些事儿》”。

(3)时间助词。“的”插在动宾短语中间,表示过去发生的事情,如“我早上五点起的床”“爷爷煮的面条”;“来着”用在句末,一般表示不久前发生过的事情,如“前天我还跟老张在广场上聊天来着,老张现在居然在美国给我电话”。“的”与“来着”都限于表示过去的事,但是“来着”偏重于肯定动作行为,而“的”偏重于强调动作的时间、处所、方式、施事等。

(4)比况助词附着在名词性、动词性、形容词性词语后面,表示比喻,如“樱桃似的小嘴”“神一样的存在”。

另外,还有“所”“给”“连”等助词也需要格外注意。“所”是古今都使用的助词,用在及物动词前面,组成名词性短语,如“所希望”“所思考”“所研究”“所见”“所闻”,也常常跟“为”配合使用,组成“为……所”格式而表被动,如“汪精卫卖国求荣,为国人所唾弃”。

“给”紧靠在动词前面,表示被动态,口语色彩浓,如“教室给打扫干净了”“晚饭给做好了”“洪水把庄稼给淹没了”。这种“给”往往可以省略而不影响句子的基本意思。

“连”用在名词性、动词性、形容词性词语前面,与“也、都、还”相呼应,组成“连……也(都)……”格式,表示隐含比较,如“这个道理连三岁的孩子都懂”“出国读研我连想都没有想过”“我饿得连鸡骨头也吃了”。

19.根据材料分析汉语动词后面“了”的作用和特点。材料:(1)他下了课就上图书馆了。(2)下了课再去。(3)关了灯就什么也看不见了。

答:“了”是动态助词,只表示动作的完成,不表示动作发生的时间,或者说与时间没有必然联系。因为动作的完成可以是过去时,也可以是将来时,动作时间的表达可以使用时间词语或者通过句意来表达。例1中的“了”表示动作完成,动作完成的时间在过去;例2中的“了”表示动作完成,动作完成的时间在将来;例3中的“了”表示假设动作的完成,动作完成的时间在将来。

20.举例简述语气词的类型和语法特征。

答:语气词的作用在于表示语气,念轻声。语气词根据语气所表达的语法意义的不同可分为四种。(1)陈述语气,如“的、了、吧、呢、啊、罢了、也罢、也好、喽”等;(2)疑问语气,如“吗、呢、吧、啊”等;(3)祈使语气,如“吧、了、啊”等;(4)感叹语气,如“啊”。

语气词的语法特征如下。

(1)主要用在句子的末尾,也可以用在句中主语、状语后有停顿的地方,如“美丽的姑娘啊”“老天爷啊赶快下雨”“美丽的草原呀是我的家”。

(2)常常跟句调一起共同表达语气,有的语气词可以表达多种语气,有的语气还可以用多个语气词表达,如“今天天气真好呀”“你怎么走了呀”“恐怕老师已经不来了吧”。

(3)普通话里最基本的语气词实际上只有六个:的、了、呢、吧、吗、啊。根据这六个语气词在句子里出现的先后次序即离核心的远近可以分为三组,即根据所处句子结构层次不同,语气词可分为三层(三组):第一层语气词“的”,第二层语气词“了”,第三层语气词“呢、吧、吗、啊”。

连用两三个语气词不是直接组合,而是处在句子结构的不同层次上,可以是一二层级、一三层级、二三层级或一二三层级语气词连用,如“你逆行开车引发了严重交通事故,你还能跑得了吗”“光谈恋爱不结婚,对个人品质是有影响的啊”。

还要注意分辨语气词“的”“了”与助词“的”“了”,如:“你现在不好好读研,你会后悔的”(语气词),“离家返校的时候,妈妈把吃的、喝的、用的给我装满了行李箱”(助词),“经过四年持之以恒的学习,我终于拿到了博士毕业证书”(动态助词),“天开始下雨了”(语气词),“这本书我看三天了”(兼动态助词和语气词),“香山的枫叶红了”(兼动态助词和语气词)。

21.举例简谈兼类词及其语法特点。

答:词的兼类是指某个词具有两类或两类以上语法功能的现象。常见的兼类词有以下几种。(1)兼名词、动词的,如“病、锈、建议、决定、领导、代表、指示、通知、总结”等;(2)兼名词、形容词的,如“科学、标准、经济、道德、困难、理想”等;(3)兼动词、形容词的,如“破、忙、热闹、丰富、明确、端正、明白、努力”等;(4)兼副词、区别词的,如“共同、自动、定期”等;(5)兼名词、动词、形容词的,如“麻烦、方便、便宜”等。

划分兼类词要坚持两个原则:一是兼类在同类词里只占少数,否则便是分类不精;二是兼类词一定要声音相同,词义有联系,否则便不是兼类词,而是同音词。

词的兼类与同音词不同。同音词是语音形式相同、意义则完全不同的词。同音词是两个不同的词,不是兼类。例如“一盆净水”与“地上净是水”中的“净”是同音词。

词的兼类与“借用”不同。兼类是指某个词经常具备两类词的特色;而借用分两种,或者是临时借用,或者是由于修辞的需要把甲类词临时当作乙类词来用,它们都不属于兼类词。

22.简述短语的类型。

答:短语是由语法上能够搭配的词组合起来的没有句调的语言单位,又叫词组。它是大于词而又不成句的语法单位。按短语构成要素是否凝固来分类,可分为固定短语和非固定短语。按照意义多少来分类,可分为单义短语和多义短语。按照成句能力来分,可分为自由短语和不自由短语,不自由短语又叫黏着短语,即不能加句调独立成句的短语。按照短语的层次多少划分,可分为一层短语(简单短语)和多层短语(复杂短语)。按照语法功能划分,可分为名词性短语和谓词性短语。按照结构类型划分,可分为主谓短语、动宾短语、偏正短语(定中短语和状中短语)、中补短语、联合短语、连谓短语、兼语短语、同位短语、方位短语、量词短语(数量短语和指量短语)、介词短语、助词短语(“的”字短语、比况短语、“所”字短语)。

下面简谈几类短语的特点。

主谓短语由存在陈述和被陈述关系的两个成分组成,被陈述部分是主语,陈述部分是谓语,说明主语“怎么样”或“是什么”,如“月季花开”“明天阴天”。

动宾短语由有支配、涉及关系的两个成分组成,前面起支配作用的部分是动语,表示动作行为,后面被动作支配的部分是宾语,表示“做什么”或“是什么”,如“喜欢读书”“热爱运动”。

偏正短语由有修饰关系的两部分组成,修饰部分在前面,叫修饰语,被修饰部分在后面,叫中心语,如“美丽的太阳”“快速离开”。

中补短语由有补充关系的两个成分组成，前面被补充部分是中心语，由谓词充当，后面补充部分是补语，也由谓词充当，起述说作用，能回答“怎么样”的问题，有的有助词“得”作为补语的标记，如“高兴得失眠了”“吃得精光”。

联合短语由语法地位平等的两项或几项组成，其间是联合关系，可细分为并列、递进、选择等关系，有时用“和、并、而、或”等连词，如“老师和学生”“苹果或橘子”“平凡而伟大”“痛并快乐”。

连谓短语是两个或两个以上谓词性词语连用构成的句法结构，连谓短语中几个动词性词语之间没有主谓、述宾、述补、偏正、联合等关系，没有成分间的语音停顿，也不用任何关联词语，如“去买卡片”“听着心动”。

兼语短语也是两个或两个以上谓词性词语连用构成的句法结构。兼语短语中前一个动词性词语的宾语兼作后一个动词(或形容词)性词语的主语，因此称为“兼语”，如“请他喝茶”“叫他踢球”。

同位短语是指两个或两个以上部分指的是同一事物，构成同位关系，如“周恩来总理”“驾驶员小王”“他自己”。同位短语与联合短语很相似，区别是：同位短语的前后项是异名同实，即用不同的词语表示同一人或事物，如“北京首都”，而联合短语的前后项则是异名异实，如“北京上海”；同位短语中间不能插入虚词，而联合短语中间可以插入虚词，如“中国和美国”；同位短语是名词性的，而联合短语有名词性的和其他词性的，如“沉着冷静”“调查研究”。

方位短语由方位词直接附在名词性或谓词性词语后面组成，主要表示处所、范围或时间，如“园子里种着西红柿、茄子、黄瓜什么的”“你们三位男生中有我喜欢的”“五一前完成初稿”。方位词“上、里”等在方位短语中已经没有了方位义，如“天空里没有一片云彩”“会议上大家讨论热烈”。

表示处所的方位短语和定中短语要区别开，可以用能否插入“的”来鉴定，如“椅子上”是方位短语，“椅子上面”是定中短语，因为插入“的”后，“椅子的上”不成立，“椅子的上面”成立。

23.举例简述八种配对句法成分的构成材料与语义类型。

答：句法成分是句法结构的组成成分，根据句法关系的不同可分为八种，即主语、谓语、动语、宾语、定语、状语、补语、中心语。一个句法成分都跟另一句法成分互相依存，发生一定的语法关系。例如，主语与谓语之间发生陈述关系，动语与宾语之间发生支配或涉及关系，定语与中心语之间发生修饰限制关系，状语与中心语之间发生修饰限制关系，补语与中心语之间发生补充说明关系。这八种句法成分的构成材料与语义类型概要如下。

（1）主语：可分为名词性主语和谓词性主语。

名词性主语由名词性词语充当，包括名词、数词、名词性的代词、名词性短语（如方位短语、定中短语、数量短语、同位短语、联合短语、“的”字短语等），多表示人或事物。相对于陈述部分的谓语而言，主语是被陈述的对象，在句首能回答“谁”或“什么”等问题，例如“今天是国庆节”“九是三的三倍”“我考上研究生啦”“笼子里关着一条拉布拉多”“爷爷的照片一直挂在墙上”“一个一个都得打疫苗”“我们两口子从大学就开始创业了”“文学和语言是中文系学生学习的两大方向”“红的已经熟了”。

谓词性主语由谓词性词语充当，包括动词、形容词、谓词性的代词、动词性短语、形容词性短语，是以动作、性状或事情做陈述的对象，后面的谓语总是由非动作性谓词充当。例如“读读很有收获”“香喷喷谁不喜欢”“‘我该怎么办？’‘怎么都行。’”“生龙生凤谁都想”“公平公正是法治精神所追求的”“搭台唱戏总比拆台看热闹好”“他写作文比我好”“请李老师做学术报告要做足他的功课”“继续考研深造是一种好的选择”“读得不仔细是学习大忌”“去图书馆查资料需要预约”。

根据与谓语的语义关系不同，主语可分为施事主语、受事主语和中性主语。施事主语表示发出动作、行为的主体，施事主语与谓语的语义结构为“施事+动作”，例如，“山鸡飞了”“狗啃骨头”“感人的故事情节深深打动了我”。受事主语表示承受动作、行为的客体，即动作、行为所涉及的对象，受事主语与谓语的语义结构为“受事+动作”。例如，“乌龟被我放生了”“我让突如其来的大雨淋湿了”“机会不是人人都能把握住的”。中性主语表示非施事、非受事的人或事物，与谓语成分的语义关系比较复杂，有领属、结果、工具、因果、处所等语义关系。例如，“我丢了一部手机”中“我”与谓语中的“手机”有领属关系。“别墅盖好了”中“别墅”与“盖”有结果关系。“铁锅炖红烧肉”中“铁锅”与“炖”有工具关系。“百年不遇的高温天气热死了很多老人”中“百年不遇的高温天气”与“热死老人”有因果关系。“羊肉汤里撒上点香菜”中“羊肉汤里”与“撒”有处所关系。这些例句中的主语虽然不能归为施事主语、受事主语，但是从语法关系上看它们都处在主语位置，所以一律归为中性主语，也就是说凡是不能归为施事主语、受事主语的其他主语都归入中性主语类。

（2）谓语：通常由谓词性词语充当，在一定条件下也可由名词性词语充当，对主语进行叙述、描写或判断，能回答主语“怎么样”“是什么”等问题，而且谓语中心的动词、形容词等通常是句法结构和语义解释的核心。例如“下水道堵了”“天热了”“今天清明节”“青春年少多少人想重来一次”“我家的狗子七十五斤”。

根据谓语对主语叙述、描写或判断的不同作用,谓语的语义类型可分为三大类:第一类着重叙述,叙述主语所做的或与主语有关的一件事情,表示主语“怎么样”“做什么”。例如“狗掉到陷阱里了”“孩子们正在吃西瓜”。第二类着重描写,描写主语的性状,表示主语“什么样”。例如“趵突泉的水真清呀”“大明湖的荷花又高又大”。第三类着重判断说明,说明主语的类属或情况,表示主语“是什么”。例如“季羡林是山东人”“曲阜是儒家文化的发源地”。

(3)动语:又叫述语,与宾语共存共现,一个句法结构中有宾语,必有动语,没有宾语,就没有动语。动语由动词性词语构成,可以由单个动词充当,通常由动词带上补语、动态助词构成。动语和动语中心通常是及物动词,例如“我洗衣服”“上班前媳妇煮好了茶叶蛋”。有时候,某些不及物动词必须带上补语之后再作为一个整体带宾语。例如“敌人跑断了腿”“没听说鸟飞坏了翅膀”。需要注意的是,与宾语发生直接语义关系的不是不及物动词,而是不及物动词的补语,如“腿”与“断”“翅膀”与“坏”发生直接语义关系。

根据带宾语的情况可把动语中的动词分为及物动词和不及物动词。能直接带受事宾语的动词叫及物动词,如“看”“说”“研究”“打击”;不能带受事宾语的动词叫不及物动词,如“走”“跑”“飞”“醒”。其中,及物动词按照所带宾语的性质可细分为三类:“名宾动词”“谓宾动词”和“名谓宾动词”。

名宾动词只能带名词性宾语,如“敲、打、踩、清洗”等。

谓宾动词只能带谓词性宾语,其又可细分为“真谓宾动词”“准谓宾动词”和“真准谓宾动词”。其中,真谓宾动词能带谓词和动宾、状中等动词短语做宾语,如“准备进攻”“省得麻烦朋友”“主张继续谈判”。准谓宾动词不能带动宾短语、状中短语,可以带以谓词为中心的定中短语,如“给以坚决的回击”“加以严厉的处罚”“予以全力的支持”“致以崇高的赞美”。真准谓宾动词既能带谓词和动宾、状中等动词短语做宾语,又能带以谓词为中心的定中短语,如“痛感错失良机”“痛感昨日惨败”“痛感无谓的付出”。

名谓宾动词既能带名词性宾语又能带谓词性宾语,其又可细分为“名真谓宾动词”“名准谓宾动词”和“名真准谓宾动词”。名真谓宾动词既能带名词性宾语,又能带谓词、主谓短语、动宾短语、状中类动词短语,如“看见一群牦牛”“看见敌人撤退了”“看见打架了”“看见紧急集合了”。名准谓宾动词既能带名词性宾语,又能带以谓词为中心的定中短语,如“得到圣诞节礼物”“得到友军的驰援”。名真准谓宾动词既能带名词性宾语、谓词、主谓短语、动宾短语、状中类动词短语,又能带以谓词为中心的定中短语，如“赞成竞选方案”“赞成出兵”“赞成我们进行田野调查”“赞成种植烟草”“赞成合理的反对”。

（4）宾语：与动语共现共存的句法成分，分名词性宾语和谓词性宾语。名词性宾语包括名词、名词性词语，包括联合短语、数量短语、“的”字短语等，如“我早饭买了两根油条”“爸爸给我买玩具了”“鱼缸里还有活的”“客厅置物架上摆放着图书、砚台、瓷器和二胡”“生日那天妈妈送给我一台笔记本电脑”“准备出发”“抱怨降薪”“保证运行”。

根据与动语的语义关系，宾语大致分为三类：受事宾语、施事宾语和中性宾语。受事宾语表示动作、行为直接支配、涉及的人或事物，如“收割韭菜”“激励员工”“动员部队”。施事宾语表示动作、行为的发出者、主动者，可以是人或事物，如“学校来了一位新校长”“出幺蛾子了”“一桌饭吃八个人”“马路上跑着驴车”。中性宾语是指表示施事、受事以外的宾语，既非施事又非受事，根据语义关系又可以细分为结果宾语、处所宾语、时间宾语、工具宾语、方式宾语、原因宾语、目的宾语、类别宾语、存在宾语等，结果宾语如“编篮子”（编成篮子）、“盖别墅”（盖成别墅），处所宾语如“回老家”（回到老家）、“躺床上”（躺在床上），时间宾语如“欢度春节”（在春节期间欢度）、“熬一礼拜”（在一个礼拜里熬着），工具宾语如“赶快渡船”（用船渡河）、“吃小盅”（用小酒盅吃酒），方式宾语如“存定期”（以定期的方式存）、“写楷书”（以楷书的方式写），原因宾语如“拜年”（因年而拜）、“养病”（因病而养），目的宾语如“跑手续”（为了手续而跑）、“求字画”（为了字画而求），类别宾语如“她演花旦，我演小生”（她是花旦），存在宾语如“园里有茄子”（茄子在园里）、“冰箱里有肉”（肉在冰箱里）。

（5）定语：实词和短语大都可以做定语，例如“貂皮大衣”“沙漠之狐”“漂亮裙子”“五斤大米”“我的小提琴”“爸爸买的蛋糕”等。

从定语的表义作用看，定语可以分为限制性定语和描写性定语两大类。限制性定语是对中心语所指的事物加以限制，使中心语事物在领属、时间、处所、环境、范围、用途、质料、数量、性质、属性、来源等方面能与同类事物区别开来，目的是给事物分类，使语言表达准确、严密，一般能回答“哪一种”“哪一类”“多少”“何时何地”等问题。例如，“我养的猫”（领有限制），“去年的合同”（时间限制），“老院子里的大树”（处所），“整洁的厨房”（环境），“三农问题”（范围），“防雨布”（用途），“塑料绳”（质料），“三斤西红柿”（数量），“卖国分子”（性质），“微型相机”（属性），“宁夏枸杞”（来源）。

描写性定语多数在语义上对中心语事物加以描写或形容，主要是描绘人或事物的性质、状态，一般能回答“什么样”的问题，突出事物本来就有的某一特性，使语言具有形象性、生动性,多由状态形容词和性质形容词的重叠式、拟声词等充当。由状态形容词充当描写性定语的例子:“雪白的皮肤”“笔直的马路”“火红的太阳”“墨绿的海水”“血红的嘴唇”“绿油油的麦田”“水灵灵的眼睛”“黑不溜秋的小手”“脏了吧唧的脸蛋”;由性质形容词充当描写性定语的例子:“长长的辫子”“弯弯的月亮”“瘦瘦的骆驼”“大大方方的姑娘”“漂漂亮亮的床单”;由拟声词充当描写性定语的例子:“隆隆的炮声”“噼里啪啦的鞭炮声”“吱呀的开门声”“噗通的跳水声”。

在语义指向上,多数描写性定语和所有限制性定语的语义指向是“顺行指向”,就是指向后面的中心语,但是也有一些定语的语义指向是“逆行指向”的,即不指向与它配对的中心语,比如,“妈妈脆脆地炸了一盘花生米”,“脆脆地”不指向中心语“炸”而指向“花生米”,又如“报考汉语文字学专业的研究生是我今生作出的一个无怨无悔的决定”,“无怨无悔”不指向中心语“决定”而指向“我”。

(6)状语:状语既可以由副词充当,还可以由时间名词、动词(能愿动词)、形容词(尤其是状态形容词)充当,少数名词、动词以及介词短语、量词短语等也可以充当,例如“刚刚下课”“明天赶早市”“愿意捐款”“闪亮登场”“网络诈骗”“现金交易”“搜索飞行”“滚动播放”“在沙发上睡觉”“一桶一桶灌装”。

状语的语义类别可分为限制性和描写性两类。限制性状语用来表示时间、处所、程度、否定、肯定、方式、目的、范围、对象、数量、语气等。例如,“屡次犯法”“经常迟到”“四处打探”“随处吐痰”“到处旅游”“倍加珍惜”“格外喜欢”“无须担心”“必须赔偿”“单独会晤”“圆桌谈判”“公开反对”“和平谈判”“度假旅游”“一起创业”“通通销毁”“我对她爱恨交加”“我对故乡难以忘怀”“三圈跑完,满头大汗”“恐怕完不成作业”。

描写性状语是从性质和状态方面对动作情状加以描写或形容,在语法结构上修饰做中心语的谓词性成分。例如,“爷爷慢慢地走下楼梯”“我和同桌友好相处”,句中“慢慢地”“友好”在语义指向上分别指向谓词性成分“走”“相处”。但是,有时候描写性状语指向句法结构中的名词性成分,造成语法结构关系与语义结构关系不一致。例如,“爸爸疲惫不堪地回到家”,“疲惫不堪”指向“爸爸”而不指向“回到家”;“屋子里三三两两地躺着干活的工人”,“三三两两”指向“工人”而不指向“躺”。

(7)补语:一般由谓词性词语充当,可以用来说明动作、行为的结果、趋向、数量、时间、处所、可能性或者说明性状的程度和人物的状态,据此可大致分为七类,即结果补语、趋向补语、数量补语、时地补语、可能补语、情态补语和程度补语。

结果补语表示动作、行为导致的结果,如“小王病倒了”“成绩提高了”“衣服缩小了”“假期延长了”“我被老师说服了”。在语义指向上,结果补语可以指向中心语,即谓语中心,也可以指向主语或宾语。例如,“我不小心磕破了鸡蛋”,句中的“破”指向宾语“鸡蛋”;“中国女足踢赢了比赛”,句中的“赢”指向主语“中国女足”;“我写完了暑假作业”,句中的“完”指向谓语中心“写”。有的结果补语可以同时指向两个句法成分,如“最近我吃饭很多”,句中的“多”既指向“吃”又指向“饭”。有时结果补语并不指向句内任何句法成分,而是指向句外的人或物,如“再好的酒也会喝醉”“度数再低的酒也会喝晕”“金山银山也会吃穷”“头脑灵活也会致富”“我穿少了”“我拿多了”,句中的“醉、晕、穷、富、少、多”都指向句外的人或物。

趋向补语表示事物随动作而移动的方向,都用趋向动词充当,如“发往北京的动车开过来了”“田野上传来了教堂的钟声”“炊烟升上去了”。另外,“哭起来”“唱起来”“写下去”“血压降下来了”中的“起来、下去、下来”都属于虚化用法,不表示具体方向的移动。

数量补语分动量补语和时量补语。动量补语由表动量的量词短语充当,用来表示动作发生的次数,如“读了三遍”“踢了三场”“去了五趟”“说了三回”“练习了三次”“敲了三下”“写了一笔”“划了一刀”。时量补语由表示时间的量词和数词组成的数量短语充当,或由“数+量+名”短语充当,用来表示动作持续的时间(即时量、时段),或者表示动作实现以后所经历的整段时间,如“学了三年”“去了三天”“来了三分钟”“等了三小时”“住了三个星期”“睡了一天”。

时地补语多由介词短语充当,表示动作发生的时间和处所,包括表示动作的终止地点,如“鲁迅出生于1881年”“留学在英国”“睡在海边”。

可能补语一种由“得”或“不得”充当,如“大米晒不得”“毒蘑菇吃不得”“花钱要舍得”;另一种是在结果补语(或趋向补语)与中心语之间插进“得”“不”,表示动作的结果、趋向可能或不可能实现,如“这次期末考试考得好”“这次雅思考得不好”“这么多钱拿不出来”“结婚的材料还是能拿得出来”。

情态补语表示由于动作、性状而呈现出来的情态,有两种作用:一是用作描写,用状态形容词或谓词性短语充当,如“喝得酩酊大醉”“得意得忘乎所以”“染得红彤彤”“晒得黝黑”;一是用作评价,只能用性质形容词,如“孩子长胖了”“美国学精了”“新加坡变富了”“老师讲得头头是道”。

程度补语很少,限于用“极、很、透、慌、死、坏、多”等来充当,表示达到极点或很高的程度,也可以用量词短语“一些、一点儿”表示很轻的程度,与之对应的中心语主要是性质形容词,也可以是前加“很”的某些动词,如“电影精彩极了”“我最近忙得很”

“汪精卫坏透了”“开采石头这活累得慌”“狗叫声把人烦死了”“这段相声把我笑坏了”“爷爷中午喝酒喝多了”“家长批评孩子要中肯一些”“天气凉快一点儿了”。

(8)中心语:中心语是偏正短语、中补短语的中心成分。根据同它配对的成分性质的不同,中心语可分为三种,即定语中心语、状语中心语和补语中心语。定语中心语通常由名词性词语充当,如“考研的障碍”“美丽的草原”;中心语还可以由谓词性词语充当,如“国家的强大指日可待”“高级领导的堕落令人惋惜”。状语中心语由谓词性词语充当,如“我已经起床了”“农村的确落后了”“房价太高了”;在名词谓语句里,状语中心语可以由名词充当,如“我兜里就两块钱”“这只羊仅仅一百三十斤”“今天才礼拜五”。补语中心语由动词或形容词充当,也可以由谓词性短语充当,如“菜炒煳了”“粥熬好了”“衣服薄如蝉翼”“李教授调查研究得很深入”。

24.举例说明宾语和补语、定语和状语的区别。

答:宾语和补语的区别可以从以下几个方面来观察。

(1)看标记。就是看有无助词“得”,有“得”就是补语,可插入“得”也是补语,如“学得扎实”“吃得香甜”“吃好睡好”,但是,某些动词含构词语素“得”,像“获得丰收”“取得胜利”“觉得好看”“心情显得很沉重”,中间的“得”字是构词成分,不是助词。

(2)看关系。可用提问法,看动词后的词语能回答“怎么样”的是补语。“喜欢热闹”和“计划周密”都是“动+形”。前者的“热闹”可以回答“喜欢什么”的问题,是宾语,是“喜欢”所支配的对象,有动宾关系;后者的“周密”不可能回答“计划什么”的问题,只能回答“计划得怎么样”的问题,是“计划”的结果补语,有中补关系。

(3)看词性。量词短语里如果用名量词,一般是宾语;如果用动量词,就是补语。例如“听几首”和“听几遍”就是宾语和补语的分别,再如“看了三次”和“看了三本”,“次”是动量词,“本”是名量词,所以“看了三次”中的“三次”是补语,“看了三本”中的“三本”是宾语。

另外,某些表示时间的成分既可能做补语,也可能做宾语,而做宾语时往往可以变换成“把”字句。因此,可以使用“把”字句提宾法来鉴别,能用“把”字提到动词前的是宾语,否则是补语。比如“他浪费了两个钟头”和“他睡了两个钟头”,前者可以变换成“他把两个钟头浪费了”,其中“两个钟头”是宾语;后者不能这样变换,其中“两个钟头”是补语。“看书看了三小时”也可以用“把”字句提宾法来鉴别,“看书把三小时看了”不成立,所以“三小时”是补语,表示的是时量。

定语和状语的区分可以从以下三个方面进行观察。

(1)修饰语本身。有的词用作修饰语时只能是定语,例如人称代词,“她的青春”

“你的到来”。有的只能做状语,例如副词,“很多”“极其”“都”。

(2)根据偏正短语里的中心语来判断,多数偏正短语同它的中心语功能是一致的。例如“美丽的校园”“伟大的母亲”,其中名词的修饰成分是定语。例如“慢慢地走”,其中动词形容词的修饰成分是状语。

(3)根据整个偏正短语的语法功能来判断。如果整个偏正短语是名词性短语,例如“勇敢的青年”“新部长的到来”,里面的修饰语就是定语。如果这个偏正短语是谓词性短语,例如“顽强地抵抗”“十分庞大”,里面的修饰语就是状语。

25.什么是句型?怎样确定汉语的句型?

答:句型就是句子的格局。根据内部结构关系的不同,单句可分为主谓句和非主谓句。非主谓句是根据整体功能确定其下位句型的,可分为名词句、动词句、形容词句等。主谓句的下位句型是根据谓语的性质与功能确定的,可分为名词谓语句、动词谓语句、形容词谓语句、主谓谓语句。句型是以语言中全体句子为对象进行归纳的,一个具体的句子可能包含一些跟句型无关的因素,在确定句型时必须排除。这些因素有:(1)语气的因素不影响句型;(2)增添特殊成分不影响句型;(3)扩展不影响句型;(4)省略不影响句型;(5)倒装不影响句型。

26.现代汉语里的疑问句通常分为几类?划分的依据是什么?举例说明。

答:提出问题、具有疑问语气的句子叫疑问句。有疑而问的叫询问句,无疑而问的叫反问句。疑问句末用问号,提问的手段有语调、疑问代词、语气副词、语气词或疑问格式,有时只用一种手段,有时兼用多种手段,句调不可缺少。疑问句根据提问的手段和语义情况,可以分为四类:是非问、特指问、选择问和正反问。例如,“你还记得上次聚会的地方吗”属于是非问。“她还待在那里干什么”属于特指问。“活着为了自己,还是为了别人和社会”属于选择问。“你同意不同意签字”属于正反问。

还有一种反问句,它是无疑而问,答案寓于其中。反问的语气相当于否定语气,否定格式加上否定语气就变成了肯定;肯定的格式加上否定语气就变成了否定。例如,“天凉了,怎么还穿单衣”(意思是应该穿厚一点的衣服),“你是夸我呢,还是在骂我呢”(意思是骂我)。

27.什么是句式?常见的句式有哪些?

答:汉语中有一部分句子在结构上比较特殊,或者有特殊标志,这些句子通常称为句式。常见的句式有“把”字句、“被”字句、连谓句、兼语句、双宾句、存现句。

28.什么是“把”字句?“把”字句有哪些特点?使用“把”字句须注意什么?

答:“把”字句是指在谓语动词前头用介词“把”引出受事、对受事加以处置的一种主动句,又叫处置式。

(1)动词前后常常有别的成分,动词一般不能单独出现,尤其不能单独出现单音节动词。通常后面有补语、宾语、动态助词,至少也要用动词的重叠式。例如,“把花放在桌子上”“把荒地种上棉花”“把水倒了”“把雨衣带着”“把经过说说”。或者是动词前面有状语,例如,“别把衣服到处扔”。

但是如果动词是动补型双音节词,就可以单独出现。例如,“不要把剩饭倒掉”。韵文中可以不受上述限制,例如可以说“把家还”之类。

(2)“把”的宾语一般而言在意念上是有定的、已知的人或事物,因此前面会带上“这、那”一类修饰语。例如,“把那支雨伞带上”。说“把雨伞带上”时,这雨伞是确定的某把伞。

如果用无定的、泛指的词语,常常是说一般的道理。例如,“不能把真理看成谬误”。

(3)谓语动词一般都有处置性,就是动词对受事要有积极影响。因此,不及物动词、能愿动词、判断动词、趋向动词和“有、没有”等不能用来做“把”字句的谓语动词。没有处置性的动词比较少见,例如,“只把目录看了一遍。”

(4)“把”字短语和动词之间一般不能插入能愿动词、否定词,这些词只能置于“把”字前。例如,不能说“我把衣服没有弄坏”“为什么把这消息不告诉他”。不过熟语性句子有例外,例如,可以说“怎能把人不当人呢?”

有时候,“把”的介引成分(关涉对象)跟动词没有多少语义上的联系,而是与动补短语有联系,整个短语用来说明使介引成分怎么样。例如,“把眼睛哭肿了”“我的故事把在座的朋友都讲哭了”。

29. 什么是“被”字句? “被”字句有哪些特点? 使用“被”字句须注意什么?

答:“被”字句是指在谓语中心词前面,用介词“被(给、叫、让)”引出施事或单用“被”的表示被动的主谓句。

(1)动词一般是有处置性的,跟“把”字句里的动词差不多。动词后面多有补语或别的成分。如果只用一个双音动词,前面就要有能愿动词、时间词语等状语。例如,“词典叫我的学生借去了”“小猫被黄狗咬了一口”“这件事容易被人曲解”。

(2)主语所表示的受事必须是有定的。如果没有特定的语境,就不能说“一个人被他撞了”。如果“一个人”前加上限定成分便可以说了。

(3)能愿动词和表否定、时间等的副词只能置于“被”字前。例如,“一切腐败现象应该被铲除”“他没有被金钱腐蚀掉”“这个丑闻已经被人泄漏了”。

说“被”字句的主语表示受事，正如说“把”字句里的介引成分表受事一样，都是就最常见的情况说的，其实其中也有表间接受事的。例如，“他家被黄鼠狼叼走了两只小鸡”。丢了鸡也是他家的遭遇。

30.什么是连谓句？常见的连谓句有哪几种类型？

答：连谓句是由连谓短语充当谓语的句子。常见的连谓句主要有以下几种类型。

(1)几个动词表示先后发生的动作。例如，“小宁上车卸货”。

(2)前一动词表示动作的方式。例如，“他仰着头大笑”。

(3)后一动词表示动作的目的。例如，“政府宣传劳模树典型”。

(4)后一动词表示动作的结果或者前后是因果关系。例如，“我干了一天活累了”。

(5)前、后动词从肯定和否定两方面说明同一事实。例如，“你别扔下孩子不管！”

(6)前一个动词也可以是“有”。例如，“泰庙有许多纪念品出售”。

(7)前后有条件和行为的关系。例如，“某省级干部晋升到厅级才拥有专车”。

31.什么是兼语句？兼语句有哪些特点？兼语句和主谓短语做宾语的句子有什么区别？

答：兼语句是由兼语短语充当谓语或独立成句的句子。典型的兼语句前一动词经常是“使、叫、让、称赞、表扬、夸、爱、喜欢、感谢、有、轮”等表示使令、赞许、责怪、心理活动或领有、存在等意义的动词。例如，“老师让学生课下也说普通话”“她爱我憨厚正直有责任心”“他有个远房亲戚留学法国”。兼语句可细分为使令式、爱恨式、选定式、“有”字式。

兼语句和主谓短语做宾语的句子的区别在于：(1)停顿处和加状语处不同。在第一个动词后，兼语句不能有停顿，不可加状语；主谓短语做宾语的句子可以。例如，“我让他去开会”“我知道明天他去开会”。(2)第一个动词性质不同，支配的对象不同。兼语句的动词支配的是人，不是一件事；主谓短语做宾语的句子的动词无使令意思，支配的是一件事，不是一个人。例如，“主任表扬我工作努力”。

32.什么是存现句？存现句具有哪些特点？

答：存现句是表示何处存在、出现、消失了何人或何物，结构上用来描写景物或处所的一种特定句式，可以细分为存在句和隐现句两类。存在句是表示何处存在何人或何物的句式，例如，“山顶上有座塔”“台上坐着主席团”“河边有条船”“天空飞着一架飞机”“广场上表演着秧歌舞”。隐现句表示何处出现或消失何人或何物，例如，“瓶子里冒出一股白烟”“妈妈的脸上露出了幸福的微笑”“河岸上没有了千年银杏树”“今天寨子里死了两匹马”。

存现句具有以下几个特点：(1)句子的前段有表示处所或时间的词语，有时也可以是介词短语。例如，“家里来了三位客人”“昨天家里来了三位客人”“在客厅里坐着三位客人”。(2)句子的中段可以是不及物动词或“有”“是”，表示存在或隐现，可以带助词“着”“了”或趋向补语。例如，“阳台上晒着衣服”“桌子上放着一套鲁迅全集”“她身上穿着一件时髦的旗袍”“校园里停了十辆大巴车”“车库里有一只老鼠”。(3)句子的后段必须有存现的宾语。存现宾语大都有施事性或不确指性，有的兼而有之。例如，“主席台上坐着纪检巡视组”“河里有条大鲤鱼”。

33.什么是非主谓句？它与省略句有什么区别？

答：非主谓句是分不出主语和谓语的单句。它由主谓短语以外的短语或单词加句调形成。例如，“下雪了！”“枪声！”非主谓句根据句内核心词的词性可分为五类，即动词性非主谓句(动句)、形容词性非主谓句(形句)、名词性非主谓句(名句)、叹词句(叹句)、拟声词句(拟声句)。例如，“下课了！”“下雪啦！”“真漂亮！”“真棒！”“好风筝！”“鱼！”“马！”“啊！”“嗨！”“轰隆！”“噼里啪啦！”

非主谓句与省略句的区别主要表现在两个方面：其一，在表意上，省略句需要依靠特定的语境才能表达完整的意思，非主谓句不需要依赖什么语言环境。其二，在结构上，省略句省略的部分可以明确地补充出来，一般只有一种确定的补充方式；非主谓句根本不需要补充所缺部分，即使补充答案也不是唯一的。

34.什么是紧缩句？

答：有些复句由于表达上的需要，取消了分句之间的语音停顿，省去了某些词语，用类似单句的形式表达复句的内容，使它紧凑缩减，这种句子我们称之为紧缩复句(紧缩句)。例如，“想笑又不敢笑”是转折紧缩句，“雨过天晴”是顺承紧缩句。

35.句群与复句的根本区别是什么？

答：其一，句群的构成单位是句子，复句的构成单位是分句。其二，二者关联词语的使用情况不同，在复句中经常成对运用的关联词语，在句群中大都不能成对运用。其三，句群的句际关系类型和复句的类型绝大多数相同。但是，复句没有解说句群中的问答式，句群没有选择复句中的限选关系和决选关系，因此句群和复句之间有些是不能互相变换的。

36.句群和段落(这里指自然段)的区别主要是什么？

答：其一，句群是语言运用单位，属于语言学范畴；划分的依据主要是语意上的向心性、逻辑上的条理性和相应的关联词语。段落是文章结构单位，属于文章学范畴；

它的划分要受多种因素的制约,比如文章的内容、风格、流派等。二者相比,段落具有更大的任意性。其二,划分的目的不同。划分句群主要是为了研究句群里句子的组合、聚合规律及其语用价值;划分段落主要是为了使文章的眉目清楚,结构显豁。

37.谈谈词法结构与句法结构不一致的情况。

答:陆志韦于1957年提出了复合词构成成分间的关系和句法关系一致的观点,但是构词和造句毕竟不是一回事,词法结构和句法结构具有各自的内在本质,因而,词法结构不可能模拟所有句法结构的模式,句法结构也未能涵盖全部词法结构的模式。二者并非那样“对应”和“一致”,而是像两个相交的圆,既有互相叠合的部分,又有互不相干的领域。具体而言,词法结构与句法结构有以下四种不对应、不一致的情况。

一是结构方式不完全对应。并列、偏正、补充、动宾、主谓、重叠等结构方式是句法结构和词法结构所共有的,而句法中的连动、兼语、同位、紧缩等结构方式则是词法中所没有的。

二是组合单位不完全对应。合成词不可能像句法结构那样使用词序、虚词等手段从容地进行逻辑性的表述,有时不得不使用一些非句法手段,略去句法表达中的虚词乃至部分实词(或实词素),使最能表现事物或现象的本质特征的最重要的词素直接结合。这样,即使表达同一概念,句法和词法的组合单位也不可能完全对应。如“瓜分”一词,句法表达是“如瓜之被分”,“狼狗”一词,句法表达则是“如狼之狗”。由句法组合到词法组合的这种省略,实际上正是一种词化手段。这种词化手段有时与另一种词化手段——颠倒组合单位的次序——共同使用,句法结构中修饰或支配的方向在词法结构中便被颠倒了过来,如“菜干”一词,从词法上看是后一语素修饰前一语素的正偏结构,从句法上看要恢复成“干的菜”这种前修饰后的偏正结构才好理解;“笔洗”一词,从词法上看是后一语素支配前一语素的支配结构,从句法上看又必须表述成“洗笔(之器)”这样惯常的方式才能被接受。

三是两种结构的组合种类彼此互缺。句法结构是一个相当广泛的概念,小至词组,大至复句,即使限于单句和词组,其容量也远非词法所能比拟。比如主谓或主谓宾结构的句子,其中任何一项都可以加上修饰语,使组合成分增至很多,而主谓或主谓宾结构的合成词,一般只限于二至三个语素,各词素前不加修饰成分。句法结构中的任何一项都可用主谓词组充当,这一点,词法结构更无法办到。句法中有而词法中无的组合类型还有很多。相反,也有一些组合类型只在词法中存在而不在句法中出现。比如名+量(车辆)、量+名(磅秤)、动+量(唱段)、副+名(不法),等等。句法结构中的并列成分,一般都是同一性类的,而词法结构中的并列成分有时可以是不同性类的,如名+形(风湿、典雅)、动+形(动静、开朗),等等。

四是同样组合的性类不一定对应。在句法结构中,向心结构的性类同它的中心成分的性类是一致的,词法结构则不尽然。比如“能干”作为词组,是动词性的;作为词,却是形容词。

词法结构和句法结构的不完全对应是具有必然性的,这种必然性的根源在于词具有区别于词组和句子的本质特征,因此有些学者反对用句法的模式去套词的结构方式,而主张应该依据词根义与词义的关系、词根义之间的关系而进行分类,将合成词重新分为五种类型:化合型、加合型、任意型、排斥型、比况型。有些学者模仿布龙菲尔德对英语复合词的分类法而将汉语复合词分为句法式、半句法式、非句法式三类,认为非句法式复合词的构造与句法结构不同,句法式、半句法式复合词的构造与句法结构基本一致,句法式、半句法式复合词占汉语复合词的绝大多数。有学者认为能够套用句法结构的模式加以理解、解释的复合词占95%以上,但起决定作用的不是句法模式,而是两个字之间“意义上、习惯上的容受性”,“字与字的堆砌”既有句法层面上的词(即句法词),也有词法层面上的词(词法词)。

38.简述句子成分分析法的基本内容及其优劣。

答:句子成分分析法认为句子是由词构成的,词进入句子后成了句子成分,词与句子成分之间有对应关系,析句时要求先找出句子的两个中心,即主要成分——主语、谓语,然后找出主要成分的连带成分——宾语,附加成分——定语、状语、补语,句子就是由主、谓、宾、定、状、补六大成分构成的,找出这六大成分,析句也就完成了。这种析句过程因为以找“中心词”的方法来确定句子成分,所以又叫中心词分析法。这种析句方法以前期的黎锦熙的《新著国语文法》(1924)和中期的《暂拟汉语教学语法系统》(1956)为代表。这种与“句本位”理论相配套的析句方法,无论在科学语法领域还是在教学语法领域都有很深的影响。

其优点:其一,主次分明,主语、谓语是句子的中心,其他成分是二者的内部成分,便于抓住句子的主要意思和句子的主干,对理解文意、纠正语病有较大帮助;其二,强调结构关系,先找中心,再看附加成分,分析程序简单,六大成分一次性标出,既有利于检查句子内部结构关系问题,又能使各成分在构造句子时的语义作用和语法功能一目了然。它注重分析句子格局,注重揭示句子成分和成分之间的关系,在一定程度上揭示了句子的本质属性,有利于对外汉语教学和母语初级教学。比如“热得满头大汗的我凉凉地吃了一块儿西瓜”,找出中心词“我—吃—西瓜”。

其局限性:其一,不考虑结构层次,不能反映句子结构的层次性(六大成分的层次性与语言结构的层次性有质的区别)，或者说抹杀了语言结构的层次性；其二，不适宜分析词法，也不适宜分析句法中的复句，缺乏语言分析方法的一贯性，这种方法规定“一个句子成分由一个实词充当”而“短语不能以整体充当句法成分”，这既不符合语言事实，也不利于讲解语法。比如当动宾词组、定中词组、状中词组、介宾词组做主语时，其中心往往不是谓语陈述的对象，而提取了中心词之后，剩下的部分命名比较困难(比如“甲班同学都做完了语法作业”，早期分析法认为“同学”是主语，“做”是谓语，“作业”是宾语，而“甲班”“都”“完”“语法”都笼统归为“附加语”)，这实际上是坚持找中心词而否定了短语的造句功能，导致句子结构被分析得支离破碎；其三，以找句子成分为满足，又用六种句子成分去框套丰富多彩的语言现象，把复杂的句子结构简单化，达不到利用语法分析来揭示语法规律、建立句型系统、探讨转换生成能力的目的，不能解析跟句子成分变异有关的歧义句式。比如歧义句“这张照片放大了一点儿”，就没法运用句子成分分析法加以分化。

39.简述层次分析法(直接成分分析法)的基本内容及其优劣。

答：由三个或三个以上的词或短语构成的句法结构在内部构造上一般都具有层次性。在分析一个句子或句法结构时，将句法构造的层次性考虑进来，并按其构造层次逐层进行分析，这种分析方法就叫层次分析法(直接成分分析法)。由于在分析时，需要指出每一层面的直接组成成分，并分析确认直接组成成分之间的句法关系，所以层次分析法在国际上被称为“直接组成成分分析法”，英文是“Immediate Constituent Analysis”，故而层次分析法也简称为“IC分析法”。

层次分析法的特点是任何实词和短语都可以作为一定的句法成分，而且分析时不是根据语感、语音停顿来切分，而是根据句法关系来切分，不但切分出的直接组成成分之间的句法关系是最优的、具有该语言的普遍性，而且彼此按句法规则重组后意义保持不变。把层次分析法全面运用于汉语语法分析实践并进行了深入探索的是吴竞存、侯学超的《现代汉语句法分析》。

层次性是语言的本质属性之一，因此进行语法分析不能不进行层次分析。但层次分析不是语法分析的全部，层次分析只能揭示构造层次和现行的语法关系，不能揭示句法结构内部隐性的语法关系及语义结构关系，因而层次分析不能代替结构关系和句型的分析。

其优点：它可以层次分明地揭示出语言结构的内部层次，可以适用于各级语言单位的切分，应用范围广，具有一贯性，不但能解决句子成分分析法遇到的分析后主干不成立、主干站不住脚或意思发生了变化等问题，而且能部分地解决句子成分分析法分化歧义能力差的问题(例如歧义结构“父亲的父亲的父亲”“大哥的岳父的女儿”“姐姐的同事的同学”“主任的爱人的弟弟”“邻居的亲戚的孩子”),还能发现句子成分分析法不能发现的新词法、句法现象,从而揭示出新规律(例如副词“白白”只能修饰一个复杂的动词性成分)。

其局限性:其一,层次分析法是一种纯形式的分析法,不管句法结构中实词与实词之间的语义结构关系,因此它不管意义,不讲语义关系,不利于了解句子格局(句型);有些语言片段不知如何切分(怎么切分都不合适),有些语言片段又可能有不止一种的切分方法(有的又怎么切分都可以),比如对主动句和被动句的语义差别,对兼语式、连动式、双宾语、复句,对同音结构,对层次相同而结构性质不同的同形结构,对由深层的语义结构关系造成的歧义句式等的分析都有困难或无能为力。这是因为句法内部构造的层次性是隐性的,比如“发现敌人的哨兵回营房了”“我在屋顶上发现了小偷”,从句法结构的表面看不到句法构造内部的隐性关系。其二,层次分析是一种静态的分析,解答不了为什么“木头桌子质量”的“木头”可以去掉而“桌子质量”仍成立,而“羊皮领子大衣”的“羊皮”去掉后“领子大衣”不成立(“北大数学老师”与“土壤钾盐含量”也是如此,去掉“数学”“钾盐”后“北大老师”成立,“土壤含量”不成立,层次分析法所承担的任务是层次切分和确定句法关系,不承担解释“为什么”的任务,这个问题就需要用扩展分析法来回答和解释)。

40.简述变换分析法的基本内容及其优劣。

答:变换分析法是指按照一定的语法规则把一种结构的短语或句子变为另一种结构的语法分析方法。“变换”即指结构主义语法里的句式变换,就是相同词类按照不同的语法规则加以变换而构成不同的句式,与传统语法里的句子改换(内容相同的不同类别的句子或表达方式的改换)与转换生成语法里的结构转换(同一句子生成过程中由深层结构到表层结构的转换)不同,变换是句式的变换,即“变换可以理解为存在于两种结构不同的句式之间的依存关系”(朱德熙),不是具体的两个句子之间的变换。

变换分析法的语言学基础是基于语法中客观存在的变换关系而产生的,而变换关系是句法结构之间的基本关系,是语言结构可变性与句法结构相关性的外在体现,变换分析法就是对这些性质的合理运用,以此分析语言中的同义句法结构和歧义句法结构。变换分析的方法论基础源于数学的“关系映射”理论。

变换分析理论传入中国后,汉语语法学界经过模仿、吸收与转化而发展了变换分析理论,为保证变换分析的有效性、科学性而提出了以下原则:同一性原则、约束性原则、平行性原则和类推性原则。总的说来就是“原句式”与“变换式”中的语法意义与语义关系保持不变,否则变换就是不合格的。

其优点:变换分析法是为探索不同句法结构之间的变换关系而设立的,变换分析能通过变换式来显示某些句法结构的特征,能测试和区别不同句法结构中某些关键词语的同异和由此造成的句法结构的同异,可以有效地分化歧义句式,可以给某种句式分类定性,揭示更多的语法规律,加速了汉语语法研究的精密化和科学化,从而将语法研究进一步引向深入。

其局限性:变换分析法无法对实词在句法结构中的关系及各句法成分之间的互相制约作用进行必要解释,因此它仍然属于描写范畴。这种描写就是把相同词类构成的相关句式集合在一起,没有涉及对语法形式与语法意义之间对应关系的解释,既不能用变换式来证明原句式的语法结构关系,也不能解释造成歧义的原因。比如“山上架着炮”,通过添加、删除、移位等手段可以变换为“炮架在山上”“山上正在架炮”,造成歧义的原因在于“着”既表存在也表进行活动义,可见变换分析法不能对制约句法结构形式的语法意义进行解释。

41.简述语义特征分析法的基本内容及其优劣。

答:语义特征分析法是借鉴语义学上语义特征分析的方法而形成的语法分析方法。具体来说,现代语言学认为语言组合单位是由句法特征、语义特征和音位特征组成的,每个单位都是由形态限定、句法限定、语义限定三种限定组成的结合体,不但句法特征与语义特征具有同现关系、一致关系,而且语言单位组合时的选择性规则和序列性规则是受语义特征制约的。生成语义学甚至认为语义特征是句法特征的基础,转换是由语义向句法和音位进行的,因此语义特征分析法正是根据语言组合单位中的句法特征和语义特征的同现性、一致性、制约性来解释词语搭配能力,解释造成歧义的原因,或区别虽然同形同构但具有不同语法意义的句式。

换句话说,语法分析中引进语义学中的“语义特征”,其目的就是运用语义特征来解释造成同形多义句法格式(即歧义句法格式)的原因。同时,语义特征还可以用来说明在某个句法格式中,为什么同是动词、形容词或名词,有的能进入某一句法格式,而有的则不能进入某一句法格式。需要注意的是,语义特征分析作为一种语法分析法,其“语义特征”不仅仅是词汇学上的词的义素,而是结合具体的句法格式概括得到的,也就是说从语法上析取的这个语义特征是和词语的组合能力结合在一起的,这种语义特征与分布特征相结合就形成了语法范畴(胡明扬谓之语义语法范畴,马庆株建立了持续范畴、自主范畴、数量范畴、顺序范畴等一系列语义语法范畴)。这个语法范畴不是纯语法形式的,而是语义平面的语法范畴,这种语义语法范畴的建立也是语义特征分析法科学化的结果。比如在"名词(处所)+动词+着+名词"格式中,含"坐、站、蹲、躺、跪、贴、放、写、挂、别、戴、钉、绣"这类动词的可以变换为"名词+动词+在+名词(处所)"格式,而含"演、敲、下、跳、上、放映、熬"这类动词的可以变换为"名词(处所)+正在+动词+名词"格式,这是因为前一类动词具有"使附着"的语义特征而后者没有。可见,语法分析中使用的"语义特征",它是分析、概括属于同一句法格式的各个实例中处于同一关键位置上的实词所共有的语义特征。又可见这些词语的搭配不仅仅是个体的搭配而是类的搭配,是受这个语义特征制约的,通过语义特征分析法可以将词的小类进行再分类,比如将动词分为自主动词和非自主动词,将形容词分为性质形容词和状态形容词。这样一来,语义特征分析法不仅对歧义句式进行了更严格的分化,而且也使人们认识到为什么不同意义的词在同一句式里出现能保证该句式表示一致的语法意义,又为什么在同一句式里出现的词虽然属同一个词类但还能表示不同的语法意义。这样语义特征分析法的运用便深化了人们对语法形式和语法意义相结合原则的理解。

其局限性在于,语义特征分析法还不够成熟。比如这种结合句法格式、分布特征概括出的"语义特征"的性质到底是什么?如何提取语义特征?提取出的语义特征是否准确、恰当?比如动词"写",朱德熙通过考查"名词(施事)+动词+给+名词(与事)+名词(受事)"句式发现凡能在"动词+给"的"动词"位置上出现的动词都含有"给予"义特征。比如"张三写给李四一封信",陆俭明认为"写"在这个语义环境中也具有"给予"义特征,但是这个语义特征"给予"难道不是"给"的吗?如果句子变成"张三写了一封信给李四",其"写"还有"给予"义吗?可见语义特征分析法中的"语义特征"到底是个什么东西,还需要深入研究。

42. 简述语义指向分析法的基本内容及其优劣。

答:语义指向是句法结构中的某一成分在语义上的指向,语义指向分析法即语法分析中探讨语义结构关系的一种方法。它能有效地揭示出句法上直接联系的成分之间有没有深层语义关系,从而探寻表层句法关系和深层语义关系之间既相对应又不相对应的复杂关系。

语言事实显示,句法上的直接成分之间不一定有直接的语义联系,非直接成分之间也不一定没有直接的语义联系(例如"他脆脆地炸了盘花生米",其中"脆脆地"与"花生米"发生语义联系,不与相邻的语法成分"他"和"炸"发生语义联系)。句法成分之间的这种语义上的联系表现为语义指向,可见语义指向不是语义本身,它是一定句法结构中组成成分之间语义上的联系。语义指向不同制约着句法结构的意义,因而语义指向是属于句法的,或属于语义·句法的,它也可以认为是体现语法意义的一种语法形式。

通过分析句中某一成分的语义指向来揭示、说明、解释某种语法现象,这种分析手段就叫语义指向分析。语义指向分析既能够揭示句法成分在句法上和语义上的矛盾现象,又能指明句法成分之间在语义上的种种联系,比较合理地解释句法结构和语义结构之间复杂的对应关系,所以说,语义指向分析跳出了句法结构直接成分概念的束缚,认识到句法结构中的语义关系还应包括句内非直接成分之间的联系,以及句内与句外各语义对象之间的联系,它为探讨语法形式和语法意义之间的对应关系又提供了一种有效的方法。具体说,它可以进一步帮助分化歧义句式(例如,“我在屋顶上发现了小偷”,“在屋顶上”的语义指向不确定,从而导致歧义),有助于解释造成歧义的原因,为解释某些语法现象提供了一种新的角度(对“吃了他三个苹果”是单宾语结构还是双宾语结构,对“洗净了”与“洗累了”同构而句式变化不同的解释,都需要从语义指向角度出发才能解释得比较清楚),有助于开阔语法研究的思路和提出新的研究课题,将语法研究引向深入。

其局限性在于,与层次分析法、变换分析法这些属于形式方面的分析法不同,语义指向分析法属于意义关系方面的分析方法,因此用语义指向分析法来解读句子的意思,必须要关注前后左右词语的意思,在分析某类词的语义指向特点时,要避免将其他词语之间搭配的特点误认为是该类词的语义指向特点。比如“他总共买了青的三斤苹果”,陆俭明认为副词“总共”的语义指向特点有四个:“只能指后”“只能指向数量成分”“只能指向有明确范围的数量成分”“那数量成分不能再受限制性定语的修饰”。但问题是“他买了青的三斤苹果”不合语法与词义排序,合格的句子应该是“他(总共)买了三斤青苹果”。

43.简述格关系分析法的基本内容及其优劣。

答:格语法理论源自美国语言学家菲尔墨,20世纪60—70年代,他发表了一系列有关格语法的文章,创立了一套不同于传统语法系统的格语法理论。菲尔墨的“格”指的是语义格,指的是句中动词(包括形容词)与各类体词之间的及物性语义关系,可见他的“格”是指深层结构中体词(名词、代词)与谓语动词(包括形容词)之间的一种固定的语义结构关系。格语法研究的重点就是对动、名搭配的语义关系的系统归类。格语法认为格关系在深层结构里是固定的,是选择已定的,虽然在表层句法中有不同变化。

格语法理论借入汉语后,“格”是“语义格”,指的是和谓词(包括动词和形容词)有及物性关系的体词(名词、代词)或体词性结构;“格关系”指的是现代汉语的语义格与谓词之间的及物性语义关系;格范畴是与句法密切相关的语义范畴;“格”的标志是介词和语序。该理论构建了四个层次的格系统,一级格下设二级角色格与情景格,角色格下设三级“主体格”“客体格”“邻体格”“系体格”,“情景格”下设三级“凭借格”“环境格”“根由格”,三级“主体格”又下设四级“施事格”“当事格”“领事格”,“客体格”下设四级“受事格”“客事格”“结果格”,“邻体格”下设四级“与事格”“同事格”“基准格”,“系体格”下设四级“系事格”“分事格”“数量格”,“凭借格”下设四级“工具格”“材料格”“方式格”,“环境格”下设四级“范围格”“时间格”“处所格”“方向格”,“根由格”下设四级“依据格”“原因格”“目的格”;按照与动词搭配时的关系,把“格”分作三类“必须格”“可选格”与“禁用格”;提出了确定“格”的三种验证方法,即主客体方法、加“的”转指法、最小自足主谓结构法。

其优点:该理论是基于动词与名词的及物性格关系建立起来的,确定体词、谓词及其格关系,有利于探求句子的语义结构与句法结构之间的对应关系,有利于第二语言教学和自然语言信息处理,同时还有利于深入研究谓词、体词。该理论既能研究动词性成分对名词性成分的制约,又能研究名词性成分对动词性成分的选择,或依据宾语的语义类别来给动词分类,或依据动词的类别来考查宾语的语义类型,另外还具有语言研究的方法论价值。

其局限性:目前对汉语格关系的研究还很薄弱,突出表现在语义格的归类上,到底有多少格?如何分布?与句型、句式及语境有什么互相制约关系……对这些,研究得还远远不够,所得结论是否可供人、机两用还需不断检验。

44.简述配价分析法的基本内容及其优劣。

答:“配价”概念源自化学,法国语言学家特斯尼耶尔最早将化学的“价”概念引入语法研究,配价理论是他所建立的从属关系语法的重要组成部分。他认为句法旨在研究句子,而句子是一个有组织的整体,它的构成成分不只是表面所看到的一个个词,更重要的是词与词之间的“关联”,这是句子的生命线。句法上的“关联”建立起词与词之间的从属关系。这种从属关系,由支配词和从属词联结而成。动词是句子的中心,支配着别的成分,而它本身则不受其他任何成分的支配。直接受动词支配的有名词词组和副词词组,其中名词词组形成“行动元”,副词词组形成“状态元”。从理论上说,“状态元”是无限的,而“行动元”不得超过三个,即主语、宾语1、宾语2。动词的“价”决定于它所支配的“行动元”的数目。动词好比带钩的原子,能钩住(即支配)几个“行动元”,就是几“价”动词。一个动词如果不能支配任何“行动元”,那它就是零价动词;一个动词如果能支配两个“行动元”,那它就是二价动词;一个动词如果能支配三个“行动元”,那它就是三价动词。

配价语法理论的基本思想如下。其一,句法研究句子不仅要研究它所包含的词,更要研究所隐含的词与词之间的“句法关联”。其二,动词是句子的核心,句法关联就是动词与由名词性词语形成的“行动元”之间的关联。其三,行动元是指句子里在动词前充任主语、在动词后充任宾语的名词性成分。其四,动词所关联的行动元的多少决定了动词的配价数目。其五,动词按配价分类,分为零价动词、一价动词、二价动词、三价动词。

利用动词与不同性质名词之间的配价关系来研究、解释某些语法现象,这种研究、分析手段,就叫“配价分析法”,或简称为“配价分析”,由此形成的语法理论就是“配价理论”。在汉语学界最早自觉运用配价观念来分析汉语语法现象的学者是朱德熙。

利用配价分析法可以解释为何“喝啤酒的学生”可以省略“学生”而“喝啤酒的方式”不可以省略“方式”,这是因为“学生”是动词的配价成分,而“方式”不是“喝”的配价成分。这其中的语法规律就是:当由动词性词语加上“的”形成的“的”字结构充当名词的定语时,那个做中心语的名词如果是那个动词的配价成分,那么中心语在一定的上下文里就可以省略,否则不能省略。另外,由动词性词语带“的”形成的“的”字结构能不能做主语指称事物、会不会产生歧义的问题,也可以用配价分析法来解释,如果动词性词语带“的”形成的“的”字结构能做主语指称事物,其所指称的一定是动词的配价成分,或者动词的配价成分有缺省,如果动词的配价成分缺省不止一个,就会产生歧义。

不只动词有配价问题,形容词、名词都有配价问题。比如“对这个苹果很大”“对这件衣服很漂亮”“对计算机很聪明”“对作弊现象很可恶”“对民族英雄很伟大”都不能成立,也就是说,介词结构“对……”不能修饰“大、漂亮、聪明、可恶、伟大”这类形容词。为什么呢?这是因为这些形容词是一价形容词,只有像“好、严、熟悉、陌生、有用、不利、公平、平等”这类二价形容词才能受介词结构“对……”的修饰。再比如“对考试的意见”没有歧义,而“对校长的意见”就会产生歧义,这是因为名词“意见”是二价名词,配价成分分别是:见解、论点的持有者,见解、论点所针对者。可见配价分析深化了对句法语义的研究,解释了一些难以解释的句法语义现象。

但是,配价分析理论和方法也有其局限性:其一,配价分析法主要用来解释动词与名词之间的一些语义关系问题,而语言中词语之间的语义关系极其复杂,对其他方面的语义关系,比如如何解释"别把身子骨给砍坏了""将旁边的小椅子给砍坏了""那木头真硬,那刀都给砍坏了"三句中"砍坏了"的"坏"与动语、主语、宾语的关系,这是配价分析法无法解释的。其二,即使是动词和名词之间的语义关系,也不能完全靠配价分析法来解释,比如配价分析法可以分析"张三洗衣服""张三晾衣服",但无法解释"(张三)洗热水""(张三)晾竹竿上",因为动词支配的"行动元"是主语、宾语1、宾语2,工具"热水"、处所"竹竿上"都不是动词支配的"行动元"。

45.简述国外语言学理论和方法对汉语语法研究的意义与价值。

答:(1)西方结构主义语言学理论使我们逐步认清了汉语语法的特点。20世纪30年代以陈望道、方光焘、陆志韦为代表的语法学者引入西方结构主义语言学理论来研究汉语语法,从而认识到汉语是一种缺乏形态的语言,词类划分不能依据印欧语的词的形态标准。故而陈望道提出根据"功能"即从组合关系上求聚合关系来决定词类的观点,方光焘提出了用"广义形态"即词和词的结合关系来区分词类的观点,陆志韦提出了用"同形替代原则"来鉴别词类的观点,胡裕树、张斌主张用词与词的结合关系来区分词类,这与方光焘的观点一脉相承。这些观点显然具有结构主义色彩,与美国描写语言学区分词类的"分布理论"一脉相承。另外,在句法分析上,丁声树在《现代汉语语法讲话》中运用层次分析法来分析汉语句法,这完全不同于传统的中心词分析法;在主宾语划分上,许多学者主张根据名词的位置来确定主语和宾语,这也是受到结构主义重视结构、强调形式的影响,这让我们认识到汉语句法的层次性以及主语、谓语、宾语等句法成分的复杂性;20世纪60年代朱德熙的《说"的"》和《句法结构》更是系统借鉴结构主义理论和方法来描写汉语语法的典范,此后结构主义理论和方法一直被用来研究汉语语法。

(2)学习、介绍、借鉴西方各种语言学理论使我们拓宽了汉语语法研究的范围。在继续使用结构主义理论和方法研究汉语语法现象之外,语法学界还纷纷学习、介绍、借鉴西方各种语言学理论,比如转换生成语法、系统功能语法、格语法、从属关系语法、认知语法、话语篇章语法等,这使得汉语语法研究从过去侧重研究句法转向句法、语义、语用的综合研究,在此基础上提出了语法研究的"三个平面"理论,并提出了贯彻形式和意义、静态和动态、描写和解释、普通话与方言及古汉语等相结合的方法论原则,主张在汉语语法研究中坚持全方位、多角度的研究原则,重视并加强了歧义、动词和名词的配价、语义格、语义角色、语义指向、语义特征等语义方面的研究,还开始注意并进行主题和述题、动词述谓功能、名词指称功能、句式变换、句子焦点、句子表述类型等语用方面的研究。

(3)在借鉴中提出了适合汉语语法研究的理论、观点、原则和方法等,深化了汉语语法研究。比如在语法体系构建上,提出了符合汉语语法实际的助词、兼语式、使成式、处置式、连动句、存现句、主谓谓语句等概念,提出了适合汉语词类划分的广义形态标准,认为汉语的词形变化、句法位置、虚词、语序、语音节律、替换或变换形式等这些语法形式都属于广义形态;根据汉语句法特点提出汉语词类与句法成分并非一一对应关系的观点,还提出了汉语复合词、词组、句子的构造原则基本一致的观点;在词与词组划界上提出插入法或扩展法,在词类区分上提出使用功能分析法,在句法分析上提出使用“成分—层次”分析法,在句子分类上提出使用“句型、句模、句类”三分法,在语义分析上提出语义指向分析法、语义特征分析法、配价分析法、层核分析法(一种力图既反映语言语法组合的层次性又表现语法组合的向核性的分析方法)、语义成分分析法,在语用分析上提出使用变换分析法、主题—述题分析法、省略和隐含分析法。

总之,马建忠的《马氏文通》是中国第一部系统的古汉语语法著作,黎锦熙的《新著国语文法》是中国第一部系统的现代汉语语法著作,它们还处在对西方传统语法理论的模仿阶段。但是后来,汉语语法学界除了借鉴西方语言学理论来研究汉语语法,还在借鉴中结合汉语语法事实来具体论述和创新使用,而非简单地机械照搬或全盘西化。在研究中运用上述语言学方法和理论,既能发现汉语语法与西方语法的普遍规律,又能发现汉语语法的个性特点和规律,因此借鉴西方语言学理论进行汉语语法研究具有重要意义和价值。

46.简述汉语语法研究的发展历程。

答:(1)自发萌芽时期,即《马氏文通》之前的语法研究

中国古代没有系统的语法学,但有着丰富的对语法现象的研究,比如《公羊传》《谷梁传》中就有涉及主动、被动、及物、不及物、语序、虚词等语法问题,《尔雅》《说文解字》以及经书传注中使用“词、辞、语助、发声、语”等术语来注解虚词,元代卢以纬的《语助》是我国第一部虚词专著,其后清代学者的著作,如袁仁林的《虚字说》、刘淇的《助字辨略》、王引之的《经传释词》等都是有关虚词的研究,另外还有对动字、静字、叹辞、称代词、形容之辞、量词以及句读、句法、句式、省略、倒装等的研究。这些研究首先是“通经致用”或吟诗作文,带有较多的功利实用性,缺乏学科的独立性和理论兴趣,没有内涵确定的概念术语,没有合理的系统分类,没有科学的研究方法,只能散见于训诂专书、文论诗品或杂记、随笔、日记、传注之中,即使是虚词专著,也是作为词汇问题来研究解决,离科学系统的语法学还相差很远。另外,由于汉语词类缺乏形态变

化，以及汉字的表意特点掩盖了语言组织规律的发现和研究，使人们感觉不到有建立语法学的必要。因此我国没有产生像古希腊、古罗马、古印度那样较早的为语言教学服务的语法学。

（2）自觉建立时期（1898—1936）

该时期的语法研究带有启迪民智、唤醒民众、救国救民的政治功用目的，还处在模仿西方语法学理论体系的阶段，但该时期《马氏文通》的出版标志着汉语语法学的诞生，中国从此步入对汉语语法结构规律进行研究的自觉探索阶段，研究对象由传统的文言文向白话文以及文言文与白话文并重转变，语法研究重点由词本位向句本位转变。主要代表成果如下。

文言文研究代表作：马建忠的《马氏文通》，这是中国第一部汉语语法学著作，建立了字、顿、读、句四级语法单位，字相当于“词”，首先分实字、虚字，然后实字分为名字、代字、动字、静字、状字，虚字再分为介字、连字、助字、叹字，第一次为汉语词类系统搭建了基本框架。章士钊的《中等国文典》，较早地区分了“字”与“词”的概念，阐明了词与句子的关系、句子构成与分类。刘复的《中国文法通论》，第一次提出“兼格”说，该说后来发展为递系式或兼语式，第一次使用拉丁字母代替语法术语，如S=主词、P=表词，第一次采用变换分析法进行语法分析，还论述了文法研究的四种方法，即历史研究法、比较研究法、普通研究法、强调归纳法。陈承泽的《国文法草创》，主张词有定类，以本用来定，不能以活用定，提出独具远见卓识的文法研究原则：不用语源的说明来代替语法的说明，不把修辞上的特例当作语法上的通例，不做无用的分类，不以例外否定规律。杨树达的《高等国文法》，注重语法与训诂的结合，以大量语料建立了一个以词类为中心的语法体系，将词分为名词、代名词、动词、形容词、副词、介词、连词、助词、叹词九类。

白话文研究代表作：胡适的《国语文法概论》，首次论述了北方方言成为国语的原因，说明了国语文法是古文文法慢慢改变修正演化而来的，证明了白话文是进化的并论述了进化的表现。易作霖的《国语文法四讲》，较早地对“构词法”进行了研究，并把短语按功能区分为名词短语、形容词短语、副词短语、介词短语、连词短语、感叹词短语等。

白话文语法与文言文语法比较研究的代表作：刘复的《中国文法讲话》与黎锦熙的《比较文法》，按照“实体词”在句中的用法功能而分为主位、呼位、宾位、副位、补位、领位、同位七位，从词位角度解说句法的基本结构，从词位次序的变化讲解句法结构的变化，论述过程中将文言文与白话文、方言、英语的句子进行比较。

理论色彩浓郁的语法研究代表作:胡以鲁的《国语学草创》,该书是中国理论语言学或普通语言学建立的标志,是我国较早借鉴西方普通语言学理论(借自德国缪勒、丹麦叶斯柏森)来研究汉语的语言学著作。书中提出的词序与虚词在汉语语法中的重要作用、汉语句子成分排列六条法则以及汉语语法的"连接配置"等见解独具新见。何容的《中国文法论》是中国第一部专论汉语语法的力作,也是第一部关于汉语语法学史的专著。

专题论文代表作:赵元任的《北京、苏州、常州语助词的研究》,是中国第一篇用几种方言的语料进行语法比较研究的论文。丁声树的《释否定词"弗""不"》,是国内首次运用结构主义的分布理论来研究汉语的专题论文。

(3)革新探索时期(1936—1949)

王力的《中国文法学初探》拉开了中国文法革新探索的序幕,标志着汉语语法研究由模仿印欧语的语法体系来构建汉语语法体系向有意识地发现汉语语法特点转变,表现在以新方法理论(索绪尔、房德里耶斯、马伯乐)为指导来描写汉语事实,用比较法、归纳法来总结汉语语法规律,从而使汉语语法研究步入革新探索阶段。在普通语言学理论的指导下,汉语语法学家对汉语语法的民族性认识更加深刻,认识到发现不同语言的共同点不难,难的是发现不同语言的不同点,这个不同点正是汉语语法的自身特点。探索汉语语法特点的代表作有吕叔湘的《中国文法要略》、王力的《中国现代语法》和《中国语法理论》、高名凯的《汉语语法论》。

陈望道的《谈动词和形容词的区别》掀起了一场关于中国文法革新问题的讨论,这场讨论从1938年10月开始,至1943年3月结束,历时四年半,主要围绕以下问题展开:一是关于新旧语法体系问题,《马氏文通》《新著国语文法》的体系是旧体系,需要革新。二是词类划分标准,以傅东华为代表的学者认为词类和句子成分对应,因此词类和句子成分可以"合而为一",应采用"一线制"词类划分标准,只用一套术语即可。陈望道、方光焘则认为词的分类和分析句子成分基于不同的原理之上,不能合而为一,"一线制"并不符合汉语事实。陈望道提倡"功能"论,认为词类是词的功能区别;方光焘认为词性不一定在句中才能辨别,从词与词的组合上也可以认清词的性质。三是关于中国文法的研究对象问题,国语文法的研究对象多关注意义,方光焘认为文法学应该以形态(广义形态)为研究对象,陈望道认为文法学应该以表现关系为研究对象,张世禄提出"凭语序而建立范畴,集范畴而构成体系"的主张,可见汉语语法研究的对象重视语法形式。四是关于白话文法和文言文法的合一问题,方光焘反对文言文和白话文用同一文法来处理的观点,主张应该将共时的与历时的文法区别开来,这符合索绪尔的现代语言观。这次讨论是汉语语法学史上第一次大规模的公开性的学术讨论,从而开创了汉语语法学界重视全国性语法问题大讨论的先河。

(4)语法知识大普及时期(1949—1966)

新中国成立后党和政府十分重视语法研究,吕叔湘、朱德熙的《语法修辞讲话》在《人民日报》上连载刊发。1951年,《人民日报》发表《正确地使用祖国的语言,为语言的纯洁和健康而斗争》的长篇社论,同时我国创办了《中国语文》《语文学习》《语文知识》《语言研究》等语文杂志并成立了语言研究机构,重视语法的实用性,建立教学语法体系并编写教材。包括理论语法、参考语法在内的描写语法属于"专家语法",虽然以马建忠、黎锦熙、王力、吕叔湘为代表的"专家语法"其目的也是为了语言教学和语言运用,但他们的著作各有体系,对语法事实的解释、语言现象的分析、语法术语的运用互不相同,这种种不同给各级学校的语法学习和教学带来极大不便,其实教学语法属于规范语法,要求实用、稳定、统一,以满足大中学语法教学的需要。于是1956年《暂拟汉语教学语法系统》(下文简称《暂拟系统》)终于形成,为了向广大中学语文教师说明《暂拟系统》,张志公主编了《语法和语法教学》。根据《暂拟系统》,人民教育出版社编成《汉语》课本,供全国语文教学使用。《汉语》课本停止使用后,人民教育出版社又将《汉语》课本改编为《汉语知识》。《暂拟系统》统治中学语文课中的语法教学近30年,并深深影响到大学的语法教学和语法研究。

该时期是结构主义语言学较为系统地运用并结合汉语进行深入探讨和研究的时期,赵元任的《北京口语语法》(原名《国语入门》)是最早系统运用结构主义方法研究汉语语法的著作;受此影响,丁声树的《现代汉语语法讲话》是运用结构主义方法研究现代汉语语法的一次成功尝试。

在汉语词类问题上,以高名凯、李行健、刘正埮为代表的学者认为汉语的实词没有名词、动词、形容词和副词的分别,以王力、吕叔湘、黎锦熙、俞敏为代表的学者主张汉语实词有词类分别,争论的关键是划分标准问题。高名凯认为区分词类不能以词的意义、声调变化、功能和结合关系为标准,只能以标明各种词类的特殊形式,即狭义的形态为标准;反对者认为划分词类的标准不应仅仅是词的形态变化,而要参考若干标准,诸如构词形态、词的句法功能、词与词的结合关系、声调变化、词的意义等。通过这次讨论大家比较一致地认为汉语实词应该再分类,汉语有形态,只是与印欧语的形态有差别,划分汉语词类的标准应该是多标准,形态不是划分汉语词类的唯一标准,代表性论文有文炼、胡附的《谈词的分类》,吕叔湘的《关于汉语词类的一些原则性问题》,王力的《关于汉语有无词类的问题》。

在汉语主语宾语问题上，早期的语法著作倾向于按意义来确定，施事是主语，受事是宾语，而1952年的《语法修辞讲话》主张按位置来确定主语和宾语。以王宗炎、傅子东等为代表的学者强调以意义为主要标准，以邢公畹、徐仲华为代表的学者倾向于用结构形式作为标准，以周祖谟、胡裕树、张斌为代表的学者主张应该将意义与形式结合起来。虽然讨论没有取得共识，但空间词、地位词、受事可以做主语的论述比较令人信服，特别是邢公畹的《论汉语造句法上的主语和宾语》从理论上论证了确定主语和宾语的四个原则，使结构形式论者有了让人信服的理论基础。

在汉语单句复句问题上，胡附、文炼批评了《语法修辞讲话》把停顿作为区分复句和单句的主要标准的做法。郭中平的《单句复句的划界问题》总结了前人划分单句复句的六个标准：结构、意义关系、语音停顿、连词、连词以外的关联词语、谓语的多少和繁简，文章发现即使运用这六个标准给具体句子归类依然困难重重。而刘世儒的《试论汉语单句复句的区分标准》提出了"成分划定法"，即"凡包有几个语言单位，其中一个或几个能够被划定为另一个语言单位的成分的，这种语言单位就是单句；反过来说，凡不能被划定为另一个语言单位的成分，而只能各以句子资格互相联接起来的，这种语言单位就是复句"，该方法使人从结构上清楚地认识到单句与复句的本质区分。曹伯韩的《谈谈包孕句和单句复句的关系》则认为包孕句实质上是句子形式（主谓短语）做句子成分的一种句子，此时句子形式的主谓短语与词或其他短语是等价的，因此包孕句应归入单句，这解决了包孕句的归类问题。

在方法论上，朱德熙的《说"的"》采用了美国描写语言学的"分布"理论，依据语言单位在语法功能上的同一性原则，把现代汉语中的"的"分化为三个同形语素，在论证过程中系统地引进了功能、分布、层次、同一性、常体、变体、互补、变换等描写语言学概念、方法和原则。这篇论文试图全面、系统地运用一种新的方法来分析现代汉语语法并取得了一定成效，不但引起了语法研究方法论上的大讨论，而且对未来现代汉语语法研究起到了重大促进作用。

（5）停滞时期（1966—1977）

（6）繁荣发展时期（1977—今）

1978年《中国语文》复刊，1978年黎锦熙、刘世儒的《论现代汉语中的量词》、1978年陈望道的《文法简论》、1979年郭绍虞的《汉语语法修辞新探》、1979年吕叔湘编译的赵元任的《汉语口语语法》等作品的出现标志着汉语语法学研究新阶段的开始，特别是1979年吕叔湘的著作《汉语语法分析问题》出版，这部继往开来的著作问世标志着汉语语法学进入新的历史时期，由此步入繁荣发展阶段。其繁荣发展表现为：学术气氛浓厚,学术活动频繁,研究队伍壮大,老中青研究梯队形成,语法分析的手段、方法不断更新,研究渐显特色,研究风格渐趋明显,研究成果量多质高。

该时期汉语语法研究在理论上的贡献大致如下:(1)区分静态单位与动态单位,强调动态分析和静态分析的结合;(2)强调语法形式和语法意义相互验证的方法;(3)词的语法功能是划分词类的标准;(4)句子的构造原则和短语(词组)的构造原则基本一致,汉语语法研究应以短语(词组)为本位,主谓短语的功能与其他短语一致;(5)在由实词与实词组合的句法结构中总是并存着句法结构关系(显性语法关系)和语义结构关系(隐性语法关系),两者往往有不一致的地方,必须注重语义分析;(6)三个平面理论的提出和逐步完善;(7)古汉语、普通话、方言三角结合;(8)语法分析的方法不断进步,尤其是层次分析的结构、功能、意义三原则和变换分析的平行性原则被广泛运用;(9)单双音节等节律因素影响词语的结构;(10)汉语词类与句法成分是一对多的关系;(11)句子的类型应该区分为句型、句模、句类三个不同层面;另外还提出了自指和转指、指称和陈述、黏合式和组合式、歧义指数、小句中枢观、语义语法范畴、复本位观。

该时期的主要思潮、倾向和突破如下:

结构主义的描写语言学理论、方法得以广泛运用,成为该时期占主导地位的语言学思潮,在理论语言学界被广泛介绍、研究,比如叶蜚声、徐通锵在《语言学纲要》的“语法”部分主要介绍结构主义语法观,徐思益的专著《描写语法学初探》(1981)则是国内第一部系统地研究描写语法学的理论、方法的专著。另外,语法学界召开学术会议对传统语法的缺点进行全面深刻的检讨,使得描写语言学的主要分析方法逐渐成为语法分析的主要析句方法并在教学语法中运用,从此结构主义的层次、分布、功能、替换、扩展、切分、同一性、客观描写等观念深入汉语语法学,其词类上的功能观、句法结构的短语中心观、句法分析的层次观等加深了人们对汉语语法结构的本质认识,于是结构主义的描写语言学理论、方法成为新时期汉语语法学的主流。

随着语法研究的深入,人们发现纯语法的研究难以解释复杂多变的、受诸多因素制约的语法现象,于是慢慢形成了借助和吸收相关学科的方法、手段、理论来研究语法的潮流。从语言学内部来看,语法学向修辞学、语义学、语用学吸取营养,形成重视语义分析和语用分析的三个平面理论;同时,语法学在纵向上突破共时与历时的界限,在横向上突破普通话和方言的界限,走上了古汉语、普通话、方言相结合的道路。从语言学外部来看,语法学向文化学、认知科学、神经生理学、社会学、信息学、符号学、系统理论、逻辑学、哲学、统计学、模糊理论、计算机科学等吸取方法、理论来多角度、多方位、多层次地解释语法形式与语法意义之间的对应关系，这不仅拓宽了语法的研究领域，增强了语法学的解释力，还带来了语法研究的深入和语法观念的转变。

新时期的汉语语法研究呈现出形式与意义、描写与解释、结构与功能、静态与动态、事实与理论、主流与多元、借鉴与创新、理论与应用相结合的倾向，在研究对象、研究单位、研究方法、研究手段、研究目的、研究重心上有了明显突破。比如，在研究对象上由传统的书面语扩大到方言、口语、言语、古汉语；在研究单位上由传统的词法、句法扩大到语素、短语、句群、话语、篇章；在研究方法上由传统语法的演绎扩大到描写语言学的归纳，由句子成分分析扩大到层次分析、语义分析、配价分析等；在研究手段上，由传统手工型、累积型、语感或悟性等手段、方法扩展到借助计算机、数理统计、文化学、社会学、人类学、逻辑学、心理学等，采用定量分析与定性研究相结合的方法，提高了语法调查和分析的速度，增强了语法研究结论的可信度；在研究目的上，由主要为了语言学习和语言教学扩展到就语言研究语言，或为了语言而研究语言，以及满足汉语自动化信息处理、对外汉语教学、语言比较和对比等的需要；在研究重心上，语法研究侧重点大体经历了侧重意义到侧重形式再到意义、形式、语用相结合的转变过程。

47.简述语法学史上的五种"本位"观并加以述评。

答：在汉语语法学史上，表现出来的汉语语法本位观念和明确提出的汉语语法本位学说，影响较大的有五种，分别是马建忠的"词类本位"理论、黎锦熙的"句成分本位"理论、朱德熙的"词组本位"理论、徐通锵的"字本位"理论、邢福义的"小句中枢"说。

马建忠的"词类本位"理论：1898年《马氏文通》的问世，标志着中国语法学的诞生。《马氏文通》并没有声明它的语法本位观念，"词类本位"是后人对其语法体系的一种认识。《马氏文通》以词类（字类）为纲来建立它的语法系统，共十卷，除《正名》一卷外，八卷讲"字"，一卷论"句读"。从本质上看，《马氏文通》是通过对词类的详细论述来讨论句读的。论句读是其目的，但词类是其观察、研究语法的起始点，是其语法体系的本位所在。正如《马氏文通·例言》所说："是书本旨，专论句读，而句读集字所成者也。惟字之在句读也必有其所，而字字相配必从其类，类别而后进论夫句读焉。"传统上语法分为词法和句法两部分。对于形态发达的语言来说，词法（特别是构形法）控制着句法，从这个角度看把词类作为语法本位显然有较多的合理性。但是，形态不发达的语言不是词法控制句法，而是句法控制词法，所以对于形态不发达的语言来说，"词"显然不是或不宜作为语法的本位。《马氏文通》开创了汉语语法学，"导后人以先路”,功不可没,但是它从西洋语法“葛郎玛”中所借引来的“词类本位”观念,显然不大适合汉语这种非形态语言。

黎锦熙的“句成分本位”理论:1924年,黎锦熙的《新著国语文法》出版。《新著国语文法》以纳斯菲尔德的《英语语法》为蓝本,以“句成分本位”观念为指导,建立了一个旨在描写白话文的语法体系。黎锦熙明确提出要打破“词类本位”的文法,倡导“句本位”文法。他不仅以《“句本位”的文法和图解法》作《引论》的标题,而且在《引论》中开言便说:“诸君知道近来研习文法的新潮么?简单说,就可叫做‘句本位’的文法。”并且在1951年的《今序》中称“《新著国语文法》的优点就在于把‘句本位’做中心,把组成句子的六种成分做出发的重点”。《新著国语文法》虽然用“句本位”作为其“语法思想的标语”,但仔细推敲,它所谓的“句”并不是句子,而是句法。《新著国语文法》“特重句法”,以句法结构为视点进行语法分析。句子成分在其语法系统中具有特殊的地位,一个句子首先要分析出若干句子成分,然后根据句子成分来确定词类,“以句辨品”。因此准确地说,它应是“句成分本位”。在形态较为发达的语言中,句子成分同词类大致而言是一一对应的,把词类辨别清楚了,句法的问题也就大致解决了;反过来,把句子成分划分好了,词类也就没有太大问题了。因此,“句成分本位”和“词类本位”一样,比较适宜于处理形态较为发达的语言的语法现象。但是,汉语的形态很不发达,句子成分同词类不是一一对应的关系,而是交叉关系,是“一对多”的对应关系。因此,以句子成分为本位难以较好解决词类问题,“离句无品”这种句成分本位的必然产物多为人诟病,便是明证。

朱德熙的“词组本位”理论:朱德熙虽然在1985年发表的《语法答问》中才正式提出“词组本位”,但是在其前的一些著述中已进行了较多的理论阐述和实践。1982年,朱德熙发表了《语法分析和语法体系》,明确反对把一切句法结构的分析都附丽在句子模型上进行的“句本位”语法观,指出“汉语的句子的构造原则跟词组的构造原则基本一致”“句子不过是独立的词组”“把各类词组的结构都足够详细地描写清楚了,那么句子的结构实际上也就描写清楚了”,因此“有可能在词组的基础上来描写句法”。同年,其极富影响力的作品《语法讲义》出版。《语法讲义》中以“词组本位”的观念为指导建立了一个有特色有影响的语法体系。“词组本位”同“句成分本位”一样,也是把语法研究的本位放在句法中。但是,与黎锦熙不同的是,“词组本位”把本位定在词组的句法结构上,而不是句子成分上。这种处理比较适合汉语的词类与句法成分不是简单的一一对应关系这一特点,克服了“词无定类”、过多的“词类转化”等弊端,对汉语语法的研究,对揭示汉语的语法特点,都具有重要价值,而且至今仍在发挥着重大作用。

徐通锵的"字本位"理论:徐通锵的"字本位"理论早在1991年发表的《语义句法刍议》中已见端倪,但该理论真正成形则是徐通锵1994年连续在《世界汉语教学》发表的《"字"和汉语的句法结构》和《"字"和汉语研究的方法论》这两篇论文。徐通锵认为,汉语是以"字"为基本结构单位,以临摹性原则为编码基础,可以用"话题—说明"(Topic-Comment)进行结构框架的分析或表述的"语义型语言";印欧语是以词为基本结构单位、以"主语—谓语"为结构框架的"语法型语言",两种语言很不相同。从马建忠到朱德熙,都是在用"印欧语的眼光"来看待汉语,因而其语法体系很难解决汉语的问题。"字",是"一个音节·一个概念"的对应物,是最小的句法单位,具有"结构简明、语法功能模糊、表义性突出"等特点。"字"通过结合构成字组,或为"固定字组",或为读为句。从徐通锵对"临摹性原则"的肯定和较多引用戴浩一的时间顺序原则等来看,"字本位"理论不但受到中国古代语言研究和赵元任后期学术观点的影响,而且也从当代的功能语法那里受到了启发。

邢福义的"小句中枢"说:邢福义1994年提出了"小句中枢"说,1995年他在《小句中枢说》一文中对这一主张做了全面的阐述,并在1997年出版的《汉语语法学》一书中实践了这一观念,作者在《导言》中明确指出"本书的语法系统,是'小句中枢'语法系统"。"小句中枢"说认为小句处于汉语语法系统的中枢地位:小句所具备的语法因素最为齐全,小句跟其他语法实体都有直接联系;小句能控制和约束其他语法实体,因而成为其他语法实体所从属所依托的核心,并由此产生了小句成活律、小句包容律和小句联结律这"小句三律"。"中枢"也许与"本位"的含义有所不同,但二者也有相近、相通乃至相同之处,因此,不妨也看作是一种"本位"说。"小句中枢"说是在对汉语语法的深入考察基础上发展起来的,并且有着篇章语言学的背景,而且也特别明显受到了结合语用、语义研究语法的当代学术思潮的影响。

黎锦熙由马建忠的"词类本位"转变为"句成分本位",开始了汉语语法研究史上第一次重要转折——"句法转折"。但是,这一转折的最后完成,则是以朱德熙"词组本位"的提出为标志。"词组本位"虽然与"句成分本位"在语法观念、研究方法和对汉语的适用程度等方面有很大的不同,但是,从总体上看其研究基点和研究视野仍囿于句法领域。黎锦熙所进行的句法转折是在西洋语法的背景下进行的,而且没有解决好汉语语法的词类和句成分之间的关系,而这一重要问题则在"词组本位"那里得到了较好的解决。因此说"词组本位"是句法转折最后完成的标志。

邢福义的"小句中枢"说是在包括句法和"超句法"的宏观语法视野中提出的。小句包括单句和跟单句相当或基本相当的分句,小句这种最小的具有表述性和独立性的语法单位,既是句法中的最高一级单位,又是"超句法"的最基本单位。从理论上看,词组、词、语素和句子语气等句法单位,可以通过对小句的切分或再切分得到;复句、句群等超句法单位,可以通过小句的串联得到。以前的"本位"都不能解决超句法的问题。因此,"小句中枢"说的提出,可以说是开启了汉语语法研究史上的第二次重要转折——超句法转折。这种超句法转折具有较大的涵盖面和当代语言学的新鲜气息。当然,徐通锵在论述"字本位"、批评汉语研究的"印欧语的眼光"时,在一定程度上也注意到了汉语的超句法问题。

"词类本位""句成分本位""词组本位",都是在语言的框架中为解决结构的问题而提出的,基本上属于传统语言学和结构主义语言学的范畴,而"小句中枢"则是在语言和言语两个领域中为解决语言结构和语言运用的问题而提出的一种本位学说,符合当代语言学的发展方向。超句法本来就不是一个单纯的结构问题,它不可避免地牵涉到话语表达等语用问题。其实就一般的句法而言,它与语用也有相当的关系。我们现在还不清楚,形态比较发达的语言是否要较多地依赖语用来解决其语法问题,但是对汉语语法长期而深入的研究表明,汉语语法是一种与语用联系较为紧密的语法,许多语法现象都需要引入语用的观念进行解释。正因如此,20世纪80年代以来,许多汉语语法学家对语用的问题颇感兴趣,"三个平面"的理论受到普遍重视。"小句中枢"用"本位"的方式把语用问题有机地引入语法研究,使语法研究扩展到话语。这种全方位解决语法问题的视野,是对"三个平面"理论的有力推进,是邢福义"两个三角"学说的进一步发展,也体现了重视语用的当代语言学思想和语言哲学思想。

"词类本位"不大适合形态不发达的语言。黎锦熙的句法转折,使语法研究向形态不发达的语言贴近了一步。朱德熙将黎锦熙的"句成分本位"发展至"词组本位",虽然仍是在句法的领域中,但是,由于汉语的句子成分与词类的特殊对应关系,由于汉语的词组构造与合成词和句子的构造基本相似,所以"词组本位"比此前的两种"本位"更切合汉语,是依照汉语特点提出的不同于西方语法学的本位理论,也可以说是汉语语法研究成果对普通语法学的一种重要贡献。徐通锵的"字本位",不是把本位定在句法领域,而是定在词法领域,这似乎更接近于马建忠的"词类本位",其实是看到了"字"这种语言单位在汉语中的作用不同于西洋语言,从主观上看仍然是根据汉语的特点而提出的。邢福义的"小句中枢"说在此方向上又发展了一步。汉语的句群组织在结构上与西方语言有何本质的不同,现在还不清楚,但是,汉语复句的构造与西方语言是很不同的。西方语言的复句基本上采用的是"单句模式",即把"子句"通过一定的结构手段嵌进单句之中;而汉语则是把单句分句化。因此,在西方语言中,复句的问题可以基本上由单句的句法来解决,而汉语的分句组合规律与单句的句法很不一样,是"超句法"的问题。故而,"词类本位""句成分本位"和"词组本位",都不能解决汉语的复句问题,更难以解决篇章语法的问题。邢福义提出"小句中枢"也正是看到了汉语的这一结构特点,就此而言,"小句中枢"更接近于汉语的特点。

八、层次分析题

(略)

第五章　修辞

知识提要

第一节　修辞概说

掌握修辞的三种含义:一是指运用语言的方法、技巧和规律;一是指修辞活动,就是对语言的一种加工;一是指修辞学或者修辞著作。了解修辞研究的历史。能够结合实例谈谈修辞同语境的关系。能够理解分析修辞同语言三要素的关系。

第二节　词语的锤炼

了解意义的锤炼应该从几个方面着手:提高观察、认识事物的能力;力求准确、妥帖;力求配合得当,前后呼应,整体和谐;力求色彩鲜明。能够把修辞与咬文嚼字区别开来。了解词语的声音美体现在四个方面:音节整齐匀称,声调平仄相间,韵脚和谐自然,叠音词语与双声叠韵词语的恰当运用。

第三节　句式的选择

掌握长句与短句的基本特点、修辞效果及其变换方法。了解整句与散句的含义、修辞效果,掌握构成整句的条件。掌握主动句和被动句的区别以及选择被动句的条件。掌握肯定句和否定句的含义,能够具体运用双重否定句,防止语意用反。能够区别口语句式和书面语句式。

第四节 辞格(一)

了解比喻、比拟、借代、拈连、夸张5种辞格各自的含义。重点是能够分辨出所给例句中含有5种辞格的句子,能进一步分清5种辞格各自的具体类型。能够分析句子运用以上5种修辞格各自所产生的效果。了解运用5种修辞格各自需要注意的问题。掌握比喻和比拟的区别,掌握借喻与借代的区别。

第五节 辞格(二)

了解双关、仿词、反语、婉曲4种辞格各自的含义。重点是能够分辨出所给例句中含有4种辞格的句子,能进一步分清4种辞格各自的具体类型。能够分析句子运用以上4种修辞格各自所产生的效果。了解运用4种修辞格各自需要注意的问题。掌握语义双关与借喻的异同。

第六节 辞格(三)

了解对偶、排比、层递、顶真、回环5种辞格各自的含义及对偶、排比、层递辞格各自的类型,重点是能够分辨出所给例句中含有以上5种辞格的句子,能够分析句子运用以上5种修辞格各自所产生的效果。了解运用5种修辞格各自需要注意的问题。掌握排比与对偶、排比与层递、顶真与回环的区别。

第七节 辞格(四)

了解对比、映衬、反复、设问和反问5种辞格各自的含义及其基本类型,重点是能够分辨出所给例句中含有以上5种辞格的句子,能够分析句子运用以上5种修辞格各自所产生的效果。了解运用5种修辞格各自需要注意的问题。掌握对比与对偶、对比与映衬、反复和重复、反复和排比、设问和反问的区别。

第八节 辞格的综合运用

辞格的综合运用分为连用、兼用、套用三种。能够具体分析所给句子属于连用、兼用还是套用,并能够辨识出相应修辞格。

第九节 修辞常见的失误与评改

了解常见的错误现象,能够找出句子在修辞上的错误并能辨析和评改。

第十节 语体

理解公文语体、政论语体、科技语体、文艺语体的含义、特点,能够辨析它们之间的区别。

习 题

一、填空题

1. 修辞有三种含义，一是指运用语言的__________，一是指__________，一是指__________。
2. 锤炼词语，一般从________、________两方面着手，这两者相辅相成，收到表意确切、声音和谐的修辞效果。
3. 词语的声音美主要体现在________、________、________、________等四个方面。
4. 句式的选择，主要是指__________句式的选择与调整，即那些意思基本相同或相近而在________、________、________、________等方面具有不同修辞效果的句子格式。
5. 选择句式的主要依据大体是：(1)________________、(2)________________、(3)________________。
6. 句式可以从不同角度划分：从句子结构的复杂程度看，可分为____________与____________；从结构的整散看，还可分为________与________；从主语的施受关系看，又可分为________与________；从判断的形式看，可分为__________与__________；从语序的倒顺看，可分为________与________；从句子结构的松紧来看，可分为________与________。
7. 比喻就是________，是用________又有相似点的事物描绘事物或说明道理的辞格，也叫________。比喻一般由________、________和________三部分组成。比喻的种类，一般根据三种成分是否同时出现，分为__________、__________和__________。
8. 比拟是根据想象____________写，或____________写，或____________写的修辞方法。比拟分为______________和______________两类。
9. 借代是不直接说某人或某事物的名称，借同它__________的名称去代替的修辞方法，也叫__________。常见借代基本类型有________，________，________，__________和__________。

10. 拈连是指________,也叫________,可分为________和________两类。

11. 夸张是________的修辞方法。夸张分为________、________和________三类。

12. 双关是在一定的语境中,利用____________和____________条件,有意使话语同时具有关顾______________和______________两种意思,____________的一种修辞方法。双关分____________和______________两类。

13. 仿词是根据表达的需要,更换现成词语中的________,临时仿造出新的词语。仿词是________形式之一。仿词可分________和________两种。

14. 反语是故意使用与本来意思________来表达本意的修辞方式,也叫________、________。反语主要有两类,即________、________。

15. 婉曲是有意不直接说明某事物,而是借用一些与某事物相应的________婉转曲折地表达出来的修辞方法,也叫________。可分为________和________两类。

16. 对偶是把________、________、__________的两个短语或句子对称地排列的修辞方法,对偶就上联和下联在意义上的联系可大致分为________、________和__________。

17. 排比是把________、________、________的句子或句子成分排列起来,使内容和语势增强的修辞方法。排比可分为________和________两种。

18. 层递是根据事物的________,连用________、________的语句,表达层层递进的事理的修辞方法。层递分________和________两类。

19. 顶真是____________________,使前后的句子______________,______________的修辞方法,也叫________。顶真的修辞作用是____________,____________,____________。

20. 回环是____________________________,____________________________的修辞方法。

21. 对比是把__________或者____________放在一起相互比较的修辞方法,也叫__________,可分为__________和__________两类。

22. 映衬是为了突出主体事物,用________、__________作陪衬的修辞方法,也叫__________。映衬有__________和__________两类。

23. 反复是为了突出某个意思、强调某种感情,________某个词语或句子的修辞方法。反复有两________和________两类。

24. 设问是__________,__________,以引导读者注意和思考问题的修辞方法。反问也是__________，明知故问，又叫__________。

25. 通感也叫________，是叙事状物时运用词语，__________________________的修辞方法。

26. 多种辞格综合运用可以收到几种修辞效果，综合运用常见的有_____________________、____________和______________三种基本类型。其中辞格的兼用也叫______________。

27. 由于各种原因，辞格在具体的运用中会出现以下大约四方面的问题，即______________、________、________和________。

28. 语体是为了适应不同的____________而形成的语文体式，它是____________的间接体现者。根据交际目的的不同，语体可分为____________、__________、__________和__________。

29. 公文语体又称________，它具有三个特点，即________、__________、__________。它的语言特征是（1）______________（2）____________（3）______________（4）____________。

30. 科技语体又分为__________和__________，前者有两个最重要和最根本的要求是__________和__________，不追求__________。

31. 政论语体要求做到，论点________，论据________，论证________，以理服人。它所使用的语言的最大特征是富有________性与________性。

32. 文艺语体又称________，可以分为三类，即________、________和________，它的语言具有________和________。

二、单项选择题

1. 陈望道的《修辞学发凡》把修辞格分为四类（　　）。

A.38种　　B.27种　　C.24种　　D.131种

2. “你说的这类修辞，他从来没有接触过。”这个句子中的“修辞”是指（　　）。

A. 修辞活动　　B. 修辞学

C. 修辞著作　　D. 修辞活动和修辞著作

3. 现代“修辞”的概念，最早源于（　　）。

A. 中国　　B. 古印度　　C. 古罗马　　D. 古希腊

4. 我国最早提出修辞格的学者是（　　）。

A. 孔子　　B. 刘勰　　C. 唐钺　　D. 陈望道

5. 下面的句子使用了比喻修辞格的是(　　)。

A. 她很像她姐姐　　B. 乡愁是一枚小小的邮票

C. 柏油路好像也要晒化　　D. 不拿群众一针一线

6. 下面的句子里使用了拈连修辞格的是(　　)。

A. 午睡醒来愁未醒　　B. 丹唇未启笑先闻

C. 酒好不怕巷子深　　D. 满招损,谦受益

7. “知者不博,博者不知”运用的修辞格是(　　)。

A. 借代　　B. 回环　　C. 比拟　　D. 借喻

8. 下列属于移觉修辞格的是(　　)。

A. 一声已动物皆静,四座无言星欲稀　　B. 高尚是高尚者的墓志铭

C. 满招损,谦受益　　D. 善者不辩,辩者不善

9. 下列句子属于对偶修辞格的是(　　)。

A. 自由主义是一种腐蚀剂　　B. 梨花院落溶溶月,柳絮池塘淡淡风

C. 开会不说,会后乱说　　D. 我难道没有应该责备的地方吗

10. 以下属于仿词修辞格的是(　　)。

A. 鸟儿歌唱,花儿欢笑　　B. 才不在高,有官则名

C. 石油工人一声吼,地球也要抖三抖　　D. 我不是水,不能湿润你干裂的唇

11. 下列属于顶真修辞格的是(　　)。

A. 这天乌沉沉的,好像要下雪了

B. 指导员讲得真来劲儿,嘎子竖起耳朵听

C. 楚山秦山皆白云,白云处处长随君

D. 枪杆子里面出政权

12. 下列属于互文修辞格的是(　　)。

A. 迢迢牵牛星,皎皎河汉女　　B. 只许州官放火,不许百姓点灯

C. 飞流直下三千尺,疑是银河落九天　　D. 远上寒山石径斜,白云生处有人家

13. “秋水如神玉为骨,词源如海笔如椽。”这一句使用修辞格的情况是:

A. 只是辞格的兼用

B. 只是辞格的连用

C. 既含有辞格的兼用,又含有辞格的连用

D. 既不是兼用,也不是连用

三、辨析题(正确的打√,错误的打×,并给出错误理由)

1. 修辞格是人们在长期的语言交际过程中,在本民族语言特点的基础上,为提高语言表达效果而形成的格式化的方法、手段。(　　)

2. “有痔(识)之士,骑乐无穷”等是合理翻用成语,符合修辞要求。(　　)

3. 酒负胜名、天尝地酒、钙世无双、默默无蚊、盒情盒理、首屈一纸、无胃不治、洗出望外等成语是恣意撰改,含义比较隐晦。(　　)

4. “让我们张开双臂,热烈地拥抱这个春天吧!”使用了夸张的修辞方法。(　　)

5. “也许铜的要绿成翡翠”运用了比喻的修辞手法。(　　)

6. 修辞的基本原则是:必须适应言语环境。(　　)

7. 锤炼词语可以从意义、色彩、语音等方面入手。(　　)

8. “王林回答不出问题,急得眼里直冒红光”,此句修辞手法使用恰当。(　　)

9. “你看那黑土呵,黑得这样油光光,乌亮亮,真叫人看不够,爱不够! 我忽然想起一句民谚:‘这样的土地,种上车杠能发芽,插下扁担会结瓜。’”此句运用了对偶、夸张、拟人的修辞手法。(　　)

10. 词语的色彩意义是固定不变的。(　　)

11. 押韵具有一种和谐悦耳的回环之美,因此平时撰文、说话必须要使用。(　　)

12. “生命之树常青”这一句话中用了比喻,这种比喻属于暗喻。(　　)

13. “回顾‘文革’对教育战线的破坏,确实很严重”,这是个病句。(　　)

14. 辞格的套用是指在一段话中先后出现了几种不同的辞格。(　　)

15. “夏虫也为我沉默,沉默是今晚的康桥”,此句运用了顶真、拟人、明喻的修辞手法。(　　)

16. “横眉冷对千夫指,俯首甘为孺子牛”,此句运用了对偶中的反对、比喻修辞方法。(　　)

17. 运用语言时能做到得体,也就基本上把握住修辞的基本原则了。(　　)

18. 句式的选择,在多数情况下便是对同义句式的选择。(　　)

19. 文艺语体和公文语体有着不同的风格基调,他们之间是不能相互交叉渗透的。(　　)

四、句式题

下列句式属于A(肯定句)、B(否定句)、C(常式句)、D(变式句)哪种句式?请将正确选项填入句后括号内。

1. 中年人一般不支持时下流行的"超女"行为。(　　)
2. 快躲开,朋友!(　　)
3. 领导不是不批准立项。(　　)
4. 我们一定要实施素质教育。(　　)
5. 他跑进来,气喘吁吁地!(　　)
6. 难道日本政府能否认侵华的那段历史吗?(　　)
7. 祥林嫂一手拄着一支比她更长的下端开了裂的竹竿。(　　)
8. "非邻家阿妹不娶!"世存说。(　　)
9. 这苹果吃不了,太酸了。(　　)
10. 棒极了,你今天的演说!(　　)
11. 他离去了,在依依不舍之中。(　　)
12. 我不能和您一起去省城了,因为我临时有点急事。(　　)
13. 荷塘四面,长着许多树,蓊蓊郁郁的。(　　)
14. 代我问她好,你看到她。(　　)
15. 克隆羊的技术并非不能掌握。(　　)
16. 如果选择居住的地方,就不能不追求养生兼具雅致了。(　　)
17. 老一辈革命家无时无刻不在关心青年人的成长。(　　)
18. 赵明诚在数学竞赛中获得了一等奖,国家级的。(　　)

五、修辞格题

下列各句使用了哪种修辞方式?请写在括号后面。

1. 不料,该歹徒被机警的主人反锁室内,成了瓮中之鳖。(　　)
2. 一缕彩霞飘过山顶,落日撒下一地碎银。(　　)
3. 广州消息,"健力宝"上门殴打"康师傅"事件有了新进展。(　　)
4. 你们杀死一个李公朴,会有千百万个李公朴站起来!(　　)
5. 矮小而年高的垂柳,用苍绿的叶子抚摸着快熟的庄稼。(　　)

6. 她在呢喃低语中蒙眬睡去，窗口的两支红烛滴落着一滴一滴红色的泪。(　　)
7. 那肥大的荷叶下面，有一个人的脸，下半截身子长在水里。(　　)
8. 铃子叮叮当当地摇着，一切低起头在书桌边办公的同事们，思想都为这铃子摇到午饭的馒头上去了。(　　)
9. 模范不模范，从西往东看，西头吃烙饼，东头喝稀饭。(　　)
10. 我娘家姓赵，我小名叫二鳗，出嫁了，把名字也嫁掉了，人家叫我阿洪家的。(　　)
11. 一个浑身黑色的人，站在老栓面前，眼光正像两把刀，刺得老栓缩小了一半。(　　)
12. 农民们都说：看见这样鲜绿的苗，就嗅出白面包的香味来了。(　　)
13. 人到了非洲，就要开始过非人的生活。(　　)
14. 文秘班的班长，舌头真长。(　　)
15. 桑雷是个利己主义者，常常见利勇为。(　　)
16. 管你是青梅竹马还是红梅石马呢，别在我眼前恶心兮兮的就行！(　　)
17.《大不列颠百科全书》的狗照相上，就很有几匹是咱们中国的巴儿狗。这也是一种国光。(　　)
18. 我们不怕死，我们有牺牲精神！我们随时像李先生一样，前脚跨出门，后脚就不准备再跨进大门！(　　)
19.《红与黑》这本小说，写得极有内涵，我一口气就把它看完了。(　　)
20. 狂风吹不倒它，洪水淹不没它，严寒冻不死它，干旱旱不坏它。(　　)
21. 横眉冷对千夫指，俯首甘为孺子牛。(　　)
22. 天太大。海太阔。人太老。游泳的姿势和动作太单一。(　　)
23. 宅中有园，园中有屋，屋中有院，院中有树，树上见天，天中有月，不亦快哉。(　　)
24. 客上天然居，居然天上客。(　　)
25. 这人纯粹是狗粪作鞭——既不能闻，又不能舞。(　　)
26. 你吃饭吃得可真快，吃了一个小时还没吃完。(　　)
27. 真正的铜墙铁壁是什么？是群众，是千百万真心实意地拥护革命的群众。(　　)
28. 足以纪念鲁迅的，是鲁迅自己的文章，自己的精神，自己的对于仇敌的认识与战斗。(　　)
29. 她品味着香醇的酒味，品味着甜蜜的笑声，品味着崭新的生活。(　　)
30. 孙中山先生说到做到，身体力行，不放空炮。(　　)
31. 见胜兆则纷纷聚集，见败兆则纷纷逃亡。(　　)

32. 当面不说,背后乱说;开会不说,会后乱说。(　　)

33. 天连五岭银锄落,地动三河铁臂摇。(　　)

34. 骑奇马,张长弓,琴瑟琵琶八大王,王王在上,单戈成战;伪为人,袭龙衣,魑魅魍魉四小鬼,鬼鬼犯边,合手即拿。(　　)

35. 一支粉笔两袖清风,三尺讲台四季晴雨。(　　)

36. 穷时傲骨气,达则豪迈气。(　　)

37. 严父肩挑日月前街卖,慈母手推磨盘转乾坤。(　　)

38. 天下文章数三江,三江文章数吾乡,吾乡文章数吾弟,吾为吾弟改文章。(　　)

39. 香山碧云寺云碧山香,黄山落叶松叶落山黄。(　　)

40. 清水塘里塘水清,静泉山上山泉静。(　　)

41. 历史岂是任人随意装扮的新娘。(　　)

42. 最近,省林业厅对全省林木乱砍滥伐狠下"猛药",乱砍滥伐现象将会明显减少。(　　)

43. 看吧,山上的矮松越发的青黑,树尖上顶着一髻儿"白花",好像日本看护妇。(　　)

44. 我似乎打了一个寒噤;我就知道,我们之间已经隔了一层可悲的厚障壁了,我也说不出话。(　　)

45. 那又浓又翠的景色,简直是一幅青绿山水画。(　　)

46. 店里冷得像地窖一样,冷气从裤管里向上钻。(　　)

47. 汽车在望不到边际的高原上奔驰,扑入你的视野的,是黄绿错综的一条大毡子。(　　)

48. 接天莲叶无穷碧,映日荷花别样红。(　　)

49. 这种作风,拿来律己,则害了自己;拿来教人,则害了别人;拿来指导革命,则害了革命。(　　)

50. 史密斯热水器可以达到"随心所浴"的效果。(　　)

51. 无可奈何花落去,似曾相识燕归来。(　　)

52. 生命中的每一场风霜雨雪,都能磨炼我们的筋骨,锻炼我们的意志。(　　)

53. 青春早已自油盐柴米中一点一滴的剥损殆尽。(　　)

54. 谈到白话文学,他的程度就不如我了。因为他提周作人,我就背段周作人,他提鲁迅,我就背段鲁迅,他提老舍,我就背段老舍……。(　　)

55. 在群众的怒喝声中,那个泼皮无赖夹着尾巴逃跑了。(　　)

56. 月光如流水一般,静静地泻在这一片叶子和花上。(　　)

57. 他种的瓜很甜，几十里外就闻到瓜香了。(　　)

58. 孔子能够成为百代景仰的圣人，难道真是天生成的？(　　)

59. 失败乃成功之母，你千万不要气馁。(　　)

60. 你别看我耳朵聋，我的心并不聋啊！(　　)

61. 海鸥在大海上飞蹿，轰隆隆的雷声把海鸭吓坏了，企鹅胆怯地把肥胖的身躯躲藏在悬崖底下……只有那高傲的海燕，勇敢地、自由自在地在泛起白沫的大海上飞翔。(　　)

62. 淮海战役的一声炮响，黄伯韬兵团一下子就进了我们的“口袋”。(　　)

63. 鸟的身躯都是玲珑饱满的，细瘦而不干瘪，丰腴而不臃肿，真是减一分则太瘦、增一分则太肥那样地细纤合度。(　　)

64. 我是天空里的一片云，偶尔投影在你的波心，你不必讶异，更无须欢喜，在转瞬间消失了踪影。(　　)

65. 蝴蝶和蜜蜂带着花朵的蜜糖回家了，羊队和牛群告别了田野回家了，火红的太阳也滚着火轮子回家了。(　　)

66. 从此以后，越唱越低，越低越细，那声音渐渐地就听不见了。(　　)

67. 她仍然平静和气地为孩子折船，折成比别的孩子所拥有的还要漂亮的纸船。(　　)

68. 这里除了光彩，还有淡淡的芳香，香气似乎也是浅紫色的，梦幻一般轻轻地笼罩着我。(　　)

69. 花朵一串挨着一串，一朵接着一朵，彼此推着挤着，好不活泼热闹。(　　)

70. 古老的济南，城内那么狭窄，城外又那么宽敞，山坡上卧着些小村庄，小村庄的房顶上卧着点雪，对，这俨然是张水墨画。(　　)

71. 讲到长征，若问有什么意义呢？我们说，长征是历史上第一次，长征是宣言书，长征是宣传队，长征是播种机。(　　)

72. 何等动人的篇章！这些是人类思维的花朵。这些是空谷幽兰，高塞杜鹃，老林中的人参，雪岭上的雪莲，绝顶上的灵芝，抽象思维的牡丹。这些数学公式也是一种世界的语言。(　　)

73. 织渔网啊，织渔网，织出一片好风光。(　　)

74. 对人民，他像春风，融冰化雪；对敌人，他像步枪，弹雨无情。(　　)

75. 她的话语像一团松软的棉球，轻轻地擦拭着男友疼痛的伤口。(　　)

76. 我就向着最近的藤椅上瘫了下去，两手按住急颤的前胸，紧闭着眼，纵容内心的

混沌,一片黯黄,一片茶清,一片墨绿,影片似的在倦绝的眼膜上扯过。(　　)

77. 我正兴致勃勃地对自己的作品进行"减肥",突然电话响了。(　　)

78. 小菲和妹妹常常不吃晚饭,就跑到海边,把自己焊在礁石上,听潮起潮落,看日沉日升。(　　)

79. "日出江花红胜火,春来江水绿如蓝。"这是革命的春天,这是人民的春天,这是科学的春天。让我们张开双臂,热烈地拥抱这个春天吧!(　　)

80. 时间不就像一条缓缓流动的长河吗？将我们的喜怒哀乐全部带走。(　　)

六、简述题

1. 简述汉语修辞研究。

2. 有人说:"修辞就是咬文嚼字,修辞就是雕琢词句、卖弄文字技巧。"这种说法对不对？为什么？

3. 结合实例谈谈修辞同语境的关系。

4. 简述修辞同语言三要素的关系。

5. 简述比喻和比拟的区别。

6. 简述借喻和借代的区别。

7. 简述借喻和语义双关的异同。

8. 简述排比与对偶的区别。

9. 简述排比与层递的区别。

10. 简述对比与对偶的区别。

11. 简述对比与映衬的区别。

12. 简述回环与顶真的区别。

13. 简述修辞格在修辞学中的地位。

参考答案

一、填空题

1. 方法、技巧和规律，修辞活动，修辞学或修辞著作。

2. 内容(意义)，形式(声音)。

3. 音节整齐匀称，声调平仄相间，韵脚和谐自然，叠音词语与双声叠韵词语的恰当运用。

4. 同义，表达重点，语意轻重，语气态度，风格色彩。

5. 不同句式本身表意的鲜明程度，不同语境特别是上下文的需要，上下文句子主语的异同。

6. 长句，短句，整句，散句，主动句，被动句，肯定句，否定句，常式句，变式句，松句，紧句。

7. 打比方，本质不同，譬喻，本体(被比喻事物)，喻体(比喻事物)，喻词(联结本体和喻体的词语)，明喻，暗喻，借喻。

8. 把物当作人，把人当作物，把甲物当作乙物，拟人，拟物。

9. 密切相关，换名，特征、标志代本体，专名代泛称，具体代抽象，部分代整体，结果代原因

10. 利用上下文的联系把用于甲事物的词语巧妙地用于乙事物，顺拈，全式拈连，略式拈连。

11. 故意言过其实对客观的人、事物作扩大或缩小的描述，扩大夸张，缩小夸张，超前夸张。

12. 语音，语义，表面，内里，言在此而意在彼，谐音双关，语义双关。

13. 某个语素，仿拟，音仿，义仿。

14. 相反的词语或句子，倒反，反话，以正当反，以反当正。

15. 同义语句，婉转，婉言，曲语。

16. 结构相同或基本相同，字数相等，意义上密切相连，正对，反对，串对。

17. 结构相同或相似，语气一致，意思密切关联，句子排比，句法成分排比。

18. 逻辑关系，结构相似，内容递升或递降，递升，递降。

19. 用上一句结尾的词语做下一句的起头，头尾蝉联，上递下接，联珠，议事说理

准确、谨严、周密，状物叙事、条理清晰，抒情写意、格调清新。

20. 把前后语句组织成穿梭一样的循环往复的形式，用以表达不同事物间的有机联系。

21. 两种不同事物，同一事物的两个方面，对照，两体对比，一体两面对比。

22. 类似的或相反的，或相异的事物，衬托，正衬、反衬。

23. 特意重复，连续反复，间隔反复。

24. 无疑而问，自问自答，无疑而问，激问。

25. 移觉，使不相通的感官感觉相互沟通起来。

26. 连用，兼用，套用，兼格。

27. 韵律配合不协调，词语选用不精当，句子表意不畅达，辞格运用不恰当。

28. 交际需要，修辞规律，公文语体，科技语体，政论语体、文艺语体。

29. 事务语体，明确性，简要性，规格性，多用专用词语、文言词语，多用“的”字短语、介词短语和联合短语，主要使用陈述句和祈使句，较多运用常式单句、并列复句和文言句式。

30. 专门科技语体，通俗科技语体，精确性，严密性，艺术美。

31. 突出，充分有力，周到严密，宣传鼓动，严密逻辑。

32. 艺术语体，散文体，韵文体，戏剧体，形象性，情感性。

二、单项选择题

1.A　2.B　3.D　4.C　5.B　6.A　7.B　8.A　9.B　10.B　11.C　12.A　13.C

三、辨析题

1.√　2.×　3.√　4.×　5.×　6.√　7.√　8.×　9.×　10.×
11.×　12.√　13.√　14.×　15.×　16.√　17.√　18.√　19.×

四、句式题

1.BC　2.AD　3.BC　4.AC　5.AD　6.BC　7.AC　8.BD　9.BD
10.AD　11.AD　12.BD　13.AD　14.AD　15.BC　16.BC　17.BC　18.AD

五、修辞格题

1.暗喻	2.借喻	3.借代	4.借代
5.拟人	6.拟人	7.拟物	8.拈连
9.借代	10.拈连	11.夸张	12.夸张
13.双关	14.双关	15.仿词	16.仿词
17.反语	18.婉曲	19.夸张	20.排比
21.对偶	22.排比	23.顶真,排比	24.回文
25.双关	26.反语	27.设问,暗喻	28.排比,反复
29.排比,拈连,通感	30.借喻	31.对比	32.对比
33.正对	34.反对	35.正对	36.正对
37.正对	38.顶真	39.对偶,顶真	40.对偶,顶真
41.暗喻	42.借喻	43.借喻	44.借喻
45.暗喻	46.明喻	47.暗喻	48.对偶
49.排比	50.双关	51.对偶	52.借代
53.借代	54.借代	55.拟物	56.拟物
57.夸张	58.反问	59.引用	60.拈连
61.衬托	62.夸张,借代	63.夸张	64.暗喻
65.排比	66.层递	67.层递	68.通感
69.拟人	70.对比,比拟,暗喻		71.设问,排比,暗喻
72.比拟,暗喻,夸张	73.拈连	74.对比,明喻	75.明喻
76.排比,比喻	77.拟人	78.拟物	79.引用,排比,拟人
80.设问,明喻			

六、简述题

1.简述汉语修辞研究。

答:魏晋南北朝时期,刘勰的《文心雕龙》中就对文章的修辞规律进行了系统的分析。隋唐五代时期,史论修辞、诗论修辞、散文修辞都有相当发展。南宋时期,陈骙的《文则》,对比喻、引用、仿拟、层递、倒装等辞格分别作了分析。元朝出现了以修辞命名的著作《修辞鉴衡》。明朝时期,胡震亨编写了我国第一部断代修辞学资料汇编《唐音癸签》。清代王国维对修辞学也有很多贡献。“五四”运动以后,修辞作为一门独立的学科，得到了全面、系统的研究和发展，比较重要的成果主要有1923年胡怀琛编写的《修辞学要略》，是我国最早的一部现代修辞学著作。1932年陈望道的《修辞学发凡》建立了我国第一个比较科学的修辞学体系，开拓了修辞研究的新境界，标志着中国现代修辞学的建立。后来，王希杰的《汉语修辞学》、陈汝东的《修辞学教程》等修辞著作都是现当代重要的修辞学术成果。其中，王希杰的《汉语修辞学》全面系统地对汉语修辞学进行研究和探讨，努力创建新的修辞学体系。全书从汉语交际活动出发，力求解决表达及理解方面的问题，帮助读者提高运用语言的能力，陈汝东的《修辞学教程》吸收当代修辞学的最新研究成果，特别是作者近年来的研究成果，系统阐述了汉语修辞学的基本知识和基本理论，分析汉语修辞手段、修辞方法的结构和功能，概括了修辞交际的基本规律，特别是社会心理规律，揭示了话语建构和语语理解论和方法，简要概括了汉语修辞学研究的历史、现状及发展趋势。

2.有人说："修辞就是咬文嚼字，修辞就是雕琢词句、卖弄文字技巧。"这种说法对不对？为什么？

答：这种说法不对。"修辞就是咬文嚼字"是把修辞看作单纯的文字技巧，这是对修辞功用的一种贬低和缩小化。当然，修辞是要从锤炼词语的角度咬文嚼字的，可这只不过是它的部分功用。修辞还要研究句式的选择、修辞格的运用、语言风格等方面，仅仅在文字上锤炼是不够的。"修辞就是雕琢词句、卖弄文字技巧"这一说法也不合适。修辞是语言的综合运用，要恰当地运用各种积极的语言手段，涉及面很广，不是"雕琢词句"所能全面概括的。另外，选择什么样的表达方式，达到什么样的表达效果，并非只是语言形式上的雕琢问题，思想内容的锤炼更为重要，不能把修辞看作单纯追求文字技巧的问题，修辞更不是"卖弄"。

3.结合实例谈谈修辞同语境的关系。

答：修辞中语言手段的恰当运用要以适应语境为前提，修辞效果的检验也难以离开语境。像适应表达内容一样，适应语境也是修辞的重要原则。例如"超常"是修辞特点之一，修辞往往借助故意违反常规表达而取得不同一般的表达效果，但这要紧紧依靠语境的配合和制约；双关就是故意使语句具有双重含意，言在此而意在彼的修辞手法，不管是利用词语意义，还是借助语音条件，总是以语境为前提的。例如，"可是匪徒们走上几十里的大山背，他们没想到包马脚的麻袋片全烂掉在马路上，露出了他们的马脚"。

另外，修辞的形象意义、色彩意义以及风格意义也都要受制于语境。

4.简述修辞同语言三要素的关系。

答:修辞同语音、词汇、语法有着密切的联系,语言三要素为修辞手段的选用、为修辞效果的体现提供了必要条件,而修辞又在语言的综合运用中扩大了语言三要素的功用。

修辞把语音的双声叠韵、叠音、轻声、重音、儿化、字调、平仄加以调动,使之在特定语境中以声传情,以音达意,收到较好的修辞效果。修辞还从筛选、锤炼的角度,就意义、色彩、用法方面对词语加以选用,使语言材料成为提高表达效果的重要语言手段。语言的表达更多的是靠句子来传达修辞感受的,这就离不开句式的选择和调整。

5.简述比喻和比拟的区别。

答:比喻和比拟都是将两个事物巧妙地关联起来形成的,都有使表达形象化的效果。但二者有明显的不同:

一是构成基础不同。比喻的构成基础是相似性,反映的是事物之间的相似关系;比拟的构成基础是仿照性,反映的是事物之间的交融关系。

二是构成方式不同。比喻的本体可以出现,也可以不出现,但喻体必须出现;比拟的本体必须出现,拟体不出现。

三是结构方式不同。比喻大多按“主—述—宾”格式构成,述语常用“像、是、如、似”等充当;比拟则用各种成分都可以构成,只要把写事物的用于写人,把写人的用于写事物,把写彼事物的用于写此事物就行。

四是作用不同。比喻重在以乙喻甲,以此形象地说明一件事或一个道理;比拟是直接地以乙当甲,重在拟,彼此交融,浑然一体,以模拟的方法刻画人或事物的情状。

例如,“一缕彩霞飘过山顶,落日撒下一地碎银”是比喻句,“矮小而年高的垂柳,用苍绿的叶子抚摸着快熟的庄稼”是拟人句。(可以展开论述)

6.简述借喻和借代的区别。

答:一是构成基础不同。构成借喻的基础是相似性,构成借代的基础是相关性。借喻的本体与喻体是两种截然不同的事物,彼此间并没有直接的关联,但其性质或特点必须有共同之处。借代的本体与借体之间有密切关系,互相关联,如借体是本体的局部、特征等,但不要求有相似性。

二是语言格式不同。借喻着重在“喻”,用喻体来打比方,而且往往可以改变成明喻或暗喻;借代着重在“代”,是直接用借体称代本体,它往往不能改作明喻或暗喻。

三是表达效果不同。借喻曲折,想象的意味较浓,借代比较直接,重在突出事物的鲜明特征。

四是借喻可以借用现存的句子来曲折地说明抽象的道理，如“一朵鲜花插在牛粪上”比喻婚姻不般配；借代则多通过表示较具体的事物的词语构成，没有用一个句子来作借体的。

例如，“一缕彩霞飘过山顶，落日撒下一地碎银”是借喻句，“广州消息，‘健力宝’上门殴打‘康师傅’事件有了新进展”是借代句。（可以展开论述）

7. 简述借喻和语义双关的异同。

答：借喻是借用喻体说明本体事物（道理），使抽象深奥的事物（道理）表达得具体、生动、简洁；语义双关是借用一个词语或句子兼顾两种事物，包含两种意思，言在此而意在彼，使表达含蓄委婉、幽默风趣。

例如，“人到了非洲，就要开始过非人的生活”是语义双关句，“孙中山先生说到做到，身体力行，不放空炮”是借喻句。（可以展开论述）

8. 简述排比与对偶的区别。

答：（1）整齐排列的结构数目不同。排比是三项或更多项结构相同或相似的句子、分句或者短语的平行排列，对偶只是两项的并列对称。

（2）各结构的字数要求不同。排比每项的字数可以不完全相等，对偶两项的字数必须相等。

（3）对使用相同词语的要求不同。排比常用相同的词语，对偶力避字面的重复。

（4）从语音要求看。对偶比较讲究语音的协调，尤其是严对，上下句相对的词要求平仄对立，排比没有这样的要求。

（5）各结构之间的意义联系有所不同。对偶的两个结构在意义上可以有多种联系，形成正对、反对、串对等不同格式，而排比的各个结构在意义表达上必须是平行或相关的，不能相反或相对。

（6）修辞效果不同。对偶字数相等，结构相同，句子成对排列，整齐美观，节奏感强，读起来朗朗上口，听起来悦耳动听；排比重点在加强语势，利用一连串结构相同相近的句子，造成排山倒海之势，把情绪推到最高点，从而感染人、鼓舞人。

例如，“她品味着香醇的酒味，品味着甜蜜的笑声，品味着新生活”是一个排比句，“横眉冷对千夫指，俯首甘为孺子牛”是一个对偶句。（可以展开论述）

9. 简述排比与层递的区别。

答：（1）从表达内容看。排比表达的是同一问题的几个方面或相关的一些问题，没有程度上的差别，排列的各项可以调换顺序，不影响意义表达；层递则不能调换各项的顺序，因为层递各句是以程度的高低、轻重、大小排列的，往往是一层推进一层，如果变动顺序,就不合逻辑了。

(2)从形式上看。排比在结构上必须相同或相似,往往要用相同的词语;层递在结构上不强调相同或相似,常常体现在各项中某个有层次关系的词语上,而且往往不用相同的词语,不强调结构整体。

(3)从表达效果看。排比多项并列,给人以透辟之感,层递步步进逼,形成磅礴之势。

例如,“送给她风筝,鼓励她放,支持她放,我心甘情愿和她一起放”是层递句,“天太大。海太阔。人太老。游泳的姿势和动作太单一”是排比句。(可以展开论述)

10.简述对比与对偶的区别。

答:(1)对比的基本特点是内容上“对立”,对偶的基本特点是形式上“对称”。

(2)对比是从意义上说的,它要求意义相反或相对,而不管结构形式如何;对偶主要是从结构形式上说的,它要求结构相称,字数相等。对偶里的“反对”就意义说是对比,就形式说是对偶。

例如,“见胜兆则纷纷聚集,见败兆则纷纷逃亡”是对比句,“两只黄鹂鸣翠柳,一行白鹭上青天”是对偶。(可以展开论述)

11.简述对比与映衬的区别。

答:对比是对举两个不同事物或同一事物的两个方面,彼此无主次之分,是一种并列关系;而映衬的衬体可以不止一种事物或现象,同主体事物有明显的主次之别,是一种主从关系。

例如,“春风杨柳万千条,六亿神州尽舜尧”运用了映衬的修辞格,“青山有幸埋忠骨,白铁无辜铸佞臣”运用了对比的修辞格。(可以展开论述)

12.简述回环与顶真的区别。

答:(1)回环一般由两项构成,形式为A—B,B—A;顶真大多不只两项,形式为A—B,B—C。

(2)构成回环的两项只是语序不同,词语相同或基本相同;顶真所关涉的几项是前项之尾和后项之首的词语相同。

例如,“客上天然居,居然天上客”是回环句,“宅中有园,园中有屋,屋中有院,院中有树”是顶真句。(可以展开论述)

13.简述修辞格在修辞学中的地位。

答:首先,修辞格是修饰摹写的特殊方式与方法,这种方式方法是长期以来在言语实践中产生并发展起来的。

其次,修辞格具有鲜明的民族性,是准确、生动的语言表现形式的积累和总结,对丰富和发展民族语言的表达方式、提高语言的交际功能,具有重要的地位和作用。

其三,修辞格具有广泛的社会性,是社会大众喜闻乐见的表达与表现形式,具有普遍的社会性。

其四,修辞格是语言艺术的精华部分,是修辞学研究中的重点。

阅读书单

一、基础阅读书单

1. 黄伯荣、廖序东《现代汉语》(增订六版),高等教育出版社

2. 北京大学中文系现代汉语教研室《现代汉语》(增订本),商务印书馆

3. 刘叔新《现代汉语理论教程》,高等教育出版社

4. 邢福义《现代汉语》(第二版),华中师范大学出版社

5. 邵敬敏《现代汉语通论》(第三版),上海教育出版社

二、拓展阅读书单

语音部分

1. 林焘、王理嘉《语音学教程》(增订版),北京大学出版社

2. 罗常培、王均《普通语音学纲要》(修订本),商务印书馆

文字部分

1. 苏培成《现代汉字学纲要》(第三版),商务印书馆

2. 邹晓丽《基础汉字形义释源》(修订本),中华书局

词汇部分

1. 葛本仪《现代汉语词汇学》,商务印书馆

2. 周荐《现代汉语词汇学教程》,北京大学出版社

语法部分

陆俭明《现代汉语语法研究教程》,北京大学出版社

修辞部分

王希杰《汉语修辞学》(第三版),商务印书馆

三、深化阅读书单

语音部分

1. 孔江平《实验语音学基础教程》,北京大学出版社

2. 李小凡、项梦冰《汉语方言学基础教程》,北京大学出版社

文字部分

1. 孔祥卿等《汉字学通论》(第二版),北京大学出版社

2. 裘锡圭《文字学概要》(修订本),商务印书馆

词汇部分

1. 刘叔新《汉语描写词汇学》(重排本),商务印书馆

2. 符淮青《词义的分析与描写》,语文出版社或外语教学与研究出版社

语法部分

1. 朱德熙《语法讲义》,商务印书馆

2. 吕叔湘《汉语语法分析问题》,商务印书馆